한국인의 사회비교 심리

한덕웅·장은영 편저

博 英 社

머 리 말

사람들은 생활하면서 이런저런 일로 자신을 다른 사람과 비교하면서 살아간다. 자기를 다른 사람과 비교함으로써 기쁨이나 즐거움을 느끼기도 하고 때로는 고통스런 낙담이나 절망을 경험하기도 한다. 사실 자신이 자기, 세상, 인생에 관해서 지니고 있는 신념들이나 선호들 역시 실제로는 자기 생각을 수많은 사람들이 지니고 있는 사상이나 신념들과 서로 비교하는 과정을 거쳐서 형성하게 된다. 자기 성격이 수줍다고 알고 있는 사람도 태어나서 지금까지 생활하면서 자기보다 활달하고 붙임성 좋은 사람들과 자주 비교해서 이 자기인식이 생겼다고 볼 수 있다. 다만 자신이 다른 사람과 비교한다는 사실을 인식할 수도 있지만 의식하지 못하는 경우도 많다.

이 책은 한국문화에서 사람들이 어째서 자신을 다른 사람들과 비교하게 되며, 어떤 사람과 비교하게 되며, 자신을 다른 사람들과 비교하게 되면 자기에 대한 감정, 평가, 행복, 건강이 어떻게 달라지는지 알아낸 연구들을 싣고 있다. 자기를 다른 사람과 비교한다는 의미에서 심리학에서는 이 현상을 사회비교(social comparison)라고 부른다.

이 책에는 머리말을 쓰고 있는 필자가 제안한 사회비교의 자기조절 과정이론을 토대로 필자와 제자들이 공동으로 함께 연구한 결과들을 싣고 있다. 이 연구들은 모두 실험과 조사를 통해서 실증연구의 방법으로 이루어졌다. 이 때문에 일부 연구들에서 일반 교양인이 읽기에 다소 어려운 부분도 있을 수 있다. 그러나 심리학에서 연구 방법을 떼어놓고 결과만을 말할 수 없기 때문에 독자가 방법에 대한 비판을 겸할 수 있도록 실었다. 사실 심리학에서 주제별로 연구의 전형들은 모색하는 일 자체가 중요한 과제가 된다. 장차 이 책이 사회비교에 관한 새로운 연구의 방략과 설계를 모색하는 데 자극제가 되기를 기대한다.

필자는 한국유학에 관한 심리학 연구와 아울러 사회비교 현상을 연구하여 한국심리학회로부터 학술상을 받았다. 필자는 수상소감으로 각 주제들을 더욱 열심히 연구하라는 뜻으로 받겠다고 했다. 이미 한국유학심리학(시그마프레스, 2003)을 출간했고, 이 책을 발간하게 되니 그 약속의 일부를 지킨 셈이 된다.

이 책에 실린 연구들 가운데 이미 '한국심리학회지: 사회 및 성격', '한국심리학회지: 건강'에 실었던 논문들도 모두 수정하고 보완하여 새로 이루어졌다. 이 책의 목차에서 공동 연구자들을 제시하고 참고문헌란에서 이미 발표된 전문 학술지를 밝혔다. 이 전문 학술지들을 발간하는 학회의 회장과 편집장이 이 책에서 이 논문들을 고쳐서 실을 수 있도록 허락해 주셔서 감사한다.

이 책을 만드는 과정에서 여러 사람들이 수고를 했다. 편집에 참여한 장은영 연구교수는 이 주제로 필자의 지도를 받아서 박사학위를 받았는데 이 책을 내면서 고생이 많았다. 성균관대학교 심리학과 사회심리연구실에서 연구하는 학생들도 언제나 그렇듯이 수고가 많았다. 박영사의 안종만 회장, 이구만 부장, 허유협 님은 사업에 도움이 안 되는 이 책이 간행될 수 있도록 하셨다. 이 모든 분들에게 감사드린다.

2007년 새해를 맞으며
삼각산 우이동 자락
홍우서재에서 한 덕 웅 적음

차 례

제 4 부 사회비교, 행복, 건강

제 1 장

사회비교 연구의 흐름과 사회비교의 자기조절 과정이론

사회비교 현상을 연구하기 시작한 초기부터 최근에 이르기까지 외국에서 연구의 흐름이 어떻게 진전되어 왔는지 비판적으로 개관하고 논의하였다. 이어서 최근 이론들이 지니고 있는 한계를 극복하기 위해서 한덕웅(1999)이 제안하여 이 책에 실린 연구들을 이론의 측면에서 밑받침하고 있는 사회비교의 자기조절 과정이론을 설명하였다. 끝으로 이 책에서 다루고 있는 내용을 각 장별로 소개하여 체제의 이해를 돕고자 하였다.

사회생활에서 나타나는 사회비교 현상들

이 책은 필자와 공동연구자들이 한국문화에서 발견되는 사회비교 심리 현상을 과학적 연구방법으로 알아낸 결과들을 담고 있다. 다음 절에서는 서양과 한국에서 최근까지 사회비교 현상을 연구하면서 어떤 원리들을 알아냈으며, 이 원리들이 현실에서 어떤 의미를 지니는지 간략하게 정리해 보기로 한다. 다시 말해서 사회비교 연구에서 어떤 현상들을 다루고, 어떤 원리들을 알아내고, 어떤 현상들을 아직 설명하지 못하는지 살펴보기로 한다.

사람은 살아가면서 자신이 스스로 의도하거나 혹은 다른 사람으로부터 강요를 받아서 다른 사람과 비교하는 경우가 많다. 자신을 다른 사람과 비교하지 않고 생활하는 경우와 달리 일단 다른 사람과 비교하게 되면 마음과 행동에 큰 영향을 받게 된다. 다시 말해서 자신을 타인과 비교함으로써 그 이전에 경험하지 못했던 인식, 감정, 동기, 행동을 보이게 된다. 실제로 이와 같은 경험은 스스로 생각하기보다 일상생활에서 매우 자주 나타난다. 다음에 몇 가지 예를 들어서 일상생활에서 이와 같은 사회비교 현상이 얼마나 자주 나타나고 자신의 생활에 얼마나 큰 영향을 미치는지 생각해 보자. 생활이 비록 경제적으로 넉넉하지는 않지만, 큰 어려움이 없이 살아가는 사람이 최근에 돈을 많이 벌어서 잘 사는 친척이나 이웃과 비교한 경우를 생각해 보자. 이 경우에 부러운 감정을 느끼게 되고 자신의 무능함으로 우울이나 열등감을 느낄 수 있다. 학생이 영어시험에서 받은 점수를 자신보다 높은 토플 점수를 받은 다른 학생과 비교하는 경우에도 이와 비슷한 정서들을 느낄 수 있다.

그러나 자기보다 좋은 위치에 있는 타인과 비교하더라도 스스로 이 사실을 어떤 마음으로 받아들이는가에 따라서 언제나 이와 같이 나쁜 감정만을 경험하고 좌절하지 않을 수도 있다. 만약 자신보다 잘 사는 친척이나 이웃과 비교하는 경우에도 자신도 돈을 벌려는 자기성장의 동기가 높다면 현재 자신의 처지를 비관하지 않고 희망과 열정을 지니고 돈을 버는 일에 열성을 쏟을 수도 있다. 학생의 경우에도 다음 영어시험에서 그 학생보다 더 좋은 성적을 얻으려고 결심하여 노력하기만 한다면 성적이 좋아질 수도 있다.

앞에서는 자신보다 좋은 위치에 있는 사람과 비교하는 경우를 예로 들었다. 이와 달리 사람은 살아가면서 자기보다 못한 사람과 비교하는 경우도 많다. 교통사고로 큰 부상을 당했거나 암으로 수술을 하는 경우에 대부분의 사람들이 비참한 심정을 경험한다. 때에 따라서는 비관에 빠져서 우울이 아니라 이보다 심한 절망과 고통으로 죽고 싶은 심정이 되기도 한다. 그러나 이 경우에도 교통사고로 사망했거나 사지를 모두 쓸 수 없는 처지에 놓인 사람과 자신을 비교해 보라. 이 경우에는 자신이 당한 처지가 다행스럽고 오히려 희망을 얻을 수도 있다. 수술을 통해서 자기 몸에서 암을 성공적으로 제거했다면 암이 크게 악화되어서 단지 몇 개월의 시한부 인생을 살아야 하는 사람과 비교해서 얼마나 다행스럽고 희망이 있는 생활인가!

인생을 살아가면서 다른 사람과 비교하는 일이 그 만큼 자주 일어나기 때문에 대부분의 사람들은 누구와 어떻게 비교해야 할지 자기 나름대로 지혜를 터득하게 된다. 이와 같은 지혜는 대부분 어려서부터 일상생활을 통해서 얻게 된다. 당신이 어렸을 때 어머니에게 용돈을 올려달라고 요청했을 때 어머니가 어떻게 말씀하셨는지 생각해 보라. 대부분의 어머니들은 우리 가정보다 잘 사는 이웃의 친구들만 생각하지 말고 당신보다 어렵게 살아가는 친구들도 생각해 보라고 말씀하셨을 것이다. 그렇지 않다면 이웃의 여러 친구들이 받는 용돈에 비해서 당신의 용돈이 결코 적은 액수가 아니라고 깨우쳐 주셨을지도 모른다. 더욱 현명한 어머니라면 당신이 공부를 더욱 열심히 하거나 가족을 위해서 봉사하는 일을 늘리면 용돈을 올려주겠다고 말씀하셨을 수도 있다. 이 경우에는 당신이 다른 친구와 비교해서 용돈을 덜 받는다고 생각해서 느끼고 있던 불만이나 좌절감을 노력을 통해서 해소할 길을 어머니가 열어주셨다고 볼 수 있다.

앞에서 든 몇 가지 예를 통해서 일상생활에서 다른 사람과 자신을 비교하는 일이 얼마나 자주 일어나는지 또는 짐작할 수 있다. 가정에서는 부모를 통해서 자기를 형제와 비교하기도 하고, 친구, 친척이나 이웃사람들과 비교하기도 한다. 학교에서는 학생이 스스로 다른 학생과 비교하기도 하고, 친구들의 영향을 받아서 원하지 않아도 다른 학생과 비교하기도 하고, 교사를 통해서 비교를 강요당하기도 하고, 또는 성적에 따라서 자기 위치를 알아보도록 사회비교의 규준이 제도로 성착된 경우도 많다. 자신이 근무하는 회사나 조직에서도 최근에 수행성과에 따른 평가와 보상이 제도화되면서 경쟁을 통한 사회비교가 더욱 극심해지고 있다.

가정, 학교, 조직에서 사회생활을 하면서 다른 사람들과 비교하게 되는 현상은 사회에서 경쟁이 심해질수록 더욱 자주 나타나게 된다. 이 때문에 다른 사람과 비교를 통해서 자기성장을 이루면서도 자존심을 손상당해서 심리적으로 고통을 경험하지 않도록 지혜롭게 조절하는 일이 더욱 중요하게 된다. 이 과제를 다루려면 한국인들이 다른 사람들과 비교하면서 어떤 심리적 경험들을 하게 되는지 연구하여야 한다. 그리고 이 연구를 통해서 얻은 결과들을 토대로 기본이 되는 원리들을 찾아내어서 타인과 지혜롭게 비교하도록 교육하고 훈련할 수 있는 전문적 도입계획들을 마련하여 실제로 응용할 필요가 있다.

인간이 다른 사람들과 비교하는 현상에 관한 연구들은 사회생활에서 나타나는 심리와 행동을 설명하는 사회심리학에서 많이 다룬다. 이 주제는 다른 사람과 비교하는 과정을 다루기 때문에 사회비교(social comparison)라는 개념으로 연구되고 있다.

사회비교에 관한 연구는 서양심리학에서 이미 1950년대에 Festinger(1954)를 중심으로 시작되었다. 이 연구가 시작된 초기에는 몇 가지 제한된 주제들만을 다루고 이론 역시 미비하였다. 그러나 최근에 이르면서 연구의 폭이나 이론의 측면에서 괄목할만한 발전을 이룩하였다. 특히 1990년대에 이르러 서양문화에서 이루어진 연구들뿐만 아니라 한국문화에서 한국인들의 사회비교 과정을 다룬 연구들이 필자와 공동연구자들을 중심으로 이루어졌다. 다음 절에서는 이 연구들이 최근까지 어떤 흐름을 보였는지 살펴보기로 한다.

사회비교 연구의 흐름

사회비교 현상을 공식으로 연구하기 시작한 Festinger(1954)는 다른 사람과 비교하려는 심리가 나타나는 배경을 설명하려고 하였다. 그의 이론에서는 사람들이 자신을 객관적으로 평가할 수 있는 명백한 기준이 있는 경우에는 다른 사람들과 비교하려는 심리가 나타나지 않는다고 주장했다. 다시 말해서 자신이 지니고 있는 속성을 객관적으로 평가할만한 기준이 없는 경우에만 대안으로 다른 사람이 지니는 속성과 자신이 지니는 속성을 서로 비교하여 자기를 평가하게 된다는 가설을 제안했다. 이 가설에 따르면 자기를 평가하는 객관적 기준이 없으면 자기평가에 따르는 불확실성을 제거하는데 도움이 되도록 자신과 유사한 사람과 비교하게 된다고 주장했다. 그러나 자기평가가 불확실한 조건에서 자기와 유사한 사람과 비교한다는 이 자기평가의 가설은 한계를 지닌다. 현재까지 이루어진 연구들로 보면 이 이론은 사회비교를 유발하는 여러 종류의 심리들을 다루지 못하였기 때문에 제한된 이론이다. 이 이론이 어째서 제한된 이론이라고 평가받는지 최근까지 이루어진 몇 가지 연구들을 토대로 근거를 살펴보자.

먼저 자기평가가 불확실한 조건이라고 하더라도 유사한 타인과 비교하기보다 자기보다 나은 상향비교나 자기보다 못한 하향비교의 대상을 선택하여 비교하는 경우도 많았다. 특히 필자와 공동연구자들이 함께 수행한 연구들에서 개인이 타인과 비교하는 목표를 어디에 두는가에 따라서 비교하려는 사람이 달라졌다(한덕웅, 1999). 예를 들어서 자신이 현재보다 나은 사람으로 성장하기 위하여 자기향상의 목표를 지니게 되면 자기 수행에 대한 평가가 불확실한 상황에서도 자기보다 나은 사람을 비교의 대상으로 선택했다. 더구나 자기향상의 목표를 지닌 경우에는 자기보다 우수한 사람과 비교해서 그 사람보다 못하다는 결과를 경험하더라도 우수한 사람과 비교하려는 경향을 보였다. 이 연구의 결과는 자기평가가 모호하거나 불확실한 상황이라고 하더라도 개인이 지니고 있는 사회비교의 목표에 따라서 자기와 유사한 사람뿐만 아니라 자기보다 우수하거나 혹은 못한 사람들을 비교의 대상으로 선택할 수 있음을 의미한다.

다음으로 객관적 자기평가가 가능하도록 확실한 기준이 있는 조건이라고 하더라도 사회비교가 나타난다는 사실이 여러 연구들에서 보고되었다. 이 결과는 객관적 자기평가가 이루어질 수 없는 상황에서 자기와 유사한 사람과 비교한다고 가정한 Festinger의 가설에 한계가 있음을 의미한다. 예를 들어서 영어시험에서 좋은 점수를 받거나 나쁜 점수를 받아서 확실성에 의심의 여지가 없는 조건에서도 개인의 동기에 따라서 다른 사람과 비교하려는 경향이 나타났다. 자신이 암에 걸려서 병원에서 수술을 받은 경우에 의사의 객관적 진단을 통해서 자신의 건강이 나쁘고 위중한 질병이 있다는 사실을 알기 때문에 이 조건에 만약 불확실성이 있다고 하더라도 낮은 수준이라고 생각할 수 있다. 지금 예로 든 두 경우에는 모두 객관적으로 자기평가를 할 만한 기준이 있다. 그럼에도 불구하고 사람들은 자기보다 나은 사람과 자신을 비교함으로써 자기에 대해서 부정적 정서를 경험하기도 하고 자기향상의 발판으로 삼기도 한다. 그렇지 않은 경우에는 자기보다 더 나쁜 상태에 처한 다른 사람과 비교함으로써 위안을 삼기도 하고 자존심이 손상되는 일을 예방하기도 한다.

지금까지 살펴본 최근의 연구들은 초기에 제안된 Festinger의 사회비교이론에서 여러 중요한 요인들이 미칠 수 있는 영향을 간과했음을 잘 보여준다. 이 연구들뿐만 아니라 초기의 사회비교이론에서 지나치게 단순하게 생각해서 제안되었던 여러 가설들에 한계가 있음이 드러났다. 이 가운데 비교하는 대상에 따라서 자기평가, 자기에 관한 정서경험, 그리고 비교하려는 대상의 선택이 일정하게 달라진다는 가설들 역시 최근에 상당한 변모를 보이는 방향으로 수정되었다.

초기 연구들에서는 자기보다 나은 사람과 비교하면 대체로 자기평가가 낮아지고 자기에 대해서 부정적 정서들을 경험한다고 가정했다. 이와 대조적으로 자기보다 못한 사람과 비교하면 대체로 자기평가가 좋고 자기에 대해서도 긍정적 정서들을 경험한다고 보았다. 다른 변인들이 함께 영향을 미치지 않는 단순한 조건에서는 이 가설들을 지지하는 결과들이 많이 보고되었다. 그러나 실제 사회생활에서 사람들이 경험하는 바와 같이 다른 변인들이 영향을 미치지 않고 단지 상향비교나 하향비교의 대상과 비교하는 상황은 그리 많지 않다. 이 관점에서 최근에는 여러 학자들이 상향비교나 하향비교의 대상과 비교하는 경우에 이 가설들을 지지하는 결과가 나타나는데 어떤 요인들이 조절변인으로 영향을 미치는지 알아내려고 한다. 달리 말해서 상향비교나 하향비교의 대상과 비교하는 경우라고 하더라도 어떤 변인들이 영향을 미치면 이 가설들과 다른 결과가 나타나는지 알아내려고 한다.

이 책에 실린 여러 연구들에서 필자와 공동연구자들은 한국문화에서 이 가설들을 검증하면서 비교대상과 함께 조절변인으로 작용하는 여러 요인들을 알아냈다. 이 요인들 가운데는 개인이 다른 사람과 비교하는 목표, 과거 사회비교를 통한 성공이나 실패의 경험, 개인이 사회비교의 결과에 영향을 미칠 수 있다고 믿는 행동통제력 지각, 상향비교의 경우에 자신도 비교한 사람의 수준에 이를 수 있다는 향상가능성, 자신이 소속되어 있으면서 성원으로서 동일시하는 내집단의 능력 등 여러 요인들이 포함된다.

필자는 이 변인들을 포괄하여 설명하기 위한 개념으로 사회비교의 목표설정과 목표개입의 두 용어를 제안하였다. 그리고 이 두 범주에 포함되는 요인들의 영향으로 세 가지 사회비교의 동기와 아울러 사회비교 동기의 충족 수준이 달라지기 때문에 비교대상의 선택, 자기평가, 자기정서, 행복 등이 달라진다는 사회비교의 자기조절 과정이론을 제안하였다. 이 이론은 초기의 사회비교이론들과 달리 최근까지 이루어진 여러 연구들에서 발견된 현상들을 일관되게 설명하는데 초점을 두고 있다. 다시 말해서 Festinger 이후 초기의 단순한 가설들을 넘어서 사회비교의 역동성을 이해하는데 중요한 변인들을 포함시켜서 설명하는 이론을 제안하고 있다. 이 책에 실린 모든 논문들은 이 이론에 토대를 두고 있는데, 이 이론에 관해서는 다음 절에서 알아보기로 한다.

사회비교 현상을 설명하는 이론

앞 절에서는 사람들이 사회생활에서 경험하는 사회비교 현상들을 예를 들어서 간략하게 살펴보았다. 이 절에서는 이 책을 통해서 이와 같이 다양한 현상들을 체계있고 일관되게 설명할 수 있는 필자(1999)의 이론을 알기 쉽게 소개하려고 한다.

사회비교의 자기조절 과정이론이라고 이름을 붙인 이 이론에서는 자신이 비교하려는 사람의 선택은 물론이고 타인과 비교함으로써 경험하는 자기평가, 주관안녕(행복), 정서경험들(예, 우울, 분노, 불안), 건강지각 등도 사회비교의 동기에 따라서 달라진다고 가정한다. 이 사회비교의 동기는 사회생활을 통해서 형성되거나 유발되는 일종의 사회동기이다. 이 사회비교의 동기는 사회생활을 시작한 초기부터 현재에 이르기까지 오랜 시간에 걸쳐서 형성되어서 상황에 관계없이 계속해서 지속적으로 영향을 미치기도 한다. 이 경우의 사회비교 동기는 개인마다 지니는 만성적 개인차 요인이 된다.

이 만성적 사회비교 동기와 달리 개인이 당면한 상황에 따라서 일시적으로 유발되는 사회비교 동기도 있다. 일시적으로 유발되는 이 동기는 비교적 단기간의 사회비교 과정을 통해서 충족되면 약화된다. 만성적 사회비교의 동기가 오랜 시간에 걸쳐서 지속해서 영향을 미치는 바와 달리 일시적 사회비교의 동기는 영향력이 지속되는 시간이 짧다. 이 책에서는 만성적인 개인차 요인으로 사회비교의 동기를 측정하여 다룬 연구들도 있고(11장, 12장, 13장), 주로 실험실 상황에서 일시적으로 사회비교의 동기를 유발한 연구들도 있다(2장부터 10장, 14장). 이 연구들에서 사회비교의 동기들이 시간적인 지속성에서 만성적이거나 혹은 일시적으로 서로 달리 연구되어서 차이를 보이고 각 연구에서 다루고 있는 변인들도 매우 다양하다. 그러나 이 연구들을 이론의 측면에서 보면 모두 사회비교의 자기조절 과정이론을 검증하는데 목적을 두고 있는 점에서 공통된다.

한편 사회비교 동기의 영향력이 만성적이든 일시적이든 이 동기가 작용하게 되면 이 동기를 충족시킬 수 있는 사회비교의 목표를 지향하여, 활동을 유발하고, 지속시키는데 영향을 미치게 된다. 그뿐만 아니라 사회비교의 목표를 달성하는데 필요한 인지전략들을 개발하도록 영향을 미치기도 한다. 지금까지 사회비교 동기의 개념으로 설명한 사회비교 활동의 방향, 강도, 지속 그리고 인지전략의 개발은 흔히 동기가 지니는 네 속성들에 해당된다.

사회비교 동기의 분류 자신을 다른 사람과 비교하려는 동기는 사람마다 서로 다르다. 우선 어떤 사람은 다른 사람들보다 자주 자신을 타인과 비교하는 성향을 지니기도 한다. 이와 같이 자신을 타인들과 비교하려는 개인의 만성적인 성향을 일반적 사회비교 지향성이라고 부른다. 이 개인차 요인은 다만 다른 사람과 비교하려는 일반적 동기만을 나타내기 때문에 이 동기가 높은 사람이 과연 어떤 목표를 지니고 누구와 비교하려는 동기가 높은지는 알 수 없다. 이 때문에 사회비교 현상을 연구하는 학자들은 사람들이 사회비교를 통해서 충족시키려고 추구하는 목표에 따라서 사회비교의 동기들을 구분한다.

사회비교의 자기조절 과정이론에서는 이 동기들을 자기향상동기, 자기평가동기, 그리고 자기방어동기의 세 종류로 구분한다. 이 가운데 자기향상동기는 개인이 자신의 현재 상태보다 더 나은 사람으로 성장하여 자기향상을 이루려는 동기를 말한다. 다음으로 자기평가동기란 다른 사람과 비교함으로써 자신을 정확하게 평가하여 인식하려는 동기를 말한다. 끝으로 자기방어동기는 자신의 자존심을 잃지 않고 유지하거나 실추된 자존심을 회복하여 고양시키려는 동기이다.

앞에서 살펴본 세 종류의 사회비교 동기들 가운데 개인이 오랜 동안 지속해서 만성적으로나 혹은 최근에 일시적으로 어떤 동기를 특출하고 우세하게 지니게 되면 이에 따라서 이 동기를 충족시키기 위한 활동이 이루어진다. 이 책의 제1부에서 다루는 바와 같이 사회비교의 대상을 선택하는 과정을 예로 들어서 이 활동을 살펴보자. 당신이 현재보다 더 나은 사람이 되려고 하는 자기향상의 동기가 다른 사회비교 동기들보다 상대적으로 더 강하다고 하자. 이 경우에 당신은 자기보다 우수한 사람, 자기와 유사한 사람, 자기보다 못한 사람 가운데 어떤 사람과 비교하고 싶어하는가?

사회비교의 자기조절 과정이론에서는 이 경우에 자기향상의 동기를 충족시키는데 가장 적합하기 때문에 자기보다 나은 사람과 비교하려 한다고 예측한다. 이와 비슷한 논리에서 다른 사람과 비교하여 자기를 확실하게 평가하고 싶어하는 동기가 높은 사람은 자기보다 나은 사람이나 못한 사람보다 자기와 유사한 사람과 비교하려 한다고 예측한다. 그리고 자기방어동기가 높은 사람은 자기의 자존심을 잃지 않고 비교하려고 자기보다 못한 사람을 선택한다고 예측한다.

지금까지 세 종류의 사회비교 동기에 따라서 개인이 자신과 비교하게 될 사람을 선택하는 과정에서 나타나는 현상을 살펴보았다. 사회비교 과정에서 나타나는 비교대상의 선택 현상은 이 책의 제1부에서 다루게 된다. 그런데 사회비교의 동기는 이 밖에도 사회비교를 통해서 경험하는 정서에도 영향을 미치게 된다. 이에 관한 연구들은 이 책의 제2부에서 다룬다. 또한 사회비교의 동기에 따라서 자기평가가 달라지는 현상은 이 책의 제3부에서 다루게 된다. 그리고 사회비교

동기가 행복이나 건강(혹은 건강행동)에 어떤 영향을 미치는지 다룬 연구들은 이 책의 제4부에서 볼 수 있다. 사실 사회비교의 동기가 정서, 자기평가, 행복과 건강에 영향을 미치는 과정에서 이 동기를 충족시킨 수준이 중요하다. 다시 말해서 사회비교의 동기들 가운데 만성적으로나 일시적으로 개인에게 특출하고 우세한 동기를 충족시킨 수준이 높으면 긍정적 정서를 경험하고, 자기평가가 좋아지고, 행복과 건강에도 도움이 된다고 볼 수 있다.

사회비교 동기에 영향을 미치는 요인들 앞 절에서는 세 종류의 사회비교 동기를 살펴보고 이 동기들이 비교할 사람의 선택, 자기정서, 자기평가, 행복과 건강에 영향을 미칠 수 있음을 설명하였다. 그렇다면 과연 이 세 종류의 사회비교 동기들 가운데 특별히 어떤 동기가 특출하고 우세하게 되는 근거는 무엇인가? 다시 말해서 사회비교 동기에 영향을 미치는 요인들은 무엇인가?

사회비교의 자기조절 과정이론에서는 사회비교의 동기에 영향을 미치는 요인들이 비록 매우 많기는 하지만 크게 분류해 보면 두 가지 범주로 개념화하여 나눌 수 있다고 가정한다. 이 가운데 하나는 사회비교 과정에서 개인이 의지에 따라서 의도적으로 추구하는 목표설정 요인이다. 개인이나 상황에 따라서 여러 요인들이 제약을 초래하지만 사람이 어떤 사회비교의 목표를 스스로 선택하여 목표로 설정할 수 있다. 이 때문에 다른 사람과 비교하여 자신이 열등하다는 사실을 알고난 후에도 자기성장을 위해서 자기향상의 목표를 설정할 수도 있다. 이와 달리 자신이 좋은 업적을 쌓았더라도 장차 실패를 예상하고 일시적으로 자기향상의 목표보다 자기평가나 자기방어의 목표를 선택하여 설정할 수도 있다. 그러므로 사회비교의 동기에 영향을 미치는 목표설정 요인에서는 인간이 의지에 따라서 사회비교의 목표를 선택할 수 있는 능력과 권한을 지닌다고 가정한다.

다음으로 사회비교의 동기에 영향을 미치는 또 다른 요인은 사회비교를 통해서 경험하게 되는 사회비교의 목표개입 요인이다. 이 목표개입에 영향을 미치는 요인들 역시 다양하다. 그 가운데 사회비교를 통해서 자신에게 특출한 동기를 충족시킨 경험이 목표개입에 큰 영향을 미친다. 실제로 사회비교가 이루어진 경우는 물론이고 비록 사회비교가 아니더라도 개인이 객관적 기준으로 평가해서 실패를 경험했다면 자기향상 목표의 개입보다 자기방어 목표의 개입 수준이 높아지게 쉽다. 그리고 실제로 개인이 실패를 경험했다고 하더라도 자기효능성, 자기 통제가능성, 자존심 등 다른 개인차 변인들이나 상황 요인들에 따라서 어떤 사회비교 목표에 대한 개입 수준이 달라지게 된다. 이 때문에 사회비교의 목표개입이 영향을 미치는 요인들 역시 매우 다양하다.

사실 서양에서 최근까지 사회비교 현상을 연구하면서 다룬 변인들 대부분이 사회비교의 결과와 아울러 다른 조절변인들에 의해서 영향을 받게 되는 사회비교의 목표개입 효과들을 다루었다고 볼 수 있다. 다시 말해서 이 연구들은 사회비교에 의해서 초래된 성공이나 실패의 결과와 아울러 보상이나 처벌, 상황의 압력 등을 포함하는 다양한 조절변인들이 결정요인으로 작용하여 사회비교의 목표개입에 영향을 미침으로써 동기가 달라지는 현상들을 결정론의 관점에서 다루고 있다. 이와 달리 필자의 이론에서는 이 결정론적 관점을 목표개입 과정으로 설명하고, 다른 한편으로 그 이외에 인간의 의지와 선택에 의해서 사회비교의 목표를 설정하는 과정 역시 사회비교의 동기를 형성하는데 영향을 미친다고 가정한다.

지금까지 사회비교의 동기가 유발되는 과정에서 목표설정과 목표개입이 어떻게 작용하는지 살펴보았다. 개인이 설정한 사회비교의 목표와 비교상황에서 경험한 목표개입이 항상 일관되는 방향으로 작용하게 되면 이 이론에 의해서 특출하게 형성되는 동기를 설명하기 쉽다. 이 때문에 이 조건들에서는 사회비교의 결과는 나타나는 정서경험, 자기평가, 행복과 건강을 예측하기도 더욱 쉬워진다. 그러나 이와 달리 개인이 설정한 사회비교의 목표와 사회비교의 경험으로 형성된 목표개입이 상반되거나 일치하지 않는 경우에는 특출한 동기의 예측이 쉽지 않다. 이 경우에는 사회비교 목표설정과 목표개입의 상대적 강도에 따라서 동기나 비교결과들에 미치는 영향을 추론하는 일이 불가피하다. 이 책에서는 다양한 독립변인들과 종속변인들을 통해서 이 이론의 타당성을 검토한 연구들을 소개하고 있기 때문에 이와 같이 다소 복잡한 추론을 요구하는 연구 결과들도 볼 수 있다. 이 연구들에서 이 이론을 명료하게 설명하고 지지하지 못하는 결과들은 장차 이 이론을 보완하여 발전시키는데 중요한 자산이 되어야 한다.

한편 이 이론에서는 사회비교의 목표설정과 목표개입에 의해서 특출한 사회비교 동기가 형성되어서 다른 사람과 비교한 결과로 이 동기가 충족되는 수준에 따라서 다시 사회비교의 목표나 대상이 조절되는 순환과정을 설명하고 있다. 이와 같이 이 이론에서는 개인이 추구하는 가치와 실제로 당면하고 있는 현실의 요구에 합치되게 지속해서 사회비교의 목표와 대상을 변화시킴으로써 사회비교의 동기를 자기조절하는 적응과정이 중요하다고 본다.

이 책의 구성

이 책은 각 장에서 다루는 중요한 변인에 따라서 모두 4부로 구성되어 있다. 이 가운데 제 1 장은 사회비교 연구들을 개관하고 이 책에서 다루는 사회비교의 자기조절 과정이론을 쉽게 소개하는데 초점이 있으므로 이 책 전체의 서문에 해당된다고 보면 된다. 제1부 비교할 사람의 선택에서는 사회비교의 대상을 선택하는 과정에서 영향을 미치는 변인들을 다룬 연구들을 싣고 있다. 제 1 부는 모두 3개 장들로 구성되어 있다.

제 2 부 사회비교와 자기정서는 모두 세 개 장들로 이루어져 있다. 이 장들은 사회비교의 결과로 경험하게 되는 정서들이 어떤 요인들의 영향을 받게 되는지 알아본 연구들을 싣고 있다.

제 3 부 사회비교와 자기평가는 세 개의 장들로 구성되는데 자기평가가 달라지는 과정에서 영향을 미치는 요인들을 연구한 결과를 담고 있다. 특히 제 3 부의 제 8 장과 제10장에서는 개인들이 대인간 사회비교를 통해서 자기평가에 영향을 받게 되는 과정을 넘어서 집단간의 사회비교가 자기평가에 미치는 영향을 다루고 있다. 사회비교 연구에서 집단간 사회비교 현상은 일찍부터 Tajfel과 Turner (1978)가 사회정체성이론을 통해서 중요성을 강조한 이후 최근까지 큰 연구의 성과를 거두지 못하였다(한덕웅, 2002). 그러나 국내에서 필자(2002)도 집단행동이나 집단간 관계로 확장된 사회비교 이론들을 다룬 바 있지만 국외에서 최근 몇 년 동안 이 방면의 연구가 크게 주목을 받기에 이르렀다(예 Guimond, 2006, 제 2 부). 이 연구들은 한국과 같이 개인이 속한 집단의 영향을 크게 받는 문화에서는 집단에서나 집단간 사회비교에 따라서 개인의 정체성과 평가가 달라질 수 있다는 관점에서 장차 더 많은 연구가 요구되는 영역이다(한덕웅, 2002). 이 연구들이 국내에서도 이 방면의 연구에 자극제가 되기를 기대한다.

제 4 부 사회비교, 행복, 건강에서는 사회비교 현상들이 주관안녕, 건강지각, 건강행동, 질병 등에서 어떻게 나타나는지 연구한 결과들을 4장으로 나누어서 담고 있다.

각 장에서 다룬 세부 내용 이어서 이 책에 실린 연구들에서 각각 다루고 있는 변인들과 중요한 결과들을 각 장 별로 간략하게 정리하기로 한다. 이 책의 제 1 부 비교할 사람의 선택에서는 세 장을 통해서 사람들이 비교할 대상을 선택하는 데 영향을 미치는 요인들을 다루게 된다. 비교대상의 선택은 Festinger(1954)의 사회비교이론이 처음 제안된 이후 계속해서 중요하게 다루어진 종속변인이다. 현재까지 여러 연구를 통해서 비교할 사람을 선택하는데 영향을 미치는 변인들이 발견되었지만 이를 통합하여 일관되게 설명할 수 있는 이론이 없었다. 이 때문에 각 연구자마다 선호하는 가설이나 이론에 근거하여 여러 영향요인들을 각기 달리 설명해 왔다. 이 책의 1부에서는 사회비교의 자기조절과정이론(한덕웅, 1999, 2002; 한덕웅, 장은영, 2003a)에 근거하여 대상의 선택에 영향을 미칠 수 있다고 가정한 변인들의 효과를 검증한 연구들을 싣고 있다. 1부에 실린 연구의 개요와 중요한 결과를 정리해 보면 다음과 같다.

이 이론에서는 비교대상의 선택에 영향을 미치는 경로로 사회비교의 목표설정과 목표개입을 가정하고 있다. 사회비교의 목표설정이 비교대상의 선택에 미치는 효과를 직접 검증한 연구는 2장과 4장에서 다루었다. 이 두 연구의 결과를 보면 자기향상목표가 설정되면 상향비교 대상을(2장에서 63%, 4장에서 57%), 자기평가목표가 설정되면 유사비교 대상을(2장에서 46%, 4장에서 이 조건은 다루지 않음) 그리고 자기방어목표가 설정되면 하향비교 대상(2장에서 36%, 4장에서 33%)을, 각각 다른 사회비교의 목표가 설정된 조건들에서보다, 더 선호하였다. 그리고 설정한 사회비교의 목표에 따라서 서로 다른 사회비교의 동기가 우세해졌다. 다시 말해서 자기향상목표를 설정하면 자기향상의 동기가, 자기평가의 목표를 설정하면 자기평가의 동기가, 자기방어의 목표를 설정하면 자기방어의 동기가 각각 우세해졌다.

이 결과들을 연결하여 살펴보면 다른 사람과 자신을 비교하면서 자기를 향상시키려는 목표를 세우게 되면 자기향상의 동기가 우세해지고, 이 동기를 충족시키는데 가장 적합한 대상으로 자기보다 우수한 사람과 자신을 비교하게 된다.

또한 자기를 정확히 평가하려는 목표를 세우게 되면 자기평가의 동기가 우세해지고, 이 동기를 충족시키는데 가장 적합한 대상으로 자신과 유사한 사람과 자기를 비교한다. 그리고 자존심을 방어하려는 목표를 지니게 되면 자기방어의 동기가 우세해지고, 이 동기를 충족시키는데 가장 적합한 대상으로 자기보다 열등한 사람과 자신을 비교하게 된다. 이와 같은 비교동기의 매개효과는 4장에서 직접 검증하여 지지되었다.

사회비교 동기에 영향을 미치는 목표설정 이외의 또 다른 경로로서 비교목표의 개입이 비교대상의 선택에 미치는 영향은 2장과 3장에서 다루게 된다. 이 경로의 연구에서는 목표설정 요인과 달리 환경의 다양한 요인들에 의해서 특정한 목표에 대한 개입 수준이 높아져서 비교대상의 선택에 영향을 미치는 현상을 다룬다. 구체적으로 살펴보면 개인이 수행에서 우수하다는 환류를 받았거나(2장, 66%, 3장, 55%) 혹은 이후 수행에서 통제력이 높다고 지각하게 되면(3장, 50%) 자신보다 우수한 사람과 비교하려고 하였다. 반면에 개인의 수행이 나빴다는 환류를 받았거나(2장, 30%, 3장, 38%) 혹은 이후 수행에서 통제력이 낮다고 지각되면(3장, 43%), 자신보다 열등한 사람과 비교하고자 하였다. 반면에 모호한 환류를 받게 되면(2장, 45%), 자신과 유사한 사람과 비교하려고 하였다. 또한 이 요인들을 경험한 조건에 해당되는 사회비교의 동기가 다른 동기보다 우세해지는 현상이 나타났다.

이 결과를 연결하여 살펴보면 성공을 경험하거나 혹은 통제력이 높다고 지각하게 되면 자기를 향상시키고 싶어하는 자기향상의 동기를 우세하게 만들어서 상향비교를 선호하였다. 반면에 실패를 경험하거나 이후 통제력이 낮다고 지각하면 자존심을 방어하려는 자기방어의 동기를 우세하게 만들어서 하향비교를 선호하였다. 또한 모호한 환류를 받아서 자기에 대한 불확실성을 경험하게 되면 자기를 정확히 알고자 하는 자기평가의 동기가 우세해져서 유사비교를 선호하였다.

그렇다면 사회비교의 목표설정의 경로와 목표개입의 경로가 함께 작동하는 상황에서는 어떤 사람을 비교대상으로 선택하였는가? 예를 들어 자존심을 방어하려는 목표를 세우고 성공을 경험한 상황에서 자기방어동기에 의해 하향비교를 추구하는가 혹은 자기향상동기에 의해서 상향비교하게 되는가? 이 주제를 다룬 연구는 2장에서 살펴볼 수 있다. 자기향상의 목표를 설정하고 성공을 경험하면 상향비교 대상을 더욱 선호하였다(77%). 반면에 자기향상의 목표를 설정했지만 실패를 경험하면 상향비교 대상에 대한 선호도가 낮아졌고(53%), 자기방어의 목표를 설정했지만 성공을 경험해도 상향비교 대상에 대한 선호도가 낮아졌다(57%). 이와 유사하게 자기방어의 목표를 설정하고 실패를 경험한 조건에서는 하향비교 대상을 더 선호하였다(43%). 반면에 자기방어의 목표를 설정했지만 성공을 경험하면 하향비교 대상에 대한 선호도는 낮아졌고(33%), 자기향상의 목표를 설정하면 실패를 경험하더라도 하향비교 대상에 대한 선호도가 낮아졌다(20). 이 결과들을 종합해 보면 이 이론에서 가정한 두 경로를 통해서 우세해지는 사회비교의 동기가 합치되는 조건에서는 그 동기를 충족시키는데 적합한 사람과 비교하려는 경향이 더욱 높아졌지만 합치되지 않는 조건에서는 낮아짐을 알 수 있다.

이 결과는 이 이론에서 가정한 두 경로들이 사회비교의 동기에 영향을 미쳐서 비교할 대상을 선택하는 과정에 영향을 미친다는 가설이 지지됨을 시사한다. 그런데 이 이론에는 두 경로를 통해서 우세해진 동기가 비교 후 충족된 수준에 따라서 비교할 사람을 유지하거나 혹은 바꾸는데 영향을 미치는 순환과정도 가정하고 있다. 이 가설은 4장에서 다루고 있다. 그 내용을 간략히 살펴보면 다음과 같다: 먼저 자기를 향상시키려는 목표를 설정하고 이에 적합하게 자기보다 우수한 사람과 비교하여 성공함으로써 자기향상의 동기가 충족된 조건에서는 여전히 자기향상의 동기가 높게 지속되고, 이로 인해서 상향비교를 더욱 선호하였다(93%). 그러나 이 조건에서 자기향상의 동기가 충족되지 못하면 유사비교 대상으로 바꾸는 경향을 보였다(67%). 자존심을 방어하려는 목표를 설정하고 이에 적합하게 자기보다 열등한 사람과 비교하여 성공함으로써 우세했던 자기방어의 동기가 충족된 조건에서는 비교대상을 상향으로 변경하는 경향이 두드러지게 나타났으며(67%), 충족되지 못하면 지속적으로 하향비교하였다(47%).

따라서 비교대상의 선택이 어떻게 이루어지는지 알아본 결과를 보면, 사회비교의 자기조절이론에서 가정한대로, 사람들이 만성적으로 혹은 일시적으로 우세한 사회비교의 동기를 충족시킬 수 있는 사람이 누구인가에 따라서 비교할 사람이 달라졌다. 그리고 사람들은 비교의 결과를 통해서 비교대상을 유지하거나 변경하는데 다시 영향을 미치는 자기조절의 순환과정을 거친다고 볼 수 있다.

제 2 부 사회비교와 자기정서에서는 세 장을 통해서 사회비교가 정서경험에 미치는 효과를 알아보게 된다. 각 장마다 다룬 정서가 다르지만 전체적으로 정적정서와 부적정서를 구분하여 중요한 연구 결과들을 정리해 보자. 먼저 부적정서

를 다룬 연구가 소개되었다. 상식적으로도 생각할 수 있는 바와 같이 자기에 대한 정적인 정보보다 부적인 정보가 부적정서의 수준을 높이는 현상은 일관되게 지지되었다. 그런데 이 관계는 사회비교의 목표와 비교하는 사람에 따라서 달라졌다. 사회비교의 자기조절 과정이론에서 보면, 자기에게 우세해진 사회비교의 동기를 충족시키는데 적합한 사람과 비교하게 되는 조건에서는 부적정서를 덜 경험하고, 적합하지 않은 사람과 비교하게 되는 조건에서는 부적정서를 더 경험한다고 추론할 수 있다.

이 가설은 5장의 연구에서 검증되었다. 결과를 살펴보면, 성공을 경험하고도 자기를 향상시키려는 상황에서는 자기보다 우수한 사람과 비교하게 된다고 예상되어도 초조정서가 매우 낮았다(7점 척도에서 2.73). 다만 실패를 경험하고 자존심을 방어하려는 상황에서는 자기보다 열등한 사람과 비교하게 된다고 예상되어도 초조정서가 매우 높았다(3.48). 이 결과는 비교가 예상되는 상황에서 상향비교나 하향비교에 따라서 개인에게 미치는 심리적 부담이 달라짐을 시사한다. 즉, 자존심을 방어해야 하는 상황에서 자기보다 못한 사람과 비교하게 되면 자존심을 방어하는데 도움이 될 수도 있지만, 이와 아울러 자기보다 못한 사람보다도 잘 못하는 경우를 대비해서 자기를 방어해야 하는 부담도 강하게 작동하였다고 볼 수 있다. 반면에 자기보다 잘난 사람과 비교하는 경우에는 자신이 못하더라도 수긍할 만한 결과로 받아들일 수 있으므로 자기방어에 대한 부담이 상당히 경감되었다고 생각할 수 있다. 이와 같이 상향비교보다 하향비교가 오히려 부담스럽게 여겨지는 조건이 있다는 사실이 6장과 7장에서 다룬 연구들에서도 일관되게 나타났다.

다음으로 비교가 이루어지고 난 후에 정서가 어떻게 달라지는지 다룬 연구들은 6장과 7장에서 다룬다. 6장에서는 부적정서만 다루고, 7장에서는 정적정서와 부적정서를 모두 다루었으므로, 먼저 두 개의 장에서 부적정서에 대해서 얻은 결과를 요약하고, 이어서 7장에서 정적정서에 대해서 얻은 결과를 요약해 보자. 먼저, 6장과 7장의 연구들 가운데 6장에서 다룬 전반적인 부적정서와 7장에서 다룬 우울정서에서는 비교대상만 달라져도 이 정서들이 영향을 받았다. 즉, 자기보다 우월한 사람과 비교한 경우보다 자신보다 열등한 사람과 비교한 조건에서 전반적인 부적정서(7점 척도에서 순서대로 3.65, 4.58)나 혹은 우울정서(3.24, 3.76)를 경험하는 수준이 높았다. 또한 비교한 결과가 좋을 때보다 나쁘면 부적정서가 더 높았다. 이 결과들은 이 이론에서 가정한대로 비교하기 전에 우세했던 동기가 충족되지 못하여 부적정서를 경험하는 수준이 높았다고 해석할 수 있다.

흥미로운 점은 우세해진 비교동기를 충족시키기에 적합한 사람과 비교하였으나 동기가 충족되지 못한 경우에 민감하게 영향을 받는 정서의 유형이 달랐다는 사실이다. 다시 말해서 자기를 향상시키려는 목표를 세워서 자기향상의 동기가 우세해지고 이 동기를 충족시키는데 적합한 대상으로 자기보다 우월한 사람과 비교하였음에도 불구하고 동기를 충족시키는데 실패하게 되면, 자존심을 방어하려는 목표를 세웠던 조건에 비해서, 열등정서를 경험한 수준이 더 높았다. 반면에 자기를 방어하려는 목표에 적합하게 자기보다 열등한 사람과 비교하였으나 그 동기를 충족시키는데 실패하면, 자기를 향상시키려 했던 조건에 비해서, 우울정서를 경험하는 수준이 더 높았다.

7장에서 소개한 연구에서는 기쁨이나 안도감과 같은 정적정서가 사회비교에 따라서 어떻게 달라지는지 알아내었다. 이 정적정서들도 비교결과에 의해서 영향을 받았다. 즉, 비교결과가 나쁠 때보다 좋으면 기쁨 혹은 안도감을 경험한 수준이 모두 높았다. 또한 비교목표만으로도 기쁨을 경험하는 수준에 영향을 미쳤는데, 자존심을 방어하려는 목표를 세운 조건보다 자기를 향상시키려는 목표를 세운 조건에서 기쁨을 경험한 수준이 더 높았다. 이와 유사하게 자기향상의 목표를 설정하기만 해도 자기평가가 높아지는 현상은 다음 3부의 연구들에서도 확인할 수 있다. 이와 달리 안도감은 비교대상에 의해서도 영향을 받았다. 다시 말해서 자기보다 열등한 사람과 비교하고 나면 자기보다 우월한 사람과 비교한 경우보다 안도감을 경험한 수준이 더 높았다. 이 결과를 앞의 부적정서의 연구 결과와 연결하여 보면 하향비교하는 상황에서 우울감과 함께 안도감도 유발함을 시사한다.

한편 다른 사람과 비교한 결과가 정적정서에 미치는 영향은 비교가 이루어진 조건과 아울러 정적정서의 유형에 따라서도 달라졌다. 자기를 향상시키려는 목표를 세워서 자기향상의 동기가 우세해지고 이 동기를 충족시키는데 적합하게 자기보다 우월한 사람과 비교하여 이 동기를 충족시키는데 성공하면, 자존심을 방어하려는 목표를 세웠던 조건에 비해서, 기쁨을 경험하는 수준이 더 높았다. 반면에 동일하게 사회비교에 성공하더라도 그 대상이 자기보다 우월한 사람일 때보다 자기보다 열등한 사람인 경우에 안도감을 경험하는 수준이 더 높았다. 그리고 자기를 향상시키려고 했던 조건보다 자기를 방어하려고 했던 조건에서 비교에 성공하면 안도감이 더 높았다.

앞에서 살펴본 결과들을 간략히 정리해 보면 다음과 같다: (1) 자신에 관해서 정적인 정보를 받는 경우보다 부적인 정보를 받게 되면 정적정서는 더 낮고, 부적정서는 더 높게 경험한다. (2) 자기향상의 목표를 설정하면 기쁨을 기대할 수 있고 실제로 성공으로 기쁨을 경험하고, 하향비교가 예상되면 자기를 방어해야 한나는 부담을 경험한다. (3) 자신의 수행이 우수했다는 정보를 받고 자기를 향상시키려 하는 조건에서 상향비교가 예상되면 초조정서의 경험은 낮아진다. (4) 자기의 수행이 저조했다는 부적인 정보를 받고, 자기를 방어시키려고 한 조건에서 하향비교가 예상되면 오히려 높은 초조정서를 경험한다. (5) 자기를 타인과 비교한 결과가 좋으면 나쁠 때보다 비교동기의 충족수준이 높아지므로 정적정서를 더 경험하고, 비교한 결과가 나쁘면 좋을 때보다 비교동기의 충족수준이 낮아지므로 부적정서를 더 경험한다. (6) 자기향상의 동기가 우세한 상황에서 이에 적합하게 상향비교하여 비교한 결과가 좋으면 기쁨을 경험하고, 나쁘면 열등감을 경험한다. (7) 자기방어의 동기가 우세한 상황에서 이에 적합하게 하향비교하여 비교한 결과가 좋으면 안도감을 경험하지만, 나쁘면 우울감을 경험한다.

제3부 사회비교와 자기평가의 장들에서는 사회비교가 자기평가에 미치는 효과를 알아보았다. 이 장들에서 다룬 연구들은 사회비교에 따라서 자기평가가 어떻게 달라지는지 알아내기 위하여 이에 영향을 미치는 변인들을 다루었다. 이 연구들에서 얻은 중요한 결과들을 정리해 보기로 한다.

먼저 사회비교의 자기조절 과정이론에서 제안한 바와 같이 사회비교의 목표설정이 자기평가에 미치는 영향은 9장에 실린 연구에서 찾아볼 수 있다. 이 장에서는 일상생활에서 개인이 수행에서 실패를 경험하고도 자기보다 나은 사람과 비교해야 하는 상황에서 어떤 요인이 자기평가에 좋은 방향으로 영향을 미치는지 알아내었다. 실패를 경험한 상황으로 한정하여 보면, 자존심을 방어하려는 목표(백분위로 51.83)보다 자기를 향상시키려는 목표(59.43)를 설정한 경우에 자기평가가 더 높았다. 자신도 또한 우수한 사람처럼 도달할 가능성이 높다고 지각하게 되면(64.01), 자기향상목표에 대한 개입경로가 작동하여, 가능성이 낮을 때(47.21)보다 자기평가가 더 높았다. 따라서 앞의 2부에서 자기향상의 목표를 설정하기만 해도 정적정서를 유발시킨 사실과 일관되게 자기향상의 목표를 설정하면 적어도 대학생에서 그 자체로 자기평가를 높이는 기능을 보임을 시사한다. 또한 자신이 우수한 사람의 수준에 도달할 가능성이 높다고 지각하면, 역시 자기향상동기를 우세하게 만들어서, 자기평가를 높인다고 볼 수 있다.

흥미로운 사실은 자기를 향상시키려는 목표를 설정한 상태에서 자신이 우수한 사람처럼 될 수 있다고 지각하게 되면 자기평가는 더욱 높았다(67.72). 또한 자기향상동기의 충족수준이 사회비교의 목표와 자기평가의 관계를 매개함이 입증되었다. 이는 이 연구가 상향비교 조건을 다룬 점에 기인한다고 볼 수 있다. 즉, 자기를 향상시키려고 마음을 먹으면 자기보다 우월한 사람이 이 목표를 충족시키기에 적합한 대상이므로 자기향상동기의 충족이 기대되어서 자기평가가 높아졌다고 생각할 수 있다. 따라서 이론에서 가정한대로 상향목표설정과 개입의 두 경로들을 통해서 자기향상의 동기가 우세해지고 이에 적합하게 상향비교하는 조건에서 이 동기의 충족이 예상되면 자기평가가 높아졌다고 볼 수 있다.

제 3 부의 세 장에서는 자기와 비교대상의 관계 역시 자기평가에 영향을 미침을 알 수 있다. 8장에서는 개인 수준의 환류가 아니라 자신이 속한 집단의 수행에 관한 환류가 개인의 자기평가에 어떤 영향을 미치는지 알아보았다. 9장에서는 비교대상이 자기와 유사하게 어떤 과제에서 낮은 수행을 보여서 실패의 경험이 있는 사람이면 자기평가에 좋은 영향을 미치는 현상이 나타났다. 구체적으로 살펴보면 실패를 경험하였으나 자기를 향상시키려고 마음먹고 자기보다 우수한 사람과 비교하는 상황에서 그 사람도 과거에 자기와 유사하게 실패했었다는 정보가 더해지면 자기평가는 더 높아졌다(72.68). 그리고 10장에서는 비교대상이 자기와 같은 집단이거나 혹은 다른 집단에 속한 사람인지에 따라서 자기평가가 달라지는 현상을 알아내었다.

8장에서는 자기와 비교대상의 관계를 집단 수준에서 직접적으로 조작한 조건에서 자신이나 자기가 속한 집단의 수행에 관한 정보에 따라서 자기평가가 어떻게 달라지는지 다루었다. 결과를 보면, 개인이 잘했거나 못했다는 자기수행의 환류 정보도 자기평가에 영향을 미쳤다. 또한 자신이 속한 집단이 어떤 과제에서 잘 했거나 못 했다는 정보 역시 개인이 자기를 평가하는데 영향을 미쳤다(69.55 대 48.04). 더구나 자기와 내집단이 모두 과제에서 수행이 저조했을 때(37.19)보다 어느 한쪽이라도 우수하면(58.55 대 64.89) 자기평가가 더 높았고, 개인과 내집단이 모두 우수하면 자기평가가 더욱 높았다(74.21). 이 결과는 개인과 내집단의 수행 정보가 가산적으로 작용하여 개인의 자기평가에 영향을 미침을 보여준다. 그러나 이보다 흥미로운 현상이 자기와 집단의 수행 결과를 1 : 2 혹은 2 : 1의 비율로 빈도를 달리하여 알려준 경우에 나타났다. 상식적으로 집단과 개인의 수행에 관한 환류 가운데 더 빈도가 높은 정보가 자기평가에 더 영향을 미친다고 예측할 수 있다. 그러나 개인보다 집단 수행 정보의 특출성이 자기평가에 미치는 영향력이 더욱 강력하게 나타났다. 특히 자신은 수행이 나쁘더라도 자신이 속한 집단이 우수하다는 정보를 반복해서 특출하게 받으면(76.60), 자신과 집단이 모두 우수하다는 정보를 받은 조건만큼 자기평가가 높아졌다. 따라서 개인이 속한 집단이 우수하면 자기 수행이 낮더라도 자기가 열등하다고 평가하기보다 자기가 속한 집단의 우수성으로 자기평가에서 이득을 얻는다고 추론할 수 있다. 이 연구 결과는 한국문화에서 집단의 우수성이나 속성에 따라서 개인의 자기평가에도 큰 영향을 미침을 알아낸 점에서 주목할 만하다.

10장에서는 내집단에서 우수한 사람이 자기를 평가하는데 미치는 효과가 자신이 집단에서 동일시하거나 자존심을 느끼는 사회정체성 수준에 따라서도 달라지는 사실을 보여준다. 즉, 내집단에 대한 사회정체성 수준이 낮은 경우에는 내집단 성원들 가운데 우수한 사람과 비교하면 자기 평가가 낮았다(7점 척도에서 3.47). 반면에 내집단에 대한 사회정체성 수준이 높은 경우에는 내집단 성원 가운데 우수한 사람과 비교하면 오히려 자기 평가가 높아졌다(4.33). 9장과 10장의 연구를 통해서 한국문화에서 개인이 속한 집단에 따라서 개인의 자기평가가 크게 달라지는 현상이 일관되게 나타났다. 이 연구 결과는 장차 한국문화와 다른 문화를 대비시켜서 문화비교의 관점에서 사회비교 과정을 연구하는데 중요한 시사점을 제공한다.

제 4 부 사회비교, 행복, 건강에 포함된 네 장들을 통해서 사회비교와 행복, 신체건강 혹은 건강행동의 관계를 알아보았다. 먼저 11장과 14장에서는 건강이나 질병 차원에서 사회비교가 이루어질 때 나타나는 현상들을 알아보았다. 11장에서는 신체질병과 사회비교의 관련성을 다루었고, 14장에서는 섭식행동에서 사회비교가 어떤 영향을 미치는지 다루었다.

11장에서는 조사연구를 통해서 신체질병을 지닌 사람들이 건강차원에서 자신과 타인을 비교하는 경우에 어떤 조건에서 순기능을 보이는지 알아내었다. 쉽게 예측할 수 있는 바와 같이 신체질병을 지니지 않은 사람들에 비해서 신체질병을 지닌 사람들은 자기 건강에 대한 만족도가 낮았고, 신체증상도 더 많이 경험하였다. 이는 사회비교와 무관하게 신체질병이 초래한 결과들로 생각할 수 있다. 그런데 신체질병을 지닌 사람들은 그렇지 않은 사람들에 비해서 사회비교 과정에서 다음 몇 가지 특징을 드러냈다: 먼저 질병을 지닌 사람들은 자기 건강을 향상시키려는 동기가 더 높았다. 이와 함께 흥미로운 점은 이들이 건강차원에서 다른 사람과 자신을 비교하면 정적정서를 더 경험하고, 부적정서는 덜 경험하였다는 사실이다. 이 결과는 쉽게 납득하기 어려운 측면을 지니고 있으나 다음 요인들이 영향을 미쳤는지 연구할 필요가 있다. 먼저 신체질병을 지닌 사람들은 건강이 나쁜 사람이거나 비슷한 사람보다 자기보다 건강한 사람과 비교하려는 경향이 높았다. 이는 앞서 설명한대로 이들이 건강차원에서 자기향상의 동기가 높았던 사실과 조화되는 내용이다. 특히 신체질병을 지녔으면서 자기보다 건강한 이와 비교하는 사람들은 유사비교나 하향비교하는 사람들에 비해서 자기향상의 동기가 더욱 높고, 비교대상과 친하며, 더 자주 비교하고, 비교할 당시에 정적정서를 경험하는 수준이 더 높았고, 자신이 상대적으로 더 건강하다고 지각하였다. 따라서 비록 현재 질병을 지녔으나 자신의 건강을 증진시키려는 동기가 높으면 이 동기를 충족시키는데 적합하게 건강한 사람과 비교하며, 비교과정에서 자기향상의 동기가 비교과정에서 충족되었을 가능성이 높고, 정적정서를 더 경험하게 만들었다고 추론할 수 있다. 이 설명에 대해서는 장차 종단연구나 실험을 통해서 인과관계를 검증할 필요가 있다.

14장에서는 한국사회에서도 몸의 날씬함과 좋은 외모를 선호하는 추세가 최근 강하게 나타나고 있는 현상을 반영하여 이 추세의 영향에 취약하다고 볼 수 있는 여대생들을 대상으로 사회비교가 섭식행동에 어떤 영향을 미치는지 실험연구로 다루었다. 지금까지 국내외 모두 섭식행동에 사회비교이론을 적용한 경우는 드물었다. 이 연구에서는 여대생들이 자기보다 덜 먹은 사람과 비교하게 되면 자기보다 더 먹는 사람과 비교할 때보다 먹는 양이 더 작아진다고 추론하였다. 특히 개인의 섭식양에 비교대상이 미치는 효과는 비교하면서 다른 사람들이 자기 몸이나 체중을 생각한다고 의식하면 더 강하게 나타난다고 가정했다. 이 연구에서 다른 사람들이 자기 체중에 대해서 주의를 기울이고 있다고 생각한 사람들은, 체중과 관련없는 일에 주의를 기울인 사람들에 비해서, 비교대상의 효과가 더 강력하게 나타났다. 구체적으로 살펴보면 사회비교 연구는 이론을 섭식행동에 응용하여 이 이론이 활용될 수 있는 영역이 넓음을 보여준 데도 의의가 있다. 체중과 관련없는 일에 주의를 기울이게 되면 자신보다 적게 먹는 사람과 비교할 때보다 나보다 많이 먹는 사람과 비교할 때 섭식양이 더 높았다. 반면에 체중에 주의를 기울이게 되면, 비교대상의 효과는 나타나지 않았다.

12장과 13장에서는 조사연구를 통해서 사회비교의 동기를 만성적 개인차변인으로 측정하고 이 변인들이 주관안녕이나 신체건강의 지각과 어떤 관계를 보이는지 알아내었다. 이 연구에서 신체증상은 자기방어동기와 강요된 사회비교 경험의 상호작용에 의해서 유의하게 예측되었다. 구체적으로 자기방어동기가 낮은 사람들은 사회비교를 강요받은 경험이 많고 적음에 따라서 신체증상을 경험하는 정도가 달라지지 않았다. 그러나 자기방어동기가 높은 사람들은 사회비교를 강요받은 경험이 많아질수록 소화증상과 수면증상을 경험하는 정도가 높아졌다. 그리고 주관안녕정서와 두통은 자기방어동기, 고양동기 충족수준 및 강요된 사회비교 경험의 세 요인들이 상호작용하여 영향을 미쳤다. 구체적으로 자기방어동기가 높으면서 사회비교를 강요받은 경험이 적을수록 주관안녕정서가 높아지는 현상은 자기방어동기의 충족수준에 따라서 달라졌다. 즉, 자기방어동기가 높으면서 사회비교를 강요받았고 고양동기의 충족수준이 낮으면 주관안녕정서가 가장 낮았다. 자기방어동기가 높은 상황은 의도적으로 자신이 자존심을 회복하려는 목표를 설정했거나 자기방어 목표에 개입된 수준이 높은 경우에 해당한다. 이 조건은 실패경험이 만성적으로 잦았거나 자신이 노력해도 원하는 결과를 얻을 수 없다고 생각하여 통제감이 낮게 지각하는 등으로 자기방어동기가 높아졌을 수 있다. 따라서 건강심리학의 측면에서 보면 자존감이 낮거나, 실패 경험이 많거나, 통제감이 낮다고 지각하거나 혹은 향상가능성이 낮다고 지각할수록 사회비교 과정을 통해서 주관안녕이나 건강지각이 낮아진다고 추론할 수 있다.

제1부

비교할 사람의 선택

제 2 장

사회비교하는 목표와 성공/실패의 경험이 비교할 사람의 선택에 미치는 영향

이 연구에서는 개인이 수행에서 성공이나 실패를 경험한 다음에 자기보다 나은 사람, 못한 사람 혹은 자기와 유사한 사람 가운데 특정한 사람을 자기와 비교하려고 선택하는데 영향을 미치는 요인을 실험을 통해서 알아보았다. 이를 위해서 사회비교의 자기조절 과정이론에서 제안한대로 스스로 정한 사회비교의 목표설정과 아울러 상황에 따라서 일시적으로 유발된 목표개입이 모두 작동하여 비교할 사람을 선택하는데 영향을 미치는지 알아내었다. 결과를 보면, 자기를 향상시켜서 성장하려는 목표를 세우면 자기보다 나은 사람과, 자기를 정확히 알려는 목표를 세우면 자기와 유사한 사람과, 그리고 자존심을 방어하려는 목표를 세우면 자기보다 못한 사람과 비교하고 싶어 했다. 또한 성공을 경험한 후에는 자기보다 나은 사람을, 실패를 경험한 다음에는 자기보다 못한 사람을, 확실하지 않은 모호한 환류를 경험한 후에는 자기와 유사한 사람을 선호했다. 더욱 흥미로운 사실은 자신이 의도적으로 설정한 사회비교의 목표와 성공, 실패 혹은 모호한 환류를 통해서 일시적으로 유발된 목표개입 수준이 서로 조화되게 일치하는 조건에서, 일치하지 않는 조건보다, 유발된 사회비교 동기를 충족시킬 수 있는 사람과 비교하려는 경향이 더욱 높아졌다.

서 론

이 장에서 사회비교의 목표를 설정하고나서 어떤 수행에서 성공하거나 실패한 경험이 이후에, 그 자신이 비교하고 싶어하는 대상의 선택에 어떻게 영향을 미치는지 실험을 통해서 알아본 연구의 결과를 다루려고 한다. 이를 위해 1장에서 간략하게 논의한 사회비교의 자기조절 과정이론에서 가설들을 도출하였다. 이 장의 서론에서는 이 이론을 이 연구(한덕웅, 1999)의 목적에 맞게 소개하고 가설들이 도출된 이론의 배경과 논리를 정리하기로 한다. 이에 앞서 먼저 사회비교 대상의 선택을 다룬 선행 연구들을 간략하게 요약하기로 한다.

사회비교 대상의 선택에 대한 선행연구 결과들 인간이 타인과 비교하는 동기는 여러 측면에서 설명된다. Festinger(1954)가 제안한 바와 같이 자신을 정확하게 평가하려는 동기는 중요하다. 그는 특히 객관적으로 자신을 평가할만한 기준이 모호한 조건에서 자기와 유사한 타인과 비교함으로써 자기평가(self-evaluation)의 동기를 충족시킨다고 제안하였다. 그러나 그 후 최근까지 이루어진 연구들을 종합해 보면 인간은 자기를 정확히 평가하려는 자기평가 동기 이외에도 자신의 자존심을 향상시키려는 자기방어(self-enhancement)의 동기나 자기가 지닌 성격이나 능력 같은 속성을 개선하기 위한 자기향상(self-improvement)의 동기도 지닌다. 그리고 자기평가, 자기방어 및 자기향상의 세 동기는 사회비교 과정에서 각각 자신과 유사한 사람과 비교하는 유사비교, 자신보다 못한 사람과 비교하려는 하향비교, 그리고 자신보다 우월한 사람과 비교하는 상향비교에 의해 상대적으로 잘 충족된다고 가정할 수 있다.

사회비교 과정을 다루는 대부분의 학자들은 유사비교, 하향비교 및 상향비교 가운데 한 가지 유형의 사회비교에 초점을 맞추어서 연구하는 경향을 보였다. 예를 들면 하향비교(예, Talyor & Lobel, 1989; Wills, 1981), 유사비교(예, Festinger, 1954; Wood, 1989) 혹은 상향비교(Atkinson & Birch, 1978; Wayment, Taylor, & Carillo, 1994) 가운데 주로 한 가지 유형의 사회비교에 관심을 보였다. 따라서 각 유형의 사회비교를 촉진하거나 회피하게 만드는 선행조건, 사회비교에 따른 후행결과로서 정서, 자존심, 대처 혹은 수행에 미치는 영향을 중심으로 사회비교 과정을 설명하려고 하였다.

앞에서 유사비교, 하향비교 및 상향비교가 각각 자기평가, 자기방어 및 자기향상 동기의 충족과 관련되는 점을 지적했다. 그런데 어떤 상황에서 특정한 사회비교의 대상을 선정하여 사회비교하는 과정을 거친다고 하더라도 여러 조절변인들이 작용하기 때문에 이 세 사회비교의 동기들 가운데 특정한 동기가 충족되는 수준이 일정하지 않게 된다. 그 뿐만 아니라 유사비교, 하향비교 및 상향비교를 통해서 특정한 동기를 충족시키는 기능도 지니지만 이와 아울러 다른 사회비교 동기의 충족을 저해하거나 좌절을 경험할 수도 있다. 예를 들면 상향비교를 통해서 장기적으로 자기향상 동기를 충족시킬 수 있지만 단기적으로는 실패할 확률이 상대적으로 높기 때문에 자존심이 손상될지 모른다는 위협을 느낄 수도 있다. 반면 하향비교의 경우에는 다른 사람과 비교함으로써 상대적으로 비교 우위를 점할 수 있기 때문에 자존심을 방어할 수 있지만 자기의 성장이나 향상의 기회는 없어지거나 적어질 수 있다. 따라서 사람들이 특정한 사회상황에서 어떤 대상과 사회비교를 할지 미리 예언하려면 여러 사회비교 동기들 가운데 상황에 따라서 어느 동기가 상대적으로 특출하게 되는지 설명하여야 한다. 달리 말하자면 어떤 요인들이 선행요인으로 영향을 미쳐서 어떤 사회비교의 동기가 우세한지 설명하여야 한다.

사회비교 과정을 명시적으로 자기조절과정으로 설명하려는 최초의 시도는 Taylor, Wayment 및 Carillo(1993)에 의해서 이루어졌다고 볼 수 있다. 이들은 사회비교가 이루어지게 되는 동기 과정을 자기평가욕구, 자기향상욕구, 자기방어욕구 및 친화욕구의 네 욕구들로 설명한다. 그리고 이 욕구들 가운데 앞의 세 욕구를 충족시키기 위해서 각각 유사비교, 상향비교 및 하향비교가 이루어진다고 가정한다. 그런데 이들은 욕구를 설명 개념으로 사용하면서 각 욕구를 유발하는 선행 결정요인으로 자존심, 상황에서 당면한 위협 수준, 사회비교가 지속되는 장단기 시간, 상황의 통제가능성 지각, 사회비교에서 초래된 감정과 수행 수준 등을 들고 있다. 이 요인들에서 보는 바와 같이 이들은 만성적 개인차 요인으로 자존심을 들고, 그 외에는 주로 상황요인들이 사회비교의 자기조절에 크게 기여한다고 가정하고 있다. 또한 이들은 네 욕구들 가운데 특정한 욕구가 상대적으로 우세하게 작용하는 조건이나 특출한 욕구가 변화되는 과정을 설명하지 못한다.

사회비교의 자기조절 과정이론 앞에서 살펴본 선행연구들에서는 사회비교 동기의 성질을 결정짓는 요인들로 개인차와 관련해서 자존심이 자주 다루어지고, 상황의 조절요인들로는 여러 유형의 위협, 상황의 통제가능성 지각, 사회비교가 이루어지는 시간 등이 자주 다루어졌다. 그리고 공통으로 안정된 개인차 요인이나 상황요인들을 투입요인으로 삼고 이 요인들에 의해서 사회비교의 동기가 결정된다고 가정하였다.

그러나 1장에서 논의한 바와 같이 사회비교의 자기조절 과정이론(한덕웅, 1999; 한덕웅, 장은영, 2003a)에서는 사회비교의 동기가 의도적 목표설정에 의해서도 영향을 받는다고 가정한다. 인간의 동기가 의지에 근거를 두는 의도과정에 따라서 영향을 받는다는 가설은 Locke(1968; Locke & Lathams, 1990)의 목표설정이론을 통해서 제안되고, 실증연구들을 통해서 널리 지지되었다(한덕웅, 2004, 인간의 동기심리, 223-234). Locke에 의하면 목표설정은 행동의 방향, 강도, 지속에 영향을 미치는 동기기능과 인지전략의 모색에 기여하는 인지기능을 지닌다. 비록 Locke의 목표설정이론에서는 수행 수준을 높이기 위하여 양적으로 높고 구체적인 목표를 설정하는 경우로 한정하고 있으나, 필자는 이를 다양한 질적 목표의 설정에 적용할 수 있도록 확대하여 이론화하고자 한다. 일반적으로 말한다면 인간의 동기는 의도에 의해서도 영향을 받기 때문에 질적으로 다양한 목표의 설정에 따라서 초래된 의도가 행동의 방향, 강도, 지속 및 인지전략의 개발에 영향을 미친다고 가정할 수 있다. 과제를 수행하는 상황으로 한정하지 않더라도 인간이 의지에 따라서 설정한 목표가 질적으로 달라지면 행동의 방향, 강도, 지속 및 인지전략의 개발에 미치는 영향이 달라지기 때문에 목표설정의 효과 역시 달라진다고 추론할 수 있다. 필자의 이 가설을 지지하는 연구 결과도 이미 보고된 바 있다. 김교헌과 한덕웅(1996)은 분노정서를 표현하도록 하거나 혹은 분노를 일으킨 상황이 발생된 원인을 이해하도록 자기노출의 목표를 각각 질적으로 달리 설정한 조건에서 높은 수준으로 자기노출하게 되면 자기노출 후에 혈압, 분노 및 자기평가가 달라진다는 결과를 보고하였다. 이 논리에 따르면 사회비교의 경우에도 목표를 달리 설정하게 되면 비교를 통해서 충족하려고 하는 동기가 달라지게 된다. 예를 들어서 개인이 현재 상태보다 더 나은 사람이 되기 위하여 의도적으로 자기향상의 목표를 설정하게 되면 자기향상에 기여한다고 추론되는 사람을 사회비교의 대상으로 선택하고, 자기향상을 촉진하는 활동을 활성화하여 지속시키는 동기기능을 지니게 된다. 따라서 자기향상의 목표를 설정하면 다른 조건들보다 자기보다 나은 상향비교 대상이 선택될 확률이 높아지게 된다(자기향상목표에 의한 상향비교 가설). 그뿐만 아니라 개인차나 비교하는 상황에서 겪은 경험으로 상향비교의 동기 이외에 다른 사회비교의 목표에 개입하게 된 수준이 높으면 상향비교 목표의 영향으로 자기보다 나은 상향비교의 대상이 선택될 확률이 높다. 이와 동일한 논리에서 자기평가의 목표를 설정하면 정확한 자기평가의 동기를 충족시키기 좋은 유사비교의 대상이 선택될 확률이 높아진다(자기평가목표에 의한 유사비교 가설). 또한 자기방어를 추구하는 자기방어 목표를 설정하면 자기의 자존심을 충족시키려고 사회비교를 통해서 자기방어의 경험을 얻을 수 있는 하

그림 2-1. 사회비교의 자기조절 과정이론(한덕웅, 1999, 2002; 한덕웅, 장은영, 2003a)

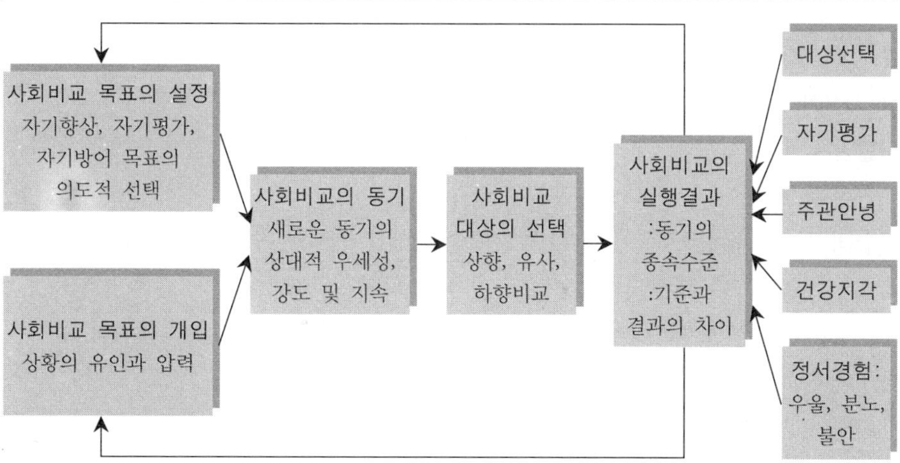

향비교의 대상이 선택될 확률이 높아진다(자기방어목표에 의한 하향비교 가설).

지금까지 개인이 어떤 상황에서 질적으로 다른 사회비교의 목표를 설정하게 되면 사회비교의 대상을 선택하는데 어떤 영향을 미치는지 살펴보았다. 이 사회비교의 목표설정 과정을 가정하는 필자의 관점은 비교대상의 선택과정을 환경의 영향으로 설명하는 대부분의 선행연구들과 대조된다. 앞에서 언급한 바와 같이 신행연구들에서는 대체로 어떤 사회환경에 당면해서 경험한 상황의 요구에 따라서 사회비교를 통해서 추구하는 동기의 성질이 결정된다고 가정하는 환경결정론을 취하였다. 그러나 사회비교의 자기조절 과정이론의 틀에서 설명하자면 선행연구들은 대부분 개인차나 상황의 영향으로 특정한 사회비교의 동기에 대한 개입이 높아져서 특정한 동기가 우세해지는 조건들만을 다루고 있다.

물론 의도적으로 목표설정이 이루어지지 않아서 특정한 사회비교의 목표가 우세하지 않거나 특출하지 않은 조건에서는 상황의 영향에 의해 사회비교 목표들의 상대적 개입 수준이 달라지고 이로 인해 사회비교의 동기가 달라질 수도 있다. 사회비교의 자기조절 과정이론에서는 이를 사회비교 목표의 개입 경로라고 명명하였다. 따라서 사람들은 자신이 선택한 특정한 사회비교의 목표를 설정한 수준과 사회비교의 경험으로 유발된 목표의 개입 수준에 따라서 특정한 동기가 우세해진다. 그리고 사회상황에서 다른 사람들과 비교하여 이 특정한 사회비교의 동기가 달성되는 수준에 따라서 다음 단계에서 다시 사회비교의 목표를 재설정하는 일련의 자기조절과정을 거치게 된다. 사회비교의 목표란 타인과 비교하여 장래 일정한 시점에서 자신이 도달하려고 하는 바람직한 상태라고 정의할 수 있다. 그리고 사회비교 목표의 개입이란 사회비교가 이루어지는 사회상황에서 특정한 사회비교 동기의 상대적 우세성을 결정짓는 상황 요인들의 영향 강도라고 정의할 수 있다. 목표의 개입 수준을 결정짓는 요인들 가운데는 자존심이나 능력을 포함하는 개인차 요인들도 영향을 미칠 수 있고, 이와 아울러 여러 유형의 위협, 상황의 통제가능성, 사회비교가 이루어지는 시간제한 등 선행연구들에서 다룬 여러 환경 요인들이 포함된다.

그림 2-1을 보면, 세 가지 사회비교의 동기는 다음 두 경로를 통해서 형성된다. 먼저, 개인이 의지에 따라서 사회비교의 목표를 설정하는 경로는 자기향상, 자기평가 및 자기방어의 동기들을 충족시키려는 목표들 가운데 하나이거나 둘 이상이 의도적으로 선택되는 과정을 의미한다. 전체적으로 말해서 특정한 사회비

교의 동기는 특정한 사회비교의 목표설정과 사회비교가 이루어진 상황에서 초래된 개입 수준의 두 요인들에 의해서 결정된다. 이 두 요인들 가운데 사회비교의 목표를 설정한 단계에서는 대체로 두 경로로 목표가 설정된다. 그 중 하나는 과거에 이미 이루어진 사회비교의 경험과 상관없이 개인이 의도적으로 선행 투입 과정을 통해서 사회비교의 목표를 설정하는 경로이다. 의도적으로 선행 투입 과정을 통해서 사회비교의 목표를 설정하는데는 개인이 추구하는 장래의 자기상, 이미 설정한 기준과 현 상태의 차이, 만성적 자존심, 자기효능성 등 만성적이거나 단기적으로 특출한 자기정체성의 단면들이 크게 영향을 미친다. 이에 더해서 사회비교의 목표가 설정된 조건이라고 하더라도 상황에 따라서 사회비교를 통하여 목표가 달성되는 수준이 달라질 수 있다.

이미 설정된 비교목표가 달성되거나 혹은 목표에 못 미치는 결과를 경험하게 되면 이미 설정한 사회비교의 목표가 유지되기도 하고 새로운 사회비교의 목표가 재설정될 수도 있다. 자기성장의 목표가 설정된 조건을 예로 들어서 이 경우를 설명해 보자. 사회비교에서 자기성장의 목표가 설정된 상황에서 활동을 성공적으로 수행한 경험이 생기면, 이 상황의 영향으로 자기성장의 목표의 개입 수준이 상대적으로 높아져서, 전체적으로 사회비교에서 자기성장의 목표가 유지되고, 이로 인해서 자기성장의 동기는 더욱 높아질 수 있다. 반면에 사회비교의 과정에서 자기성장의 목표를 설정한 경우라고 하더라도 수행에 실패한 조건에서는 비록 자기성장 목표를 설정함으로써 자기성장의 동기가 유발될 수 있지만, 이에 사회비교에 실패한 경험의 영향으로 자기성장의 목표의 개입 수준은 상대적으로 낮아져서, 결과적으로 오히려 유사비교나 하향비교를 통해서 자기방어의 동기를 충족시키려는 목표가 우세하게 설정될 수 있다. 따라서 사회비교의 목표설정과 목표개입이 일치되는 조건에서는, 일치하지 않아 갈등이 예상되는 조건에 비해서 이미 설정된 사회비교의 목표와 일관되는 비교대상이 선택될 확률은 높아진다(사회비교목표와 상황 요인의 상호작용 가설). 또한 사회비교 동기들간의 갈등이 예상되는 조건에서는 자기성장목표의 상대적 우세성은 낮아지고, 유사비교나 하향비교를 통해서 사회비교의 목표로 바꾸어서 재설정할 개연성도 높아진다.

그림 2-1에서는 이전 단계에서 이루어진 사회비교의 실행결과가 다시 목표의 설정에 영향을 미치는 과정도 설명하고 있다. 그러나 과거에 사회비교를 실행한 결과가 사회비교의 목표설정에 영향을 미치는 과정 역시 이미 설정된 사회비

교를 실행한 결과를 이전에 설정한 목표를 기준으로 평가함으로써 이루어진다. 이 때 대체로 사회비교를 실행한 결과로 볼 때 이미 설정한 사회비교의 목표를 통해서 충족시키려고 의도한 동기의 충족 수준이 기준에 도달된 조건에서는 다른 사회비교의 목표를 설정하고, 이 기준에 도달되지 못한 조건에서는 동일한 사회비교의 목표를 설정하거나 다른 목표로 바꾸어서 설정할 수 있다. 예를 들어 사회비교를 통해서 이미 설정한 자기방어목표 혹은 자기평가목표가 충족된 조건에서는 자신이 더 나은 사람으로 성장하려는 동기가 유발될 수 있으므로 자기향상목표가 추구될 수 있다. 그러나 이미 설정한 자기방어 동기 혹은 자기평가의 동기가 좌절되거나 충족 수준이 기준에 못 미친 경우에는 자기방어목표 혹은 자기평가목표가 유지되거나 다시 설정될 수도 있다. 또한 자기방어목표가 좌절된 경우에도 개인의 의지과정에 의해서 지속적으로 자기방어목표가 유지될 수도 있다.

이 자기조절 과정에서는 특정한 사회비교의 목표가 설정되어서 실제로 타인과 비교함으로써 그 목표에 개입된 수준이 높을수록 그 동기가 높아지기 때문에, 이미 설정된 목표가 유지될 확률이 높아지고, 다른 사회비교의 목표로 변경하여 재설정될 개연성은 낮아진다. 그러므로 특정한 사회비교의 목표설정에서 개입 수준이 낮으면 사회상황에서 유발되는 사회비교의 동기의 성질에 따라서 사회비교 목표가 달라지는 방향으로 목표의 재설정이 이루어질 개연성이 높다.

이 장에서 다루게 되는 주제와 관련이 깊은 내용 가운데 각 가설의 설정에 연결되는 이론적 배경을 사회비교의 자기조절 과정이론에 따라서 정리하면 다음과 같다: 사회비교 과정을 통해서 비교하는 사람이 추구하는 목표들을 대분해 보면 ① 자기효능성을 포함하는 자기성장 동기의 충족, ② 사회적 불확실성을 제거하여 사회적 타당화를 획득하려는 자기평가 동기의 충족, ③ 사회관계에서 자존심의 방어나 유지를 통해서 획득되는 자기방어 동기의 충족으로 나눌 수 있다. 이 장에서 실험을 통하여 검증하게 될 비교대상의 선택에 관한 가설들을 이 이론에 따라서 정리하면 다음과 같다:

개인이 추구하는 사회비교 목표에 따른 비교 대상의 선택 가설 개인이 지니는 우세한 사회비교의 동기에 따라서 이 동기를 충족시킬 수 있는 사회비교의 대상이 선택된다. [가설 1-1] 자기성장과 자기효능성을 증진시키려는 목표가 우세한 조건에서는, 상향비교가 자기성장과 자기효능성을 높이는데 도움이 된다고 믿는 한, 상향비교 대상이 선택된다. [가설 1-2] 주관적 불확실성을 제거하려는 목표가 우세한 조건에서는 사회적 타당화의 동기가 강하기 때문에, 이 요구를 충족시키기에 적합하므로, 관련 속성이 유사한 비교 대상이 선택된다. [가설 1-3] 자기방어를 통해서 자존심을 높이려는 목표가 우세한 조건에서는, 이 자존심의 동기를 충족시키고자, 하향비교 대상이 선택된다.

상황의 요구에 따른 비교대상의 선택 가설 사회상황에 따라서 개인이 설정한 목표를 달성할 수 있는 기회가 실질적으로 제한되기 때문에 상황에 따라서 목표를 충족시킬 수 있다고 판단되는 적절한 비교대상이 선택된다. [가설 2-1] 타인들과 비교해서 상대적으로 성공을 경험한 상황에서는, 주관적 불확실성을 제거함으로써 사회적 타당화를 추구하거나 자존심을 방어하여 자기를 긍정적으로 제시하려는 욕구가 상대적으로 낮고 자기성장이나 자기효능성을 증진시키려는 목표가 상대적으로 강해져서, 상대적으로 성공이나 실패가 불확실하거나 실패를 경험한 상황에서보다, 비교하려는 관련속성에서 우월한 사람과 비교하는 상향비교가 우세하게 나타난다. [가설 2-2] 타인들과 비교해서 상대적으로 성공이나 실패를 판단하기 어려운 모호한 상황에서는, 긍정적 자기를 제시하거나 자존심을 방어하기 위해서 자존심을 회복하여 자기를 방어하려는 목표가 상대적으로 낮아져서, 성공하거나 실패한 상황에 비해서 상대적으로 비교하려는 관련속성에서 유사한 사람과 비교하려는 유사비교 대상이 우세하게 선택된다. [가설 2-3] 타인들과 비교해서 상대적으로 실패를 경험한 상황에서는, 주관적 불확실성을 제거함으로서 사회적 타당화를 추구하거나 자기성장과 자기효능성을 증진시키려는 목표가 상대적으로 낮고, 자존심을 방어하여 자존심을 높이려는 목표가 상대적으로 강해진다. 따라서 성공이나 실패가 불확실한 상황이나 성공을 경험한 상황에 비해서 비교하려는 관련속성에서 열등한 사람과 비교하려는 하향비교가 우세하게 나타난다.

사회비교의 목표와 상황요구의 상호작용에 따른 비교대상의 선택 가설 개인이 지니는 우세한 사회비교의 목표가 상황의 요구와 합치되는 상황에 당면한 조건에서는, 합치되지 않는 조건에서보다, 사회비교의 목표 및 상황과 일치되는 특정한 사회비교 대상의 선택이 우세하게 나타난다. [가설 3-1] 자기성장과 자기효능성을 증진시키려는 자기향상의 목표를 지니고 유사한 타인과 비교하여 상대적으로 성공을 경험하는 상황에 당면하면, 다른 조건들에 비해서, 상향비교의 대상이 우세하게 선택된다. [가설 3-2] 주관적 불확실성을 제거하여 사회적 타당화를 얻으려는 자기평가의 목표를 지니고 상대적으로 성공이나 실패를 판단하기 어려운 모호한 상황에 당면하면, 다른 조건들에 비해서, 유사비교 대상이 우세하게 선택된나. [가설 3-3] 지기방어를 통해서 자존심을 높이려는 자기방어의 목표를 지니고 실패를 경험하는 상황에 당면하면, 다른 조건들에 비해서, 하향비교의 대상이 우세하게 선택된다.

개인이 추구하는 목표에 따른 사회비교 동기의 충족 가설 개인이 추구하는 우세한 비교 목표가 서로 다르면 상향, 유사 및 하향 비교를 통해서 얻게 되는 심리적 만족의 효과가 질적으로 서로 달라진다. 그러므로 개인이 추구하는 우세한 비교목표에 따라서 상향, 유사 및 하향비교의 비교 결과를 통해서 얻게 되는 만족 수준이 서로 달라진다. 구체적으로 사회비교의 결과로 성공을 경험하게 되면 해당 사회비교 목표에 따른 만족 수준이 다른 사회비교 목표의 충족 수준보다 높고, 실패한 경우에는 불만족 수준이 높다. [가설 4-1] 자기성장과 자기효능성을 추구하려는 사회비교목표가 우세한 조건에서 우월한 대상과 비교하게 되면, 유사하거나 열등한 대상과 비교했을 때보다, 사회비교 과정에서 자기성장이나 자기효능성 목표를 추구한 행동의 결과에 대하여 만족하거나 불만족한 수준이 높다. [가설 4-2] 주관적 불확실성을 제거하여 사회적 타당성을 추구하는 목표가 우세한 조건에서 유사한 대상과 비교하게 되면, 우월하거나 열등한 대상과 비교했을 때보다, 사회비교 과정에서 주관적 불확실성을 제거하려는 사회적 타당성의 목표를 추구한 행동의 결과에 대하여 만족하거나 불만족하는 수준이 높다. [가설 4-3] 자기방어를 통해서 자존심을 높이려는 자기방어 목표가 우세한 조건에서 하향비교 대상과 비교하게 되면, 우월하거나 유사한 대상과 비교했을 때보다, 사회비교 과정에서 자기방어를 통해서 자존심을 높이려는 목표를 추구한 행동의 결과에 따라서 만족하거나 불만족한 수준이 높다.

상황의 요구에 따른 사회비교 동기의 충족 가설 사회 상황의 맥락에 따라서 개인에게 제공될 수 있는 여러 비교 목표를 추구할 기회가 달라지기 때문에 상향, 유사 및 하향비교를 통해서 얻게 되는 효과가 질적으로 달라진다. 그러므로 사회적 상황 맥락에 따라서 상향, 유사 및 하향비교를 통해서 얻게 되는 만족 수준이 질적으로 서로 달라진다. [가설 5-1] 유사한 타인들과 비교해서 상대적으로 성공을 경험한 상황에서 우월한 사람과 비교하게 되면, 유사하거나 열등한 사람과 비교했을 때보다, 사회비교를 통해서 자기성장과 자기효능성을 높이려는 목표 추구 행동에 대한 만족이 상대적으로 높아진다. [가설 5-2] 유사한 타인들과 비교해서 상대적으로 성공 실패 여부를 판단하기 어려운 상황에서 유사한 사람과 비교하게 되면, 우월하거나 열등한 사람과 비교했을 때보다, 사회비교를 통해서 주관적 불확실성을 제거하여 사회적 타당화를 이루려는 목표 추구 행동에 대한 만족 수준이 상대적으로 높아진다. [가설 5-3] 유사한 타인들과 비교해서 상대적으로 실패를 경험한 상황에서 열등한 사람과 비교하게 되면, 우월하거나 유사한 사람과 비교했을 때보다, 사회비교를 통해서 자존심의 방어와 자존심을 높이려는 목표 추구 행동에 대한 만족이 상대적으로 높아진다.

사회비교의 목표설정과 목표개입의 상호작용에 따른 사회비교 동기의 충족 가설 개인이 추구하는 우세한 비교의 목표와 일치되는 상황의 요구에 당면하게 되면, 상향, 유사 및 하향비교 활동을 통해서 나타난 결과에 대해서 느끼는 심리적 만족 효과가 질적으로 서로 달라진다. 그러므로 개인이 추구하는 우세한 비교의 목표에 따라서 각각 상대적으로 성공, 실패 혹은 성공이나 실패가 모호한 상황에 당면하게 되면 각각 사회비교를 통해서 만족을 경험하는 수준에 서로 달리 영향을 미친다. [가설 6-1] 자기성장과 자기효능성을 추구하려는 사회비교 목표가 우세한 경우에, 타인에 비해서 상대적으로 성공하는 상황에 당면하면, 다른 조건보다 상향비교 행동을 통해서 경험하는 만족 수준이 높다. [가설 6-2] 주관적 불확실성을 제거하여 사회적 타당성을 추구하는 목표가 우세한 경우에 타인들과 비교하여 성공이나 실패의 판단이 모호한 상황에 당면하면, 다른 조건들보다 유사비교 행동을 통해서 경험하는 만족 수준이 높다. [가설 6-3] 자기방어를 통해서 자존심을 높이려는 자기방어 목표가 우세한 경우에 상대적으로 타인보다 실패를 경험하는 상황에 당면하면, 다른 조건들보다 하향비교 행동을 통해서 경험하는 만족 수준이 낮다.

위의 가설들 가운데 이 장에서는 [1] 개인이 추구하는 사회비교의 목표에 따른 비교대상의 선택에 관한 가설들과 [2] 상황의 요구에 따른 비교 대상의 선택 가설들 그리고 [3] 사회비교의 목표와 상황 요구의 상호작용에 따른 비교대상의 선택 가설들을 검증한 결과를 알아보려고 한다. 그러므로 이 연구에서는 앞에서 제시한 가설 1-1, 가설 1-2, 가설 1-3, 가설 2-1, 가설 2-2, 가설 2-3, 가설 3-1, 가설 3-2 및 가설 3-3을 검증한다. 이상에서 제시한 내용에 따라서 이 연구에서 검토하게 될 사회비교 대상의 선택에 관련된 가설들을 정리해 보면 표 2-1과 같다.

표 2-1. 비교 대상의 선택에 관한 가설들의 정리

비교대상 선택	사회비교목표(A)	성공/실패의 환류(B)	A×B
상향비교 대상 유사비교 대상 하향비교 대상	가설1 목표 → 비교대상의 선택 가설	가설2 환류 → 비교대상의 선택 가설	가설3 목표×환류 → 비교대상의 선택 가설
	가설1-1 자기향상목표 VS 두 목표	가설2-1 성공 VS 실패+중간	가설3-1 자기향상목표: 성공/확실 VS 실패/확실 등
	가설1-2 자기평가목표 VS 두 목표	가설2-2 중간 VS 성공+실패, 모호 VS 확실	가설3-2 자기평가목표: 중간/모호 VS 중간/확실 등
	가설1-3 자기방어목표 VS 두 목표	가설2-3 실패 VS 성공+중간	가설3-3 자기방어목표: 실패/확실 VS 성공/확실 등

연구 방법

실험절차　참가자들은 4명씩 함께 실험에 참여하였다. 실험은 컴퓨터 화면에 나타나는 지시문을 읽으면서 진행되었는데, 컴퓨터 사이에 칸막이를 두어서 참가자는 다른 사람의 화면을 볼 수 없었다. 참가자들이 모두 컴퓨터 앞에 앉으면, 이 연구는 현재 대학생들의 지각능력 수준을 알아보는 데 목적이 있다고 설명하였다. 연구 목적을 소개하고 나서 참가자들은 지각능력검사를 받았다. 참가자들에게는 이 검사가 순간적으로 나타났다가 사라지는 글자, 낱자, 그림 및 숫자 등에 대해서 얼마나 빠르고 정확하게 반응하는지를 알아보는 검사라고 알려주었다. 검사에 응답하는 방법을 설명한 후 연습 시행을 3분간 실시하도록 하였다. 연습 시행이 끝난 후 본시행을 5분간 수행하였다. 본시행이 끝난 후 성공/실패의 환류와 환류의 확실성을 지각능력 점수로 조작하였다. 그리고 두 번째 본시행 결과를 자신이 장차 선택할 사람의 수행과 비교하게 된다고 알려주고, 타인과 비교할 때 염두에 두어야 할 사회비교목표(자기향상 목표/자기평가 목표/자기방어 목표)를 조작하였다. 세 독립변인을 조작한 후 종속변인으로 장차 자신의 지각능력검사 결과를 비교하고 싶은 사람을 선택하도록 하였다. 그 후 참가자들은 조작점검 문항과 부가적 종속측정치가 들어있는 설문에 응답하였고, 각 조건에서 실질적으로 과제의 수행이 이루어지는지 검토하기 위하여 수행 수준을 측정하는 과제를 4분간 수행하였다.

참 가 자 ‘심리학개론’ 교양 강좌를 수강하는 성균관대학교 학생 270명을 18조건에 15명씩 무선배정하였다.

실험설계 3(사회비교목표: 자기향상/자기평가/자기방어)×3(수행의 환류: 성공/중간/실패)×2(환류의 확실성: 확실/모호)의 완전무선설계이었다.

실험 과제 지각능력검사는 한 쌍의 그림판이 나타났다가 사라진 후 두 그림판이 같다고 생각되면 자판에서 알파벳 ‘O’를 누르고, 다르다고 생각되면 알파벳 'X'를 누르도록 하였다. 지각능력 점수는 연습과제 수행 전에 제한된 시간 내에 응답한 개수, 반응하는데 걸린 시간, 그리고 정확하게 응답한 개수를 고려하여 산출된다고 참가자들에게 알려주었다.

독립변인 조작 사회비교의 목표는 두 번째 지각능력 과제를 마친 후 본시행에서 얻은 점수를 자신이 선정한 다른 사람과 비교하기 위한 목표로 조작하였다. 자기향상 목표조건에서는 자신의 지각능력을 높이기 위하여 다른 사람과 자신의 점수를 비교할 때 자신의 지각능력을 증진시켜서 유능성을 높이는 데만 목표를 두라고 지시하였다. 자기평가 목표조건에서는 자신의 지각능력이 어느 정도나 되는지 정확히 알 수 있도록 하기 위하여 다른 사람과 자신의 점수를 비교할 때 자신의 지각능력이 얼마나 되는지 정확히 알아내는 데만 목표를 두라고 지시하였다. 자기방어 목표조건에서는 자신의 자존심이 손상되지 않고 방어하는 데 도움이 되도록 다른 사람과 자신의 점수를 비교할 때 자신의 자존심을 방어하여 자존심이 손상 당하지 않도록 하는 데만 목표를 두라고 지시하였다. 수행결과를 알려주는 환류(feedback) 방법으로는 이전 연구에서 지각능력검사를 사용하여 얻은 대학생들 자료를 분석하여 100점 만점에 50점을 평균으로 개인의 득점을 환산한 점수라고 소개하고, 참가자 개인별 검사 결과를 알려주었다. 성공조건에서는 자신과 유사한 대학생을 기준으로 환산했을 때 백분위로 상위 20%에 해당하는 우수한 수행이라고 알려주었다. 중간조건에서는 자신과 유사한 대학생을 기준으로 환산했을 때 백분위로 중간 50%에 해당하는 중간 정도의 수행이라고 알려주었다. 실패조건에서는 자신과 유사한 대학생을 기준으로 환산했을 때 백분위로 하위 20%에 해당하는 저조한 수행이라고 알려주었다. 환류의 확실성은 본시행의 단위 시간당 최고 점수와 최저 점수의 차이로 조작하였다. 환류가 확실한 조건에서는 단위 시간당 참가자의 최고 점수와 최저 점수의 차이가 10으로 나타나서 편차가 작으며, 안정되고, 일정한 수준을 나타낸다고 알려주었다. 환류가 모호한 조건에서는 단위 시간당 참가자의 최고 점수와 최저 점수의 차이가 60으로 나타나서 편차가 크며, 불안정하고, 일정하지 않은 수준을 나타낸다고 알려주었다.

종속변인 측정 참가자들에게 지각능력검사의 두번째 본시행에서 자신의 검사 점수와 다른 한 사람의 점수를 비교하게 된다고 알려주었다. 참가자는 두번째 지각능력검사에서 자신의 점수와 비교하고 싶은 사람을 세 사람들 가운데 선택하였다. 자신이 얻은 점수를 비교해 보고 싶은 사람을 선택할 때 참고하도록 첫 번째 지각능력검사에서 자신과 다른 세 사람들이 각기 얻은 점수들을 알려주었다. 그러나 실제로는 이 점수들을 실험조건별로 사전에 조작하였다. 모든 참가자들에게 제공된 다른 사람들의 점수는 세 가지였는데, 세 사람 중 한사람은 자신보다 지각능력 수준이 높고, 또 한 사람은 자신과 유사했으며, 나머지 한 사람은 자신보다 점수가 낮았다. 참가자는 앞으로 수행하게 되는 지각능력검사 결과를 비교하고 싶은 사람으로 세 사람들 가운데 한 사람만 골라서 입력했다. 세 사람을 나타내는 알파벳(A, B, C)의 제시순서는 상쇄시켰다. 그러나 개인의 비밀보장을 위해서 검사 점수를 제공할 때 점수를 비교한 설명만 제공하고 사람의 인적사항은 나타나지 않는다고 알려주었다.

연구 결과

독립변인의 조작효과　자신의 수행 점수를 알려주어서 환류의 조작효과를 알아보기 위하여 '첫 번째 본시행에서 당신의 지각능력 점수는 백분위로 다음 중 어디에 속합니까'와 '첫 번째 본시행에서 당신의 지각능력 점수는 어느 정도였습니까'라는 두 질문을 통하여 확인하였다. 그 결과 이 질문에 대해서 모든 참가자들이 자신의 점수를 정확히 기억하였다. 또한 '첫 번째 본시행에서 당신은 자신의 지각능력 점수가 다른 대학생에 비하여 좋은 편이라고 생각합니까'에 대한 응답을 3(사회비교목표)×3(수행의 환류)×2(환류의 확실성)로 변량분석한 결과에서 환류의 주효과만 유의하였다($F(2,252) = 440.50$, $p < .001$). 즉, 성공조건($M=$ 6.80)에서 중간조건($M=4.65$)보다 자신의 점수가 더 좋다고 응답했고, 중간조건에서 실패조건($M=2.27$)보다 자신의 점수가 더 좋다고 응답하였다.

환류의 확실성을 조작한 효과는 '첫 번째 본시행에서 단위시간으로 볼 때 당신의 최고 점수와 최저 점수의 차이는 어디에 속합니까'와 '첫 번째 본시행에서 당신의 지각능력 점수는 단위시간마다 일정하게 유지되었습니까'라는 두 개의 질문을 통하여 확인하였다. 그 결과, 이 질문에 대해서 모든 참가자들이 자신의 환류의 확실성에 해당하는 지시문을 정확히 기억하였다. 또한 '첫 번째 본시행에서 당신은 자신의 지각능력 점수가 단위시간당 차이가 작아서 일관되게 나타났다고 생각합니까'에 대한 응답을 3(사회비교목표)×3(수행의 환류)×2(환류의 확실성)로 변량분석한 결과에서 환류의 확실성 주효과만 유의하였다($F(1,252)=509.88$, $p <$ .001). 즉, 환류가 확실한 조건($M=7.31$)에서 환류가 모호한 조건($M=3.41$)보다 자신의 점수가 일관되었다고 응답하였다. '첫 번째 본시행에서 당신의 지각능력 점

수는 단위시간에 따라서 차이가 컸다고 생각합니까'에 대한 응답을 3(사회비교목표)×3(수행의 환류)×2(환류의 확실성)로 변량분석한 결과에서 환류 확실성의 주효과만 유의하였다($F(1,252)=435.02$, $p < .001$). 즉, 환류가 확실한 조건($M=2.71$)보다 환류가 모호한 조건($M=6.54$)에서 자신의 점수가 단위시간에 따라서 큰 차이를 보였다고 응답하였다.

사회비교목표의 조작효과는 '실험자가 다른 사람과 비교할 때 어디에 관심을 두라고 하였습니까'라는 질문을 통하여 확인하였다. 그 결과, 이 질문에 대해서 모든 참가자들이 자신의 사회비교목표에 해당하는 지시문을 정확히 기억하였다. 또한 '실험자의 설명을 통하여 당신은 자신의 유능성을 높이는데 얼마나 관심을 두게 되었습니까'에 대한 응답을 3(사회비교목표)×3(수행의 환류)×2(환류의 확실성)로 변량분석하였다. 그 결과, 자기향상 목표조건($M=7.16$)에서 자기평가목표조건($M=6.23$)과 자기방어 목표조건($M=5.82$)보다 자신의 유능성을 높이는데 더 관심이 있다고 응답하여 사회비교목표의 주효과만 유의하였다($F(2,252)= 11.71$, $p < .001$). '당신은 실험자의 설명을 통하여 자신의 지각능력이 어느 정도인지 정확히 알아내는데 얼마나 관심을 두게 되었습니까'에 대한 응답을 변량분석한 결과에서도 사회비교목표의 주효과만 유의하였다($F(2,252) =9.54$, $p < .001$). 자기향상목표조건($M=7.18$)과 자기평가목표조건($M=6.78$)에서 자기방어 목표조건($M=6.05$)보다 자신의 능력을 정확히 아는데 더 관심이 있다고 응답하였다. '당신은 실험자의 설명을 통하여 자신의 자존심을 손상시키지 않도록 하는데 얼마나 관심을 두게 되었습니까'에 대한 응답을 변량분석한 결과에서도 사회비교목표의 주효과만 유의하였다($F(2,252)=11.16$, $p < .001$). 자기향상 목표조건($M=6.23$)보다 자기평가목표조건($M=5.01$)과 자기방어 목표조건($M=4.83$)에서 자신의 자존심을 방어하는데 더 관심이 있다고 응답하였다. 따라서 독립변인들의 조작은 모두 잘 이루어졌다.

사회비교 대상 선택의 빈도 분석 참가자들이 다음 자료를 지각능력검사에서 자신이 얻은 점수를 비교해 볼 사람으로 선택한 백분률은 표 2-2에 제시되어 있다. 그리고 이 자료를 Linear Analysis를 사용하여 3(사회비교목표)×3(수행의 환류)×2(환류의 확실성)의 삼원 빈도분석한 결과는 표 2-3에 제시되어 있다. 표 2-3을 살펴보면 수행의 환류($\chi^2=25.37$, $p < .001$), 환류의 확실성($\chi^2=6.30$, $p < .05$) 및 사회비교목표($\chi^2=30.25$, $p < .001$)의 주효과가 각각 유의하였다.

표 2-2. 사회비교의 목표, 대상 및 결과에 따른 비교대상의 선택빈도와 백분율

		성공						중간						실패						합계	
		확실		모호		소계		확실		모호		소계		확실		모호		소계			
		N	%	N	%	N	%	N	%	N	%	N	%	N	%	N	%	N	%	N	%
사회비교 목표	대상선택																				
자기향상	상향대상	13	86.7	10	66.7	23	76.7	9	60.0	9	60.0	18	60.0	10	66.7	6	40.0	16	53.3	57	63.3
	유사대상	1	6.6	5	33.3	6	20.0	5	33.3	5	33.3	10	33.3	2	13.3	6	40.0	8	26.7	24	26.7
	하향대상	1	6.6	.	.	1	3.3	1	6.7	1	6.7	2	6.7	3	20.0	3	20.0	6	20.0	9	10.0
	소계	15	100.0	15	100.0	30	100.0	15	100.0	15	100.0	30	100.0	15	100.0	15	100.0	30	100.0	90	100.0
자기평가	상향대상	11	73.3	8	53.3	19	63.3	7	46.7	5	33.3	12	40.0	5	33.3	3	20.0	8	26.6	39	43.3
	유사대상	4	26.7	6	40.0	10	33.3	7	46.7	10	66.7	17	56.7	6	40.0	8	53.3	14	46.6	41	45.5
	하향대상	.	.	1	6.7	1	3.3	1	6.6	.	.	1	3.3	4	26.7	4	26.7	8	26.6	10	11.1
	소계	15	100.0	15	100.0	30	100.0	15	100.0	15	100.0	30	100.0	15	100.0	15	100.0	30	100.0	90	100.0
자기방어	상향대상	9	60.0	8	53.3	17	56.7	5	33.3	3	20.0	8	26.7	5	33.3	6	40.0	11	36.7	36	40.0
	유사대상	1	6.6	2	13.3	3	10.0	6	40.0	7	46.7	13	43.3	2	13.3	4	26.7	6	20.0	22	24.4
	하향대상	5	33.3	5	33.3	10	33.3	4	26.7	5	33.3	9	30.0	8	53.3	5	33.3	13	43.3	32	35.5
	소계	15	100.0	15	100.0	30	100.0	15	100.0	15	100.0	30	100.0	15	100.0	15	100.0	30	100.0	90	100.0
합계		45	100.0	45	100.0	90	100.0	45	100.0	45	100.0	90	100.0	45	100.0	45	100.0	90	100.0	270	100.0

표 2-3. 사회비교 대상을 선택한 백분율의 주효과 분석

변량원	전체		상향비교		유사비교		하향비교	
	df	χ^2	df	χ^2	df	χ^2	df	χ^2
수행의 환류(A)	4	25.37***	2	15.55***	2	11.32**	2	8.83*
환류의 확실성(B)	2	6.30*	1	3.88*	1	6.17*	1	.21
사회비교목표(C)	4	30.25***	2	11.68**	2	10.29**	2	18.71***

* $p < .05$, ** $p < .01$, *** $p < .001$

표 2-4. 가설검증을 위한 사회비교 대상 선택 백분율의 대비분석

대비	df	χ^2
(1) 상향비교 대상의 선택		
향상 VS 평가+방어	1	5.17*
성공 VS 중간+실패	1	7.05**
성공/향상 VS 나머지	1	11.82***
향상/성공/확실 VS 나머지	1	12.70***
성공/확실: 향상 VS 평가+방어	1	2.77*
향상: 성공 VS 중간+실패	1	2.36
(2) 유사비교 대상의 선택		
평가 VS 향상+방어	1	8.49**
중간 VS 성공+실패	1	2.78 †
모호 VS 확실	1	8.51**
평가/모호 VS 나머지	1	5.81*
평가/중간 VS 나머지	1	7.68**
평가/중간/모호 VS 나머지	1	7.22**
평가/모호: 중간 VS 실패+성공	1	2.78 †
평가/중간/모호 VS 향상/중간/모호	1	3.34 †
평가/중간/모호 VS 방어/중간/모호	1	1.14
평가/중간/모호 VS 평가/중간/확실	1	1.14
평가/중간/모호 VS 평가/중간/확실		
(3) 하향비교 대상의 선택		
방어 VS 평가+향상	1	18.65***
실패 VS 중간+성공	1	8.83**
방어/실패 VS 나머지	1	8.59**
방어/실패/확실 VS 나머지	1	7.76**
방어: 실패 VS 중간+성공	1	3.33 †
방어/실패/확실 VS 평가/실패/확실	1	2.16
방어/실패/확실 VS 향상/실패/확실	1	3.63 †
방어/확실: 실패 VS 중간+성공	1	3.60 †

† $p < .10$, * $p < .05$, ** $p < .01$, *** $p < .001$

이 결과들에서 가설을 검증하기 위하여 대비분석 결과는 표 2-4에 제시되어 있다. 표 2-4에서 자기보다 점수가 좋은 상향비교 대상을 선택한 결과부터 살펴보면 다음과 같다. 자기향상목표조건(63%)에서는 자기평가목표조건(43%)과 자기방어목표조건(40%)보다 상향비교 대상을 선택한 백분률이 유의하게 높았다($\chi^2 = 5.17$, $p < .05$). 따라서 가설 1-1이 지지되었다. 이 결과는 다른 사람과 비교하면서 자신을 향상시키려는 목표를 지니게 되면, 자신보다 나은 사람이 이 목표를 충족시키는데 가장 큰 도움이 되므로 유사비교나 하향비교보다 상향비교가 더 많이 나타났음을 시사한다. 또한 성공조건(66%)에서 중간조건(42%)이나 실패조건(38%)보다 상향비교 대상의 선택이 유의하게 더 높았다($\chi^2 = 7.05$, $p < .01$). 따라서 가설 2-1이 지지되었다. 이는 중간 환류를 받았거나 실패환류를 받았을 때보다 성공환류를 받았을 때에 자기를 향상시키려는 동기가 다른 동기에 비해 높아지므로 다른 대상보다 상향비교 대상이 더 많이 선택됨을 시사한다. 그리고 확실한 성공환류를 받은 조건에서 자기향상목표를 설정하면 나머지 조건들보다 상향비교 대상의 선택이 유의하게 더 높아서($\chi^2 = 12.70$, $p < .001$) 가설 3-1이 지지되었다. 이 결과는 자기를 향상시키려는 목표를 설정한 조건에서 성공을 경험하게 되면 다른 어떤 조건보다 자신과 비교할 대상으로 우수한 사람이 가장 많이 선택됨을 보여준다.

다음으로 유사비교 대상을 선택한 결과를 살펴보자. 자기평가의 목표(46%)를 설정한 조건에서 자기향상의 목표(26%)나 자기방어의 목표(24%)를 설정한 조건보다 자기와 유사한 사람을 선택한 백분률이 높았다($\chi^2 = 8.49$, $p < .01$). 따라서 가설 1-2가 지지되었다. 이 결과는 다른 사람과 비교하면서 자신을 정확하게 평가하려는 목표를 지니게 되면, 자신과 유사한 사람이 이 목표를 가장 잘 충족시키므로, 상향비교나 하향비교보다 유사비교가 더 많이 나타남을 보여준다. 또한 환류가 모호한 조건(63%)에서 환류가 확실한 조건(37%)보다 유사비교 대상의 선택이 유의하게 더 높아서($\chi^2 = 8.51$, $p < .01$), 가설 2-2가 지지되었다. 따라서 자기의 수행에 관해서 확실한 환류정보를 받았을 때보다 모호한 환류를 받았을 때 자기를 평가하려는 동기가 다른 동기에 비해 높아져서 다른 비교 대상보다 자신과 유사한 사람을 더 많이 선택했음을 알 수 있다. 그리고 모호한 중간환류를 받은 조건에서 자기평가의 목표를 설정하게 되면 나머지 다른 조건들보다 유사한 사람을 선택한 백분률이 높았다($\chi^2 = 7.22$, $p < .01$). 따라서 가설 3-2가 지지되었

다. 이 결과들은 자기평가의 목표가 설정된 상황에서 중간 수준의 모호한 환류정보를 받아서 불확실성을 경험하게 되면 다른 어떤 조건들보다 유사비교가 가장 많이 선택됨을 보여준다.

마지막으로 하향비교 대상을 선택한 결과를 살펴보면 다음과 같다. 자기방어의 목표조건(36%)에서 자기향상의 목표(10%)와 자기평가의 목표(11%)를 설정한 조건보다 하향비교 대상의 선택이 더 많았다($\chi^2 = 18.65$, $p < .001$). 따라서 가설 1-3이 지지되었다. 이 결과는 다른 사람과 비교하면서 자존심을 방어하려는 목표를 지니게 되면, 자기보다 못한 대상이 이 목표를 가장 충족시키는데 도움이 되므로, 상향비교나 유사비교보다 하향비교가 많이 나타났음을 시사한다. 또한 실패조건(30%)에서 성공조건(13%)과 중간조건(13%)보다 하향비교 대상의 선택이 유의하게 더 높아서($\chi^2 = 8.83$, $p < .01$) 가설 2-3이 지지되었다. 이는 중간 수준의 환류나 성공환류를 받았을 때보다 실패환류를 받음으로써 자기의 자존심을 방어하려는 동기가 다른 동기에 비해 높아지므로 다른 비교 대상보다 하향비교 대상이 더 많이 선택됨을 시사한다. 그리고 확실하게 실패 환류를 받은 조건에서 자기방어목표를 설정하면 나머지 조건들보다 하향비교 대상의 선택이 유의하게 더 높아서($\chi^2 = 7.76$, $p < .01$) 가설 3-3이 지지되었다. 자기를 방어하려는 목표를 지닌 조건에서 실패를 경험하면 자기 자존심을 다시 손상당하지 않으려고 하기 때문에 다른 어떤 조건보다 하향비교 대상이 가장 많이 선택됨을 보여준다.

자기성장, 자기평가 및 자기방어목표를 수용하여 사회비교의 목표로 설정하면 각각 상향, 유사 및 하향의 비교대상을 우세하게 선택했다. 질적으로 서로 다른 사회비교의 목표를 설정한 조건에서 개인이 자신과 비교하려고 선택하는 대상이 달라지는 효과를 검증한 이 결과는 기존 연구들에서 볼 수 없는 이 연구의 기여점이다. 또한 사회비교의 목표설정과 수행 결과의 환류가 상호작용하여 비교대상의 선택에 영향을 미쳤다는 이 연구의 결과 역시 중요한 발견점이다.

이 연구에서는 사회비교의 목표설정에 따라서 사회비교의 동기가 달라지게 되어서 결과적으로 사회비교 대상의 선택이 달라진다고 가정하였다. 그러나 비교대상을 선택하는 행동이 사회비교의 동기와 항상 일관되지 않을 수 있으므로 이 설명을 입증하려면 사회비교 대상을 선택하는 과정에서 어떤 사회비교의 동기들이 영향을 미쳤는지 알아볼 필요가 있다.

사회비교의 동기 분석 사회비교의 자기조절 과정이론에서는 사회비교의 목표와 상황의 개입이 상호작용함으로써 특정한 사회비교의 동기가 높아진다고 가정한다. 그리고 이 동기 수준에 따라서 자신이 비교하려고 선택하는 사람도 달라진다고 예측하여 동기의 매개효과를 가정한다. 이 연구에서는 이 동기가설을 검증하기 위한 예비연구로 사후 질문을 통해서 각 조건별로 각 사회비교 동기의 측정치들을 얻었다. 상향비교, 유사비교 및 하향비교의 동기를 측정하기 위하여 각 동기별로 두 문항으로 질문하여 9점 척도로 응답하도록 하였다. 각각의 문항을 보면 상향비교는 '당신은 두 번째 지각능력검사에서 당신보다 점수가 높았던 사람과 얼마나 비교하고 싶었습니까?'와 '당신은 두 번째 지각능력검사에서 지각능력이 당신보다 우수했던 사람의 점수를 얼마나 알아보고 싶었습니까?'로 측정했다. 유사비교는 '당신은 두 번째 지각능력 검사에서 지각능력이 당신과 유사했던 사람과 얼마나 비교하고 싶었습니까?'와 '당신은 두 번째 지각능력 검사에서 지각능력이 당신과 유사했던 사람의 점수를 얼마나 알아보고 싶었습니까?'로 측정했다. 끝으로 하향비교는 '당신은 두 번째 지각능력검사에서 지각능력이 당신보다 낮았던 사람과 얼마나 비교하고 싶었습니까?'와 '당신은 두 번째 지각능력검사에서 지각능력이 당신보다 낮았던 사람의 결과를 얼마나 알아보고 싶습니까?'로 측정했다.

이 문항들이 실제로 세 개의 서로 구별되는 동기요인들을 구성하는지 알아보기 위하여 확인적 요인분석을 실시한 결과에서 모든 부합도 지수가 양호했다($GFI = 1.00$, $AGF = 1.00$, $NFI = 1.00$, $NNFI = 1.00$, $RMR = .016$). 이에 근거를 두고 사회비교 동기의 측정치는 두 문항들에서 얻은 평정치를 평균한 값을 산출하였다. 각각의 비교동기별로 3(사회비교목표) × 3(수행의 환류)×2(환류의 확실성)로 변량분석을 실시했다. 이제 사회비교 동기를 분석한 결과를 살펴보고자 한다.

첫째, 상향비교 동기는 실패조건($M = 6.07$)보다 성공조건($M = 7.16$)에서 더 높았다($F(2,252) = 8.05$, $p < .001$). 또한 사회비교목표의 주효과가 유의하였다($F(2,252) = 7.72$, $p < .001$). 즉, 자기향상목표($M = 7.27$)를 설정한 조건에서 자기평가목표($M = 6.36$)와 자기방어목표($M = 6.32$)를 설정한 경우보다 상향비교의 동기가 더 높았다. 이 결과는 성공조건에서 실패조건보다 상향비교 대상을 선택한 백분률이 높고, 자기방어목표조건과 자기평가목표조건보다 자기향상목표조건에서 상향비교 대상을 선택한 백분률이 높았던 결과와 일관되어서 해당 비교동기에 따라서 비

교할 사람의 선택이 달라졌음을 알 수 있다.

둘째, 유사비교 동기는 실패조건($M = 6.07$)보다 중간조건($M = 6.86$)에서 더 높았다($F(2,252) = 5.59$, $p < .01$). 그리고 자기평가목표($M = 7.06$)를 설정한 조건에서 자기향상목표($M = 6.07$)를 설정한 조건보다 유사비교의 동기가 더 높았다($F(2,252) = 8.19$, $p < .001$). 또한 환류가 확실한 조건($M = 6.18$)보다 환류가 모호한 조건($M = 6.90$)에서 유사비교 동기가 더 높았다($F(1,252) = 12.58$, $p < .001$). 이는 자기향상목표와 자기방어목표보다 자기평가목표를 설정한 조건에서 유사비교동기가 높아져서 유사비교 대상의 선택이 더 높았고, 확실조건보다 모호조건에서 유사비교동기가 높아져서 유사비교 대상의 선택이 더 높아졌음을 시사한다.

셋째, 하향비교 동기는 중간조건($M = 4.64$)보다 실패조건($M = 5.86$)에서 더 높았다($F(2,252) = 6.65$, $p < .01$). 또한 자기평가목표($M = 4.92$)보다 자기방어목표($M = 5.78$)를 설정한 조건에서 하향비교 동기가 더 높았다($F(2,252) = 4.17$, $p < .05$). 이 결과는 실패조건에서 성공조건보다 하향비교 선택 빈도가 높고, 자기향상목표조건나 자기평가목표를 설정한 조건보다 자기방어목표를 설정한 조건에서 하향비교의 동기가 높아져서 하향비교 대상의 선택 빈도가 높아졌음을 시사한다.

사회비교의 동기를 알아본 이 결과들을 종합하여 정리해 보면 이 연구에서 가정한대로 사회비교의 경험에 따라서 사회비교의 개입과정을 통해서 형성된 사회비교의 동기뿐만 아니라 개인이 의지에 따라서 목표를 설정하는 과정 역시 사회비교 동기의 유발에 영향을 미쳐서, 사회비교의 목표설정과 개입이라는 두 경로가 상호작용하여 사회비교의 동기에 영향을 미친다는 가정이 지지되었다고 볼 수 있다.

사회비교 전후의 수행 차이 사회비교의 목표를 달리 설정하고 목표개입의 수준도 서로 다른 조건에서 실제로 과제수행이 어떻게 달라지는지 알아내게 되면 사회비교에 따라서 초래되는 현실적 효과를 이해하는데 도움이 될 수 있다. 이 관점에 근거를 두고 사회비교의 목표설정이 이루어지고 과제수행에서 성공/실패 환류를 경험한 후에 본시행을 한 번 더 실시하여 최종 수행치를 얻었다. 그리고 사회비교 후 개인의 수행이 어떻게 달라지는지 알아보기 위하여 개인별로 첫 번째 본시행과 두 번째 본시행에서 얻은 수행의 차이를 산출하였다. 즉, 두 번째 본시행에서 응답한 개수에서 5/4×(첫 번째 본시행에서 응답한 개수)를 감하여 얻은 평균과 표준편차는 표 2-5에 제시되어 있다. 이 표에서 평균이 클수록 처음보다 수행이 증가한 수준이 컸음을 의미한다. 그리고 이 자료를 사용해서 3(사회비교목표)×3(수행의 환류)×2(환류의 확실성)로 변량분석하였다.

분석 결과를 보면, 자기방어목표조건($M=.91$)보다 자기향상목표조건($M=3.62$)에서 수행이 더 좋아져서 사회비교목표의 주효과가 유의하였다($F(2,252)=4.93$, $p<.01$). 그러나 이 두 조건과 자기평가목표조건($M=1.43$) 사이에는 유의한 차이가 없었다. 따라서 자기향상목표가 설정되면 자기를 향상시키려는 동기가 발생하여 상향비교 대상을 더 많이 선택하며, 이 동기는 적어도 자기방어목표를 설정할 때에 비해서 실제로 자신의 수행을 향상시키는데 기여함을 알 수 있다.

다음으로 수행의 환류와 확실성의 상호작용 효과가 유의하였는데($F(2,252)=3.70$, $p<.05$), 수행의 환류×확실성×사회비교목표의 삼원 상호작용($F(4,252)=2.45$, $p<.05$)이 유의하기 때문에 성공이나 실패 환류를 받은 조건을 각각 분리하여 결과를 검토하기로 한다. 자기향상목표를 설정한 조건부터 보면, 성공 환류를 받더라도 환류가 모호할 때($M=3.93$)보다 확실할 때($M=7.60$) 수행의 증가량이 유의하게 더 높았다. 자기향상목표를 설정하고 확실한 성공환류를 받게 되면 다른 조건들보다 상향비교 대상의 선택빈도가 더 높았는데 이 조건에서 상향비교 대상을 선정하여 비교하게 되면 실제로 자신의 수행이 향상됨을 알 수 있다. 그러나 동일하게 자기향상의 목표를 설정하더라도 실패환류를 받은 조건에서는 목표나 확실성에 따라서 유의한 차이가 나타나지 않았다. 또한 실패환류를 받아

표 2-5. 사후수행에서 증가된 수행량의 평균(표준편차)

	성공			중간			실패			
	확실	모호	소계	확실	모호	소계	확실	모호	소계	합계
사회비교목표										
자기향상	7.60 (11.34)	3.93 (8.80)	5.77 (10.14)	1.07 (4.06)	5.00 (7.67)	3.03 (6.35)	2.87 (7.29)	1.27 (6.25)	2.07 (6.72)	3.62 (7.99)
자기평가	0.53 (4.19)	3.07 (4.01)	1.80 (4.23)	2.13 (4.76)	1.00 (5.72)	1.57 (5.20)	2.87 (3.80)	1.00 (5.25)	0.93 (4.91)	1.43 (4.76)
자기방어	3.67 (4.94)	1.13 (6.07)	1.27 (5.96)	1.33 (5.33)	2.13 (7.48)	0.40 (6.62)	2.00 (3.27)	0.13 (4.42)	1.07 (3.94)	0.91 (5.57)
합 계	3.93 (7.92)	1.96 (6.82)	2.94 (7.42)	0.62 (4.86)	2.71 (7.06)	1.67 (6.12)	2.58 (5.01)	0.13 (5.32)	1.36 (5.28)	1.99 (6.35)

서 자존심에 손상을 입은 경우에는 자기향상의 목표가 설정되어도 자신의 수행을 향상시키는 데는 별로 기여하지 못하였다.

논 의

연구결과의 요약 이 연구의 결과들이 시사하는 바를 논의하기 위해서 먼저 실험에서 얻은 중요한 결과를 요약하여 정리하기로 한다. 이 연구에서 사회비교 목표를 달리 설정하면 이에 따라서 사회비교의 자기조절이론에서 예언한 바와 일치되게 비교대상의 선택이 달라진다는 결과를 얻었다. 또한 대체로 사회비교의 목표와 일치되는 동기가 높아짐을 알아냈다. 이 결과들로부터 타인과 비교하기 위하여 일정한 목표를 설정하면 목표와 일치되는 동기가 높아져서 이 동기를 충족시킬 수 있는 비교대상이 선택된다고 추론할 수 있다. 그 뿐만 아니라 수행 결과의 환류조건에 따라서 사회비교 목표 설정이 비교대상의 선택에 달리 영향을 미쳐서 사회비교의 목표설정과 목표개입의 상호작용 가설도 지지되었다.

또한 사회비교의 경험에 따라서 예언과 일치되게 자신이 비교할 대상의 선택이 달라진다는 결과를 얻었다. 즉, 타인과 비교해서 성공하거나 실패한 경험과 아울러 성공/실패를 알려주는 환류정보의 확실성에 따라서도 비교대상의 선택이 달라졌다. 이 결과는 다음 장에서 다루게 되는 장은영과 한덕웅(1999)의 연구에서도 일관되게 나타났다.

연구의 시사점 사회비교의 자기조절 과정이론에서 도출한 가설들 중에서 자기방어목표 조건에서 가설이 부분적으로 지지되지 않았다. 그 원인으로 이 연구의 대상이 된 대학생들이 대체로 자기향상동기가 높기 때문에 실험에서 자기방어 동기가 강하게 작동하지 않았을 가능성을 생각해 볼 수 있다. 장은영과 한덕웅의 연구(1999, 실험 1)에서 상향비교, 유사비교 및 하향비교 대상의 선택은 각각 41%, 42% 및 17%이었고, 이 연구에서는 차례대로 각각 49%, 32% 및

19%이었다. 이 결과에서 보듯이 하향비교 대상을 선택한 대학생의 백분율은 평균 18% 정도에 불과해서 조건에 따라서 유의한 차이를 보이지 못했을 수 있다. 따라서 자기방어의 목표의 설정이나 하향비교 과정에 관한 이 연구의 가설은 장차 대학생이 아니거나 대학생을 대상으로 하더라도 하향비교가 용이한 조건에서 다시 검증할 필요가 있다.

이 연구에서는 사회비교의 결과로 초래되는 수행의 변화에 관한 자료로 분석하였는데, 이 결과는 사회비교의 순기능이 나타나는 조건을 이해하는데도 도움이 된다. 구체적으로 자기를 향상시키고자 하는 비교목표를 지니고 나서 확실한 성공환류를 경험하고 나면 수행이 가장 많이 향상되었다. 따라서 자기향상의 목표를 지니고 이 목표와 일치하는 확실한 성공을 경험한 조건에서 자기향상의 동기가 우세해지며, 이 때 수행이 가장 향상됨을 보여준다. 이 결과는 현실에서 상향비교의 목표를 설정하거나 자기성장을 위해서 자기보다 우수한 다른 사람과 비교하는 경우가 많기 때문에 특히 주목할 필요가 있다. 이 조건에서는 자기의 수행으로 성공을 경험하는 일이 상향비교를 지속(87%)하거나 수행의 동기를 높여서 수행($M=7.60$)을 개선하는데 중요함을 시사한다. 특히 자기성장의 목표를 설정한 경우라고 하더라도 자기 수행에서 모호한 실패 정보를 환류받은 조건에서는 상향비교 대상을 계속해서 선택하는 백분율(평균 40%)도 현저하게 낮아지고 수행량의 증가($M=1.27$)도 거의 없게 된다. 이 결과들은 일상의 사회과정에서 사회비교를 통해서 순기능이나 역기능을 보이는 단적인 예로 생각할 수 있다.

이 연구에서는 한덕웅(1999)이 제안한 사회비교의 자기조절 과정이론을 최초로 실험을 통해서 경험적으로 검증하였다. 이 연구로부터 사회비교의 동기들이 복합되어서 유발되는 현상들을 포괄하는 방향으로 이론을 확장하는데 필요한 시사점들을 얻었다. 우선 무엇보다 「선행요인들 → 사회비교 동기 → 사회비교 대상의 선택을 포함하여 다양한 결과가 나타나는 과정」을 가정하는 근거가 지지될 수 있다는 연구 결과들을 얻었다. 그러므로 이 연구를 토대로 장래 연구에서는 사회비교가 이루어져서 본래 우세했던 비교의 동기가 충족되거나 충족되지 못한 조건에서 어떠한 결과가 초래되는지 검증할 수 있다. 또한 사회비교의 동기가 선행요인들과 최종 효과를 연결짓는 매개요인으로 설명력이 있는지 알아보기 위해서 장차 이 동기를 측정하는 척도를 개발할 필요성이 제기되었다.

제 3 장

자기 수행의 정보, 비교하는 차원 그리고 통제력이 비교할 사람의 선택에 미치는 영향

이 연구에서는 사회비교의 자기조절 과정이론에서 가정한 두 가지 경로들 가운데 목표개입에 영향을 미치는 여러 요인들 중에서 다음 세 요인들이 비교할 사람을 선택하는데 미치는 효과를 검증하였다; 능력에서 자신이 우수하거나 혹은 열등하다는 성공/실패의 경험(환류의 유형), 자신의 수행에 대해 제공된 환류정보의 일관성 및 이후 수행에 대한 통제력지각. 이 실험의 결과를 보면, 성공을 경험하면 자기보다 나은 사람과, 실패를 경험하면 자기보다 못한 사람과, 비일관된 환류를 제공받아서 불확실성을 경험하면 자기와 유사한 사람과 비교하는 반응이 높았다. 그리고 수행환류가 제공된 능력차원과 관련성이 높은 과제를 장차 수행하게 된다고 예상했을 때, 그 과제에서 자기의 수행에 대한 통제력이 높다고 지각하면, 낮을 때보다 자기보다 나은 사람과 비교하고 싶어 했다.

서 론

이전 장에서 사회비교의 자기조절 과정이론을 설명하면서 사회비교의 목표를 설정한 경로와 상황의 개입 수준이 작동하는 경로가 모두 영향을 미쳐서 특정한 사회비교의 동기가 우세해지는 점을 알아보았다. 이 이론에 따른다면 사회비교의 목표를 의도적으로 선택하거나 혹은 특정한 상황에서 일정한 사회비교목표에 개입 수준이 높아지면 특정한 사회비교의 동기는 높아진다. 또한 자기향상, 자기평가 및 자기방어의 사회비교목표들 가운데 특정 목표가 의도적으로 선택되어 설정된 조건에서 사회비교의 결과로 목표와 일치되게 특정 사회비교의 개입 수준이 높아지면 상승적 상호작용에 의해서 전체적으로 그 특정 목표를 달성하려는 동기는 더 높아진다. 이전 장에서 이미 사회비교를 통해서 자기향상, 자기평가 혹은 자기방어의 목표를 추구하는 조건에서 각 목표에 조화되거나 조화되지 않는 사회비교의 개입 상황에 당면할 때 각각 어떤 비교 대상을 선택하는지 알아보았다. 그 결과가 시사하듯이 사람들은 자신이 설정한 비교의 목표와 자신이 처한 상황에 의하여 서로 다른 사회비교 동기를 경험하고, 이 비교 동기로 인해서 사회비교 대상의 선택이 영향을 받았다. 주목할 점은 비교의 목표와 상황이 일치하는 조건에서 일치하지 않는 조건에서보다 비교 목표를 달성하기 좋은 비교 대상의 선택률이 더 높았다는 결과이다.

이 장에서는 이 두 경로 중에서 상황의 개입 수준이 영향을 미치는 과정을 알아본 연구(장은영, 한덕웅, 1999)를 소개하고자 한다. 상황의 개입 수준 경로는 이미 설명한 바와 같이 선행연구에서 다룬 사회비교 대상의 선택에 영향을 미치는 다양한 상황 변수들이 작동하여 높아지거나 낮아지게 된다. 다시 말해서 사회비교 대상의 선택을 다룬 연구들에서 특정한 사회비교의 대상을 선택하는데 영향을 미친 요인들은 사회비교의 자기조절 과정이론의 관점에서 상황의 개입 경로를 통해 작동하였다고 해석할 수 있다. 이 장에서는 이와 같이 상황의 개입 경로를 통해서 작동하는 요인들을 찾아내는데 목적을 두고, 사회비교의 목표가 의도적으로 설정되지 않은 조건에서 이러한 요인들이 본서의 이론에 의하면 어떻게 작동하게 되는지 가설을 도출하여 이를 검증하고자 한다. 그리고 이에 앞서 사회비교 대상의 선택을 다룬 선행 연구들을 간략히 요약해 보고자 한다.

사회비교 대상의 선택에 대한 선행연구 결과들 Festinger(1954)에 의하여 유사비교가 나타나는 과정이 설명되고 Wills(1981)에 의하여 하향비교가 나타나는 과정이 설명된 이후로 사회비교 대상의 선택 과정에 기여하는 선행 요인들을 다룬 연구들(Friend & Gilbert, 1973; Hakmiller, 1966; Tesser, Miller, & Moore, 1988; Trope & Neter, 1994; Wheeler & Miyake, 1992; Wood, Taylor, & Lightman, 1985)은 대체로 사회 상황에서 비교를 통해서 경험한 결과에 따라서 사회비교의 목표가 달라지고 비교하려는 대상의 선택에 영향을 미친다고 가정한다. 다시 말해서 상황에 의해서 사회비교의 목표나 대상이 달라진다는 환경결정론을 가정한다. 이와 달리 한덕웅(1999; 한덕웅, 장은영, 2003a)은 사회비교 과정을 자기조절의 관점에서 설명하기 위하여 ① 의지 혹은 의도에 의해서 선택되는 사회비교목표의 설정 경로와 ② 사회비교의 경험을 통해서 환경결정론적으로 영향을 미치는 사회비교목표의 개입 경로라는 두 경로를 통해서 사회비교가 이루어진다고 제안했다. 이 장에서는 사회비교목표의 개입에 영향을 미치는 요인들로서 수행 결과의 환류(feedback), 환류의 일관성, 비교속성의 관련성 및 통제감 지각의 효과를 알아보고자 하였다.

환류 유형이 사회비교 대상의 선택에 미치는 효과 사회비교 과정에서 개인의 주관적 안녕감에 해를 끼치는 위협 요인으로 스트레스, 질병, 실패 예측 및 부정적 환류(negative feedback, Gibbons & McCoy, 1991; Trope & Neter, 1994; Wood, Giordano-Beech, Taylor, Michela, & Gaus, 1994) 등이 자주 다루어졌다. 특히 자신의 수행에 대한 부정적 환류는 개인의 주관적 행복에 해를 끼치고 그 외에도 여러 부정적 결과를 가져온다. 즉, 개인에게 창피함, 죄책감 그리고 실망과 같은 정서적 부담을 초래한다. 반면에 자신의 수행 결과에 관한 긍정적 환류(positive feedback) 정보는 개인이 발전할 수 있다는 가능성을 제공해 주기도 한다. 성공이나 실패의 환류가 사회비교 대상의 선택에 미치는 영향을 정리해보면, 성공 환류는 상향비교의 동기를 높이고 실패 환류는 하향비교의 동기를 높이는 방향으로 개입을 초래한다고 추론할 수 있다.

개인의 성공은 장차 수행에서의 성공을 기대하도록 하거나 혹은 비교 결과가 호의적일 것이라는 기대를 갖게 하므로, 상향비교의 개입을 유발시킨다. 반면에 실패 정보는 이와 같은 가능성을 낮게 지각할 것이므로 하향비교의 개입을 유발시킨다. 따라서 자신의 수행 결과에 대해서 성공 환류를 받게 되면 자기향상 동기가 우세해져서 상향비교 대상을 선택한다(가설 1-1). 그러나 실패 환류를 받게 되면 자기방어 동기가 우세해져서 하향비교 비교 대상을 선택한다(가설 1-2). 또한 Festinger의 유사성 가설에 근거하면, 개인의 수행에 대해서 불확실한 상황에서는 자기평가 동기가 우세해지기 때문에 유사비교 대상을 선택하게 된다. 따라서 두 번에 걸친 자신의 수행 결과의 차이가 크다는 비일관된 환류를 받게 되어서 자신의 수행 수준을 정확히 알 수 없는 상황에서는 자기평가 동기가 우세해져서 유사비교 대상을 선택한다(가설 1-3).

이에 더하여 동일한 성공/실패 환류라고 하더라도 그 환류가 일관되게 주어지느냐 비일관되게 주어지느냐에 따라서 비교 대상의 선택이 달라질 수 있다. 왜냐하면 성공 환류가 비일관되게 주어지면 일관될 때보다 자기평가의 동기가 높아져서 상향비교 대상의 선택 빈도를 낮출 것이다. 반면 실패 환류가 비일관되게 주어지면 일관될 때보다 자기평가의 동기가 높아져서 하향비교 대상의 선택 빈도를 낮출 것이다. 따라서 성공 환류를 받은 경우에는 환류가 비일관될 때보다 일관될 때 상향비교 선택 빈도는 더 높고(가설 1-4), 실패 환류를 받은 경우에는 환류가 비일관될 때보다 일관될 때 하향비교 선택 빈도는 더 높다(가설 1-5).

비교속성이 사회비교 대상의 선택에 미치는 효과 Festinger의 유사성 가설이 제안된 이후 '유사성'이 무엇을 의미하는가에 관하여 논란이 있었다. 이에 대해서 Goethals와 Darley(1977)는 Festinger(1954)가 제안한 유사성의 개념이 관련된 속성에서 유사함을 의미한다고 주장했다. 이들은 자신의 의견이나 능력이 어느 정도인지 확실히 모를 때 능력이나 의견과 관련있는 속성에서 유사한 사람과 비교하므로 관련속성설이 Festinger(1954)가 제안한 사회비교 개념과 근접한다고 보았다. 그러나 비교 과정에서 비교하는 속성이 영향을 미치는 배경을 설명해야 한다. 한 가지 가능성은 장차 그 속성에서 이루어지는 사회 비교의 결과가 자신에게 가져다주는 의미에 영향을 미친다는 데 있다. 즉, 비교와 관련없는 속성과 달리 비교가 이루어지는 속성은 비교 결과가 개인에게 의미나 가치를 느끼도록 만든다는 점에서 비교 과정에서 목표개입 수준에 영향을 미친다. 그리고 비교 결과에 대해서 의미와 가치를 크게 느낄수록 비교 목표에 대한 개입은 높아진다. 비교 결과가 개인에게 가져다주는 의미는 관련 속성 이외에 여러 요인들(예: 심리적 가까움, 집단, 유사성 등)에 의해서 달라지는데(Brown, Novick, Lord, & Richards, 1992; Major, Sciacchitano, & Crocker, 1993), 이 요인들은 관련 속성과 마찬가지로 개인이 예상하거나 경험하는 비교 결과에 영향을 미치기 때문에 비교 선택에도 영향을 미치게 된다.

따라서 동일한 성공/실패 환류를 받더라도 장차 환류가 주어진 속성과 관련된 속성에서 비교하느냐 또는 무관련 속성에서 비교하느냐에 따라서 사회비교 대상의 선택이 달라질 수 있다. 왜냐하면 이미 어떤 속성에 대해서 환류를 제공받았다면, 이와 관련없는 속성에서 다시 비교할 때보다 관련된 속성에서 비교할 때 장차 동일하게 성공이나 실패 경험이 나타난다고 추론할 수 있다. 이로 인해 수행의 기대를 형성되고, 이는 다시 특정한 사회비교에 대한 개입을 높여 주기 때문이다. 따라서 다음과 같은 가설을 유도할 수 있다. 성공 환류를 받은 경우에 상향비교 대상을 선택하는 빈도는 수행과 관련되지 않은 속성보다 관련된 속성에서 더 높고(가설 2-1), 실패 환류를 받은 경우에 하향비교 대상을 선택하는 빈도는 수행과 관련되지 않은 속성보다 관련된 속성에서 더 높다(가설 2-2).

통제력 지각이 사회비교 대상의 선택에 미치는 효과 사회비교이론을 다룬 연구들에서 통제력 지각은 크게 주목을 끌지 못했지만 사회비교 동기와 비교 대상의 선택이라는 두 변인을 매개하는 요인으로 중요성이 크다. 왜냐하면 장차 이루어질 비교 결과에 대해서 개인이 어떻게 기대하느냐에 따라서도 비교 대상의 선택은 달라질 수 있기 때문이다(Tesser, Miller, & Moore, 1988 참고). 스트레스 또는 위협 상황에 당면해서 개인의 통제력 지각이 개인이 대처에 영향을 미친다고 가정하는 학자들의 주장이 사회비교의 연구에 적용되면서 하향비교 추구에서 조절 또는 매개 작용을 한다고 가정되었다(Buunk, Collins, Taylor, Van Yperen, & Dakof, 1990; Sun & Croyle, 1995). 통제력 지각은 동기를 유발시키고 노력 발휘와 목표 설정에 영향을 준다는 점에서 통제력 지각을 자기효능감(Bandura, 1977)과 유사한 개념으로 볼 수도 있다. 그러나 자기효능감은 구체적 과제를 수행할 수 있다는 자신의 능력에 대한 신념으로 개인차 변인인데 비하여 이 연구에서 다루는 통제력 지각은 상황에 따라서 일시적으로 달리 나타날 수 있다는 점에서 다르다.

자신의 수행 수준에 대해서 높은 통제력을 가지고 있다고 지각하면 자신에 의해서 수행을 향상시킬 가능성이 높다고 생각할 것이다. 반면에 수행 수준에 대해서 낮은 통제력을 지닌다고 지각하면 자신에 의해 수행 수준을 향상시킬 가능성이 낮다고 생각하게 될 것이다. 따라서 과거 수행에서 성공 환류를 받은 경우에 수행 수준에 대한 통제력이 높으면, 수행 수준에 대한 통제력이 낮을 때보다 이후 성공할 가능성이 높은 조건이 되기 때문에, 자기향상 욕구가 강하게 작동하여 상향비교를 추구한다고 예측할 수 있다. 반면에 실패 정보를 받은 경우에도 자신의 수행 수준에 대해 통제력이 낮으면, 수행 수준에 대한 통제력이 높을 때보다 이후 실패할 가능성이 높은 조건이 되기 때문에, 자기방어 욕구가 강하게 작동하여, 하향비교를 추구할 것이다. 따라서 성공 환류를 받은 경우에 상향비교 대상의 선택 빈도는 통제력 지각이 낮을 때보다 높을 때 더 높고(가설 3-1), 실패 환류를 받은 경우에 하향비교 대상의 선택 빈도는 통제력 지각이 높을 때보다 낮을 때 더 높다(가설 3-2)는 가설을 유도하였다.

실험 1

이 실험에서는 지각능력검사와 수리능력검사라고 이름붙인 과제를 사용하여 환류의 유형에 따라서 비교 대상의 선택이 달라지는지 그리고 환류의 일관성과 비교속성의 관련성이 비교 대상의 선택에 영향을 미치는지 검증한다(가설 1-1, 가설 1-2, 가설 1-3, 가설 1-4, 가설 1-5, 가설 2-1 및 가설 2-2).

연구 방법

실험절차 참가자들은 4명씩 함께 실험에 참여하였다. 실험은 컴퓨터 화면에 나타나는 지시문을 읽으면서 진행되었고, 컴퓨터 사이에 칸막이를 두어서 참가자는 다른 사람의 화면을 볼 수 없었다. 참가자들이 모두 컴퓨터 앞에 앉으면, 이 연구는 대학생들의 지각능력과 수리능력을 알아본다고 설명하고, 지각능력검사와 수리능력검사를 받게 된다고 알려주었다. 참가자들은 지각능력검사부터 받았으며, 연습시행과 3분씩 2회로 이루어진 본시행에 응답하였다. 두 번의 본시행이 끝난 후 성공/실패 환류와 환류의 일관성을 지각능력 점수로 조작하고, 비교가 이루어지는 속성의 관련성을 지각능력검사와 수리능력검사의 관련성으로 조작하였다. 세 독립변인을 조작한 후에 종속변인으로서 수리능력검사 결과를 비교하고 싶은 사람을 한 사람 선택하게 되며, 비교 대상의 선택 이후에 조작 점검 문항과 부가적 종속측정치가 들어있는 설문에 응답하게 된다.

참 가 자 ‘심리학개론’ 교양 강좌를 수강하는 성균관대학교 학생 180명을 12조건에 15명씩 무선할당하였다.

실험설계 3(수행의 성공/실패 환류: 성공/보통/실패)×2(성공/실패 환류의 일관성: 일관/비일관)×2(비교속성: 관련/무관련)의 완전무선요인설계이다.

실험 과제 2장에서 소개된 지각능력검사를 사용하였다.

독립변인 조작 수행의 성공/실패 환류는 참가자들에게 미리 이 지각능력검사를 사용한 이전 연구의 대학생들과 비교하여 100점을 만점으로 하고, 50점을 평균으로 하여 환산한 점수라고 알려주었다. 성공조건에서는 평균적 대학생을 기준으로 하여 환산했을 때 자신의 점수가 평균 80점이며 이 점수는 평균적 대학생보다 우수한 수준에 해당한다고 말하여 주어서 조작하였다. 보통조건에서는 평균적 대학생을 기준으로 하여 환산했을 때 자신의 점수가 평균 50점이며 이 점수는 평균적 대학생과 비슷한 수준에 해당한다고 말하여 주어서 조작하였다. 실패조건에서는 평균적 대학생을 기준으로 하여 환산했을 때 자신의 점수가 평균 20점이며 이 점수는 평균적 대학생보다 낮은 수준에 해당한다고 말하여 주어서 조작하였다. 성공/실패 환류의 일관성은 두 본시행에서 나타난 자신의 점수 차이로 조작하였다. 즉, 환류된 점수 차이가 크면 비일관조건, 점수 차이가 작으면 일관조건에 해당한다. 지각능력 점수는 두 번의 본시행에 대한 점수를 각각 알려주었는데, 두 점수는 각 조건마다 순서상쇄시켰다. 일관조건에서는 두 번의 본시행의 점수 차이가 4점으로 매우 작아서 일정하게 유지되었다고 알려주었다. 따라서 일관성공조건에서 제시받게 되는 환류는 78점과 82점, 일관보통조건에서 제시받게 되는 환류는 48점과 52점 그리고 일관실패조건에서 제시받게 되는 환류는 18점과 22점이었다. 비일관조건에서는 두 번의 본시행의 점수 차이가 20점으로 매우 커서 일정하지 않았다고 알려주었다. 따라서 비일관성공조건에서 제시받게 되는 환류는 70점과 90점, 비일관보통조건에서 제시받게 되는 환류는 40점과 60점 그리고 비일관실패조건에서 제시받게 되는 환류는 10점과 30점이었다. 비교가 이루어지는 속성은 지각능력과 수리능력의 관련성으로 조작하였다. 관련조건에서는 지각능력검사와 수리능력검사를 사용한 이전 연구 결과를 살펴보면 지각능력이 높은 사람은 앞으로 받게 되는 수리능력검사에서도 잘하는 것으로 나타나서 지각능력과 수리능력은 서로 관련이 높다고 알려주었다. 무관련조건에서는 지각능력검사와 수리능력검사를 사용한 이전 연구 결과를 살펴보면 지각능력이 높은 사람이 앞으로 받게 되는 수리능력검사에서도 꼭 잘하지는 못해서 지각능력과 수리능력은 서로 관련이 없다고 알려주었다.

종속변인 측정 2장에서 소개된 방법과 동일하였다.

연구 결과

독립변인의 조작효과 각 실험 조건에 따라서 참가자들이 자신이 받은 독립변인 조작 지시문을 기억하는지 알아본 결과, 모든 참가자들이 자신에게 제시된 지시문을 정확히 기억했다. 또한 성공/실패 환류의 조작 효과를 '당신은 자신의 지각능력 점수가 다른 대학생에 비하여 좋은 편이라고 생각합니까'에 대한 응답을 3(성공/실패 환류)×2(성공/실패 환류의 일관성)×2(관련성)로 변량 분석하여 알아보았다. 그 결과, 성공/실패 환류의 주효과만이 유의하였다($F(2,168) = 187.78$, $p < .001$). 즉, 성공조건($M = 6.82$)에서 보통조건($M = 4.83$)보다 자신의 점수가 더 좋다고 응답했고, 보통조건에서 실패조건($M = 2.37$)보다 자신의 점수가 더 좋다고 응답하였다. 성공/실패 환류의 일관성 조작 효과는 '당신은 자신의 두 번의 지각능력 점수가 차이없이 일관되게 나타났다고 생각합니까'에 대한 응답을 3(성공/실패 환류)×2(성공/실패 환류의 일관성)×2(관련성)로 변량 분석하여 알아보았다. 그 결과, 성공/실패 환류의 일관성의 주효과만이 유의하였다($F(1,168) = 225.34$, $p < .001$). 즉, 일관조건($M = 6.71$)에서 비일관조건($M = 3.21$)보다 자신의 점수가 일관된다고 응답하였다. 비교 속성의 관련성 조작 효과는 '당신은 지각능력과 수리능력이 관련된다고 생각합니까'에 대한 응답을 3(성공/실패 환류) × 2(성공/실패 환류의 일관성)×2(관련성)로 변량 분석하여 알아보았다. 그 결과, 관련성의 주효과만이 유의하였다($F(1,168) = 149.87$, $p < .001$). 즉, 관련조건($M = 6.51$)에서 무관련조건($M = 3.31$)보다 지각능력과 수리능력이 관련된다고 응답하였다. 따라서 독립변인의 조작은 성공적이었다.

사회비교 대상 선택의 빈도 분석 참가자들이 다음으로 받게되는 수리능력검사 결과를 비교해 볼 사람을 선택한 결과는 표 3-1에 제시되어 있다. 그리고 이에 대해 Linear Analysis 방법을 사용하여 3(성공/실패 환류)×2(성공/실패 환류의 일관성)×2(관련성)의 빈도 분석한 결과는 표 3-2에 제시되어 있다. 빈도 분석 결과를 살펴보면 성공/실패 환류의 주효과만이 유의하였다($\chi^2 = 24.17$, $p < .001$). 이에 대한 대비분석 결과를 살펴보면 상향비교 대상을 선택한 경우 성공조건과 보통조건 사이에는 유의한 차이가 나타나지 않았지만, 성공조건과 실패조건($\chi^2 = 14.44$, $p < .001$), 보통조건과 실패조건 사이($\chi^2 = 7.22$, $p < .01$)에는 유의한 차이가 나타났다. 즉, 상향비교는 실패조건에 비하여 성공조건과 보통조건에서 유의하게 더 많이 나타났다. 또한, 표 3-1을 보면 성공 환류를 받은 경우에 사람들은 하향비교(21%)보다 상향비교(55%)와 유사비교(45%) 대상을 더 선택했음을 알 수 있다. 이는 가설 1-1을 지지하는 결과이다. 따라서 성공 환류를 받으면 심적 자원

표 3-1. 사회비교 대상의 선택빈도(백분율)

		성공						보통						실패							
		일관		비일관		소계		일관		비일관		소계		일관		비일관		소계		합계	
		N	%	N	%	N	%	N	%	N	%	N	%	N	%	N	%	N	%	N	%
관련성	대상 선택																				
관련	상향비교	9	60.0	7	46.6	16	53.3	6	40.0	9	60.0	15	50.0	4	26.6	3	20.0	7	23.3	38	42.2
	유사비교	5	33.3	7	46.6	12	40.0	8	53.3	6	40.0	14	46.7	4	26.6	6	40.0	10	33.3	36	40.0
	하향비교	1	6.7	1	6.6	2	6.7	1	6.7	·	·	1	3.3	7	46.6	6	40.0	13	43.3	16	17.7
	소 계	15	100.0	15	100.0	30	100.0	15	100.0	15	100.0	30	100.0	15	100.0	15	100.0	30	100.0	90	100.0
무관련	상향비교	8	53.3	9	60.0	17	56.6	7	46.6	5	33.3	12	40.0	4	26.7	2	13.3	6	20.0	35	38.8
	유사비교	6	40.0	5	33.3	11	36.6	7	46.6	8	53.3	15	50.0	5	33.3	9	60.0	14	46.7	40	44.5
	하향비교	1	6.7	1	6.7	2	6.6	1	6.6	2	13.3	3	10.0	6	40.0	4	26.7	10	33.3	15	16.6
	소 계	15	100.0	15	100.0	30	100.0	15	100.0	15	100.0	30	100.0	15	100.0	15	100.0	30	100.0	90	100.0
합계		30	100.0	30	100.0	60	100.0	30	100.0	30	100.0	60	100.0	30	100.0	30	100.0	60	100.0	180	100.0

표 3-2. 사회비교 대상 선택의 빈도의 차이분석

변량원	df	χ^2
성공/실패 환류(A)	4	24.17***
일관성(B)	2	0.99
관련성(C)	2	0.50
성공/실패 환류 * 일관성(A * B)	4	1.50
성공/실패 환류 * 관련성(A * C)	4	1.73
일관성 * 관련성(B * C)	2	0.49
환류 * 일관성 * 관련성(A * B * C)	4	2.45

*** $p < .001$

을 지니게 되어서 상향비교 대상을 더 많이 선택한다고 추론할 수 있다.

하향비교의 경우 성공조건과 보통조건 사이에는 유의한 차이가 나타나지 않지만, 성공조건과 실패조건($\chi^2 = 17.44$, $p < .001$), 보통조건과 실패조건 사이($\chi^2 = 17.54$, $p < .001$)에는 유의한 차이가 나타났다. 즉, 하향비교는 성공조건과 보통조건에 비하여 실패 조건에서 유의하게 더 많이 나타났다. 또한, 표 3-1을 보면 실패 환류를 받은 경우에 사람들은 상향비교(7%)와 유사비교(7%)보다 하향비교(38%) 대상을 더 선택함을 알 수 있다. 이는 가설 1-2를 지지하는 결과이다. 뒤에 살펴볼 비교 동기의 분석 결과를 참고로 하면 실패 환류를 받아서 자존감에 손상을 입으면 하향비교 대상을 더 많이 선택한다고 추론할 수 있다.

사회비교 동기의 분석 2장에서 소개한 사회비교 동기를 측정하는 6개 문항을 사용하였다. 이 문항들이 실제 세 개의 구별된 요인으로 구성되는지 알아보기 위하여 확인적 요인분석을 실시한 결과 모든 부합도 지수가 양호했다(GFI= 1.00, $AGFI$=.99, NFI=.99, $NNFI$=.98, RMR=.16). 따라서 각각의 사회비교 동기는 이를 측정하는 두 문항에 대한 평정치를 합한 값을 사용하여, 각각의 비교 동기에 대해서 3(성공/실패 환류)×2(성공/실패 환류의 일관성)×2(관련성)의 삼원 변량분석을 실시했다. 이제 각각의 사회비교 동기 분석 결과를 살펴보고자 한다.

첫째, 상향비교 동기는 성공조건(M=14.68)과 보통조건(M=13.73)에서 실패조건(M=10.63)보다 더 높았다(F(2,168)=21.78, p <.001). 이는 비교 대상의 선택 빈도 결과와도 일관된다. 또한 일관조건(M=12.49)보다 비일관조건(M=13.54)에서

상향비교 동기가 더 높았다($F(1,168)=4.06$, $p<.05$). 그러나 이는 관련성과 성공/실패 환류의 이원 상호작용($F(2,168)=3.12$, $p<.05$)과 관련성, 성공/실패 환류 및 일관성의 삼원 상호작용($F(2,168)=4.38$, $p<.01$)으로 그 해석이 제한된다. 이를 자세히 알아보기 위하여 단순 주효과 분석을 실시한 결과, 상향비교 동기는 성공조건의 경우 비일관된 무관련조건($M=15.73$)에서 가장 높았다. 단순 상호작용이 유의했던 보통조건의 경우에는 일관된 환류를 받은 경우 관련조건($M=12.13$)보다 무관련조건($M=14.40$)에서 상향비교 동기가 높고, 비일관된 환류를 받은 경우 무관련조건($M=13.13$)보다 관련조건($M=15.27$)에서 상향비교 동기가 높다. 즉, 성공 환류를 받으면 앞으로 관련된 과제를 할 때보다 무관련된 과제를 하게 될 때 상향비교를 하려는 동기가 더욱 높고 일관된 성공 환류를 받을 때보다 비일관된 성공 환류를 받았을 때에 상향비교를 하려는 동기가 더욱 높다는 점을 알 수 있는데 이는 간접적이긴 하지만, 가설 1-4 및 가설 2-1과 정반대되는 결과이다. 즉, 일관된 성공 환류를 받았거나 성공한 과제와 관련된 과제를 앞으로 하게 될 때에는 상향비교 동기가 높아져서 상향비교를 원할 것이라고 예측하였지만, 오히려 비일관된 성공 환류를 받았거나 성공한 과제와 무관련된 과제를 앞으로 하게 될 때 상향비교를 더 추구하는 것으로 나타났다. 또한 비교 대상의 선택 빈도 결과에서 성공 조건을 살펴보면 일관된 환류를 받고 관련 과제를 하게 될 경우와 비일관된 환류를 받고 무관련 과제를 하게 될 경우에 상향비교 대상의 선택 빈도가 9명씩으로 가장 높았다.

둘째, 유사비교 동기는 보통조건($M=14.18$)이 성공조건($M=12.93$)과 실패조건($M=12.99$)보다 더 높았다($F(2,168)=6.87$, $p<.01$). 그리고 일관조건($M=12.29$)보다 비일관조건($M=13.70$)에서 유사비교 동기가 더 높았다($F(1,168)=7.63$, $p<.01$). 따라서 비일관된 환류를 받아서 불확실성을 경험하면 유사비교 동기가 높아짐을 알 수 있다.

셋째, 하향비교 동기는 실패조건($M=12.12$)과 보통조건($M=11.57$)에서 성공조건($M=9.03$)보다 더 높았다($F(2,168)=8.95$, $p<.001$). 이는 가설 1-2를 간접적으로 지지하는 결과이다. 또한 실패조건의 경우 무관련조건($M=10.70$)보다 관련조건($M=13.53$)에서 하향비교 동기가 유의하게 높은데($F(2,168)=6.17$, $p<.01$), 즉, 자신이 실패 환류를 받았고 이와 관련된 과제를 앞으로 하게 될 경우에 사람들은 무관련된 과제를 하게 될 때보다 하향비교 동기가 높음을 알 수 있다. 즉, 실패 환

류를 받으면 자존감에 손상을 입어서 하향비교 동기가 높아지고 이로 인해 하향비교 대상을 더 많이 선택한다. 이에 더하여 자신이 실패한 차원과 관련된 차원에 대해서 비교를 하게 될 경우에 자신의 손상될 자존감을 충족시킬 가능성이 더욱 높아지므로 하향비교 동기가 높아졌다. 그러나 이러한 하향비교 동기는 하향비교 대상의 선택으로까지 연결되지 않았는데, 이는 관련성이 비교한 결과를 해석할 때에 유의미성을 더욱 부가할 것이라고 가정한 것과 달리 자기향상동기나 자기평가동기를 유발시켰던 점에 기인하는 것으로 보인다. 또한 비교 대상의 선택 빈도 결과에서 실패조건을 살펴보아도 일관된 환류를 받고 관련 과제를 하게 될 경우에 하향비교 대상의 선택 빈도가 7명으로 가장 높았다.

실험 1의 요약

첫 번째 실험의 결과를 보면, 개인의 사회비교 동기에서는 이 연구의 가설과 상당 부분 일치하는 결과를 얻었으나, 사회비교 대상의 선택에서는 이러한 결과가 잘 나타나지 않았다. 즉, 실패 환류를 일관되게 받은 경우에는 비일관되게 받은 경우보다 불확실성이 감소하여 하향비교 선택이 더 높으리라는 예측은 지지되지 못하였다. 성공 또는 실패 환류를 받았고 이 환류가 앞으로 수행하게 되는 과제와 관련이 있거나 없는 조건은 실험 1에서만 다루었는데, 관련성은 어떠한 유의한 효과도 보이지 않았다. 이는 Goethals와 Darley(1977)의 관련 속성설이 이 연구에서 지지되지 않았음을 의미한다.

그 이유로는 다음과 같은 점들을 들 수 있다: 첫째, 사회비교의 동기 수준을 측정한 결과에서 나타난 바와는 다르게 상향비교와 유사비교에 대한 선호도가 하향비교에 대한 선호도에 비해 높다는 점을 들 수 있다. 즉, 참가자들이 실제 하향비교 동기와는 달리 상향비교나 유사비교를 선택하는 점이 나타났는데, 이는 이후 수행하게 되는 수리능력검사가 어떤 검사인지 전혀 모르는 상태, 즉 직접 경험이나 간접 경험이 전혀 없는 상태에서 비교 대상을 선택한 점에 기인한 것으로 보인다. 둘째, 보통 집단이 성공 집단에 비하여 실제 자신의 지각능력 수준에 대한 지각이 유의하게 낮았지만, 이들의 비교 대상의 선택을 보면 성공 집단과 그리 크게 다르지 않다. 즉, 상향비교 대상의 선택이 성공 집단과 다르지 않으며, 두 집단 모두 하향비교 대상은 거의 선택하지 않는 것으로 나타났다. 그 이유로는 각 환류 수준에서의 수리능력검사 결과 예측을 들 수 있다. 즉, "당신은 수리능력검사에서 자신의 점수가 어느 정도가 될 것이라고 생각합니까"에 대한 응답을 9점 척도에 평정하게 하였는데, 성공 집단의 경우 평균이 6.43, 보통 집단의 경우 평균이 6.10이었으며 이 둘 사이에는 유의한 차이가 나타나지 않았는데, 실패 집단의 경우 평균이 5.67로 이 두 집단보다 유의하게 낮았다. 따라서 보통 집단에서 앞으로의 자신의 검사 결과 예측이 성공 집단과 비슷한 수준으로 높았다는 점이 이 집단에서 주로 상향비교 대상을 선택한 점을 설명할 수 있다.

실험 2

두 번째 실험에서는 통제력 지각이 비교 대상의 선택에 영향을 미치는지 검증하고자 하였다(가설 1-1, 가설 1-2, 가설 1-3, 가설 1-4, 가설 1-5, 가설 3-1 및 가설 3-2).

연구 방법

실험절차 성공/실패 환류와 성공/실패 환류의 일관성을 지각능력 점수로 조작하기까지는 실험 1과 절차가 동일하였다. 수리능력검사의 연습시행을 실시한 후 수행 결과에 대한 통제력 지각을 수리능력검사에서 10번의 총 시행 횟수 중에서 점수에 감안되는 3번의 시행을 참가자 자신 또는 컴퓨터가 선택한다고 하여서 조작하였다. 이 세 독립변인을 조작한 후에 종속변인으로서 수리능력검사 결과를 비교하고 싶은 사람을 선택하게 되며, 비교 대상의 선택 이후에 조작 점검 문항과 부가적 종속측정치가 들어있는 설문에 응답하게 된다. 그 후 참가자들은 두 번째 검사로 수리능력검사를 받게 되고 자신의 수리능력검사 결과와 자신이 알고자 했던 사람의 수리능력검사 결과를 보게 된다.

참 가 자 ‘심리학개론’ 교양 강좌를 수강하는 성균관대학교 학생 120명을 8조건에 15명씩 무선할당하였다.

실험설계 2(수행의 성공/실패 환류: 성공/실패)×2(성공/실패 환류의 일관성: 일관/비일관)×2(통제력 지각: 높음/낮음)의 완전무선설계이다.

독립변인 조작 성공/실패의 환류는 실험 1의 보통조건을 제외하고 성공조건과 실패조건만을 사용하였으며, 이 두 조건의 조작은 실험 1과 동일하였다. 성공/실패 환류의 일관성도 실험 1과 동일하였다. 수행 결과에 대한 통제력 지각은 수리능력검사에서 총 10번의 시행 중에서 최종 점수에 감안되는 3번의 시행을 누가 선택하느냐로 조작하였다. 높은조건에서는 점수에 감안되는 3번의 시행을 참가자 자신이 스스로 선택할 수 있다고 알려주어서 조작하였다. 낮은조건에서는 점수에 감안되는 3번의 시행을 컴퓨터가 무선으로 선택한다고 알려주어서 조작하였다.

종속변인 측정 실험 1과 동일하였다.

연구 결과

독립변인의 조작효과 각 실험 조건에 따라서 참가자들이 자신이 받은 독립변인 조작 지시문을 기억하는지 알아본 결과, 모든 참가자들이 자신에게 제시된 지시문을 정확히 기억했다. 또한 성공/실패 환류의 조작 효과를 ‘당신은 자신의 지각능력 점수가 다른 대학생에 비하여 좋은 편이라고 생각합니까’에 대한 응답을 2(성공/실패 환류)×2(성공/실패 환류의 일관성)×2(통제력)로 변량 분석하여 알아보았다. 그 결과, 성공/실패 환류의 주효과만이 유의하였다($F(1,112)=204.88$, $p < .001$). 즉, 성공조건($M=6.83$)에서 실패조건($M=2.97$)보다 자신의 점수가 더 좋다고 응답하였다. 성공/실패 환류의 일관성 조작 효과는 ‘당신은 자신의 두 번의 지각능력 점수가 차이없이 일관되게 나타났다고 생각합니까’에 대한 응답을 2(성공/실패 환류)×2(성공/실패 환류의 일관성)×2(통제력)로 변량 분석하여 알아보았다. 그 결과, 성공/실패 환류의 일관성의 주효과만이 유의하였다($F(1,112)=459.49$, $p <$

.001). 즉, 일관조건($M=7.38$)에서 비일관조건($M=2.22$)보다 자신의 점수가 더 일관되게 나타났다고 응답하였다. 수행 결과에 대한 통제력 지각 조작 효과는 '당신은 수리능력검사 결과가 자신에게 얼마나 달려있다고 생각합니까'에 대한 응답을 2(성공/실패 환류)×2(성공/실패 환류의 일관성)×2(통제력)로 변량 분석하였다. 그 결과, 통제력의 주효과만 유의하였다($F(1,112)=36.73$, $p<.001$). 즉, 통제력이 높은 조건($M=6.82$)에서 낮은조건($M=4.70$)보다 수리능력검사 결과가 자신에게 더 달려있다고 응답하였다. 또한 '나 자신에 의해서 수리능력 점수가 좋아질 가능성이 높다'에 대한 응답을 2(성공/실패 환류)×2(성공/실패 환류의 일관성)×2(통제력)로 변량 분석한 결과, 통제력의 주효과만이 유의하였다($F(1,112)=276.35$, $p<.001$). 즉, 통제력이 높은조건($M=6.63$)에서 낮은조건($M=2.63$)보다 수리능력 점수가 자신에 의해 좋아질 가능성이 더 높다고 응답하였다.

사회비교 대상 선택의 빈도 분석 참가자들이 다음으로 받게 되는 수리능력검사 결과를 비교해 볼 사람으로 선택한 결과는 표 3-3에 제시되어 있다. 그리고 이에 대해 linear analysis 방법을 사용하여 2(성공/실패 환류)×2(성공/실패 환류의 일관성)×2(통제력)로 빈도 분석한 결과가 표 3-4에 제시되어 있다. 표 3-4를 보면 실험 2에서는 성공/실패 환류와 성공/실패 환류의 일관성 그리고 통제력 지각이 비교 대상의 선택에 영향을 미쳤다는 것을 알 수 있다. 각 변인 별로 정리해본 대비 분석 결과는 표 3-5에 제시되어 있다.

첫째, 성공/실패 환류에 의한 비교 대상의 선택 빈도의 경우 대비분석 결과를 보면 상향비교의 경우에 성공조건과 실패조건 사이에는 유의한 차이가 나타났다($\chi^2=13.15$, $p<.001$). 즉 성공 환류를 받은 사람들은 유사비교(34%)와 하향비교(17%)보다 상향비교(49%) 대상을 더 많이 선택하였다. 이는 가설 1-1을 지지하는 결과이다. 하향비교의 경우에도 성공조건과 실패조건 사이에는 유의한 차이가 나타났다($\chi^2=17.25$, $p<.001$). 또한 표 3-3을 보면 실패 환류를 받은 사람들은 유사비교(28%)와 상향비교(24%)보다 하향비교(48%) 대상을 더 많이 선택하였다. 이는 가설 1-2를 지지하는 결과이다. 이러한 성공 환류와 실패 환류에서의 비교 대상의 선택이 실제 어떤 조건에 기인한 것인지를 알아보기 위하여 각 환류 조건에서 일관성과 통제력 지각에 따라서 상향비교가 어떻게 나타나는지를 알아보았다. 먼저 성공조건의 경우 상향비교는 비일관조건(36%)보다 일관조건(63%)에서

표 3-3. 사회비교 대상의 선택빈도(백분율)

		성공						실패						합계	
		일관		비일관		소계		일관		비일관		소계			
		N	%	N	%	N	%	N	%	N	%	N	%	N	%
통제력	비교대상의 선택														
높음	상향비교	12	80.0	7	46.7	19	63.3	6	40.0	5	33.3	11	36.7	30	50.0
	유사비교	2	13.3	6	40.0	8	26.7	3	20.0	6	40.0	9	30.0	17	28.3
	하향비교	1	6.7	2	13.3	3	10.0	6	40.0	4	26.7	10	33.3	13	21.7
	소계	15	100.0	15	100.0	30	100.0	15	100.0	15	100.0	30	100.0	60	100.0
낮음	상향비교	7	46.7	4	26.7	11	36.7	2	13.3	1	6.7	3	10.0	14	23.3
	유사비교	3	20.0	9	60.0	12	40.0	2	13.3	6	40.0	8	26.7	20	33.3
	하향비교	5	33.3	2	13.3	7	23.3	11	73.3	8	53.3	19	63.3	26	43.3
	소계	15	100.0	15	100.0	30	100.0	15	100.0	15	100.0	30	100.0	60	100.0
합계		30	100.0	30	100.0	60	100.0	30	100.0	30	100.0	60	100.0	120	100.0

표 3-4. 사회비교 대상 선택의 빈도의 차이 분석

변량원	df	χ^2
성공/실패 환류(A)	2	13.15**
일관성(B)	2	8.55*
통제력(C)	2	8.80*
성공/실패 환류×일관성(A×B)	2	0.12
성공/실패 환류×통제력(A×C)	2	0.33
일관성×통제력(B×C)	2	0.73
환류×일관성×통제력(A×B×C)	2	0.90

* p < .05, ** p < .01

표 3-5. 가설 검증을 위한 대비 분석 결과

	상향비교		유사비교		하향비교	
	df	χ^2	df	χ^2	df	χ^2
성공 환류 조건						
일관 vs 비일관	1	5.00**	1	8.82**	1	0.52
높은 통제력 vs 낮은 통제력	1	5.00**	1	1.41	1	2.07
실패 환류 조건						
일관 vs 비일관	1	0.42	1	4.32*	1	1.89
높은 통제력 vs 낮은 통제력	1	6.67**	1	0.09	1	6.14*

* p < .05, ** p < .01

더 많이 나타나고 통계적으로도 유의하다($\chi^2 = 5.00$, $p < .05$). 따라서 이는 가설 1-4를 지지하는 결과이다. 또한 성공조건의 경우 상향비교는 통제력이 낮은 조건(36%)보다 통제력이 높은 조건(63%)에서 더 많이 나타나고 통계적으로도 유의하다($\chi^2 = 5.00$, $p < .05$).

따라서 이는 가설 3-1을 지지하는 결과이다. 이에 더하여 실패조건의 경우 하향비교는 통제력이 높은조건(33%)보다 통제력이 낮은조건(63%)에서 더 많이 나타나고 통계적으로도 유의하다($\chi^2 = 6.14$, $p < .05$). 따라서 이는 가설 3-2를 지지하는 결과이다. 그러나 비일관조건(39%)보다 일관조건(56%)에서 하향비교가 더 많이 나타나는 경향은 보였지만 통계적으로 유의하지는 않았다.

둘째, 성공/실패 환류의 일관성에 의한 비교 대상의 선택 빈도의 경우 대비

분석 결과를 보면 유사비교 선택은 일관조건과 비일관조건 사이에 유의한 차이가 나타났다($\chi^2 = 12.75$, $p < .001$). 즉 일관조건보다 비일관조건에서 유사비교가 더 많이 나타났다. 이는 가설 1-3을 지지하는 결과이다. 따라서 비일관된 환류를 받아서 불확실성을 경험하면 유사비교 대상의 선택이 높아지는 것을 알 수 있다. 그런데 상향비교에서 일관조건과 비일관조건 사이에 유의한 차이가 나타났다. 즉, 상향비교는 비일관조건보다 일관조건에서 더 많이 나타났다($\chi^2 = 4.46$, $p < .05$). 이는 성공조건의 일관되고 통제력이 높은조건에서 12명(80%)이 상향비교를 선택한 점에 기인한 것으로 보인다.

셋째, 가설에서 예언한 것은 아니지만, 통제력 지각이 사회비교 대상의 선택에 미치는 효과가 나타났다. 통제력 지각에 의한 비교 대상의 선택의 경우 대비분석 결과를 보면, 상향비교는 통제력이 높은조건과 낮은조건 사이에 유의한 차이를 보였다($\chi^2 = 11.43$, $p < .001$). 그리고 표 3을 보면 통제력이 높은조건의 사람들은 유사비교(28%)와 하향비교(22%)보다 상향비교를(50%) 더 많이 선택하였다. 하향비교의 경우에도 통제력이 낮은조건과 높은조건 사이에 유의한 차이가 나타났다($\chi^2 = 8.07$, $p < .01$). 그리고 표 3-3을 보면 통제력이 낮은조건의 사람들은 유사비교(33%)와 상향비교(23%)보다 하향비교(43%)를 더 많이 선택하였다.

사회비교 동기의 분석 사회비교 동기에 대한 확인적 요인분석 결과, 모든 부합도 지수가 양호했다($GFI = 1.00$, $AGFI = 1.00$, $NFI = 1.00$, $NNFI = 1.00$, $RMR = .099$). 따라서 각각의 사회비교 동기는 이를 측정하는 두 문항에 대한 평정치를 합한 값을 사용하여, 각각의 비교 동기에 대해서 2(성공/실패 환류)×2(성공/실패 환류의 일관성)×2(통제력) 3원 변량분석을 실시했다. 이제 각각의 사회비교 동기 분석 결과를 살펴보고자 한다.

첫째, 상향비교 동기는 성공조건($M = 12.52$)에서 실패조건($M = 8.53$)보다 더 높았다($F(1,112) = 33.91$, $p < .001$). 이는 비교 대상의 선택 빈도 결과와도 일관된다. 또한 통제력이 낮은조건($M = 9.60$)보다 높은조건($M = 11.45$)에서 상향비교 동기가 더 높았다($F(1,112) = 7.32$, $p < .01$). 통제력과 성공/실패 환류의 이원 상호작용도 유의하였지만($F(1,112) = 4.49$, $p < .05$), 이는 유의한 삼원 상호작용으로 해석이 제한된다($F(1,112) = 5.14$, $p < .05$). 삼원 상호작용의 내용을 살펴보면, 성공 환류를 받은 조건에서 일관된 환류를 받았고, 통제력이 높은 경우에 일관된 환류를 받았

지만 통제력이 낮은 경우보다 상향비교 동기가 더 높았다. 또한 성공 환류를 받았을 때 일관조건에서 비일관조건보다 상향비교 동기가 높았고, 통제력이 낮은 경우보다 높은 경우에 상향비교 동기가 더 높았다. 따라서 성공 환류를 받았을 때에는 심적 자원을 지니게 되어서 상향비교 동기가 높아지고 이로 인해 상향비교 대상을 더 많이 선택하는 것을 알 수 있다. 또한 동일한 성공 환류이어도 그 환류가 일관되게 주어지거나 통제력을 높게 지각하면 더욱 상향비교 동기가 높아지고 상향비교 대상을 더 많이 선택하는 것을 알 수 있다.

둘째, 유사비교 동기는 일관조건($M = 10.06$)보다 비일관조건($M = 13.41$)에서 더 높았다($F(1,112) = 16.29$, $p < .001$). 따라서 비일관된 환류를 받으면 불확실성을 경험하여서 유사비교 동기가 높아지고 이로 인해 유사비교 대상을 더 많이 선택하는 것을 알 수 있다.

셋째, 하향비교 동기는 실패조건($M = 12.43$)에서 성공조건($M = 8.00$)보다 더 높았다($F(1,112) = 32.35$, $p < .001$). 그리고 실패조건의 경우 비일관조건($M = 11.50$)보다 일관조건($M = 13.37$)에서 하향비교 동기가 유의하게 높았다($F(1,112) = 4.76$, $p < .05$). 또한 통제력이 높은 때($M = 9.32$)보다 낮은 때($M = 11.12$)에 하향비교 동기가 더 높았다($F(1,112) = 5.33$, $p < .05$). 따라서 실패 환류를 받았을 때에는 자존감에 손상을 입어서 하향비교 동기가 높아지고 이로 인해 하향비교 대상을 더 많이 선택하는 것을 알 수 있다. 또한 동일한 실패 환류이어도 그 환류가 일관되게 주어지거나 통제력을 낮게 지각하면 더욱 하향비교 동기가 높아지고 하향비교 대상을 더 많이 선택하는 것을 알 수 있다.

실험 2의 요약

두 번째 실험의 결과를 살펴보면 성공/실패 환류, 환류의 일관성 및 통제력 지각이 사회비교 대상의 선택에 유의한 영향을 미쳤다. 이에 더하여 사회비교 동기와 사회비교 대상의 선택이 상당 부분에서 일치하였다. 첫째, 성공 환류를 받은 경우에 사람들은 자신보다 지각능력이 우수했던 사람과 이후 수리능력 결과를 비교했고, 상향비교 동기도 실패조건보다 높았다. 반면에 실패 환류를 받은 사람은 자신보다 지각능력이 저조했던 사람과 이후 수리능력 결과를 비교했고, 하향비교 동기도 성공조건보다 높았다. 둘째, 일관된 환류를 받은 경우보다 비일관된 환류를 받은 경우에 유사비교 대상의 선택이 유의하게 높았고 유사비교 동기도 유의하게 높았다. 또한 성공조건의 경우 비일관조건보다 일관조건에서 상향비교 선택이 더 많이 나타났는데, 이는 상향비교 동기와도 일치한다. 셋째, 통제력 지각의 경우에는 통제력이 낮을 때보다 높을 때에 상향비교 동기가 유의하게 높았고, 상향비교 대상의 선택이 유의하게 높았다. 반면에 통제력이 통제력이 높을 때보다 낮을 때에 하향비교 동기는 유의하게 높았고, 하향비교 대상의 선택은 유의하게 높았다.

종합 논의

연구의 요약 실험 1과 실험 2는 서로 모순되는 결과를 보였다기보다 실험 1에서 유의한 수준에 이르지 못했으나 실험 2에서는 유의하게 나타났다고 해석할 수 있다. 이처럼 해석하는 근거는 다음과 같다. 첫째, 실험 1에서 얻은 사회비교 동기의 측정치를 보면 비교 방향에 따라서 그 평균값이 크게 달라지지 않았으나, 비교 대상의 선택 빈도를 보면 하향비교에 비하여 상향비교와 유사비교 빈도가 매우 높았다. 반면에 실험 2에서는 실험 1과 같은 상향비교, 유사비교와 하향비교 선택 빈도 사이에 큰 차이가 나타나지 않고 있다. 둘째, 실험 2의 경우 앞으로 하게 될 수리능력검사를 연습시행을 통해 미리 경험한 후에 비교 대상을 선택하였다는 점에서 비교 동기와 비교 대상의 선택 사이에서 일관성을 높였을 가능성이 있다. 셋째, 앞으로 수행하게 되는 수리능력검사가 어려운 과제라고 지각하여 실험 1과 같은 상향비교 선택을 억제했을 수 있다.

실험 1에서 일관성과 관련된 이 연구의 예측이 지지되지 못한 것은 성공환류조건의 무관련되고 비일관된 조건과 실패환류조건의 무관련되고 비일관된 조건에 기인한 것으로 보인다(표 3-3 참조). 즉, 성공환류를 비일관되게 제공받고, 이후 과제와 현재의 성공경험이 무관련되는 조건에서는 그 이외의 성공 환류를 제공받은 조건들에 비해 상향비교가 가장 낮으리라고 예상하였지만, 오히려 가장 높게 나타났다. 반면에 유사비교가 높을 것으로 예상했지만, 유사비교는 낮게 나타났다. 또한 실패 환류를 제공받았고, 이후 수행할 과제와 현재의 실패 경험이 무관련되는 조건에서는 그 이외의 실패 환류를 제공받은 조건들에 비해 하향비교가 가장 낮을 것으로 예상되었지만, 예측보다 높게 나타났다.

연구의 시사점 이상의 결과에서 각각의 사회비교 대상의 선택이 가장 우세하게 나타나는 조건을 정리해보면 다음과 같다. 첫째, 상향비교는 실패 환류를 받았을 때보다 성공 환류를 받았을 때에 더 나타난다. 이에 더하여 성공 환류를 일관되게 제시받고 성공한 과제와 관련된 과제를 앞으로 수행하게 될 때 앞으로 수행하게 되는 과제의 수행 결과를 자신이 통제할 수 있다고 생각할 때 상향비교가 어느 조건보다 더욱 우세하게 나타난다. 둘째, 유사비교는 환류가 일관되게 주어질 때보다 비일관되게 주어질 때에 더 많이 나타난다. 셋째, 하향비교는 성공 환류를 받았을 때보다 실패 환류를 받았을 때에 더 많이 나타난다. 이에 더하여 자신이 실패한 과제와 관련된 과제를 앞으로 수행하게 될 때 실패 환류를 일관되게 제시받고 앞으로 수행하게 되는 과제의 수행 결과를 자신이 통제할 수 없다고 생각할 때 하향비교가 어느 조건보다도 더욱 우세하게 나타난다.

연구의 제한점 첫째, 관련성을 달리 조작해 볼 필요가 있다. 이 연구에서 관련성을 지각능력검사 결과와 수리능력검사 결과의 상관으로 조작하였는데, 무관련성의 조작은 성공적이었지만 동시에 불확실성도 높았다. 따라서 자기평가 동기에서 관련성의 주효과가 유의했다. 그러므로 관련성 조작에서 불확실성 효과가 혼입되지 않는 방법으로 독립변인 조작을 개선할 필요가 있다. 둘째, 이 연구의 결과는 능력 차원에서만 일반화가 가능하다. 즉, 개인이 비교를 하는 차원이나 비교의 참조 근거로 삼는 차원은 능력뿐만이 아니라 매력과 같은 신체적 특징, 성격 및 인구통계학적 요인 등 다양하다. 이러한 변인의 경우에 자신의 노력에 따라서 변화될 수 있는 가능성이 다르기 때문에 특정 목표의 개입과 동기가 달라지고 비교 대상의 선택 결과도 달라질 수 있다. 따라서 이 연구의 결과는 능력 차원으로 제한하여 해석하여야 한다. 셋째, 이 연구의 결과는 참가자들이 모두 대학생이어서 대학생들의 상향비교 경향을 반영한다고 볼 수 있다. 전반적으로 비교 대상의 선택 빈도를 보면 상향비교가 40%, 유사비교가 42%, 하향비교가 17%로 나타났다. 또한 자신의 수행이 보통인 집단의 경우, 상향비교가 45%, 유사비교가 43%, 하향비교가 7%로 나타나는데, 수행에서 성공한 집단에서 나타난 상향비교 54%, 유사비교 38%, 하향비교 7%와 큰 차이를 보이지 않는다. 상향비교 추구가 보통 수준인 환류조건에서도 상당히 많이 나타남을 알 수 있다.

제 4 장

사회비교하는 목표, 비교한 사람 및 비교의 결과가 비교할 사람의 선택에 미치는 영향

이 연구에서는 제 2 장의 실험과 달리 사회비교의 목표를 먼저 설정한 조건에서 다른 사람과 비교하여 성공하거나 혹은 실패하고 비교할 사람을 다시 선택하도록 하면 어떤 조건에서 비교대상을 유지하거나 변경하는지 알아보았다. 실험에서는 먼저 자기를 향상시키거나 혹은 자존심을 방어하려는 목표를 의도적으로 정하고, 자기보다 나은 사람이거나 못한 사람과 비교하도록 하였다. 그리고 그 사람과 자신 가운데 누가 더 우수하거나 열등한지 알려주어서 비교의 결과를 조작하였다. 자기를 향상시키고자 하였고, 자기보다 나은 사람과 비교하였고, 이후 자신이 더 우수하다는 정보를 받은 조건에서 우수한 사람과 비교하려는 상향비교가 여전히 높게 유지되었다. 반면에 자신이 더 열등하다는 정보를 받게 되면, 자기와 비슷한 사람과 비교하는 방향으로 변경하는 현상이 나타났다. 자존심을 방어하고자 하였고, 자기보다 열등한 사람과 비교하였으나 자신이 열등하다는 정보를 받게 되면, 하향비교가 여전히 높게 유지되었다. 반면에 자신이 우수하다는 정보를 받게 되면 상향비교로 변경되는 현상이 나타났다.

서 론

이번에 소개하는 연구(장은영, 한덕웅, 2004a)는 다른 사람과 자신을 비교할 때 자기를 향상시키려 하거나 혹은 자존심을 방어하고자 목표를 설정한 조건에서 다른 사람과 비교하여 자신이 잘했거나 혹은 못하게 되면 비교할 사람의 선택이 어떻게 달라지는지 알아보는데 목적이 있다. 앞 장들에서 살펴본 사회비교의 자기조절 과정이론에 근거해서 사회비교 과정에서 비교대상을 선택하는 현상을 의도적 목표설정 경로와 비교목표의 개입 경로를 통해서 유발된 사회비교 동기에 따라서 설명할 수 있다고 가정한다.

이 두 경로가 대상선택에 미치는 효과는 선행연구에서도 다루어진 바 있다. 한덕웅(1999)에서는 목표설정과 목표개입을 각각 독립변인으로 조작하여 두 경로가 작동하도록 하고 비교대상의 선택에 어떤 영향을 미치는지 알아보았다. 그리고 장은영과 한덕웅(1999)에서는 목표개입의 경로를 통해 영향을 미칠 수 있는 독립변인이 비교대상의 선택에 미치는 영향을 알아보았다. 그러나 선행연구에서는 사회비교 목표를 설정하고 상향비교 혹은 하향비교한 다음에 비교결과가 긍정적이거나 부정적인 상황에서 비교대상을 다시 선택할 기회를 주면 어떤 사람을 선택하는지 알아보지 않았다. 그리고 그 과정에서 사회비교의 동기가 어떤 역할을 하는지도 검증하지 않았다. 반면에 이번에 소개하는 연구에서는 사회비교의 목표를 설정하고나서 실제로 다른 사람과 자신을 비교한 결과로 성공이나 실패를 경험하게 되면 비교대상의 선택이 어떻게 나타나는지 알아보려고 한다. 그리고 이 전체 과정에서 초래되는 비교동기들을 신뢰롭고 타당하게 측정하는 척도를 사용하여 비교대상의 선택에서 비교동기가 매개효과를 보이는지 알아보려고 한다.

사회비교 과정을 설명하고자 시도한 이론들 Festinger(1954)의 사회비교이론과 Wills(1981)의 하향비교이론이 제안된 이후로 사회비교의 대상을 선택하는데 영향을 미치는 요인들을 알아보려는 여러 연구가 이루어졌다. 여러 선행연구를 통해서 특정한 비교대상의 선택이나 결과에 영향을 미치는 변인들을 연구한 결과들을 보면 전반적으로 일관되는 결과들도 많이 보고되었다. 앞선 장에서 이미 살펴본 바와 같이, 사회비교 과정에서 성공을 경험하거나, 통제력이 높다고 지각하거나 혹은 추구하는 목표에 도달할 가능성이 높다고 지각하면 대체로 상향비교의 대상을 선택하였다. 반면 사회비교 과정에서 실패를 경험하거나, 통제력이 낮다고 지각하거나 혹은 추구하는 목표에 도달할 가능성이 낮다고 지각하면 대체로 하향비교의 대상을 선택하였다. 그러나 사회비교를 통해서 모호한 결과나 사회상황에서 불확실성을 경험하게 되면 유사비교의 대상을 선택하는 경향이 높았다(장은영, 한덕웅, 1999; 한덕웅, 1999; Buunk, Collins, Taylor, Van Yperen, & Dakof, 1990; Buunk, Schaufei, & Ybema, 1994; Dunning, 1995; Festinger, 1954; Hakmiller, 1966; Levine & Green, 1984; Radloff, 1966; Taylor, Wayment, & Carillo, 1993; Testa & Major, 1990; Trope, 1980; Trope & Neter, 1994; Wheeler, 1966).

이와 같은 실증연구의 결과들이 축적되면서 비교할 사람을 선택하는데 영향을 미치는 요인들이나 비교한 결과에 영향을 미치는 요인들을 통합하여 설명하는 이론들도 여러 형태로 제안되었다. 예를 들어 Taylor와 Lobel(1989)은 하향평가와 상향접촉가설에 근거를 두고 서로 다른 심리적 욕구에 따라서 비교대상의 선택 방향이 결정된다고 제안하였다. 또한 Taylor, Wayment 및 Carillo(1993)은 선행 연구들을 토대로 환류, 통제력 지각, 향상가능성, 자존심, 현재 상태의 변화가능성 등의 변인들이 상향비교, 유사비교 및 하향비교에 영향을 미치는 중요한 요인이라고 정리한 바 있다. 특히 이들은 자기방어동기가 하향비교를 통해서 더 잘 충족되고, 자기향상동기는 상향비교를 통해서 더 잘 충족되며, 자기평가동기는 유사비교를 통해서 더 잘 충족된다고 주장했다. 이 이론은 사회비교의 과정을 여러 동기의 차이에 의해서 설명하고자 시도했다는데 시사점을 지닌다. 이와 유사하게 사회비교의 동기와 비교대상의 선택을 연결하여 설명하려는 시도는 Helgeson과

Michelson(1995)에 의해서도 이루어졌는데, 이들은 자기평가동기는 유사비교로, 자기향상동기는 상향비교로, 그리고 자기고양동기는 하향비교로 충족된다고 제안하였다.

자기평가유지모형(Tesser, 1991)에서는 사람들이 현재 지니고 있는 긍정적 자기평가를 유지하기 위하여 자기를 평가하거나 고양시키려는 기본 동기를 지닌다고 가정하고, 타인과 비교하여 자기평가를 유지하는 과정을 비교(comparison)와 반영(reflection)으로 나누어서 비교 후에 경험하는 정서들을 설명하려 하였다. Tesser는 자신에게 중요하지 않은 분야에서 비교하거나 혹은 자신과 심리적으로 친밀한 사람과 비교하게 되면 반영과정이 작동하기 때문에 상향비교하더라도 자존심을 손상받지 않고 정적정서를 경험할 수 있다고 보았다. 반면에 자신에게 중요한 분야에서 친밀하지 않은 사람과 비교하게 되면, 비교과정이 작동하기 때문에 상향비교로 인해서 부적정서를 경험하게 된다고 제안하였다(Tesser, Miller, & Moore, 1988).

한편 비교대상을 선택하거나 비교의 결과로 경험하는 정서를 사회비교 성향의 개인차 변인으로 설명하려는 시도(Gibbons, Lane, Gerrard, Reis-Bergan, Lautrup, Pexa, & Blanton, 2002; Wheeler, 2000)도 있었다. 특히 Wheeler와 Miyake(1992)는 만성적 우울과 같은 개인차 변인이 비교대상의 선택에 영향을 미치는 현상을 설명하려고 시도하였다. 이들은 우울정서가 자신보다 타인이 나은 사람이라고 보게 만들어서 부정적인 자기개념을 점화시킨다고 보았다. 이로 인해서 우울한 사람들은 부정적인 자기상이 계속 유지될 수 있는 상향비교를 더 선호한다고 주장하였다.

이상의 이론들은 사회비교의 과정을 설명하고자 시도하였고, 중요한 부분들을 일관성있게 설명한데 중요한 의미를 지닌다. 다만, 현재까지 사회비교 과정에서 비교할 대상을 선택하는데 영향을 미치는 요인들, 사회비교 후 경험하는 결과에 영향을 미치는 요인들, 그리고 비교 후에 이전에 선택한 사람을 계속해서 다시 선택하거나 혹은 변경하는데 영향을 미치는 요인들을 일관되게 연결지어서 설명하는 통합된 이론들은 찾아보기 힘들다. 다시 말해서, 지금까지 제안된 설명틀은 대부분 사회비교 과정에서 일어날 수 있는 현상들 가운데 일부만을 선택해서 설명하고 있다. 반면에 사회비교의 자기조절 과정이론(한덕웅, 1999, 2002; 한덕웅, 장은영, 2003a)에서는 인간이 다른 사람과 자신을 비교하는 과정을 하나의 목표를 설정하거나 혹은 목표에 대한 개입 수준이 높아져서 동기가 형성되고, 이 동기가 비교 후에 어떻게 충족되는지에 따라 이후 정서, 자기평가 및 대상의 선택이 달라지며, 이는 다시 사회비교의 목표를 설정하는데 영향을 미치는 통합된 자기조절의 과정으로 간주한다. 그림 2-1에서 이 과정을 제시하였다. 다만 앞선 장에서는 사회비교의 동기가 유발되어 비교대상을 선택하는 과정을 설명하는데 초점을 맞추었다. 이번 장에서는 비교가 이루어지고 나서 초래되는 결과에 대해서 이 이론의 관점에서 자세히 다루고자 한다.

사회비교의 자기조절 과정이론 그림 2-1을 보면, 이 이론에서는 사회비교의 동기를 결정짓는 두 경로를 가정하고 있다. 그 가운데 한 경로는 인간의 의지에 따라서 사회상황에서 사회비교의 목표를 설정함으로써 사회비교 동기에 영향을 미치는 경로이다. 예를 들어 사회비교 과정에서 개인이 자신을 더 향상시키고 싶으면 자기향상의 목표를 설정하며, 자신을 정확히 평가하고 싶으면 자기평가의 목표를 설정하고, 자존심의 손상을 방어하고 싶으면 자기방어 혹은 자기고양의 목표를 설정하게 된다. 또 다른 경로는 사회비교 목표의 개입 수준에 따라서 사회비교 동기에 영향을 미치는 경로이다. 이 경로는 사회비교의 상황에서 발생한 유인이나 압력에 의해서 사회비교 과정에서 영향을 미치는 현상을 설명한다.

또한 이 이론에서는 비교가 이루어진 다음에 일정한 비교대상과 계속해서 비교하거나 혹은 변경되는 과정을 다음과 같이 설명한다: 앞서 설명한 두 경로를 통하여 특정한 사회비교 동기가 우세해지면 사회비교 대상을 선택하여 비교한 결과로 동기가 충족된 수준을 평가하게 된다. 사회비교를 실행한 결과로 동기의 충족수준이 높은 조건에서는 다른 사회비교의 동기가 우세해지므로 비교대상을 바꿀 수 있다. 반면에 동기의 충족수준이 낮은 조건에서는 본래 사회비교의 동기가 여전히 우세하므로 이전의 비교대상과 다시 비교하려 할 수 있다. 그리고 이 이론은 사회비교의 결과에 따라서 사회비교의 대상 선택, 자기평가, 그리고 정서 경험 등이 달라진다고 설명한다.

이번 장에서는 이 중에서 비교대상의 선택을 종속변인으로 다룬 연구를 소개하므로, 이 이론에 의해서 사회비교의 대상이 선택되는 과정을 설명하고자 한다. 먼저, 사회상황에서 특정한 사회비교의 목표가 설정되거나 혹은 특정한 사회비교의 목표에 개입된 수준에 따라서 특정한 사회비교의 동기가 우세해진다. 그리고 사람들은 이 우세해진 사회비교 동기를 충족시키기에 적합한 대상과 비교하려고 한다. 이 때, 만약 특정한 사회비교의 동기를 충족시키기에 적합한 비교대상과 비교한 결과가 성공적이면 그 사회비교 동기의 충족수준이 높아지게 된다. 이 충족수준이 개인이 설정한 기준 이상으로 높은 조건에서는 새롭게 우세해진 사회비교의 동기를 충족시키기에 적합한 비교대상으로 바꿀 개연성이 높아진다. 반면에 현재 우세한 비교동기를 충족시키는데 적합하지 않은 대상과 비교하거나 혹은 적합한 대상과 비교한 결과가 좋지 못한 경우에는 우세했던 비교동기의 충족수준은 낮아지고 높은 상태로 지속된다. 이러한 조건들에서는 이전에 우세하던 비교동기를 충족시키는데 적합한 대상과 계속해서 비교하고자 시도할 개연성이 높다.

그런데, 설명력있는 이론으로써 입증되기 위해서는 이미 선행연구들에서 다루어진 비교대상의 선택에 영향을 미치는 변인들의 효과를 일관성있게 설명할 수 있어야 한다. 이에 더해서 사회비교가 이루어지고 나서 다시 한 번 비교할 기회를 가지게 될 때 어떤 사람과 비교하려 하는지 동일한 기제로 설명하거나 혹은 예측할 수 있어야 한다. 이를 위해서 먼저, 비교대상의 선택을 다룬 선행연구의 중요한 결과들을 이 연구의 이론으로 해석해 보고, 다음으로 특정 인물과 비교하고 나서 그 결과에 따라서 사회비교가 어떻게 달라지는지 가설을 도출하고자 한다.

환류와 위협의 효과 비교대상의 선택을 다룬 여러 연구들에서 특히 개인의 수행 수준에 관한 환류나 위협을 자주 다루었다. 예를 들어 Friend와 Gilbert(1973)는 성격검사의 결과로 환류를 조작하는데, 자신의 성격검사의 결과가 좋지 않은 조건에서는 하향비교가 나타나고, 좋은 경우에는 상향비교가 나타났다. 또한 Festinger의 일방향의 상향추동가설에서 제안하는 바와 같이 능력 차원에서 자신보다 약간 나은 사람과 비교하고자 한 결과를 보여준 연구들이 있으며 (Wheeler, 1966; Wheeler, Shaver, Jones, Goethals, & Cooper, 1969; Wheeler, Koestner, & Drever, 1982), 실패환류가 없거나 위협을 경험하지 않는 조건에서는 유사비교나 상향비교를 선호하는 결과를 보여준 연구들이 있다(Brickman & Bulman, 1977; Gruder, 1971; Helgeson et al., 1995; Nosanchuk & Erickson, 1985; Wood, 1989).

또한 Wills의 하향비교이론이 제안된 이후로 수행을 마치고 나서 실패환류를 제공받거나 스트레스와 같이 위협을 경험하는 상황에서는 하향비교를 선호하는 결과를 보여준 연구들이 있다(Affleck, Tennen, Pfeiffer, Fifield, & Rowe, 1987; Bogart & Helgeson, 2000; Gibbons, Gerrard, Lando, & McGovern, 1991; Hakmiller, 1966; Schulz & Decker, 1985).

위협은 하향비교를 선택하는데 영향을 미치는 변인으로 자주 다루어져 왔다. 예를 들어 Wills는 공포—친화 가설을 다룬 연구 결과들(Darley & Aronson, 1966; Schachter, 1959; Zimbardo & Formica, 1963)을 하향비교이론으로 다음과 같이 재해석하였다: 사람들은 공포나 위협을 경험하면 자신보다 못한 이와 비교하기 위해서 하향비교를 선택하게 되는데, 이는 공포나 위협으로 인해 손상된 자기상을 회복하고자하는 욕구에서 비롯된다.

이러한 연구 결과들을 보면 대체로 사람들은 성공환류를 받거나 위협이 없는 상황에서는 하향비교보다 상향비교를 더 선호한다. 반면에 실패환류를 받거나 위협을 경험하는 상황에서는 상향비교보다 하향비교를 더 선호한다. 이러한 현상을 이 연구의 이론으로 보면 사회비교의 목표 설정과정을 포함시키지 않았기 때문에 목표개입의 경로로 영향을 미쳤다고 해석할 수 있다. 구체적으로 성공환류를 받은 조건에서는 이미 우세한 사회비교 동기의 충족수준은 높아지고 상향비교 목표에 대한 개입 수준이 높아지므로 자기향상의 동기가 높아져서 상향비교를 선호했고, 실패환류를 받은 조건에서는 하향비교에 대한 개입이 높아지므로 자기방어의 동기가 높아져서 하향비교를 선호했다고 설명할 수 있다.

그러나 위협을 경험하면 항상 하향비교를 선호하는 것은 아니다. 일부 연구(Taylor, Aspinwall, Guiliano, Dakof, & Reardon, 1993; Van der Zee, Oldersma, Buunk, & Bos, 1998)에서는 위협을 경험한 사람들이 오히려 상향비교를 선호한 점을 보인 바 있다. 이 연구에서는 이러한 연구결과가 불일치되는 점은 각 연구마다 위협을 경험한 사람들이 비교 당시 설정한 비교목표가 달랐거나 혹은 특정한 비교목표에 개입된 수준이 달랐던 점에 기인한다고 보고 있다.

이와 같은 설명이 타당한지 알아본 연구로는 앞선 장에서 소개된 한덕웅(1999) 그리고 장은영과 한덕웅(1999)을 들 수 있다. 이 선행연구들에서 성공환류를 받은 사람들은 실패환류를 받은 사람들보다 자기향상의 동기가 더 높았고, 상향비교 대상을 더 많이 선택했다. 반면에 실패환류를 받은 사람들은 성공환류를 받은 사람들보다 자기방어의 동기가 더 높았고, 하향비교 대상을 더 많이 선택했다. 그리고 한덕웅(1999)의 연구에서는 확실한 환류를 받은 사람들보다 모호한 환류를 받은 사람들이 자기평가동기가 더 높았고, 유사비교 대상을 더 많이 선택했다. 따라서 성공환류, 실패환류 혹은 모호한 환류는 각기 특정한 사회비교 목표의 개입 수준을 높여서 각 사회비교의 동기를 높였다고 설명할 수 있다. 다시 말해서 사회비교의 결과로 특정한 사회비교 목표의 개입 수준이 높아지면 그 동기를 우세하게 만들어서, 동기를 충족시키는데 적합한 비교대상을 선택하게 된다고 볼 수 있다.

향상가능성, 통제력 혹은 변화가능성의 효과 또한 사회비교 현상을 다룬 연구들 가운데 사회비교 목표의 개입 수준에 영향을 미쳐서 사회비교 동기를 유발시켰다고 해석할 수 있는 연구결과들이 많다. 그 중에는 향상가능성, 통제력 혹은 변화가능성을 다룬 연구들이 있다(Buunk et al., 1990; Sun & Croyle, 1995; Taylor et al., 1993). Levine과 Green(1984)의 연구에서는 지각과제의 수행 수준으로 향상가능성을 조작하였다. 이 선행연구에서는 초등학생들에게 10번의 시행으로 이루어진 지각과제에서 자신의 점수가 점차 높아지거나 혹은 낮아지고 있다고 알려주었다. 자신의 수행이 점차 향상된다고 듣게 되면 상향비교와 하향비교를 동일한 빈도로 선택했지만, 점차 저조해진다고 듣게 되면 하향비교 대상을 더 많이 선택했다.

Lockwood(2002)는 하향비교 대상과 비교하는 과정에서 자신도 하향비교대상과 유사해질 개연성이 높아서 취약성이 높으면 낮을 때보다 자기평가가 낮았다고 보고했다. 그러므로 이 조건에서는 자기방어의 동기가 높아졌다고 해석할 수 있다. Dunning(1995)의 연구에서는 능력검사를 실시하고 성공환류를 받은 조건에서 능력의 변화가능성이 높으면 낮을 때보다 환류에 대해서 더 자세히 알고 싶어 했다. 또한 장은영과 한덕웅(1999)의 연구에서는 성공과 실패환류를 제공하고 환류를 받은 과제와 관련이 높은 다른 과제에 대해서 통제가능성을 높거나 낮게 조작하고 비교대상의 선택을 알아보았다. 이 선행연구에서 목표의 통제가능성이 높으면 낮을 때보다 하향비교보다 상향비교 대상의 선택빈도가 더 높았으나 통제가능성이 낮으면 높을 때에 비해서 상향비교보다 하향비교 대상의 선택빈도가 더 높았다. 이 두 조건에서 비교목표의 개입 수준이 달라져서 각각 향상동기와

방어동기가 높아졌다고 해석할 수 있다.

그러나 이 선행연구들에서는 직접 비교동기의 수준을 알아보지 않았으므로 이 해석의 타당성을 알 수 없다. 또한 선행연구들에서 비교대상의 선택에 영향을 미친다고 가정한 변인들 가운데 사회비교의 목표 변인은 직접 다루어지지 않았다. 이 연구의 이론으로 보면 목표의 개입 수준에 영향을 미치는 경로를 통하여 작동했다고 해석할 수 있다. 특히 이 이론은 과거 선행연구 결과들을 사회비교의 동기 수준에 의해서 일관된 기제로 설명하는 통합한 틀을 제공해 준다.

자 존 심 Wills(1981)는 하향비교이론에서 자존심과 관련된 가설도 제안한 바 있다. 즉 자존심이 높은 사람보다 낮은 사람이 자기고양의 욕구가 더 높아서 하향비교를 선호할 것이라고 예상하였다.

그런데 선행 연구들에서 이 가설을 검증하려는 시도(Brown & Gallagher, 1992; Gibbons & McCoy, 1991; Reis & Gibbons, 1993; Thompson & Crocker, 1990; Wood, Giordano-Beech, Taylor, Michela, & Gaus, 1994)가 여러 차례 이루어졌음에도 불구하고, Wills(1981)의 가설이 일관되게 지지되지는 못했다. 즉 자존심이 높은 사람이 낮은 사람보다 하향비교를 더 많이 추구하거나(Crocker & Schwatz, 1985; Crocker, Thompson, McGraw, & Ingerman, 1987) 혹은 그와 반대로 자존심이 낮은 사람이 높은 사람보다 하향비교를 더 많이 추구하는(Shrauger, 1975) 등 비일관된 결과를 보인 바 있다. 또한 개인차 변인으로 주로 다루어진 자존심은 성공/실패환류와 같은 다른 독립변인과 상호작용을 보인 결과(Brown, Collins, & Schmidt, 1988; Gibbons & McCoy, 1991; Wood et al., 1994)도 보고되었다. 현재까지 이처럼 서로 모순되는 결과를 하나의 틀로 설명할 수 있는 이론이 없는 상황이다.

예를 들어 Wood 등(1994)의 연구에서는 자존심이 낮은 사람들이 직업흥미도 검사를 통해서 타인보다 잘했다는 정보를 받았을 때 실패환류를 받은 조건보다 비교를 더 많이 추구하였다. 이 선행연구의 성공조건에서는 하나의 소척도를 제외하고 참가자가 상대방보다 점수가 모두 높다고 알려주고, 실패조건에서는 하나의 소척도를 제외하고 모두 낮다고 알려주었다. 그리고 참가자가 상대방과 함께 받고 싶다고 응답한 검사의 개수를 응답하도록 하였다. 그 결과를 보면 성공이나 실패 결과의 환류와 자존심의 상호작용이 유의하였다. 즉, 자존심이 낮은 사람들은 성공환류를 받은 조건에서 사회비교를 더 많이 추구했고, 자존심이 높은 사람들은 실패환류를 받은 조건에서 사회비교를 더 많이 추구했다.

그런데 이 선행연구나 다른 연구들에서 자존심이 비교대상의 선택에 영향을 미치는 과정을 심리학적으로 잘 설명하지 못하였다. 흔히 자존심의 핵심 요소를 자기의 가치에 대한 평가라고 본다. 그러나 자기가치의 평가가 사회비교 과정에서 어떤 사회비교의 목표의 설정, 특정한 사회비교에 대한 개입, 사회비교 동기들 가운데 자기향상, 자기평가, 혹은 자기방어의 동기에 각각 미치는 영향, 그리고 사회비교의 결과로서 성공이나 실패의 환류정보에 대한 반응, 그리고 사회비교의 지속이나 중단에 각각 어떤 영향을 미치는지 일관되게 설명하는 이론이 없다. 그러므로 어떤 사회상황에서는 자존심의 수준이 이 가운데 여러 요인들에 동시에 영향을 미치기도 하고, 다른 조건에서는 한 두 요인에만 선택적으로 영향을 미칠 수도 있다. 따라서 자존심이 사회비교 대상의 선택에 미치는 영향을 연구한 결과들이 일관되지 않는다고 해서 놀랄 일이 아니다.

이 연구에서는 만성적인 자존심 수준 역시 사회비교의 목표설정과 목표개입의 경험을 통해서 비교대상의 선택에 영향을 미친다고 가정한다. 이 관점에서 보면 Wood 등(1994)의 연구에서 만성적으로 자존심이 높은 이들은 스스로 자기향상의 목표를 설정하고 향상목표에 대한 개입수준도 높아서 상향비교의 대상을 선택하고 자존심이 낮은 사람들은 방어목표를 설정하고 방어목표에 대한 개입수준이 높아서 자기방어의 동기가 우세하므로 이 동기를 충족시키는데 적합한 하향비교의 대상을 선택한다고 추론할 수 있다. 또한 자존심이 높은 사람은 자기향상의 목표를 설정할 개연성이 높지만, 실패환류를 제공받게 되면 자기방어동기가 일시적으로 가장 우세해져서 이에 적합한 하향비교를 추구했다고 해석할 수 있다.

이 연구의 가설들 이상에서 설명한 연구의 목적에 따라서 사회비교 목표의 설정, 비교대상 및 비교결과가 비교대상의 선택에 어떠한 영향을 미치는지 설명하는 사회비교의 자기조절 과정이론에서 도출한 가설들은 다음과 같다. 이 연구의 이론에 의하면 자기향상의 목표를 설정한 조건에서는 자기향상의 동기가 우세하므로 자신보다 나은 사람과 비교하려는 상향비교 대상의 선택빈도가 높아진다. 반면에 자기방어의 목표를 설정한 조건에서는 자기방어의 동기가 가장 우세하므로 자신보다 못한 사람과 비교하려는 하향비교 대상의 선택빈도가 높아진다. 따라서 다음과 같은 가설을 도출할 수 있다. 자기방어의 목표보다 자기향상의 목표를 설정한 조건에서 상향비교 대상의 선택빈도가 더 높다(가설 1-1). 자기향상의 목표보다 자기방어의 목표를 설정한 조건에서 하향비교 대상의 선택빈도가 더 높다(가설 1-2).

다음으로 사회비교 목표와 비교결과의 이원상호작용을 예상할 수 있다. 구체적으로 자기향상의 목표를 설정한 조건에서 비교대상보다 자신이 더 잘하여서 성공하면(이하 '성공'이라고 칭함) 비교대상보다 자신이 더 못하여서 실패(이하 '실패'라고 칭함)했을 때보다 상향비교 대상의 선택빈도가 더 높다. 왜냐하면 상향비교하여 성공하여 자기향상의 동기가 일시 충족되더라도 이 조건에서는 여전히 자기향상동기가 높게 유지된다. 물론 자기향상의 목표를 설정하더라도 상향비교하여 실패하면 자기향상동기의 충족수준이 낮으므로 계속 상향비교할 수 있다. 그러나 실패의 경험이 강하거나 빈도가 낮은 후라면 일시적인 실패 경험이더라도 자기방어동기가 높아져서 하향비교할 수도 있다. 반면에 자기방어의 목표를 설정한 조건에서 비교에 실패하면 성공했을 때보다 자기방어의 동기의 수준이 높아서 하향비교 대상의 선택빈도가 더 높다. 따라서 다음과 같은 가설을 도출할 수 있다. (이원상호작용 효과) 자기향상의 목표를 설정하여 비교에 성공하면 실패했을 때보다 상향비교 대상의 선택빈도가 더 높다(가설 2-1). 자기방어의 목표를 설정하여 비교에 실패하면 성공했을 때보다 하향비교 대상의 선택빈도가 더 높다(가설 2-2).

마지막으로 사회비교의 목표, 대상 및 결과의 삼원상호작용 효과를 예상할 수 있다. 먼저 자기향상의 목표를 설정한 조건에서 상향비교 대상보다 더 잘한 경우에는 자기향상동기 충족수준도 높다. 그러나 자신보다 잘하는 사람과 비교하여 자신이 성공한 상황이므로 자기향상동기 수준은 계속 높게 유지되고 이로 인해 하향비교나 유사비교로 변화되지 않고 여전히 상향비교 대상을 선택하게 된다. 다음으로 이전에 자기향상의 목표를 설정한 조건에서 하향비교 대상보다 더 잘한 경우에는 자기향상의 동기가 충족되지 못한 상황이므로 상향비교 대상을 선택할 가능성이 높다. 그러나 자기향상의 목표가 설정되었으나 하향비교 대상보다 더 못한 경우에는 자기향상의 동기도 충족되지 못하고, 일시적으로 자기방어의 동기가 우세해진다. 반면에 자기향상의 목표를 설정하였으나 상향비교 대상보다 더 못한 경우에는 비교한 사람이 자신보다 본래 잘하는 사람이었으므로 비교 후 일시적으로 자기방어의 동기가 높아질 수 있으나 자기향상의 목표로 이 동기가 여전히 강력하므로 앞선 조건보다 상향비교 대상을 선택하게 된다.

자기방어의 목표가 설정된 조건에서 상향비교 대상보다 더 잘한 경우에는 일시 자기향상의 동기가 높아진다. 이와 함께 상향비교 대상보다 자신이 더 잘했다는 정보로 인해서 자신의 능력에 대해서 혼란이나 불확실성을 경험하여 자기평가의 동기도 높아질 수 있다. 그러나 자기방어의 목표를 설정한 조건이므로 우세한 자기방어의 동기가 충분히 충족되지 못하고 여전히 높은 수준을 유지할 수 있다. 따라서 이 조건에서는 상향비교, 유사비교 혹은 하향비교 대상 선택에서 차이가 크지 않게 된다. 그리고 자기방어의 목표를 설정한 조건에서 하향비교 대상보다 잘한 경우에는 자기방어의 동기는 어느 정도 충족되므로 자기평가의 동기가 상대적으로 높아져서 유사비교 대상을 선택할 수도 있다. 또한 자기방어목표가 설정된 조건에서 상향비교 대상보다 못한 경우에는 우세했던 자기방어의 동기가 높아지므로 하향비교 대상도 선택할 수 있다. 마지막으로 자기방어의 목표가 설정된 조건에서 하향비교 대상보다 못한 경우에는 자기방어의 동기가 더 높아지고 하향비교 대상을 선택하게 된다. 따라서 자기향상목표와 자기방어목표를 설정한 조건에서 다음과 같은 가설을 도출할 수 있다. (삼원상호작용 효과) 자기향상의 목표를 설정하면 상향비교하여 성공했을 때 하향비교하여 성공했을 때보다 상향비교 대상의 선택빈도가 더 높다(가설 3-1). 자기방어의 목표를 설정하면 하향비교하여 실패했을 때 상향비교하여 실패했을 때보다 하향비교 대상의 선택빈도가 더 높다(가설 3-2).

연구 방법

실험절차 참가자들은 2명씩 함께 실험에 참여하였다. 실험은 컴퓨터 화면에 나타나는 지시문을 읽고 답하면서 진행되었다. 그리고 컴퓨터 사이에 칸막이를 두어서 참가자는 다른 사람의 화면을 볼 수 없었다. 참가자들에게는 이 연구가 대학생들의 판단능력 수준을 알아보는데 목적이 있다고 알려주었다. 그리고나서 참가자들은 판단능력검사의 연습과제를 3분간 실시하였다. 다음으로 이 연구의 첫 번째 독립변인인 비교목표를 조작하였는데, 비교목표는 참가자들에게 앞으로 본과제를 수행하면서 지니고 있어야 하는 목표를 알려주는 방식으로 조작하였다. 또한 본과제를 마치고 나면 판단능력검사 점수를 컴퓨터가 무작위로 추출한 다른 사람의 점수와 비교하여서 알려준다고 설명하고, 비교할 사람의 연습과제 점수를 달리 제공하여 두 번째 독립변인인 비교대상을 조작하였다. 다음으로 본과제를 5분간 수행하고 난 다음에 세 번째 독립변인인 비교결과를 본과제 전에 미리 컴퓨터가 정해준 사람과 자신이 본과제에서 얻은 점수를 모두 제공하는 방식으로 조작하였다. 그 후 참가자들은 조작점검 문항과 부가적 종속측정치가 들어있는 설문에 응답하였다.

참 가 자 성균관대학교에서 심리학개론을 수강하는 남녀 학생들 중 120명을 8개 조건에 15명씩 무선할당하였다.

실험설계 2(사회비교의 목표: 자기향상/자기방어)×2(비교대상: 상향/하향)×2(비교결과: 성공/실패)의 삼원 완전무선요인설계였다.

독립변인 조작 사회비교의 목표는 참가자들에게 앞으로 본과제를 수행하면서 지녀야 하는 목표를 알려주는 방식으로 조작하였다. 자기향상 목표조건에서는 이 연구는 사람들이 어떻게 하면 자신의 유능성을 증진시킬 수 있는지 알아보는 데에도 관심이 있다고 알려주었다. 그리고 본과제를 마치고 나서 컴퓨터가 정해준 사람과 자신의 점수를 비교할 때에 자신의 판단능력을 증진시켜서 유능성을 높여서 과제수행의 능력을 향상하는데 목표를 두도록 지시하였다. 자기방어 목표조건에서는 이 연구는 사람들이 어떻게 하면 자존심을 손상당하지 않고 방어할 수 있는지 알아보는 데에도 관심이 있다고 알려주었다. 그리고 본과제를 마치고 나서 컴퓨터가 정해준 사람과 자신의 점수를 비교할 때에 자신의 자존심이 손상당하지 않게 자신의 자존심을 방어하는데 목표를 두도록 지시하였다. 비교대상은 비교할 사람의 연습과제 점수라고 알려주는 방법으로 조작하였다. 참가자들은 본인과 비교대상의 연습과제 점수를 비교한 그래프와 함께 비교한 결과를 설명한 글을 읽고 다음과 같은 지시문을 읽었다. 상향비교 대상조건에서는 앞으로 당신의 본과제 결과를 비교하게 될 이 사람은 100점 만점으로 볼 때 당신보다 평균 20점 더 높다고 알려주었다. 하향비교 대상조건에서는 앞으로 당신의 본과제 결과를 비교하게 될 이 사람은 100점 만점으로 볼 때 당신보다 평균 20점 더 낮다고 알려주었다. 모든 조건에서 점수 차이를 동일하게 조작하는 데 대한 의심을 줄이기 위하여 19, 20 및 21 중에서 각 실험조건별로 동일한 비율이 되도록 하나씩 제시되도록 사전에 계획하였다. 비교결과는 과제를 마치고나서 비교대상과 자신이 본과제에서 얻은 점수를 비교하는 방식으로 조작하였다. 참가자들은 본과제 점수를 비교하여 설명해주는 그래프와 함께 아래에 제시된 지시문을 읽었다. 성공조건에서는 컴퓨터가 선택해 준 사람보다 참가자의 본과제 점수가 20점 더 높다고 알려주었다. 실패조건에서는 컴퓨터가 선택해 준 사람보다 참가자의 본과제 점수가 20점 더 낮다고 알려주었다. 단, 점수 차이를 19, 20 및 21 중에서 하나가 각 실험조건별로 동일한 비율로 제시되도록 사전에 계획하였다.

종속변인 측정 2장에서 사용한 방법과 동일하였다.

연구 결과

독립변인의 조작효과 사회비교 목표의 조작효과는 '당신은 본과제 점수를 컴퓨터가 정해준 사람과 비교할 때에 자신의 유능성을 높이는데 어느 정도 관심을 두었습니까'를 물은 질문에 7점척도로 응답한 반응을 2(사회비교의 목표: 자기향상/자기방어)×2(비교대상: 상향/하향)×2(비교결과: 성공/실패)로 변량분석한 결과, 사회비교 목표의 주효과만 유의하였다($F(1,112)=10.15$, $p<.01$). 즉, 자기향상 목표를 설정한 조건($M=4.60$)에서 자기방어목표($M=3.92$)보다 자신의 유능성을 높여서 향상하는데 더 관심을 두었다고 응답했다. 또한 '당신은 본과제 점수를 컴퓨터가 정해준 사람과 비교할 때에 자신의 자존심이 손상당하지 않는데 어느 정도 관심을 두었습니까'를 물은 질문에 대한 반응을 7점 척도로 평정하여 2(사회비교의 목표: 자기향상/자기방어)×2(비교대상: 상향/하향)×2(비교결과: 성공/실패)로 변량분석한 결과, 사회비교 목표의 주효과만 유의하였다($F(1,112)=25.28$, $p<.001$). 즉, 자기방어목표를 설정한 조건($M=4.87$)에서 자기향상목표($M=3.55$)보다 자신의 자존심이 손상당하지 않는데 더 관심을 두었다고 응답했다.

비교대상의 조작효과는 '연습과제 후 컴퓨터가 정해준 사람은 당신에 비해 연습과제 점수가 더 좋은 편이었습니까'에 대한 응답을 2(사회비교의 목표: 자기향상/자기방어)×2(비교대상: 상향/하향)×2(비교결과: 성공/실패)로 변량분석한 결과, 비교대상의 주효과만 유의하였다($F(1,112)=111.63$, $p<.001$). 즉, 7점척도에서 중립

값이 4이었는데 상향비교한 조건($M = 5.60$)에서 하향비교한 조건($M = 2.79$)보다 비교대상의 연습과제 점수가 더 좋았다고 응답했다.

비교결과의 조작효과는 '본과제에서 당신은 컴퓨터가 정해준 사람보다 더 잘한 편이었습니까'에 대한 응답을 2(사회비교의 목표: 자기향상/자기방어)×2(비교대상: 상향/하향)×2(비교결과: 성공/실패)로 변량분석한 결과, 비교결과의 주효과만 유의하였다($F(1,112) = 245.56$, $p < .001$). 즉, 7점척도에서 중립값이 4이었는데 비교에 실패한 조건($M = 5.47$)에서 성공한 조건($M = 2.55$)보다 비교대상의 본과제 점수가 더 좋았다고 응답했다. 따라서 독립변인들의 조작은 모두 잘 이루어졌다.

사회비교 대상 선택의 빈도 분석 참가자들이 자신의 판단능력검사 점수를 비교해 보고 싶다고 선택한 비교대상의 선택백분율은 표 4-1과 그림 4-1에 제시되어 있다. 또한 이 연구의 가설을 검증하기 위해서 2(사회비교의 목표: 자기향상/자기방어)×2(비교대상: 상향/하향)×2(비교결과: 성공/실패)로 상향비교 대상의 선택빈도에 대해서 분석한 결과는 표 4-2에 제시하였고, 하향비교 대상의 선택빈도에 대해 분석한 결과는 표 4-3에 제시되어 있다.

먼저 표 4-2에서 상향비교 대상의 선택백분율을 분석한 결과를 보면 다음과 같다. 사회비교 목표의 주효과($\chi^2 = 9.28$, $p < .01$), 비교결과의 주효과($\chi^2 = 7.11$, $p < .01$) 및 사회비교 목표와 비교대상의 이원상호작용 효과($\chi^2 = 5.22$, $p < .05$)가 유의하였다. 사회비교 목표의 주효과로서 자기향상목표를 설정한 조건(57%)에서 자기방어목표를 설정한 조건(38%)보다 상향비교 대상의 선택백분율이 높았는데, 이 결과는 가설 1-1을 지지한다. 즉, 사람들은 자신을 향상시키고자 목표를 세우면, 자신보다 우월한 사람과 비교하고자 한다.

다음으로 이 연구의 가설들을 대비분석한 결과를 표 4-4를 중심으로 보면 다음과 같다. 표 4-4를 보면 자기향상목표를 설정한 조건에서 상향비교하여 성공하면(93%) 하향비교하여 성공할 때(53%)보다 상향비교 대상의 선택백분율이 유의하게 더 높았다($\chi^2 = 6.12$, $p < .05$). 이는 이 연구의 가설 3-1을 지지하는 결과이다. 다시 말해서, 자기를 향상시키고자 목표를 설정하고 나서, 자신보다 열등했던 사람과 비교하여 자신이 상대적으로 더 좋은 결과를 얻을 때보다 자신보다 우월했던 사람과 비교하여 더 좋은 결과를 얻을 때, 사람들은 이후 상향비교하려는 경향이 더 높다.

다만, 자기향상의 목표를 설정한 조건에서 비교에 성공(73%)하더라도 실패한 조건(40%)보다 상향비교 대상의 선택백분율이 유의하게 더 높은 경향을 나타났으나 통계적으로 유의한 수준에 이르지 못하였다($\chi^2 = 3.68$, $p < .10$, 가설 2-1이 기각됨).

표 4-1. 사회비교의 목표, 대상 및 결과에 따른 비교대상의 선택빈도(백분율)

		비교목표	자기향상목표		자기방어목표		합계	
비교대상	비교결과	대상의 선택	n	(%)	n	(%)	n	(%)
상향비교	성공	상향비교	14	(93.3%)	6	(40.0%)	20	(66.7%)
		유사비교	1	(6.7%)	6	(40.0%)	7	(23.3%)
		하향비교	0	(0.0%)	3	(20.0%)	3	(10.0%)
	실패	상향비교	5	(33.3%)	4	(26.7%)	9	(30.0%)
		유사비교	10	(66.7%)	5	(33.3%)	15	(50.0%)
		하향비교	0	(0.0%)	6	(40.0%)	6	(20.0%)
	소계	상향비교	19	(63.3%)	10	(33.3%)	29	(48.3%)
		유사비교	11	(36.7%)	11	(36.7%)	22	(36.7%)
		하향비교	0	(0.0%)	9	(30.0%)	9	(15.0%)
하향비교	성공	상향비교	8	(53.4%)	10	(66.7%)	18	(60.0%)
		유사비교	5	(33.3%)	1	(6.7%)	6	(20.0%)
		하향비교	2	(13.4%)	4	(26.7%)	6	(20.0%)
	실패	상향비교	7	(46.7%)	3	(20.0%)	10	(33.3%)
		유사비교	4	(26.7%)	5	(33.3%)	9	(30.0%)
		하향비교	4	(26.7%)	7	(46.7%)	11	(36.6%)
	소계	상향비교	15	(50.0%)	13	(%)	28	(46.7%)
		유사비교	9	(30.0%)	6	(%)	15	(25.0%)
		하향비교	6	(20.0%)	11	(%)	17	(28.3%)

표 4-2. 상향비교 대상의 선택백분율 분석

변 량 원	df	χ^2
사회비교 목표	1	9.28**
비교대상	1	1.31
비교결과	1	7.11**
사회비교 목표×비교대상	1	5.22**
사회비교 목표×비교결과	1	.58
비교대상×비교결과	1	.15
사회비교 목표×비교대상×비교결과	1	2.32

** $p < .01$

그림 4-1. 사회비교의 목표, 대상 및 결과에 따른 비교대상의 선택백분율

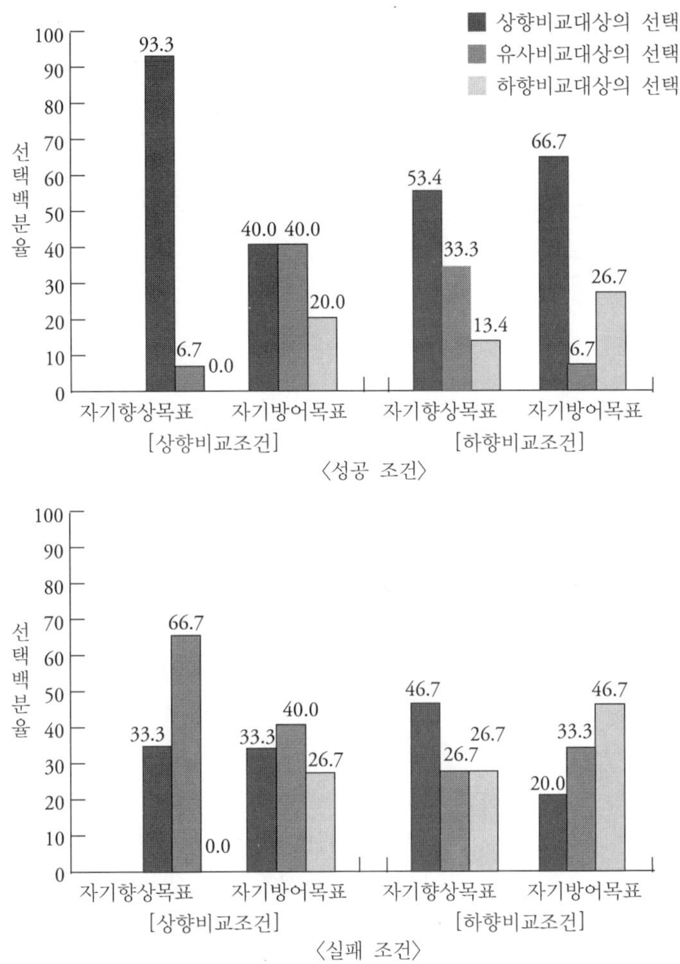

표 4-3에서 하향비교 대상의 선택백분율을 분석한 결과를 보면 다음과 같다. 하향비교 대상의 선택백분율에서는 사회비교 목표의 주효과($\chi^2 = 11.00$, $p < .001$), 비교대상의 주효과($\chi^2 = 3.96$, $p < .05$) 및 비교결과의 주효과($\chi^2 = 3.96$, $p < .05$)가 각각 유의하였다. 사회비교 목표의 주효과를 보면 자기방어의 목표를 설정한 조건(33%)에서 자기향상의 목표를 설정한 조건(10%)보다 하향비교 대상의 선택백분

표 4-3. 하향비교 대상의 선택백분율 분석

변 량 원	df	χ^2
사회비교 목표	1	11.00***
비교대상	1	3.96*
비교결과	1	3.96*
사회비교 목표×비교대상	1	.44
사회비교 목표×비교결과	1	1.22
비교대상×비교결과	1	.44
사회비교 목표×비교대상×비교결과	1	.05

* $p < .05$, *** $p < .001$

표 4-4. 사회비교 조건에서 상향 및 하향비교 대상 선택백분율의 대비분석

	대 비	df	χ^2
상향비교	향상목표+성공 vs 향상목표+실패	1	3.68 †
대상 선택	향상목표+성공+상향비교 vs 향상목표+성공+하향비교	1	6.12*
하향비교	방어목표+실패 vs 방어목표+성공	1	4.26*
대상 선택	방어목표+실패+하향비교 vs 방어목표+실패+상향비교	1	.63

† $p < .10$, * $p < .05$

율이 유의하게 더 높아서 가설 1-2가 지지되었다. 즉, 사람들은 자존심을 방어하고자 목표를 세우면, 자신보다 열등한 사람과 비교하고자 한다.

한편 하향비교 대상의 선택빈도를 조건별로 비교한 결과는 표 4-4에 제시되어 있다. 표 4-4를 보면 자기방어의 목표를 설정하면 실패한 조건(43%)에서 성공한 조건(23%)보다 하향비교 대상의 선택백분율이 유의하게 더 높았다($\chi^2=4.26$, $p<.05$). 이는 이 연구의 가설 2-2를 지지하는 결과이다. 다시 말해서, 자존심을 방어하고자 목표를 설정하고 나면, 이후 상대방과 비교하여 더 좋은 결과를 얻을 때보다 더 못한 결과를 얻을 때 하향비교하려는 경향이 더 높다. 그러나 자기방어목표를 설정하고 상향비교하여 실패한 조건(27%)보다 하향비교하여 실패한 조건(47%)에서 하향비교 대상의 선택빈도가 유의하게 더 높지 않아서($\chi^2=.63$, *n.s.*, 가설 3-2 기각됨).

그 이외에 가설에서 예상한 내용은 아니지만 몇 가지 흥미로운 결과들을 요

약하면 다음과 같다. 먼저 하향비교한 조건에서(28%) 상향비교한 조건(15%)보다 하향비교대상의 선택백분율이 더 높았고, 비교에 실패한 조건에서(28%) 성공한 조건(15%)보다 하향비교대상의 선택백분율이 더 높았다. 그리고 비교에 성공한 조건에서(63%) 실패한 조건(32%)보다 상향비교 대상의 선택백분율이 높았다. 이원상호작용 효과에서는 자기향상의 목표를 설정하면 상향비교한 조건에서(63%) 하향비교한 조건(50%)보다 상향비교 대상의 선택백분율이 높지만, 자기방어의 목표를 설정하면 하향비교한 조건에서(43%) 상향비교한 조건(33%)보다 상향비교 대상의 선택백분율이 높았다.

사회비교 과정에서 비교동기가 비교대상의 선택에 미치는 매개과정의 분석

이 연구에서는 먼저 사회비교의 목표를 설정하고나서 사회비교한 후 비교결과가 긍정적이거나 부정적인 조건에 따라서 사회비교 동기의 수준이 달라지고, 이 수준이 매개변인으로 작용하여 비교대상의 선택이 달라진다고 가정하였다. 다시 말해서 이 연구에서는 비교대상의 선택에서 사회비교의 동기가 매개한다고 가정한다. 이 가정을 검증하기 위해서 조작점검문항에 참여자가 평정한 값들을 사용하여 사회비교의 목표, 비교대상 및 비교결과의 주효과, 이원상호작용 효과 및 삼원상호작용 효과가 비교대상의 선택에 미치는 효과를 자기향상 혹은 자기방어의 동기 수준과 충족수준이 매개하는지 Baron과 Kenny(1986)가 권고한 회귀분석 방법에 의해서 검증하였다. 또한 독립변인이 종속변인에 직접 영향을 미치는 직접경로와 독립변인이 매개변인을 거쳐서 종속변인에 영향을 미치는 간접경로가 모두 입증되는 경우에는 수정된 Sobel검증 기법(Kenny, Kashy, & Bolger, 1998)에 의해서 간접경로가 0보다 유의하게 더 큰지 검증하고, 유의한 경우에는 부분적으로 매개효과를 보인다고 해석하였다.

상향비교 대상의 선택에 미치는 효과에서는 사회비교의 목표×비교대상×비교결과의 삼원상호작용이 자기향상동기의 수준에 의해서 완전하게 매개되었다. 즉 사회비교의 목표×비교대상×비교결과의 삼원상호작용은 자기향상의 동기와 상향비교 대상의 선택을 각각 유의하게 예측했고($\beta = .37$, $p < .001$, $\beta = .26$, $p < .01$), 자기향상의 동기는 상향비교 대상의 선택을 유의하게 예측하였다($\beta = .37$, $p < .001$). 그리고 자기향상동기의 효과를 제거하면 삼원상호작용이 상향비교 대상의 선택을 유의하게 예측하지 못했다($\beta = .15$, *n.s.*). 이 내용은 그림 4-2에 제시하였

다. 한편, 하향비교 대상의 선택에 미치는 효과에서는, 비교목표×비교대상, 비교목표×비교결과, 그리고 비교목표가 하향비교 대상의 선택에 미치는 효과는 자기방어의 동기에 의해서 부분적으로 매개되었다(각각 $Z=1.99$, $p<.05$, $Z=1.97$, $p<.05$, $Z=1.99$, $p<.05$). 이 내용은 그림 4-3에 제시하였다.

그림 4-2. 사회비교의 목표, 대상 및 결과가 자기향상동기의 매개로 상향비교 대상의 선택에 영향을 미치는 경로

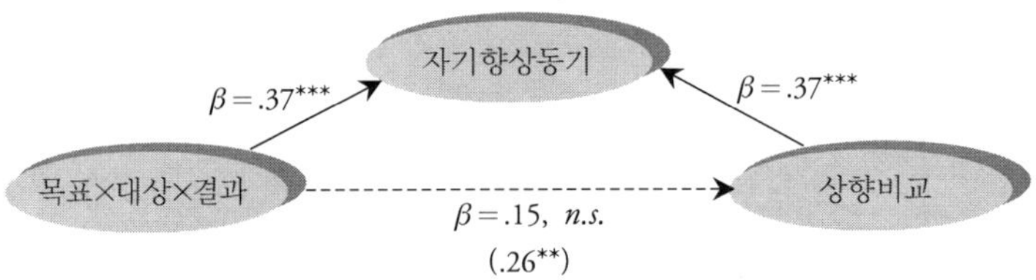

** $p<.01$, *** $p<.001$

그림 4-3. 사회비교의 목표, 대상 및 결과가 자기향상동기의 매개로 상향비교 대상의 선택에 영향을 미치는 경로

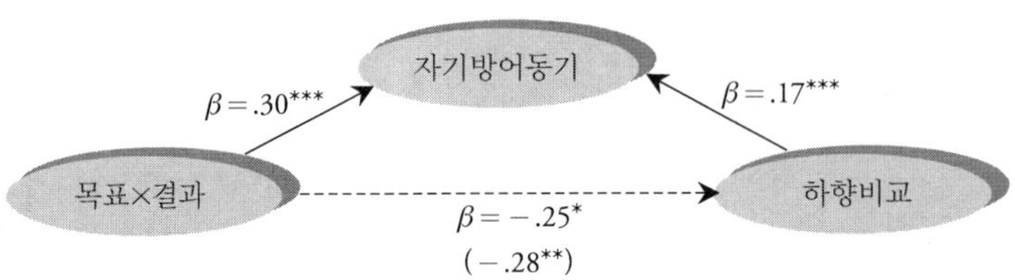

* $p<.05$, ** $p<.01$, *** $p<.001$

논 의

연구의 요약 첫째, 자기향상목표를 설정한 조건에서 자기방어목표를 설정한 조건보다 상향비교 대상의 선택빈도가 유의하게 더 높았고, 자기향상목표를 설정한 조건에서 자기방어목표를 설정한 조건보다 자기향상동기가 유의하게 높았다. 또한 자기방어목표를 설정한 조건에서 자기향상목표를 설정한 조건보다 하향비교 대상의 선택빈도가 유의하게 더 높았고, 자기방어목표를 설정한 조건에서 자기향상목표를 설정한 조건보다 자기방어동기가 유의하게 높았다. 자기향상목표 조건에서 자기방어목표 조건보다 상향비교 대상의 선택빈도가 더 높고, 자기방어목표 조건에서 자기향상목표 조건보다 하향비교 대상의 선택빈도가 더 높은 결과는 선행연구(한덕웅, 1999)에서 얻은 결과와 일관된다. 둘째, 자기방어목표를 설정하고 비교에 실패한 조건에서는 성공한 조건보다 하향비교 대상의 선택빈도가 유의하게 더 높았고, 자기향상목표를 설정하면 상향비교에 성공한 조건에서 하향비교에 성공한 조건보다 상향비교 대상의 선택빈도가 유의하게 더 높았다. 넷째, 사회비교의 목표, 비교대상 및 비교결과가 상향비교 대상의 선택에 미치는 삼원상호작용 효과는 자기향상동기에 의해서 완전 매개되었다. 따라서 일단 사회비교가 이루어지고 난 다음에 상향비교 대상을 선택하는 백분율은 자기향상동기의 수준에 의해서 매개된다는 가설이 지지되었다. 다만 하향비교 대상의 선택에서는 자기방어동기에 의한 매개효과가 유의하지 않았다. 이 결과는 아마도 자기향상동기와 상향비교의 경향이 높은 대학생을 대상으로 수행된 실험이어서 하향비교 대상의 선택빈도가 전반적으로 낮고 변산이 작았던 점에 기인해서 나타났을 가능성이 있다. 또한 대학생들은 한 번의 실패 경험으로는 자기방어동기가 충분히 우세해지지 못했을 가능성이 있다. 이로 인해 이 조건에서 자기방어동기 뿐만 아니라 자기향상동기도 하향비교 대상의 선택에 영향을 미쳤을 수도 있다.

이 연구에서 얻은 결과와 앞선 장에서 다룬 연구의 결과들을 비교하여 보면 다음과 같다. 먼저, 대학생들이 상향비교를 주로 선택하는 점은 일관적으로 나타난다. 장은영과 한덕웅(1999)의 연구에서는 성공이나 실패환류가 아닌 중간수준이라고 알려준 조건에서 상향비교 대상의 선택률이 50%이었다. 따라서 대학생들은 환류가 없는 상황에서도 적어도 반수가 상향비교를 선택한다는 점을 알 수 있다. 그리고 성공환류 조건에서는 선택률이 55%로 높아졌다. 또한 한덕웅(1999)의 연구를 보면, 중간수준이라고 환류받은 조건에서 자기향상목표를 설정하면 상향비교 대상의 선택률이 60%로 높아졌으며, 자기향상목표를 정하고 성공환류를 받은 경우에 77%로 더욱 높아졌다. 이는 이 연구에서 자기향상목표를 정하고 비교에 성공한 조건에서의 상향비교 대상의 선택률 73%와 상당히 유사한 비율이다. 또한 이 연구에서 자기향상목표 조건에서 상향비교 대상의 선택백분율은 57%이며, 자기방어목표 조건에서 하향비교 대상의 선택백분율은 33%이다. 선행연구(한덕웅, 1999)의 결과에서 얻어진 값을 보면 각각 63%와 36%여서 이 연구에서 얻은 결과는 선행연구와 선택백분율 자체도 상당히 일치하는 편이다. 특히 선행연구에서 얻은 결과와 비교해보면, 비록 조작한 독립변인과 그 순서는 다소 차이가 있지만, 이 연구에서 얻은 결과는 선행연구와 선택백분율 자체도 상당히 일치하는 편이다. 즉 이 연구에서 자기향상목표를 설정하고 비교에 성공한 조건에서 상향비교 대상의 선택백분율은 73%이며, 자기방어목표를 설정하고 비교에 실패한 조건에서 하향비교 대상의 선택백분율은 40%이다. 선행연구에서 성공환류를 받고 자기향상목표를 설정한 조건에서 상향비교 대상의 선택백분율은 77%이며, 실패환류를 받고 자기방어목표를 설정한 조건에서 하향비교 대상의 선택백분율은 43%이다.

연구의 시사점 이 연구에서 비교대상 선택에서 사회비교 목표의 주효과가 유의하였고, 한덕웅(1999)의 연구에서는 사회비교의 목표설정이 뒤에 이루어지고 이 연구에서는 먼저 조작되어서 서로 다른 순서로 조작했음에도 불구하고 사회비교 목표의 주효과가 여전히 유의하였다. 이 결과는 사회비교의 자기조절 과정이론에서 가정하는 사회비교의 목표설정 경로가 일관되게 작동함을 의미한다. 또한 부가적 측정치로 얻은 사회비교의 동기 수준에 대해서 분석한 결과까지 함께 보면, 사회비교의 자기조절 과정이론이 사회비교에서 나타나는 여러 현상들을 연구하는 데 기여할 수 있음을 시사한다.

이 외에 이 연구에서 주요 가설로 예측한 내용은 아니지만 흥미로운 결과들을 살펴보면 다음과 같다. 먼저 비교대상 선택빈도를 보면, 이 연구의 참여자인 대학생들은 자기향상목표를 설정하였으나 상향비교에 실패하면 본래 높은 자기향상동기로 인해서 하향비교로 내려가지 않고 지속적으로 상향비교하거나 유사비교하려는 현상이 나타났다. 예를 들어 자기향상의 목표를 설정하고 상향비교하여 실패하면 상향비교 선택백분율은 33%, 유사비교 선택백분율은 67%로 나타났다. 이 조건에서 자기향상동기($M=4.93$)는 높고, 자기방어동기($M=2.73$)는 낮은 편이다. 이러한 결과는 본래 자기향상의 목표설정 수준이 높은 대학생들은 자기향상에 적합한 상향비교하였으나 실패하면 자기방어 목표보다는 자기평가의 목표개입 수준이 높아지므로 유사비교를 추구하거나 혹은 여전히 상향비교를 추구하는 점을 시사해준다.

그리고 자기방어목표를 설정하여 우세해진 자기방어동기를 충족시키고 나면 본래 높은 자기향상동기로 인해서 유사비교를 거치지 않고 상향비교를 선택하는 현상이 나타났다. 예를 들어 자기방어목표를 설정하여 하향비교에 성공하면 우세해진 자기방어동기를 충족시켜서 유사비교로 비교대상을 바꿀 가능성이 높다고 예측하였다. 그러나 본래 높은 자기향상동기로 인해서 유사비교보다는 상향비교를 선택하는 현상이 나타났다. 즉 이 조건에서 상향비교 선택백분율은 67%, 유사비교 선택백분율은 7%로 나타났다. 그리고 이 조건에서 자기향상동기($M=5.01$)는 상당히 높고 자기방어동기($M=2.99$)는 낮은 편이다.

연구의 제한점 첫째, 이 연구에 참여한 참가자들이 대학생들이었다. 대학생들은 다른 표본 집단에 비해서 자기향상동기가 높아서 이 요인과 관련되는 변인들 역시 사회비교 과정에서 영향을 미칠 수 있다. 그리고 이 연구에서 얻은 결과들은 본래 자기향상 목표를 설정한 수준이 다소 높은 사람들이 일시적으로 특정한 비교목표를 설정하여 이에 적합하거나 적합하지 않은 사람과 비교하여 그 결과가 긍정적이거나 부정적인 상황으로 제한하여 해석할 수 있다. 따라서 장차 본래 자기방어의 목표를 설정한 수준이 높은 사람들을 대상으로 이 연구의 결과를 일반화할 필요가 있다. 둘째, 사람들이 타인과 비교하는 차원으로는 능력뿐 아니라 매력과 같은 신체의 특징, 성격 및 인구통계학적 요인 등 다양하다. 따라서 이 연구의 결과는 능력 차원으로 제한하여 해석하여야 한다. 다시 말해서 이 연구에서 얻어진 결과는 능력과 같이 우열이 명확하기 드러나는 상황이라고 볼 수 있다. 셋째, 사회비교는 개인이 타인과 자신을 비교한다는 점을 의식하는 상황에서만 일어나는 것이 아니다. 다시 말해서 자신이 지각하는 영역 내에 타인이 있기 때문에 의도와 상관없이 비교하기도 하고 혹은 비교하고 있음을 의식하지 못할 수도 있다. 따라서 이 연구의 결과는 비교가 이루어지고 있음을 개인이 의식한 상황으로 제한하여 해석하여야 한다.

제 2 부

사회비교와 자기정서

제 5 장 성공/실패 경험, 사회비교하는 목표 및 비교할 사람이 자기정서에 미치는 영향

제 6 장 경쟁상황에서 사회비교의 실패와 향상가능성에 따른 부적 자기정서의 경험

제 7 장 사회비교하는 목표, 비교한 사람 및 비교의 결과가 자기정서에 미치는 영향

제 5 장

성공/실패 경험, 사회비교하는 목표 및 비교할 사람이 자기정서에 미치는 영향

이 실험연구는 사회비교의 목표를 의도적으로 설정하고, 성공이나 실패를 경험하도록 하여 두 가지 경로로 동기가 모두 유발하도록 유도한 조건에서, 이에 적합하거나 혹은 그렇지 않은 사람과 비교하게 된다고 예상하는 상황에서 언제 높은 초조감을 경험하는지 알아보았다. 결과를 보면, 자기를 향상시키고 싶어했고 과제에서도 성공을 경험한 사람들은 이후 자기보다 나은 사람과 비교하게 된다고 알려주어도, 자기보다 못한 사람과 비교하게 된다고 들은 사람들보다도, 초조감을 덜 경험했다. 반면에 자존심을 방어하고자 했고 과제에서도 실패를 경험한 사람들은 이후 자기보다 못한 사람과 비교하게 된다고 들으면, 자기보다 나은 사람과 비교하게 된다고 들은 사람들보다도, 초조감을 더 경험했다. 이 연구의 결과는 지금까지 사회비교 과정을 다룬 연구들에서 사회비교의 대상에 따라서 자기에 대한 감정이 달라진다고 가정해 온 효과가 사회비교의 목표설정과 목표개입 수준에 따라서 달리 나타남을 알아낸데 의의가 있다.

서 론

다른 사람과 자신을 비교하고 나서 경험하는 정서를 다룬 국외의 선행연구들을 보면, 사회비교의 대상에 따라서 정서 경험이나 복지가 달라진다는 관점에서 연구가 수행되었다. 예를 들어 자신보다 나은 사람과 비교하고 나면 기분이 나빠지고 자신보다 못한 사람과 비교하고 나면 부적 정서가 감소한다(Aspinwall & Taylor, 1993; Salovey & Rodin, 1984; Wheeler & Miyake, 1992). 그러나 이번 장에서 소개하는 연구(한덕웅, 장은영, 2000a)에서는 성공이나 실패를 경험한 조건에서 비교의 대상에 따라서 경험되는 정서가 사회비교를 통해서 달성하려는 목표와 사회비교에 대한 개입에 의해서 달라진다는 점을 제안하고, 이를 실험을 통하여 검증하고자 한다. 구체적으로 사회비교의 자기조절 과정이론과 실증 선행연구의 결과에 근거를 두고 사회비교의 대상에 따라 비교를 통해서 얻게 되는 심리적 기능이 서로 다르다고 가정한다. 이에 더해서 사회비교의 욕구와 상황의 욕구가 일치하거나 혹은 불일치하는 조건에서는 사회비교하고 나서 본래 우세했던 사회비교의 동기가 충족되는 수준이 다르므로, 정서경험도 이에 따라서 달라진다고 가정하였다.

다시 말하면, 사회비교의 목표, 성공이나 실패 경험 및 장차 비교하게 될 사람에 따라서 사회비교 동기가 달리 유발되고, 비교를 통하여 이러한 동기들이 얼마나 만족될지 기대하는 수준이 다르며, 비교한 결과도 다르게 생각하게 될 것이라고 보고, 이로 인해서 사람들이 각 상황에서 자기에 대해서 경험하는 정서가 달라질 것이라고 예측한다. 이를 위해서 이 연구는 성공/실패 경험, 사회비교의 목표 및 사회비교 대상에 따라서 사람들이 경험하는 부적 정서에 초점을 두고, 이 중에서도 장차 비교를 앞두고 경험하는 걱정이나 긴장에 관련되는 자기정서를 Higgins(1987, 1989)의 초조정서를 중심으로 검토하고자 한다. 따라서 이 연구에서는 사회비교의 자기조절 과정이론에 근거해서 사회비교를 예상하는 조건에서 사람들이 경험하는 초조정서의 수준을 알아보게 된다. 이 연구에서 검증하려는 가설들을 설명하기에 앞서 이 가설들의 바탕이 되는 논리를 사회비교의 자기조절 과정이론의 관점에서 아래에 논의하였다.

사회비교의 자기조절 과정이론과 정서경험 이미 앞선 장들에서 설명한 바와 같이, 이 이론은 사회비교의 목표 설정과 아울러 사회 상황에서 유발되는 사회비교의 동기가 서로 조화되거나 갈등을 일으키는 수준에 따라서 일정한 사회비교의 목표가 유지되거나 혹은 변화되어서 사회비교의 목표가 재설정되는 과정을 설명할 수 있다고 보았다. 이를 검증한 경험연구들은 앞선 장들을 통해 소개되었다. 그 결과를 간략히 정리해보면, 특정한 상황에서 유발되는 사회비교의 동기는 사회비교할 때 설정한 목표와 사회비교가 이루어진 상황의 경험에서 초래된 개입의 수준이라는 두 요인들에 의해서 결정되었다. 또한 사람들은 자신이 설정한 비교의 목표와 자신이 경험한 사회비교 상황에 의하여 서로 다른 사회비교의 동기를 경험하게 되고, 또한 이 비교 동기로 인해서 사회비교 대상을 선택할 때 영향을 받았다. 즉, 선행연구의 가설과 일치하게 자기향상의 목표를 설정한 조건에서는 상향비교 대상의 선택이 가장 높았고, 자기평가의 목표를 설정한 조건에서는 유사비교 대상의 선택이 가장 높았으며, 자기방어의 목표를 설정한 조건에서는 하향비교 대상을 선택한 빈도가 가장 높았다. 또한 사회비교를 통해서 성공을 경험한 조건에서는 상향비교 대상의 선택이 가장 높았고, 실패를 경험한 조건에서는 하향비교 대상의 선택이 가장 높았으며, 환류가 모호한 조건에서는 유사비교 대상의 선택이 가장 높았다. 특히 이 연구의 기본 가설과 관련해서 사회비교를 위해서 설정한 목표와 수행 결과의 환류에 의해서 결정되는 사회비교 목표의 개입이 일치하지 않는 조건보다 일치하는 조건에서 두 경로로 유발된 사회비교의 동기를 충족시킬 수 있는 비교 대상의 선택이 가장 높게 나타났다(장은영, 한덕웅, 2004a; 한덕웅, 1999).

이상에서 설명한 이론의 내용과 경험연구의 결과는 주로 사회비교의 대상이 선택되는 과정까지에 해당한다고 볼 수 있다. 한편, 사회비교의 목표설정으로 인한 개입과 사회 상황에 의해서 초래된 특정한 사회비교의 동기가 유발된 상황에서는 장차 비교하게 되는 대상들에 따라서 경험하는 정서도 달라진다고 가정할 수 있다. 다시 말하자면 이 욕구를 충족시켜 주거나 좌절시킨다고 예상되는 수준이 다르기 때문에 개인이 우세하게 지니는 사회비교의 욕구와 상황에서 초래된 욕구가 일치하는 소선에서는 그 욕구를 충족시키려는 동기는 더 강하게 되므로 그 욕구의 충족이나 미충족으로 인해서 유받되는 정서도 강하다고 가정할 수 있다. 사회비교 상황에서 경험하는 정서에 관한 예언은 이미 선행 연구(한덕웅, 1999)에서 제안한 바 있는데, 이를 요약하면 다음과 같다.

먼저 개인이 추구하는 우세한 사회비교의 목표에 따라서 상향, 유사 및 하향비교를 통해서 얻게 되는 만족 수준이 다르다. 구체적으로 자기성장과 자기효능성을 추구하려는 사회비교의 목표가 우세한 조건에서 우월한 대상과 비교하게 되면 유사하거나 열등한 대상과 비교했을 때보다 사회비교를 통해서 자기성장이나 자기효능성의 목표를 추구한 행동에 대한 만족 수준이 높다(한덕웅, 1999의 가설 4-1). 그리고 이른바 사회적 불확실성을 제거하여 자기 타당성을 추구하는 목표가 우세한 조건에서 유사한 대상과 비교하게 되면 우월하거나 열등한 대상과 비교했을 때보다 사회적 타당성의 목표를 추구한 행동에 대한 만족이 높다(한덕웅, 1999의 가설 4-2). 또한 자기방어를 통해서 자존심을 높이려는 자기방어의 목표가 우세한 조건에서 하향비교 대상과 비교하게 되면 우월하거나 유사한 대상과 비교했을 때보다 자기방어를 통해서 자존심을 높이기 위한 목표의 추구 행동에 대한 만족 수준이 높다(한덕웅, 1999의 가설 4-3).

다음으로 사회적 상황 및 맥락에 따라서도 상향, 유사 및 하향비교를 통해서 얻게되는 만족 수준이 다르다. 구체적으로 유사한 타인과 비교해서 상대적으로 성공을 경험한 상황에서 자기타당화의 욕구가 충족된 경우에 우월한 사람과 비교하게 되면 유사하거나 열등한 사람과 비교했을 때보다 사회비교를 통해서 자기성장과 자기효능성을 높이려는 목표 추구 행동에 대한 만족 수준이 상대적으로 높아진다(한덕웅, 1999의 가설 5-1). 그리고 유사한 타인들과 비교해서 상대적으로 실패를 경험한 상황에서 열등한 사람과 비교하게 되면 우월하거나 유사한 사람과 비교했을 때보다 사회비교를 통해서 자존심의 방어와 자존심을 높이려는 목표 추구 행동에 대한 만족이 상대적으로 높아진다(한덕웅, 1999의 가설 5-2). 또한 유사한 타인들과 비교해서 상대적으로 성공/실패 여부를 판단하기 어려운 상황에서 유사한 사람과 비교하게 되면 우월하거나 열등한 사람과 비교했을 때보다 사회비교를 통해서 주관적 불확실성을 제거하여 사회적 타당화를 이루려는 목표 추구 행동에 대한 만족 수준이 상대적으로 높아진다(한덕웅, 1999의 가설 5-3).

마지막으로 개인이 추구하는 우세한 비교 목표에 따라서 각각 상대적으로 성공, 실패 및 성공이나 실패가 모호한 상황에 당면하면 사회비교를 통해서 만족을 경험하는 수준에 서로 달리 영향을 미친다. 구체적으로 자기성장과 자기효능성을 추구하려는 사회비교의 목표가 우세할 때 타인보다 상대적으로 성공하는 상황에 직면하면, 다른 조건들에서보다, 상향 비교를 통해서 얻게 되는 만족 수준이 높다(한덕웅, 1999의 가설 6-1). 그리고 주관적 불확실성을 제거하여 사회적 타당성을 추구하는 목표가 우세할 때 타인들과 비교하여 성공이나 실패의 판단이 모호한 상황에 당면하면 다른 조건들에서보다 유사비교 행동을 통해서 얻게 되는 만족 수준이 높다(한덕웅, 1999의 가설 6-2). 또한 자기방어를 통해서 자존심을 높이려는 자기방어의 목표가 우세할 때 타인보다 상대적으로 실패를 경험하는 상황에 당면하면, 다른 조건들에서보다 하향비교 행동을 통해서 얻게 되는 만족 수준이 높다(한덕웅, 1999의 가설 6-3).

이 연구의 가설들 이제 사회비교의 자기조절 과정이론에서 제안한 논리에 따라서 성공 또는 실패를 경험한 상황에서 사회비교의 목표가 설정되면, 장차 자신과 비교하게 되는 대상에 따라서 초조정서를 어떻게 경험하게 되는지 추론하고자 한다. 먼저 성공을 경험한 조건에서 사회비교의 목표와 비교대상에 따라서 정서경험이 어떻게 달라질지 생각해보면 다음과 같다. 성공을 경험한 사람이 자기향상의 목표를 설정하면 자기향상 동기가 가장 우세해진다. 따라서 이 조건에서 장차 상향비교 대상과 비교하게 되면 이 사람이 현재 우세해진 자기향상 동기를 충족시키는데 가장 적합한 사람이므로, 비록 자신보다 잘하는 사람과 비교하여 실패할 가능성은 높게 지각되지만 자기향상 동기가 충족되리라는 기대가 높아서 초조정서를 경험할 가능성이 낮다. 반면에 성공을 경험한 사람이 자기향상의 목표를 설정하고 장차 하향비교 대상과 비교하게 되면 이 비교 대상은 현재 우세해진 자기향상 동기를 충족시키는데 적합하지 않은 사람이므로, 비교하여 성공할 가능성은 높게 지각되지만 자기향상 동기가 충족되리라는 기대가 낮아서 초조정서를 경험할 가능성이 높다.

다음으로, 성공을 경험한 조건에서 자기방어의 목표를 설정하면 자기향상의 동기와 함께 자기방어의 동기도 작동된다. 또한 선행 연구(한덕웅, 1999) 결과에서도 이 조건에서 사람들은 실제로 상향비교 대상(60%) 다음으로 하향비교 대상(33%)을 선택하였다. 따라서 장차 상향비교 대상과 비교하게 되면 이 비교 대상은 자기방어 동기를 충족시키는 데는 적합하지 않으며, 상향 대상과 비교하여 실패할 가능성이 여전히 높다고 지각하게 된다. 그러므로 초조정서를 경험할 가능성이 높다. 반면에 성공을 경험한 사람이 자기방어의 목표를 설정하였으나 장차 하향비교 대상과 비교하게 되면 이 비교 대상은 자기방어 동기를 충족시키는 데는 적합하지만 자기향상 동기를 충족시키는 데는 적합하지 않은 사람이 된다. 그러나 이 조건에서 동시에 이 사람과 비교하여 성공할 가능성을 높게 지각하게 된다. 그리고 자기방어 동기가 성공의 가능성을 능가할 만큼 강하게 경험되지 않는 경우이므로 초조정서를 경험할 가능성이 낮다.

다음으로 실패한 조건을 살펴보면 다음과 같다. 실패를 경험한 사람이 자기향상의 목표를 설정하면 자기방어동기와 함께 자기향상 동기도 작동하게 된다. 선행 연구(한덕웅, 1999) 결과를 보면 이 조건에서 사람들은 실제로 상향비교 대상(67%) 다음으로 하향비교 대상(20%)을 많이 선택하였다. 따라서 이 조건에서 장차 상향비교 대상과 비교하게 되면 이 비교 대상은 자기향상 동기를 충족시키는 데는 적합하지만, 자기방어 동기를 충족시키는 데는 적합하지 않다. 그와 동시에 이 조건에서는 이 대상과 비교하여 실패할 가능성이 높다고 지각하게 된다. 그러므로 이 조건에서는 초조정서를 경험할 가능성이 높다. 반면에 실패를 경험한 사람이 자기향상의 목표를 설정하고 장차 하향비교 대상과 비교하게 되면 이 비교대상은 자기방어 동기를 충족시키는 데는 적합하지만 자기향상 동기를 충족시키는 데는 적합하지 않다. 이 조건에서는 자신보다 못한 사람과 비교하기 때문에 성공할 수 있다는 기대가 높을 수 있다. 그러나 사전 실패의 경험 때문에 자신보다 못한 사람과 비교하여 다시 실패할지도 모른다는 위험도 높게 지각하게 된다. 따라서 이 조건에서는 자신보다 못한 하향비교 대상과 비교함에도 불구하고 초조정서를 경험할 가능성이 높다.

마지막으로 실패를 경험한 사람이 자기방어의 목표를 설정하고 하향비교 대상과 비교하게 되면 이 비교대상은 현재 우세해진 자기방어 동기를 충족시키는데 가장 적합한 사람이다. 선행 연구(한덕웅, 1999) 결과를 보면 이 조건에서 사람들은 실제로 하향비교 대상을 가장 많이 선택하였다(53%). 그러나 이러한 하향비교를 통해서 현재 방어 동기가 충족될 가능성이 높다고 지각하지만, 이와 동시에 자신보다 못한 사람과 비교하여 다시 실패할지 모른다는 위험도 높게 지각하게 된다. 따라서 이 조건에서는 자기방어 동기에 적합한 하향비교 대상과 비교함에도 불구하고 초조정서를 경험할 가능성이 오히려 높게 된다. 반면에 실패를 경험한 사람이 자기방어의 목표를 설정하고 장차 상향비교 대상과 비교하게 되면 우세해진 자기방어 동기를 충족시키는 데는 가장 적합하지 못한 조건이다. 이 조건에서 현재 방어 동기를 충족시킬 가능성은 낮지만 자신보다 잘하는 사람과 비교하게 되므로 비록 실패하게 되더라도 실패로 인한 자존심의 손상은 유사 대상이나 하향 대상일 때보다 낮다. 그러므로 자기방어 동기의 충족에는 적합하지 않은 상향비교 대상과 비교함에도 불구하고 초조정서를 경험할 가능성이 오히려 낮게 된다.

이상에서 제안한 내용에 의하면 성공/실패, 사회비교의 목표 및 사회비교 대상의 삼원상호작용 효과를 예상할 수 있다(가설 1). 각 사회비교의 목표가 주어진 조건에서 우세해진 동기를 충족시키는데 도움이 된다고 예상되는 사회비교의 대상으로 인해서 경험되는 초조정서를 성공조건과 실패조건별로 예측해 보면 다음과 같다. 먼저 성공을 경험한 사람에게 자기향상의 목표를 설정해 주면 상향비교 대상과 비교하게 될 때 초조정서를 가장 약하게 경험할 것이다(가설 1-1). 반면에 성공을 경험한 사람에게 자기방어의 목표를 설정해 주면 상향비교 대상과 비교하게 될 때 초조정서를 가장 강하게 경험할 것이다(가설 1-2). 그리고 실패를 경험한 사람에게 자기방어의 목표를 설정해 주면 하향비교 대상과 비교하게 될 때 초조정서를 가장 강하게 경험할 것이다(가설 1-3).

연구 방법

실험절차 참가자들은 4명씩 함께 실험에 참여하였다. 실험은 컴퓨터 화면에 나타나는 지시문을 읽으면서 진행되었는데, 컴퓨터 사이에 칸막이를 두어서 참가자는 다른 사람의 화면을 볼 수 없었다. 먼저 선행연구의 목적을 소개하기 위하여 현재 대학생들의 지각능력 수준을 알아보는데 목적이 있다고 알려주었다. 지각능력검사의 연습 시행을 1분간 실시한 후 첫 번째 본시행을 5분간 수행하였다. 본시행이 끝난 후 자신의 수행 결과를 알려줄 때 타인들과 비교하여 계산한 지각능력 점수로 성공/실패의 환류를 조작하였다. 그 후 장차 두 번째 본시행 결과를 토대로 컴퓨터가 무선으로 선정해 주는 사람의 수행과 비교하게 된다고 알려주고, 타인과 비교할 때 염두에 두어야 할 사회비교의 목표를 조작하였다. 그 다음 컴퓨터가 무선으로 선정해 준 비교 대상을 알려주기 위하여 첫 번째 본시행에서 비교할 대상이 얻은 지각능력검사의 백분위 점수를 조건에 따라서 달리 제공하여 조작하였다. 세 독립변인을 조작한 후 종속변인으로 초조정서를 경험한 수준을 측정했다. 부가적으로 참가자들은 장차 자신이 지각능력검사에서 얻게 될 점수를 비교하고 싶은 사람을 세 사람들 중 가운데서 선택하였고, 조작 점검 문항과 부가적 종속측정치가 들어있는 설문에 응답하였다.

참 가 자 '심리학개론'을 교양 강좌로 수강하는 성균관대학교 학생 252명을 18조건들에 각각 14명씩 무선할당하였다.

실험설계 2(수행의 환류: 성공/실패)×3(사회비교목표: 자기향상/자기평가/자기방어)×3(비교 대상: 상향/유사/하향)의 완전무선설계를 사용했다.

실험 과제 한덕웅(1999)의 연구에서 사용했던 지각능력검사를 과제로 사용하였다.

독립변인 조작 수행의 환류는 이 지각능력검사를 대학생들에게 실시해서 얻은 선행 연구의 결과를 분석하여 100점 만점에 50점을 평균으로 정하고 이 기준에 따라서 백분위로 환산한 점수라고 소개하여 참가자들의 검사 결과를 알려주었다. 성공조건에서는 자신과 유사한 대학생들을 기준으로 환산했을 때 자신의 수행이 백분위로 상위 20%에 해당하는 우수한 수행이라고 알려주었다. 실패조건에서는 자신과 유사한 대학생들을 기준으로 환산했을 때 자신의 수행이 백분위로 하위 20%에 해당하는 저조한 수행이라고 알려주었다. 사회비교의 목표는 첫 번째 지각능력 과제를 마친 후 두 번째 본시행에서 얻은 점수를 다른 사람과 비교할 때 염두에 두어야 할 목표로 조작하였다. 자기향상 목표조건에서는 다른 사람과 자신의 점수를 비교할 때 자신의 지각능력을 증진시켜서 유능성을 높이는 데만 목표를 두라고 지시하였다. 자기평가 목표조건에서는 다른 사람과 자신의 점수를 비교할 때 자신의 지각능력이 어느 정도나 되는지 정확히 알아내는데만 목표를 두라고 지시하였다. 자기방어 목표조건에서는 다른 사람과 자신의 점수를 비교할 때 자신의 자존심을 방어하여 자존심이 손상당하지 않도록 하는 데만 목표를 두라고 지시하였다. 사회비교의 대상은 컴퓨터가 무선으로 선정해 준 사람이 첫 번째 본시행에서 얻은 수행 수준으로 조작하였다. 상향비교 대상조건에서는 두 번째 본시행 결과를 비교할 사람으로 컴퓨터가 첫 번째 본시행에서 참가자 자신보다 더 잘했던 사람을 무선으로 선정하였다고 알려주었다. 유사비교 대상조건에서는 두 번째 본시행 결과를 비교할 사람으로 컴퓨터가 첫 번째 본시행에서 참가자 자신과 유사했던 사람을 무선으로 선정하였다고 알려주었다. 하향비교 대상조건에서는 두 번째 본시행 결과를 비교할 사람으로 컴퓨터가 첫 번째 본시행에서 참가자 자신보다 더 못했던 사람을 무선으로 선정하였다고 알려주었다.

종속변인 측정 참가자들에게 다음과 같은 초조정서들을 각각 얼마나 느끼는지 그 정도에 따라서 응답하도록 하였다. 강혜자와 한덕웅(2000)의 연구에서 얻은 정서 측정치들 가운데 초조정서(긴장되다/걱정스럽다/불안하다/두렵다/안절부절못하다/초조하다)들을 각각 얼마나 느끼는지 그 정도를 '1: 전혀 경험하지 않는다'에서부터 '9: 매우 강하게 경험한다'까지 9점 척도로 응답하도록 하였다. 공통변량의 초기값을 중다상관자승(SMC)으로 하는 주축분해법으로 요인분석한 결과에서 한 요인이 추출되었으나 '긴장되다'만이 요인 부하량이 .3을 넘지 못하여서 제외되었다. 최종적으로 선정된 5개 문항에서 신뢰도는 Cronbach's α =.88이었다. 이 결과를 근거로 초조정서를 측정하는 종속변인 측정치는 이 5개 정서의 평정치들을 평균하여 사용하였는데, 이 점수가 높을수록 초조정서가 높음을 의미한다.

사회비교 대상의 선택 참고로 각 조건에서 어떤 비교의 대상을 선택하는지 알아보기 위하여 자신과 함께 실험에 참가한 세 사람들이 얻은 지각능력검사의 결과가 자신보다 우수하거나, 유사하거나 혹은 나쁘다고 알려주고, 그 세 사람들 가운데 한 사람을 선정하여 장차 자신의 수행과 비교할 대상으로 선택하도록 하였다.

연구 결과

독립변인의 조작효과 각 실험 조건에 따라서 참가자들이 자신이 받은 독립변인 조작 지시문을 기억하는지 알아본 결과, 모든 참가자들이 자신에게 제시된 지시문을 정확히 기억했다. 또한 '첫번째 본시행에서 당신은 자신의 지각능력 점수가 다른 대학생에 비하여 좋은 편이라고 생각합니까'에 대한 응답을 2(수행의 환류)×3(사회비교목표)×3(비교 대상)로 변량분석한 결과를 보면 환류의 주효과만 유의하였다($F(2,234)=925.40$, $p<.001$). 즉 성공조건($M=6.50$)에서 실패조건($M=2.24$)보다 자신의 점수가 더 좋다고 응답하여서 성공과 실패의 환류 조작이 효과적이었음을 보여준다.

또한 '당신은 실험자의 설명을 통하여 자신의 유능성을 높이는데 얼마나 관심을 두게 되었습니까'에 대한 응답을 2(수행의 환류)×3(사회비교목표)× 3(비교 대상)로 변량분석한 결과를 보면 사회비교목표의 주효과가 유의하였다($F(2,234)=34.83$, $p<.001$). 구체적으로 살펴보면 자기향상 목표조건($M=6.71$)에서 자기평가 목표조건($M=4.88$)과 자기방어 목표조건($M=5.21$)보다 자신의 유능성을 높이는데

더 관심이 있다고 응답하였다. 또한 '당신은 실험자의 설명을 통하여 자신의 지각능력이 어느 정도가 되는지 정확히 알아내는데 얼마나 관심을 두게 되었습니까'에 대한 응답을 2(수행의 환류)×3(사회비교목표)×3(비교 대상)로 변량분석한 결과를 보면 사회비교목표의 주효과만 유의하였다($F(2,234)=25.30$, $p<.001$). 구체적으로 살펴보면 자기평가 목표조건($M=6.99$)에서 자기향상 목표조건($M=5.55$)과 자기방어 목표조건($M=5.42$)보다 자신의 능력을 정확히 아는데 더 관심이 있다고 응답하였다. 또한 '당신은 실험자의 설명을 통하여 자신의 자존심을 손상시키지 않도록 하는데 얼마나 관심을 두게 되었습니까'에 대한 응답을 2(수행의 환류)×3(사회비교목표)×3(비교 대상)로 변량분석한 결과를 보면 사회비교목표의 주효과만 유의하였다($F(2,234)=71.99$, $p<.001$). 구체적으로 살펴보면 자기방어 목표조건($M=7.24$)에서 자기향상 목표조건($M=4.42$)과 자기평가목표조건($M=4.57$)에서 자신의 자존심을 방어하는데 더 관심이 있다고 응답하였다. 이 결과는 세 사회비교의 목표 설정이 잘 조작되었음을 보여준다.

마지막으로 '당신은 두 번째 본시행 결과를 당신과 비교하게 된 사람이 당신보다 첫 번째 본시행에서 얼마나 잘했다고 생각합니까'에 대한 응답을 2(수행의 환류)×3(사회비교목표)×3(비교 대상)로 변량분석한 결과를 보면 비교 대상의 주효과만 유의하였다($F(1,234)=180.76$, $p<.001$). 즉, 상향비교 대상 조건($M=6.45$)에서 유사비교 대상 조건($M=4.95$)보다 비교 대상이 더 잘했다고 응답했고, 유사비교

표 5-1. 초조정서 경험의 평균(표준편차)

	성공				실패				합계
	상향	유사	하향	소계	상향	유사	하향	소계	
사회비교목표									
자기향상	2.73 (1.27)	2.67 (1.03)	3.18 (1.39)	2.86 (1.23)	3.20 (1.09)	3.30 (1.20)	3.24 (1.14)	3.25 (1.12)	3.05 (1.18)
자기평가	2.46 (1.03)	3.25 (1.21)	3.19 (1.04)	2.97 (1.13)	3.45 (1.16)	3.51 (1.13)	3.24 (1.05)	3.40 (1.09)	3.18 (1.13)
자기방어	3.27 (1.52)	2.52 (1.21)	2.79 (0.88)	2.86 (1.24)	2.37 (1.41)	3.05 (1.10)	3.48 (1.70)	2.98 (1.46)	2.92 (1.35)
합 계	2.82 (1.30)	2.81 (1.17)	3.05 (1.11)	2.90 (1.19)	3.02 (1.28)	3.28 (1.13)	3.32 (1.30)	3.21 (1.24)	3.05 (1.22)

대상 조건보다 하향비교 대상 조건($M = 2.95$)에서 비교 대상이 더 잘했다고 응답했다. 이 결과는 사회비교 대상이 잘 조작되었음을 보여준다.

초조정서의 경험 초조정서 경험에 대해 2(수행의 환류)×3(사회비교목표)×3(비교 대상)로 변량분석한 결과는 표 5-1에 제시되어 있다. 그 결과를 보면, 성공조건($M = 2.90$)보다 실패조건($M = 3.21$)에서 초조정서를 더 강하게 경험하여서 환류의 주효과가 유의하였다($F(1,234) = 4.16$, $p < .05$). 그러나 삼원 상호작용 효과($F(4,234) = 2.45$, $p < .05$)가 유의하여서 가설 1이 지지되어서 주효과에 대한 해석은 제한된다.

그림 5-1과 함께 상호작용 효과를 살펴보면, 성공한 조건에서 자기향상의 목표가 설정된 경우에는 장차 자신보다 수행 수준이 높은 사람($M = 2.73$)이나 자신과 수행 수준이 유사한 사람($M = 2.67$)과 비교하게 되면 자신보다 수행 수준이 낮은 사람($M = 3.18$)과 비교할 때보다 초조정서를 덜 경험했다. 따라서 성공을 경험하고 자기향상목표를 설정하여 자기향상의 동기가 높아진 조건에서는 자기향상 동기를 충족시키기에 적합한 상향비교 대상과 비교하게 될 때 초조정서를 가장

그림 5-1. 성공/실패 조건별로 본 사회비교 목표와 비교대상이 초조 정서에 미치는 효과

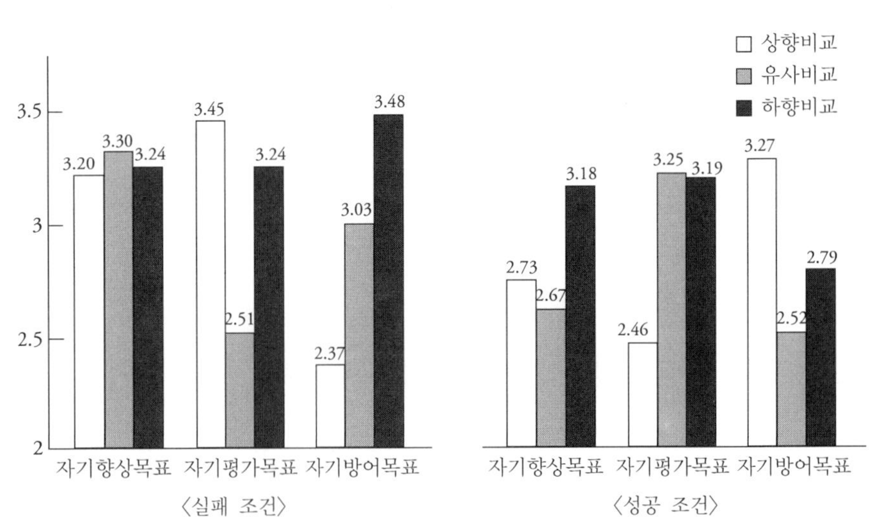

덜 경험하게 된다는 가설 1-1이 지지되었다.

성공한 조건에서 자기방어의 목표가 설정된 경우에는 장차 자신보다 수행 수준이 낮은 사람(M=2.79)이나 자신과 수행 수준이 유사한 사람(M=2.52)과 비교하게 되면 자신보다 수행 수준이 높은 사람(M=3.27)과 비교할 때보다 초조정서를 덜 경험했다. 따라서 성공을 경험하고 자기방어목표를 설정하면 상향비교 대상과 비교하게 될 때 초조정서를 가장 높게 경험한다는 가설 1-2가 지지되었다.

한편 실패한 조건에서 자기방어 목표가 설정된 경우에는 장차 자신보다 수행수준이 높은 사람(M=2.37)보다 자신과 수행 수준이 유사하거나 더 낮은 사람(각각 M=3.05, M=3.48)과 비교할 때 초조정서를 더 높게 경험하였다. 따라서 실패를 경험하고 자기방어목표를 설정하여 자기방어의 동기가 높아진 조건에서는 하향비교 대상과 비교하게 될 때 초조정서를 가장 강하게 경험하게 된다는 가설 1-3이 지지되었다.

그 외에 비록 가설에서 예측한 내용은 아니지만, 참고로 성공한 조건에서 자기평가 목표가 설정된 경우에는 자신보다 수행 수준이 높은 사람(M=2.46)과 비교할 때보다 자신과 유사하거나 더 낮은 사람(각각 M=3.25, M=3.19)과 비교할 때 초조정서를 더 높게 경험하였다. 이 결과는 대학생들이 대체로 자기성장 동기가 높아서 2/3 가량이 상향비교 대상을 선호한다는 선행 연구(장은영, 한덕웅, 1999, 2004a; 한덕웅, 1999) 결과를 볼 때 성공 환류를 받은 조건에서 상향비교 대상과 비교하면 자기평가의 동기가 충족될 수 있기 때문에 초조정서 수준이 낮다고 볼 수 있다.

사회비교 대상의 선택 빈도 참가자들이 장차 지각능력검사 결과를 비교해 볼 사람으로 선택한 결과는 표 5-2에 제시되어 있다. 이 자료를 Linear Analysis를 사용하여 2(수행의 환류)×3(사회비교목표)×3(비교 대상)의 삼원 빈도 분석한 결과는 표 5-3에 제시되어 있다. 이 분석 결과를 살펴보면 사회비교목표(χ^2=10.18, p < .05)의 주효과가 유의하였으며, 비교 대상(χ^2=8.07, p < .10)의 주효과는 가설과 일치되는 추세를 보였으나 통계적으로 유의한 수준에 이르지 못했다. 가설을 검증하기 위한 대비분석 결과는 표 5-4에 제시되어 있다.

먼저 상향비교 대상을 선택한 결과를 살펴보면 다음과 같다. 자기향상목표를 설정한 조건(64%)에서 자기평가 목표조건(49%)과 자기방어 목표조건(46%)보다

표 5-2. 사회비교 대상의 선택빈도(백분율)

		성공								실패								합계	
		상향대상		유사대상		하향대상		소계		상향대상		유사대상		하향대상		소계			
		N	%	N	%	N	%	N	%	N	%	N	%	N	%	N	%	N	%
사회비교목표	대상 선택																		
자기향상목표	상향비교	12	85.71	8	57.14	8	57.14	28	66.66	8	57.14	9	64.28	9	64.28	26	61.90	54	64.28
	유사비교	1	7.14	5	35.71	4	28.57	10	23.80	3	21.42	4	7.14	1	7.14	8	19.04	18	21.42
	하향비교	1	7.14	1	7.14	2	14.28	4	9.52	3	21.42	1	28.5	4	28.57	8	19.04	12	14.28
	소 계	14	100.00	14	100.00	14	100.00	42	100.00	14	100.00	14	100.00	14	100.00	42	100.00	84	100.00
자기평가목표	상향비교	9	64.28	5	35.71	7	50.00	21	50.00	9	64.28	7	50.00	4	28.57	20	47.61	41	48.80
	유사비교	5	35.71	7	50.00	3	21.42	15	35.71	4	28.57	7	50.00	7	50.00	18	42.85	33	39.28
	하향비교	0	0.00	2	14.28	4	28.57	6	14.28	1	7.14	0	0.00	3	21.42	4	9.52	10	11.90
	소 계	14	100.00	14	100.00	14	100.00	42	100.00	14	100.00	14	100.00	14	100.00	42	100.00	84	100.00
자기방어목표	상향비교	8	57.14	9	64.28	6	42.85	23	54.76	4	28.57	4	28.57	8	57.14	16	38.09	39	46.42
	유사비교	2	14.28	4	28.57	5	35.71	11	26.19	4	28.57	6	42.85	4	28.57	14	33.33	25	29.76
	하향비교	4	28.57	1	7.14	3	21.42	8	19.04	6	42.85	4	28.57	2	14.28	12	28.57	20	23.80
	소 계	14	100.00	14	100.00	14	100.00	42	100.00	14	100.00	14	100.00	14	100.00	42	100.00	84	100.00
합 계		42	100.00	42	100.00	42	100.00	126	100.00	42	100.00	42	100.00	42	100.00	126	100.00	252	100.00

표 5-3. 사회비교 대상을 선택한 빈도의 주효과 분석

변량원	전 체		상향비교 선택		유사비교 선택		하향비교 선택	
	df	χ^2	df	χ^2	df	χ^2	df	χ^2
수행의 환류(A)	2	1.27	1	1.55	1	0.19	1	0.93
사회비교목표(B)	4	10.18*	2	6.20*	2	6.19*	2	3.94
비교 대상(C)	4	8.07 †	2	2.02	2	5.26	2	3.48

† $p < .10$, * $p < .05$

표 5-4. 가설 검증을 위한 상향, 유사, 하향비교 대상의 선택 백분율의 대비 분석

대 비	df	χ^2
(1) 상향비교 대상의 선택		
향상목표 VS 평가목표+방어목표	1	4.90*
성공/향상목표상향비교 VS 나머지	1	8.98*
(2) 하향비교 선택		
방어목표 VS 평가목표+향상목표	1	7.36*
실패/방어목표/상향비교 VS 나머지	1	3.85*

* $p < .05$

상향비교 대상의 선택이 유의하게 더 높았다($\chi^2 = 4.90$, $p < .05$). 이 결과를 보면 사회비교목표가 자기를 평가하거나 자기를 고양시키려는 목표인 경우보다 자신을 향상시키려는 목표를 설정하게 되면 사회비교를 통해서 자기를 향상시키려는 동기가 높아져서 이 동기를 충족시키기에 적합한 상향비교 대상을 선택한 백분율이 높아짐을 알 수 있다. 이는 자기를 향상시키려는 목표인 경우에 상향비교 대상이 가장 이 목표를 충족시킬 수 있으므로 다른 비교 대상보다 더 많이 나타났음을 보여준다. 그리고 성공 환류를 받은 조건에서 자기방어목표를 설정하고 자신보다 더 잘했던 사람과 장차 비교하게 되면(86%) 나머지 조건들보다 상향비교 대상의 선택이 유의하게 더 높았다($\chi^2 = 8.98$, $p < .05$).

다음으로 하향비교 대상의 선택 결과를 살펴보면, 자기방어를 설정한 조건(24%)에서 자기향상 목표조건(14%)과 자기평가 목표조건(12%)보다 하향비교 대상의 선택이 유의하게 더 높았다($\chi^2 = 7.36$, $p < .05$). 그리고 실패 환류를 받은 조건에서 자기방어의 목표를 설정하고 자신보다 더 잘했던 사람과 장차 비교하게

되면(43%) 나머지 조건들보다 하향비교 대상의 선택이 유의하게 더 높았다($\chi^2 =$ 3.85, $p < .05$).

논 의

연구의 요약 및 시사점 이 연구에서 자신의 의사와 상관없이 비교 대상이 정해진 경우에 경험하는 초조정서는 사회비교목표, 사회비교 대상 및 성공/실패 환류에 따라서 달라졌다. 구체적으로 성공 환류를 받은 후 각 사회비교의 목표가 설정된 조건에서 각 비교 대상에 따라서 경험한 정서와 각 비교 대상을 선택한 빈도를 연결지어 살펴보면 다음과 같다: 먼저 성공 환류를 받은 후 자기향상 목표가 설정된 경우에는 하향비교 대상보다 상향비교 대상과 장차 비교하게 될 때 초조정서를 덜 경험하였다. 따라서 자기향상 동기를 충족시키는데 적합하지 않은 사람보다 적합한 사람과 비교할 때 초조정서를 덜 경험했다고 추론할 수 있다. 그런데 이 조건에서 경험한 초조정서는 여러 조건들과 비교할 때 중간 수준($M = 2.73$)이었는데 이 값은 예상한 값보다는 큰 편이다. 이 조건에서는 상향비교의 선택빈도도 높았다(67%, $\chi^2 = 8.98$, $p < .05$). 따라서 정서 경험과 선택빈도를 함께 살펴보면, 이 조건에서 참가자들은 상향비교를 추구하면서도 자기향상의 목표를 충족시켜야 한다고 생각한 것으로 보인다. 따라서 이 조건에서 사람들은 자기향상에 적합한 상향비교 대상과 비교하려 하며, 자신보다 잘하는 사람과 비교함에도 불구하고 초조정서를 강하게 경험하지는 않지만, 상향비교 대상과의 비교로 인한 부담으로 중간 정도의 초조정서를 경험하는 것으로 보인다.

성공을 경험한 후 자기방어 목표가 설정된 경우에 사람들은 하향비교 대상보다 상향비교 대상과 장차 비교하게 될 때 초조정서를 더 강하게 경험하였다. 이 조건에서는 사람들이 자기방어 동기와 자기향상 동기를 모두 경험하게 되어서 사회비교를 통해서 나타날 결과에 대한 기대에 따라서 정서 경험이 달라졌다고 볼 수 있다. 상향비교 대상과 비교하는 사람은 앞으로의 비교에서 성공할 기대가 낮아져서 초조정서를 높게 경험했다고 해석할 수 있다.

실패를 경험한 후 자기향상 목표가 설정된 경우에 사람들은 비교 대상에 따라서 초조정서를 달리 경험하지 않았으며, 전반적으로 모든 조건에서 경험한 초조정서의 수준이 높은 편이다. 이 결과는 실패로 인해서 높은 초조정서를 경험한 데에도 원인이 있지만 이 외에 비교의 목표와 대상에도 원인이 있다고 볼 수 있다. 이 조건에서는 자기방어동기와 자기향상동기를 모두 경험하게 되어서 결과적으로 비교 대상과의 비교 결과에 대한 기대에 따라서 정서 경험이 달라졌다고 볼 수 있다. 그런데 이 조건에서는 상향비교 대상인 경우에는 비교로 인해서 실패할 가능성이 높게 지각되고, 하향비교 대상인 경우에는 자신보다 못한 사람과 비교하여 실패할지도 모른다는 위험을 지각하게 되어서 실패 후 자신과 유사한 사람과 비교하게 되면 불확실성이 높아졌다고 볼 수 있다.

실패를 경험한 후 자기평가 목표가 설정된 경우에도 비교 대상에 따라서 초조정서를 달리 경험하지 않았다. 이 조건에서는 아마도 유사비교 대상이 자기를 평가하는데 적합하지만 자신과 유사한 사람과 비교하게 된다는 점에서 불확실성 또한 강하게 경험하고, 상향비교 대상 및 하향비교 대상과 비교하게 되는 경우에도 실패 후 주어진 평가 목표로 인해서 자기를 평가하게 된다는 점에서 초조정서를 강하게 경험했다고 추론할 수 있다. 특히 자기평가의 동기가 높은 조건에서 하향비교 대상과 비교하게 되면 자신보다 못한 사람과 비교하여 확실한 실패 평가를 받게될 수 있다는 기대로 인해서 높은 초조정서를 경험했다고 생각할 수 있다.

실패 조건에서 자기방어의 목표가 설정된 경우에 하향비교 대상과 비교하면 상향비교 대상과 비교할 때보다도 초조정서를 더 높게 경험하였다. 상향비교 대상은 자기방어 목표가 설정되어 우세해진 방어 동기를 충족시키기에 적합하지 않은 대상이지만 자신보다 잘하는 사람과 비교하여 실패하게 되는 경우에는 자기방어의 부담이 오히려 적어지므로 초조정서를 덜 경험했다고 볼 수 있다. 또한 실패를 경험하고 자기방어의 목표가 설정된 조건에서 비교대상을 자신이 스스로 선택하도록 하면, 다른 조건들보다도 하향비교 대상을 더 많이 선택하였다. 즉, 실패를 경험하고 자기방어목표가 설정되면 자존감을 회복하고자 하향비교 대상을 선호하지만 자신보다 못한 사람보다 자신의 수행이 나쁜 경우를 우려하여 초조해졌음을 알 수 있다. 또한 이 조건에서도 예상보다 상향비교 선택도 높은 편인데(38%), 이 이유는 상향비교 대상을 선택할 경우 장차 예견되는 실패에서 자기 정당화가 가능하기 때문으로 보인다. 다시 말해서 하향비교 대상과 비교함에도 불구하고 이후 성공기대가 낮아서 초조정서를 높게 경험하게 되면 방어적 반응으로 상향비교 대상을 선택한 것으로 해석할 수 있다.

흥미로운 점은 실패를 경험하고 자기방어의 목표를 설정한 경우에 하향비교 대상과 비교를 예상하는 상황에서 초조정서를 경험한 수준이 높았다는 점이다. 그런데 이 조건에서 자기방어의 목표를 충족시킬 수 있는 가능성은 높게 지각하기 때문에 초조정서는 낮다고 예상할 수 있다. 그럼에도 불구하고 이 연구와 같은 결과를 얻은 이유로는 실패로 인한 좌절 때문에 하향비교 대상과 비교함에도 불구하고 이후 성공기대가 낮아져서 초조정서를 높게 경험했을 가능성을 들 수 있다.

연구의 제한점 첫째, 이 연구에서는 종속변인으로 초조정서의 경험을 다루었다. 그러나 우리가 경험하는 자기관련 정서는 이 외에도 여러 종류가 제안되어 왔다. 예를 들면 Higgins(1987, 1989)는 자기관련 정서로서 불안과 유사한 초조정서 이외에 우울과 유사한 낙담정서를 연구해왔다. 따라서 이 연구에서 알아본 여러 조건에서 여러 유형의 자기관련 정서들이 모두 동일한 결과를 보일지 선행연구 결과만으로는 알 수 없다. 그러므로 이 연구의 결과는 자기관련 정서 중 초조정서로 제한하여 해석하여야 한다. 이에 더하여 사회비교 과정에서 우세하게 경험되는 정서를 측정하는 척도를 개발할 필요성이 제기되었다. 둘째, 사회비교가 이루어지고 나서 본래 우세했던 비교의 동기가 충족되거나 충족되지 못한 조건에서 정서경험에서 어떠한 결과가 초래되는지 검증할 필요성과 사회비교 동기의 매개효과를 검증할 필요성도 제기되었다. 셋째, 이 연구에서는 비교가 예상되는 상황에서 경험되는 초조정서를 알아보았다. 다시 말해서 앞으로 자신과 비교하게 될 사람이 지각능력에서 자신보다 잘하거나 비슷하거나 혹은 못하는 사람이라는 점을 명확히 알고 있었지만, 이 연구의 실험 장면은 두 번째 본시행에서 비교 대상의 수행 수준을 예측하는 상황이다. 따라서 비교가 예상되는 상황으로 연구 결과를 제한하여 해석하여야 할 것이다. 넷째, 이 연구의 참가자들이 자신의 초조정서를 평정한 값은 9점 척도에서 4.0이 되지 않는 낮은 수준이다. 이 결과는 아마도 대부분의 정상적 대학생들이어서 연구의 대상이 초조정서를 덜 경험한데 원인이 있는 것으로 보인다. 따라서 이 연구의 결과는 초조정서를 덜 경험하는 조건을 알아냈다고 볼 수 있다.

제 6 장

경쟁상황에서 사회비교의 실패와 향상가능성에 따른 부적 자기정서의 경험

이 연구에서는 능력차원에서 자기와 다른 사람이 서로 경쟁하는 상황에서 자신이 경쟁자보다 못하다는 사실을 알게 된 조건에서 부적정서의 수준을 더욱 높이거나 혹은 낮추는 요인을 알아보았다. 결과를 보면, 자기보다도 못한 사람과 경쟁하였으나 자신이 더 못했음을 확실히 알려주면 모호하게 알려준 조건에서보다 부적정서가 더 높았다. 특히 이 조건에서 앞으로도 자신의 수행이 향상될 수 없다고 지각하면 부적정서는 더욱 높았다. 더욱 흥미롭게도 자기보다 나은 사람과 경쟁하여 자신이 더 못했고 앞으로 자기 수행이 향상될 가능성마저 낮은 경우에도 부적정서의 수준이 거의 유사하게 높았다.

서 론

이번에 소개하는 연구(한덕웅, 엄광은, 2002)에서는 경쟁이 심한 현실 상황에서 사회비교가 자주 나타난다는 점에 착안하여, 이 현상을 실험에서 다루어 보고자 한다. 다시 말해서, 이 연구에서는 우리 일상에서 흔히 나타나는 사회비교와 관련된 현상을 잘 반영하도록 하기 위해 비교대상, 환류의 확실성 및 자기수행의 향상 가능성에 따라서 부적 정서를 어떻게 경험되는지 알아보는데 목적을 두고 있다. 특히 이 연구에서는 경쟁상황에서 사회비교가 이루어지는 조건에서 자신의 수행에 대해서 실패환류를 받게 되면 창피함, 죄책감, 실망과 같은 개인의 행복에 큰 영향을 미치는 부적 정서를 경험하게 되므로 자기 수행에 대해서 실패환류를 받는 조건에서 나타나는 자기정서의 경험을 구체적으로 살펴보고자 한다. 이를 위해 실험 1에서는 비교대상, 수행환류 및 환류의 확실성에 따라서 부적 정서가 어떻게 달라지는지 알아보고자 한다. 다시 말해서 실험 1에서는 사회비교 과정에서 비교의 대상과 유사한 수행을 보인 환류조건과 비교해서 실패했을 때 환류의 확실성 수준에 따라서 부적 자기정서가 어떻게 달라지는지 알아보고자 한다. 실험 2에서는 사회비교에서 실패한 조건으로 한정하고 이 조건에서 사회비교의 대상과 자기수행의 향상가능성이 달라지면 부적 자기정서가 어떻게 나타나는지 알아보게 된다. 이 연구에서 검증하게 될 가설들이 도출된 이론적 배경을 독립변인별로 차례대로 보고 상호작용 효과를 가정하는 근거도 함께 살펴보자.

환류와 비교대상이 정서경험에 미치는 주효과 가설 먼저 사회비교 과정에서 자신이 비교대상보다 더 못했다는 실패환류를 받게 되면, 자신과 비교대상이 비슷한 수준으로 수행하였다고 알려준 유사환류를 받았을 때보다 일상에서 개인이 기대하는 기준에 비해서 차이가 더 크다고 지각하게 된다. 그러므로 이 논리에 따라서 사회비교의 결과로 실패환류를 받게 되면 유사환류를 받았을 때보다 부적 정서가 높다는 가설을 설정했다(가설 1).

또한 사회비교에서 동일하게 실패를 경험하더라도 사회비교의 대상에 따라서 부적 자기정서의 경험이 달라진다고 가정했다. 구체적으로 살펴보면 자기보다 못한 하향비교 대상과 비교하게 되면, 유사비교나 상향비교 대상과 비교했을 때보다 일상에서 자신이 더 잘 할 수 있다는 기대를 형성하게 된다. 그러므로 하향비교 대상보다 잘 할 것이라고 기대했던 이 조건에서 자신이 하향비교하여 실패한 경우에는 자기차이를 매우 크게 지각하게 되어서 부적 정서를 높게 경험한다고 가정했다. 반면에 자기보다 나은 상향비교 대상과 비교하게 되면 자신이 비교대상보다 더 잘 할 수 있다는 기대를 형성하기 어렵다. 그러므로 이 조건에서는 성공 기대가 낮으므로 자신이 상향비교하여 실패한 경우에는 유사비교나 하향비교의 대상과 비교해서 실패한 조건보다 부적 자기정서의 경험이 낮다고 추론할 수 있다. 이 논리에 근거를 두고 비록 비교대상보다 못하였다는 실패 경험은 유사하지만, 하향비교하여 실패환류를 받았을 때 상향비교 혹은 유사비교하여 실패했을 때보다 부적 정서가 더 높다는 가설을 설정했다(가설 2).

불확실성이 정서경험에 미치는 조절효과 가설 한편 사회비교 과정에서 긴장이나 초조와 같은 부적 정서를 유발할 수 있는 요인의 하나로 불확실성을 들 수 있다. Festinger(1954)는 사람들이 정확한 자기평가를 위해서 유사비교 대상을 선택하게 된다고 주장했다. 지금까지 사회비교 과정에서 불확실성을 다룬 연구들을 보면 개인이 주관으로 느끼는 불확실감을 다룬 경우가 많다. 불확실성을 개인이 객관적 판단을 할 수 없어서 느끼는 불확실감으로 정의한다면, 이 불확실성은 부적 정서로서 경험될 수도 있다. 다만, 이 연구에서는 이 관점과 달리 서로 다른 사회비교의 대상이나 수행결과의 환류정보에 따라서 불확실성이 정적 혹은 부적정서 경험을 조절하는 요인으로도 기능할 수 있다고 가정하고 이 효과를 검증하고자 한다. 예를 들어 성공환류를 받았을 때 그 환류가 확실하다면 기대에 합치되거나 기대의 수준을 능가하는 결과를 경험하므로 정적정서를 강하게 경험하지만, 성공환류가 불확실하다면 정적정서의 경험은 이보다 덜 강할 수 있다. 또한 실패환류를 받았으나 그 환류가 확실하다면 부적정서를 강하게 경험하지만 실패환류를 받더라도 그 정보가 불확실하다면 기대가 침해된 수준이 모호하므로 부적정서 경험은 이보다 덜 강할 수 있다. 이 연구에서는 실패를 경험한 조건에 관심이 있기 때문에 이 근거에서 실패가 불확실할 때보다 확실할 때 부적정서가 더 높다는 가설을 설정했다(가설 3).

또한 실패환류가 주어졌을 때 사회비교 대상과 환류정보의 확실성에 따라서 부적정서가 달라지는 상호작용 효과가 예상된다. 상향비교하게 되면 자기보다 우수한 사람과 비교하므로 성공기대가 낮으므로 실패하더라도 본래 낮았던 성공기대 때문에 자기차이를 크게 지각하지 않을 수 있다. 그리고 상향비교하여 실패한 조건에서 그 실패 환류가 불확실하다는 정보가 더해지면 이 경우에는 크게 지각되지 않은 자기차이의 경험이 유발된 근거까지 충분하지 않으므로 장차 자신이 수행이 좋을 수도 있다고 기대할 수 있다. 그러나 상향비교하여 실패한 조건에서 그 실패 환류가 확실하다는 정보가 더해지면 이 경우에는 크게 지각되지 않은 자기차이 경험이 유발된 근거를 의심할 수 없으므로 장차 자신의 수행이 좋을 수 있다고 기대하기 어렵다.

반면에 하향비교하게 되면 자기보다 못한 사람과 비교하므로 성공기대가 높게 되며 이 사람과 비교하여 실패하면 본래 높았던 성공기대 때문에 자기차이를 크게 지각하게 된다. 그리고 하향비교하여 실패한 조건에서 그 실패 환류가 확실하다는 정보가 더해지면 이 경우에는 크게 지각된 자기차이가 유발된 근거까지 의심할 수 없으므로 장차 자신의 수행 수준이 더욱 좋아질 수 있다고 기대하기 어렵다. 그러나 하향비교하여 실패한 조건에서 그 실패 환류가 불확실하다는 정보가 더해지면 이 경우에는 크게 지각된 자기차이의 경험이 유발된 근거까지 충분하지 않으므로 장차 자신이 수행이 좋을 수도 있다고 기대할 수 있다.

그러므로 확실한 환류 조건에서 실패하면 기대와 차이를 줄일 수 있다는 차이 감소의 기대가 낮아진다. 그러나 그 실패가 불확실하다면 장차 자신의 수행 수준이 좋아진다고 기대할 수도 있기 때문에 차이 감소의 기대가 높을 수 있다. 이 논리에 따라서 상향비교하여 실패한 조건에서나 하향비교하여 실패한 조건에서 모두 실패 환류가 불확실할 때보다 확실할 때 부적정서가 더 높다는 가설을 설정했다(가설 4).

향상가능성이 정서경험에 미치는 조절효과 가설 실험 2에서는 사회비교에서 실패환류 정보를 받은 조건으로 한정하고 자기수행의 향상가능성이 부적 정서에 미치는 조절효과를 알아보고자 한다. 다시 말해서 실험 1에서는 동일한 실패를 경험하였어도 비교대상 혹은 환류의 확실성에 따라 부적정서 경험이 달라지는지 밝히는데 목적이 있다. 그리고 실험 1에서 부적정서 경험이 가장 높은 조건을 알아내고, 그 조건에 한정하여 실험 2에서는 부적정서가 더 완화되거나 혹은 악화되는데 조절작용을 할 것이라고 가정한 향상가능성의 역할을 알아보고자 한다. 이 연구에서는 사회비교에서 실패하게 되면 부적정서를 경험하지만 향상가능성에 따라서 부적정서의 경험 수준이 달라진다고 가정했다. 다시 말해서 실패했을 때 향상가능성이 낮다고 지각하면 차이를 감소시킬 수 있다는 기대가 낮아서 높은 부적정서를 경험한다. 그러나 동일한 조건이더라도 향상가능성이 높다고 지각하면 차이가 감소할 수 있다는 기대가 높아서 낮은 부적정서를 경험하게 된다고 추론할 수 있다. 이 추론에 따라서 실패했을 때 향상가능성이 낮으면 높을 때보다 부적정서가 더욱 높다는 가설을 설정했다(가설 5).

또한 이 연구에서는 가장 높은 부적정서를 유발하는 상황으로 하향비교하여 확실성이 높은 실패 정보를 받은 조건을 예상했다. 그러나 하향비교하여 실패하더라도 자기 수행의 향상가능성이 높으면 장차 차이 감소의 기대가 높으므로 향상가능성이 낮은 조건보다 부적정서가 낮다고 가정할 수 있다. 이와 달리 하향비교하여 실패하고 향상가능성도 역시 낮다면 차이 감소기대가 낮아지므로 부적정서를 더욱 높게 경험하게 된다고 가정할 수 있다. 이 배경에서 하향비교하여 실패했을 때 자기수행의 향상가능성이 낮으면 높을 때보다 부적정서가 더 높다는 상호작용 가설을 설정했다(가설 6).

실험 1

실험 1에서는 사회비교의 대상, 수행결과 환류 및 환류의 확실성이 자기정서에 미치는 영향을 알아보았다(가설 1, 가설 2, 가설 3, 가설 4 검증).

연구 방법

실험절차 먼저 참가자들이 4인 1조로 실험실에 도착하면 실험에 대해서 간단히 소개하고 4대의 컴퓨터 앞에 각각 1명씩 자유롭게 앉도록 하였다. 참가자 사이에는 칸막이를 두어서 참가자는 상대방의 컴퓨터 화면을 볼 수 없었다. 참가자들에게는 지각능력을 정확하게 측정하는 검사를 개발하는데 연구의 목적이 있다고 소개하였다. 이어서 지각능력검사 과제를 연습한 후 연습시행을 2분간 실시하였다. 현실에서 볼 수 있는 경쟁 상황과 유사한 조건을 만들기 위해서 각 실험실 안에 있는 4명의 학생들 가운데 가장 우수한 학생 한 명에게만 실험 참가 점수 이외에 보너스 점수를 추가로 제공한다고 설명하였다. 다음으로 연습시행에서 각자 얻은 수행 점수를 토대로 상향대상(연습시행에서 나보다 더 잘했던 사람), 유사대상(연습시행에서 나와 비슷했던 사람), 하향대상(연습시행에서 나보다 더 못했던 사람) 중 한 명을 컴퓨터가 무작위로 선택해 준 다음에 본시행이 끝난 후에 이 사람과 비교하여 점수를 알려주겠다고 하였다. 이어서 본과제를 4분간 실시하였다. 그 다음 성공과 실패 환류를 각각 조작하고 이 환류정보를 제공할 때 각 조건별로 확실성 수준도 함께 조작하였다. 다음으로 정서를 측정하였다. 부가적으로 조작점검 문항 및 부가 질문들에 응답하도록 하였다.

참 가 자 '심리학개론' 교양 강좌를 수강하는 성균관대학교 학생 180명을 12조건에 15명씩 무선할당하였다.

실험설계 3(비교대상: 상향/유사/하향)×2(환류: 유사/실패)×2(확실성: 확실/불확실)의 삼원 완전무선요인설계였는데 12개 각 조건에 15명씩 무선할당하였다.

실험 과제 2장에서 소개된 지각능력검사를 사용하였다.

독립변인 조작 사회비교 대상은 본시행에 앞서 실험실에 온 4명의 학생들 가운데 본인을 제외하고 나머지 세 사람들 중에서 컴퓨터가 무선으로 선택해 준 사람과 비교하여 본시행의 수행 점수를 알려준다고 설명하여 조작하였다. 상향비교 대상조건에서는 컴퓨터가 무작위로 선택한 결과에 따라서 연습시행에서 참가자 자신보다 더 잘했던 사람과 본시행 점수를 비교하게 되었다고 알려주었다. 유사비교 대상조건에서는 연습시행에서 참가자 자신과 비슷한 수행을 보인 사람과 본시행 점수를 비교하게 되었다고 알려주었다. 하향비교 대상조건에서는 연습시행에서 참가자 자신보다 더 못했던 사람과 본시행 점수를 비교하게 되었다고 알려주었다. 수행 결과의 환류는 본시행이 끝난 다음 개인의 수행 결과를 비교대상의 득점과 비교하여 알려주어서 조작하였다. 구체적으로 본시행 전에 참가자들에게 컴퓨터가 무작위로 선택해 준 대상과 비교하여 몇 점 차이가 나는지 알려주었다. 유사환류조건에서는 컴퓨터가 무작위로 선택해 준 대상과 비교한 결과에서 참가자가 비교 대상보다 5점이 더 낮지만 이 점수 차이는 통계적 오차의 범위 내에 있으므로 비슷한 수준이라고 알려주었다. 실패환류조건에서는 컴퓨터가 무작위로 선택해 준 대상과 비교한 결과에서 참가자가 비교 대상보다 20점이 낮은데 이 점수 차이는 통계적 오차 범위를 벗어나므로 크게 차이를 보였다고 알려주었다. 이 정보를 준 후에 컴퓨터가 정해준 비교대상과 본인과의 차이를 다시 한 번 확인하도록 조작하기 위해서 그래프로 점수 차이를 보여주었다. 수행결과 환류의 확실성은 본시행 시간 4분을 1분 단위로 세분하여 시간별 점수의 변화로 조작하였다. 확실조건에서는 당신이 얻은 점수들이 시간별로 차이가 작으며 전반적으로 일정하게 유지되어서 당신의 지각능력에 대해서 확실한 정보를 제공해 준다고 알려주었다. 불확실조건에서는 당신이 얻은 점수들이 시간별로 차이가 크며 전반적으로 일정하게 유지되지 않아서 당신의 지각능력에 대해서 확실한 정보를 제공한다고 볼 수 없다고 알려주었다.

부적 자기정서 측정 본시행으로 지각능력검사를 실시하고 난 후 개인이 실험에서 경험한 부적정서 반응을 종속변인으로 측정하였다. 부적정서 용어들은 강혜자와 한덕웅(2000)이 한국어 정서용어들을 다차원분석하여 얻은 용어들 가운데 자기정서들로서 정서로서 경험 강도가 큰 용어들을 위주로 선택하여 사용하였다. 부적정서를 측정하는데 사용한 형용사들과 요인부하량을 보면 다음과 같다: '걱정스럽다(.47), 괴롭다(.69), 당혹스럽다(.45), 무기력하다(.60), 부끄럽다(.69), 무능감(.75), 불만스럽다(.63), 불쾌하다(.63), 불행하다(.63), 슬프다(.65), 실망스럽다(.63), 안타깝다(.47), 열등감(.70), 우울하다(.78), 좌절감(.70), 짜증나다(.59)'의 총 16개를 사용했다. 참가자들에게 각 정서 용어들이 현재 자신이 느끼는 기분을 얼마나 잘 나타내고 있는지 그 정도를 9점 척도(1: 전혀 느끼지 않는다, 9: 매우 많이 느낀다)에 평정하도록 하였다. 그리고 내적일치도계수(Cronbach's α)는 .91이었다. 그리고 각 측정치들이 한 요인 모형에 자료가 잘 부합되는지 검토하기 위하여 확인적 요인분석을 실시하였다. 분석 자료로는 상관행렬을 이용하였다. 한 요인 모형이 자료에 잘 부합되었다($RMR=.084$, $GFI=.97$, $AGFI=.96$, $NFI=.95$, $NNFI=.98$). 따라서 종속측정치는 16개 부적정서를 평정치를 평균하여 계산하였으며, 점수가 높을수록 부적정서가 높음을 의미한다.

연구 결과

독립변인의 조작효과 먼저 사회비교 대상의 조작효과는 "연습시행을 근거로 컴퓨터가 무선으로 선정해준 사람과 비교하면 당신의 연습시행 점수는 어떠하였읍니까"에 대한 응답을 3(비교대상)×2(환류)×2(확실성)로 변량분석한 결과, 비교대상의 주효과만 유의하였다($F(2,168)=9.46$, $p<.001$). 그리고 상향비교 조건($M=3.01$)보다 유사비교 조건($M=4.78$)에서 유사비교 조건보다 하향비교 조건($M=6.11$)에서 평정치가 유의하게 더 높았다. 수행결과의 환류의 조작효과는 "컴퓨터가 정해준 사람에 비해서 당신의 본시행 점수는 어느 정도입니까"에 대한 응답을 3(비교대상)×2(환류)×2(확실성)로 변량분석한 결과, 환류의 주효과만 유의하여($F(1,168)=175.30$, $p<.001$), 유사환류조건($M=4.27$)보다 실패환류조건($M=2.45$)에서 자신의 수행이 더 낮다고 보았다. 환류정보의 확실성은 "당신은 본시행에서 단위 시간당 점수의 차이가 얼마나 일정하게 유지되었는가"에 대한 응답을 3(비교대상)×2(환류)×2(확실성)로 변량분석한 결과, 확실성 수준에 따른 주효과만

유의하였다($F(1,168) = 29.19$, $p < .001$). 즉, 확실조건($M = 4.88$)에서 불확실조건($M = 3.84$)보다 참가자들이 자신의 지각능력 점수가 확실하다고 믿는 수준이 높았다. 그러므로 이 연구에서 세 독립변인들의 조작은 모두 성공적이었다.

부적 자기정서 경험 16개 부적정서 평정치의 평균을 구한 결과는 표 6-1에 제시하였다. 이 자료를 3(비교대상: 상향/유사/하향)×2(환류: 유사/실패)×2(확실성: 확실/불확실)로 변량분석한 결과는 다음과 같다. 먼저 사회비교 대상에 따라서 부적 자기정서 평정치들을 변량분석한 결과를 보면 사회비교 대상의 주효과와 환류의 주효과가 각각 유의하였다. 즉, 상향비교 대상과 비교하였을 때($M = 3.65$)보다 하향비교 대상과 비교하였을 때($M = 4.58$) 부적정서를 더 높게 경험하였다, $F(2,168) = 8.99$, $p < .001$. 또한 유사환류를 받았을 때($M = 3.86$)보다 실패환류를 받았을 때($M = 4.36$) 부적정서를 더 높게 경험하였다($F(2,168) = 7.56$, $p < .01$). 이 결과들은 가설 1을 지지하는 결과이다. 다음으로 비교대상과 수행결과 환류의 이원 상호작용은 유의하지 않아서($F(2,168) = 1.02$, *n.s.*) 가설 2는 기각되었다.

그리고 비교대상×환류×확실성의 삼원 상호작용 효과가 유의하였다($F(2,168) = 3.69$, $p < .02$). 그림 6-1과 함께 각 환류조건별로 결과를 살펴보면, 먼저 유사환류를 받은 조건에서는 상향비교, 유사비교 및 하향비교 대상에 따라서 확실성과 불확실성이 부적정서에 유의하게 다른 효과를 미치지 않았다. 그런데 상향비교하여 실패환류를 받게 된 조건에서는 환류가 불확실할 때($M = 3.43$)보다 확실할 때($M = 4.71$) 부적정서를 더 높게 경험하였다($F(2,168) = 8.30$, $p < .01$). 또한 하향비교하여 실패한 조건에서는 수행결과의 환류 정보가 불확실할 때($M = 4.56$)보다 확실할 때($M = 5.01$) 부적정서를 더 높은 추세를 보여서($F(2,168) = 2.19$, $p < .10$), 이 가설 3은 지지되었다.

그런데 흥미로운 점은 상향비교하여 확실한 실패환류를 경험한 조건($M = 4.71$)에서 하향비교하여 확실한 실패환류를 경험한 조건($M = 5.01$)만큼이나 부적정서가 높게 경험되었다는 점이다. 이 결과는 상향비교가 초래하는 부적 효과가 크다는 시사점을 제공한다. 즉 상향비교하면 자신을 향상시키는 긍정적 효과가 있기는 하지만 상향비교하게 됨으로써 초래되는 부적 효과가 매우 크다. 상향비교하게 되면 실패의 예측이 불가피하므로 실패가 가져오는 의미가 부각되어서 부적정서에 큰 영향을 미칠 수 있다.

표 6-1. 부적 자기정서 경험 평정치의 평균(표준편차)

비교대상	유사환류 확실	유사환류 불확실	유사환류 소계	실패환류 확실	실패환류 불확실	실패환류 소계	합계
상향비교	2.98	3.48	3.23	4.71	3.43	4.07	3.65
	(1.20)	(0.95)	(1.10)	(1.43)	(1.18)	(1.44)	(1.34)
유사비교	4.04	3.98	3.98	3.98	4.47	4.22	4.10
	(1.28)	(1.20)	(1.22)	(1.16)	(1.05)	(1.12)	(1.17)
하향비교	4.26	4.50	4.38	5.01	4.56	4.78	4.58
	(1.15)	(1.36)	(1.25)	(1.15)	(1.27)	(1.21)	(1.24)
소 계	3.76	3.97	3.87	4.57	4.15	4.36	4.11
	(1.31)	(1.23)	(1.27)	(1.30)	(1.25)	(1.29)	(1.30)

그림 6-1. 비교대상, 환류 및 환류의 확실성에 따른 부적 자기정서

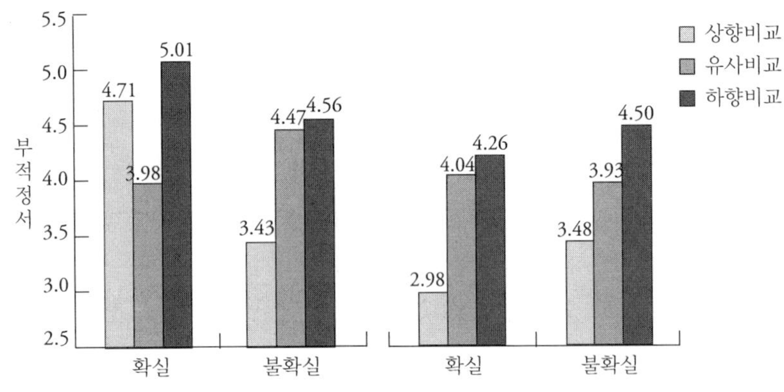

실험 2

실험 1에서 사회비교의 대상과 수행 결과환류의 확실성이 자기정서에 달리 영향을 미친다는 결과를 얻었다. 실험 2에서는 사회비교 과정에서 실패를 경험한

상황으로 한정하여 실험 1에서 얻은 이 두 독립변인들의 효과가 일관되게 나타나는지 반복하여 검증하고, 자기의 수행이 향상될 수 있다는 기대가 자기정서에 어떤 영향을 미치는지 알아보는데 목적이 있다(가설 2, 가설 5, 및 가설 6 검증).

연구 방법

실험절차 본시행까지 실험 1과 동일하였다. 본시행이 끝난 후 환류는 실험 1의 실패조건과 동일하게 조작하였고, 이 사회비교의 차이 점수도 실험 1과 마찬가지로 그래프로 제시하여 개인이 확인할 수 있도록 하였다. 이 환류정보를 제공하고 난 후 본시행에서 개인 수행이 변화되는 형태를 분석한 결과에 근거를 두고 각자의 수행이 향상될 가능성을 산출했다고 설명하고 앞으로 자신의 수행이 좋아질 수 있는 향상가능성을 높거나 낮은 두 수준으로 조작하였다. 이어서 종속변인으로 정서를 측정하고, 참고로 다음 수행에서 비교하고 싶은 대상을 선택하도록 하였다. 끝으로 조작점검 문항 및 부가 질문들에 응답하도록 하였다.

참 가 자 성균관대학교에서 심리학을 수강하는 남녀 학생 91명이 실험에 참가하였다. 독립변인의 조작지시문을 잘못 이해하거나 불성실하게 응답한 1명을 제외시키고, 최종적으로 90명의 자료를 분석에 이용하였다. 실험에 참여한 모든 학생에게 실험 참가 점수를 주었다.

실험설계 실험 1의 실패조건으로 한정하고 3(비교대상: 상향, 유사, 하향)×2(향상가능성: 높다, 낮다)의 이원 완전무선요인설계를 사용하여 6개 실험 조건마다 15명씩 무선할당하였다.

실험 과제 실험 1과 동일하였다

독립변인 조작 사회비교의 대상의 조작은 실험 1과 동일하였다. 향상가능성이 새로 추가된 변인으로서, 본시행 4분을 1분 단위로 세분하여 시간이 지남에 따라 점수가 향상되고 있는지 아니면 점차 떨어지고 있는지 알아볼 수 있도록 수행 점수들과 함께 수행의 변화 도표를 제시하여 조작하였다. 향상가능성이 높은 조건에서는 점수를 단위 시간으로 세분하여 살펴본 결과에서 수행이 점차 향상되고 있다고 알려주었다. '기존 연구들을 기초로 점수를 분석해본 결과에 의하면 이 경향을 보이는 학생들 가운데 대략 70%가 다음 시행에서 점수가 더욱 향상되었다. 따라서 한 번 더 시행한다면 당신의 점수가 매우 향상되리라고 예상한다'고 알려주었다. 향상가능성 낮은 조건에서는 점수를 단위 시간으로 세분하여 살펴보니 점수가 떨어지고 있다고 알려주었다. 기존 연구들을 기초로 점수를 분석해 본 결과에 의하면 이 경향을 보이는 학생들 가운데 대략 30%만 다음 시행에서 점수가 조금 향상되었다. 따라서 한 번 더 시행하더라도 당신의 점수는 별로 큰 차이를 보이지 않으리라고 예상한다고 알려주었다.

부적 자기정서 측정 실험 1과 동일하였다.

연구 결과

독립변인의 조작효과 먼저 비교대상의 조작효과를 점검하기 위해서 "연습시행에서 컴퓨터가 임의로 선정해 준 비교대상과 비교해서 당신의 연습시행 점수는 어떠하였는지"에 대한 응답을 변량분석한 결과에서 비교대상의 주효과만 유의하였다($F(2,84)=59.24$, $p<.001$). 그리고 상향비교 조건($M=3.27$)보다 유사비교 조건($M=4.67$)에서 유사비교 조건보다 하향비교 조건($M=6.33$)에서 평정치가 유의하게 더 높았다. 자기수행의 향상가능성의 조작효과는 "본시행에서 당신의 수행 점수를 시간 단위로 살펴보았을 때 어느 정도 향상되었는지"에 대한 응답을 변량분석하여 알아보았다. 그 결과를 보면, 향상가능성의 주효과만 유의하였다($F(1,84)=207.68$, $p<.001$). 즉, 향상가능성이 높은 조건($M=6.11$)에서 낮은 조건($M=2.40$)보다 자기 수행이 향상되었다고 지각했다. 따라서 독립변인의 조작은 성공적이었다.

부적 자기정서 경험 부적정서에 대한 평정치의 평균을 참가자별로 구하여 각 실험 조건별로 평균을 구한 결과는 표 6-2에 제시하였다. 이 자료를 3(비교대상: 상향/유사/하향)×2(향상가능성: 높다/낮다)로 이원 변량 분석한 결과를 그림 6-2와 함께 살펴보면, 먼저 실험 1과 마찬가지로 비교대상의 주효과는 유의하지 않아서 가설 2는 기각되었다($F(2,84)=1.61$ $p<.20$). 즉, 상향비교 대상과 비

표 6-2. 부적 자기정서 경험 평정치의 평균(표준편차)

비교대상	향상가능성 낮 음	향상가능성 높 음	합 계
상향비교	4.98 (1.37)	3.44 (1.52)	4.21 (1.62)
유사비교	4.30 (1.07)	4.58 (1.57)	4.44 (1.33)
하향비교	4.95 (1.37)	4.69 (1.06)	4.82 (1.21)
합 계	4.74 (1.29)	4.24 (1.48)	4.49 (1.41)

그림 6-2. 비교대상과 향상가능성에 따른 부적 자기정서

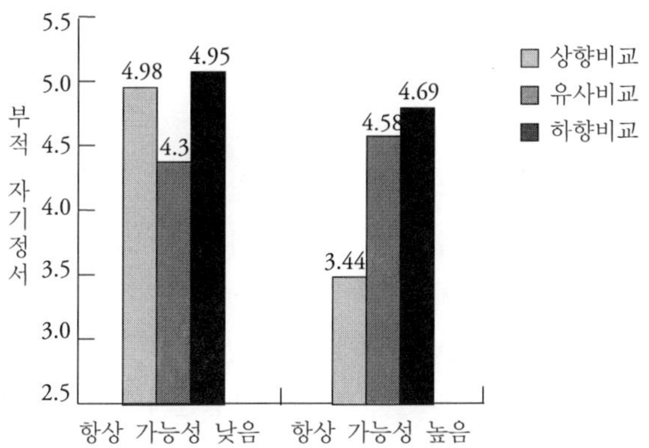

교하여 실패했을 때($M=4.21$)와 하향비교 대상과 비교하여 실패했을 때($M=4.82$) 모두 유사비교 조건보다 부적정서가 더 높게 나타나지 않았다.

다음으로 향상가능성의 주효과는 통계적으로 유의한 수준은 아니지만 실패하여 향상가능성이 높을 때($M=4.24$)보다 실패하여 향상가능성이 낮을 때($M=4.74$) 부적정서를 더 높게 경험하는 추세가 나타났다($F(1,84)=3.21$, $p<.07$). 따라서 가설 5는 지지하는 추세만 나타났다.

그러나 비교대상과 향상가능성의 이원 상호작용 효과가 유의하였다($F(2,84)=3.66$, $p<.03$). 다만, 하향비교 또는 유사비교한 두 조건에서는 실패했을 때 향

상가능성이 높고 낮음에 따라서는 유의한 차이를 보이지 않아서 가설 6은 기각되었다. 그런데 상향비교하여 실패했을 때는 이와 달리 향상가능성이 높을 때보다 낮을 때 부적정서가 더 높았다. 다시 말해서 상향비교 대상과 비교한 조건에서는 동일한 실패환류를 받았지만 향상가능성이 높을 때($M=3.44$)보다 낮을 때($M=4.98$) 부적정서를 유의하게 더 높게 경험하였다($F(1,84)=9.91$, $p<.002$). 이 연구 결과들로부터 자기보다 우수한 사람과 사회비교하는 조건에서만 자기수행의 향상가능성이 높으면 낮을 때보다 낮은 부적정서를 경험한다고 결론지을 수 있다.

종합 논의

연구의 요약 이 연구의 주요 결과들을 정리해 보면 다음과 같다. 첫째, 환류가 부적 자기정서의 경험 수준에 영향을 미쳤다. 유사환류를 받았을 때보다 실패환류를 받았을 때 부적 자기정서가 더욱 높게 유발되었다. 둘째, 환류정보의 확실성과 관련된 결과를 살펴보면 유사환류를 받은 조건에서는 상향비교, 유사비교 및 하향비교 대상에 따라서 확실성과 불확실성간에 유의한 차이를 보이지 않았다. 그러나 실패환류를 받은 조건에서는 상향비교, 유사비교, 하향비교의 대상과 각각 비교한 모든 조건에서 확실성과 불확실성 조건간에 부적 자기정서의 수준에서 차이가 있었다. 특히 가장 큰 차이를 보이는 조건을 보면, 상향비교하여 불확실한 실패환류를 받았을 때보다 상향비교하여 확실한 실패환류를 받았을 때 부적 자기정서가 매우 높아짐을 확인할 수 있다. 셋째, 향상가능성이 부적 자기정서에 미치는 효과를 살펴보면 비록 통계적으로 유의하지는 않았지만 향상가능성이 높을 때보다 낮을 때 부적 자기정서가 높은 추세가 나타났다. 특히 상향비교하여 실패했지만 향상가능성이 높을 때보다 낮을 때는 부적 자기정서를 더 높게 경험하는 결과가 나타났다.

연구의 시사점 첫째, 이 연구의 결과는 비교 과정에서 사람들이 부적정서를 언제 강하게 경험하는지에 대해서 알려준다. 즉 사람들은 자신보다 못한 사람과 비교한 후 자신이 더 못했다는 사실을 알게되면 자기 자신에 대해서 강한 부적정서를 경험하게 된다. 그리고 이 결과가 의심할 여지없이 확실할 경우에 부적정서는 더욱 강하게 경험되는 경향이 있다. 그런데 흥미로운 점은 자신보다 나은 사람과 비교하여 자신이 더 못하였고 그 결과가 확실한 경우에는 이 연구에서 예상한 것보다 더 강하게 부적정서를 경험하였다. 이 연구에서는 실제로 상향비교할 경우에는 자신이 비교대상보다 더 잘할 수 있으리라는 성공기대가 높지 않으므로 자신이 더 못했다는 환류를 받아도 자기차이가 크게 경험되지 않아서 부적정서 경험이 하향비교 조건보다는 낮을 것으로 예측하였다. 그러나 이와 달리 상향비교하게 되면 실패가 가져오는 의미가 부각되어서 부적정서 경험이 높아진 것으로 보인다.

둘째, 이 연구에서는 상향비교를 스스로 선택한 것이 아니라 정해준 것이므로 강제적인 상향비교가 가져오는 부적인 효과에 대한 시사점을 얻을 수 있다. 최근 한국사회에서는 여러 기관이나 조직들에서 성원들의 경쟁심리를 고취하여 조직유효성을 높이려는 전략이나 제도를 도입하고 있다. 장차 한국사회에서 이 추세가 기업조직은 물론이고 공공조직까지 확대되고 심화되리라고 예측할 수 있다. 현재까지 한국에서 제도에 의해서 경쟁심리를 강요하고 있는 전형적 사례로는 공교육을 담당하는 중등교육 기관들을 들 수 있다. 특히 중등교육을 담당하는 고등학교에서는 대부분 학업 수행을 기준으로 경쟁상황을 조성하기 때문에 학생들이 사회비교를 강요받는 환경에서 생활하고 있다. 사회비교 과정은 한편으로 인간의 성장을 촉진하고 성공을 통해서 유능감과 성취감을 경험하는 순기능과 아울러 다른 한편으로 실패를 경험함으로써 주관적 행복을 감소시키거나 혹은 긴장을 유발하는 역기능도 지닌다. 그러므로 이 연구의 결과는 공교육을 담당하는 중등교육 기관에서 경쟁적인 학업상황에서 강요된 상향비교의 역기능을 설명해 줄 수 있을 것이다.

이에 더해서 이 연구의 결과는 이러한 강요된 사회비교가 가져오는 역기능에 더해서 이 때 경험하는 부적정서 경험을 완화시킬 수 있는 변인에 대해서도 설명할 수 있다. 구체적으로 나보다 못한 대상보다 더 못하다는 정보가 불확실하여 그 근거를 의심할 수 있거나 혹은 앞으로 수행이 향상가능하다고 지각하게 되면 부적정서는 완화될 수 있다.

마지막으로 이 연구 결과를 사회비교 과정을 다룬 선행 연구들과 연결하여 해석하면 다음과 같다. 먼저 앞선 장에서 소개한 대로 환류 및 비교대상에 따른 정서 경험을 알아본 연구(한덕웅, 장은영, 2000a)에서 실패 조건을 살펴보면 이 연구와 동일하게 비교대상의 효과는 유의하지 않았다. 다만 선행 연구는 비교가 예상되는 조건에서 초조정서만을 알아보았으나, 이 연구에서는 비교한 후 전반적인 부적정서를 알아본 점에서 차이가 있다. 그럼에도 불구하고 이 두 연구를 종합하여 살펴보면 사람들은 단지 특정한 비교대상과 비교한다고 해서 부적정서를 더 강하게 경험하지는 않는 것으로 보인다. 반면에 선행 연구에서는 실패한 조건에서 자기방어 목표를 설정해주면 하향비교할 때 초조정서를 강하게 경험하는 점이 나타났다. 그리고 이 연구에서도 하향비교 후에 확실한 실패 환류를 받은 조건에서 부적정서 경험이 가장 높았다. 따라서 실패 후에 자기를 방어해야하는 상황에서는 하향비교를 앞둔 시점이더라도 초조감을 가장 강하게 경험하고, 하향비교 후 확실하게 자신이 더 못했다는 결과를 얻게 되면 부적정서가 가장 강하게 경험되는 점을 알 수 있다.

또한 이 연구의 향상가능성을 선행연구(장은영, 한덕웅, 1999)와 연결하면 다음과 같다. 선행연구에서는 확실한 실패 환류를 받은 조건에서 자신의 수행에 대한 통제력이 낮을 때보다 높을 때 상향비교대상 선택이 더 높았다. 그리고 이 연구에서 확실한 실패 환류를 받은 조건에서 향상가능성이 높으면 부적정서 경험이 더 낮았다. 따라서 확실한 실패 환류를 받은 후에 장차 자신의 수행에 대해서 통제력이 높거나 수행을 향상시킬 수 있다는 가능성이 높게 지각되면, 부적정서를 덜 경험하고 자신보다 나은 상향비교대상을 선택하려한다고 볼 수 있다.

연구의 제한점 실험 1에서 유사/실패 환류정보를 조작할 때 직접 자신의 득점을 제시하지 않고 비교 대상의 수행과 비교하여 차이 점수를 제공하였다. 따라서 본인의 점수를 직접 제공하는 방식으로 독립변인을 조작했을 때 어떤 결과가 나타나는지 연구해 볼 필요가 있다. 또한 이 연구 결과는 능력 차원에만 일반화할 수 있다. 개인이 사회비교하는 차원은 능력 뿐만 아니라 매력과 같은 신체적 특징, 성격 등 매우 다양하다. 따라서 변인들의 경우에는 자신의 노력에 따라서 변화될 수 있는 가능성이 능력 차원과는 다르기 때문에 그로 인하여 유발되는 정서가 역시 달라질 수 있다. 그러므로 장래 연구에서는 능력 이외에 다양한 차원에서 사회비교하게 될 때 어떤 자기정서를 경험하게 되는지 연구할 필요가 있다.

이 연구의 결과를 보면 상향비교 대상과 관련하여 유의한 결과들이 나타났다. 이 결과는 대학생이 상향비교의 동기와 아울러 자존심이 높은 집단이기 때문에 이 특성에 의해서 영향을 받았을 가능성이 있다. 그러므로 장래 연구에서는 대학생 이외에 다른 대상을 다루어서 일관되는 결과가 나타나는지 연구할 필요가 있다.

그리고 이 연구에서는 실험 1과 실험 2에서 일관적으로 비교대상의 주효과가 유의하였다. 비록 이는 이 연구가 비교대상과 유사하거나 혹은 더 못하였다는 환류를 받은 조건에서 나타난 효과이지만, 비교대상보다 더 잘하였다는 환류를 받은 조건에서도 이와 유사한 결과를 예상할 수 있다. 즉 자신보다 못한 사람과 비교하여 더 잘했을 때보다 자신보다 나은 사람과 비교하여 더 잘했을 때 부적정서를 덜 경험하고 정적정서를 더 경험한다고 추론할 수 있다. 반면에 이 연구 결과로는 비교대상에 의해서만 유발되는 정서에 대해서는 예상하기 어렵다. 비교 결과가 주어지지 않은 상태에서 단지 나보다 나은 사람 혹은 못한 사람과 비교한 직후에는 이 연구와 다른 결과가 나타날 수 있다. 예를 들어 나보다 못한 사람과 비교할 때보다 나은 사람과 비교할 때 성공기대가 낮아지므로 부적정서 경험이 더 높아질 수 있다. 그러므로 장래 연구에서 비교대상에 의해서만 정서 경험이 달라질 수 있는지 연구할 필요가 있다.

그런데 이 연구에서는 전체적으로 부적정서 경험의 평균값이 낮다. 부적정서 경험이 가장 높은 조건이 5.01로서 9점 척도의 중간 수준에 해당하는데 이는 비교 과정에서 정서를 다룬 선행 연구(한덕웅, 장은영, 2000a)와도 일관되는 결과이다. 이는 이 연구의 참가자들이 비교적 자존심이나 유능감이 높은 대학생을 대상으로 한 점에도 기인할 수 있지만, 아직까지 다른 상황과는 차별되게 비교 과정에서 더욱 강하게 경험되는 정서 측정치가 개발되지 않은 점에도 원인이 있을 수 있다. 따라서 장래 연구에서는 비교 과정에서 더욱 강하게 경험되는 정서 측정치를 개발할 필요가 있을 것으로 보인다.

제 7 장

사회비교하는 목표, 비교한 사람 및 비교의 결과가 자기정서에 미치는 영향

이 연구에서는 사회비교 과정에서 경험하게 되는 여러 자기정서의 유형을 분류하고자 하였다. 이 연구에서 얻은 결과를 보면, 기쁨정서, 우월정서 및 안도정서의 세 가지 정적정서들 그리고 당혹정서, 우울정서, 분노정서, 열등정서, 자기연민정서 및 불안정서의 여섯 가지 부적정서들의 범주들이 구분되었다. 또한 사회비교의 자기조절 과정이론에 근거하여 각 정서가 가장 우세하게 경험되는 조건을 알아내고자 하였는데, 각 정서가 가장 우세하게 경험되는 조건들은 다음과 같다; 자기를 향상시키려 하면서 자신이 상대방보다 더 낫다는 경험을 하면 기쁨을 높게 경험했다. 반면에 자기를 향상시키려고 이에 적합하게 자기보다 나은 사람과 비교했지만 자신이 더 못하다는 사실을 알게 되면 열등감을 높게 경험했다. 자기보다 못한 사람과 비교하여 자신이 더 낫다는 사실을 알게 되면 안도감을 경험했다. 반면에 자존심을 방어하려고 했으나 자기보다 못한 사람과 비교해도 자신이 더 못하다는 점을 알게 되면 우울감을 높게 경험했다.

서 론

사회비교에 관한 이론들(Festinger, 1954; Wills, 1981)이 제안된 이후로 비교대상의 선택에 대한 수많은 경험연구가 이루어졌음은 이전 장들을 통해 살펴보았다. 특히 사회비교의 과정을 거쳐서 경험하는 정서나 자기평가에 중점을 두는 연구들이 최근에 다루어지고 있는데, 선행 연구들을 이전의 연구들과 대비시켜서 신사회비교이론(neo-social comparison theory)이라고 부르기도 한다(Wheeler, 2000).

사회비교와 정서경험을 연결시켜서 다룬 초기 연구들은 주로 상향비교나 하향비교 후 경험하는 긍정적이거나 부정적정서의 효과를 알아보는데 초점을 두었다. 특히 Wills(1981)의 하향비교이론이 제안된 이후 하향비교의 결과로 부적정서가 감소하는지 알아보는 연구들이 발표되었다. 선행연구들 가운데 Wills(1981)의 제안대로 하향비교가 이루어지게 되면 정적정서와 관련있는 주관안녕이 높다는 연구 결과들(Wheeler & Miyake, 1992; Wills, 1981; Wood, Taylor, & Lightman, 1985)도 보고된 바 있으며, 하향비교 이전보다 하향비교 이후에 기분을 측정하면 부적정서가 감소한다는 결과들(Aspinwall & Taylor, 1993; Reis & Gibbons, 1993; Wills, 1981)도 있다.

한편, 하향비교와는 달리 상향비교하게 되면 일반적으로 기분이나 정서에 부정적 영향을 미친다는 관점에서 연구가 진행되었다. 즉, 하향비교와 상반되게 상향비교로 인해서 기분이 나빠지며(Aspinwall & Taylor, 1993), 상향비교 대상에 대해서는 적대감이 증가하고(Testa & Major, 1990), 질투(Salovey & Rodin, 1984; Reis & Gibbons, 1993)를 느낀다는 결과도 보고되었다. 또한 자신에 대한 평가가 낮아지고(Morse & Gergen, 1970; Marsh & Parker, 1984; Alicke, LoSchiavo, Zerbst, & Zhang, 1997; Kurman & Eshel, 1998; Lassiter & Munhall, 2001), 주관안녕이 낮아진다(Wheeler & Miyake, 1992)는 결과가 일관되게 보고되기도 했다.

이상에서 언급한 선행연구들과 앞선 장에서 살펴본 연구(한덕웅, 엄광은, 2002)는 사회비교의 대상에 따라서 정서의 경험이 달라진다고 가정하는 점에서 공통점을 지닌다. 그러나 상향비교 혹은 하향비교 후에 경험하는 정서를 알아본 연구들 가운데 상향비교가 항상 기분이나 정서에 부정적 영향을 미치고 하향비교는 언제나 긍정적 영향을 미치지는 않는다는 일부 연구 결과들이 제시되었다(Tesser, Miller, & Moore, 1988; Buunk et al., 1990). 예를 들어서 어떤 연구에서는 위협을 경험한 후에 하향비교하면 조건에 따라서 부적정서가 감소하기도 하고(Gibbons & McCoy, 1991; Aspinwall & Taylor, 1993), 증가하기도 하여서(Wood, Giordano-Beech, Taylor, Michela, & Gaus, 1994) 연구의 결과들이 일관되지 못했다. 이러한 연구결과들이 축적되면서, 최근 비록 사회비교 과정에서 비교대상이 일정하더라도 정서경험에 영향을 미치는 조절변인들이 존재한다고 가정한 이론들이 제안되었다. 그리고 이 가정에 근거를 두고 조절변인들을 찾아내고자 시도한 연구들을 찾아볼 수 있다.

사회비교가 정서에 미치는 영향을 조절하는 변인들 상향비교 혹은 하향비교 후에 경험하는 정서의 종류와 강도를 조절하는 대표적인 변인들로 향상가능성과 통제력 요인을 들 수 있다. 먼저 이 변인을 다룬 국내 연구로 앞선 장에서 소개한 한덕웅과 엄광은(2002)에서는 하향비교하여 동일한 실패를 경험하였더라도 하향비교하면서 앞으로 자신의 수행이 향상될 가능성이 높다고 지각하면 향상가능성이 낮다고 지각할 때보다 부적인 정서경험이 더 낮았다.

그리고 Buunk, Collins, Taylor, Van Yperen 및 Dakof(1990)는 암환자들을 대상으로 사회비교에서 통제가능성의 지각에 따라서 정서경험이 달라지는지 알아보았다. 선행 연구에서는 평소에 사회비교하는 빈도를 응답하도록 하고, 이와 함께 비교 후에 경험하는 정서, 자신이 다른 사람이나 사물을 통제한다고 믿는 정도를 측정하였다. 그 결과를 보면 통제력이 높다고 지각할수록 사회비교 이후에 부적정서를 더 낮게 경험하였다. 그러나 선행 연구에서는 상향비교나 하향비교와 같이 사회비교의 대상에 따라서 정서경험이 어떻게 달라지는지 구체적으로 알아보지 않았고, 응답자들이 모두 질병을 지니고 있는 암환자들이었기 때문에 결과를 일반화하여 해석하는데 제한이 따른다.

이와 유사하게 Testa와 Major(1990)의 연구에서는 통제력을 낮게 지각한 조건에서 상향비교보다 하향비교 후에 정적정서를 더 높게 경험했다. 이 결과를 보면 동일한 실패환류를 받았어도 이후 수행에 대해서 통제력을 낮게 지각하면 상향비교보다 하향비교에 대한 관심이 더 높아지고, 상향비교보나 하향비교하고 나서 정적정서를 더 높게 경험하였다. 그러나 선행 연구에서는 모든 참가자가 실패환류를 받아서 자기방어동기가 우세해진 상황이었으므로 이 조건과 달리 자기향상동기나 자기평가동기가 우세해진 상황에서 통제력의 지각이 정서에 어떤 영향을 미치는지 설명하는 데는 적합하지 않을 수 있다.

지금까지 설명한 변인들은 주로 사회비교 상황에서 일시적으로 유발되는 요인들이다. 이와 달리 사회비교가 정서경험에 미치는 영향을 개인차 요인으로 설명하면서 자주 다루어진 변인으로 자존심을 들 수 있다. 일례로 Gibbons와 McCoy(1991)의 연구에서는 높거나 혹은 낮은 위협을 경험한 사람들이 하향비교한 후에 어떤 기분을 느끼는지 알아보았다. 그 결과를 보면 하향비교 이후에 정서가 정적인 방향으로 변화된 사람들은 자존심은 낮으면서 높은 위협을 경험한 사람들이었다.

이와 유사하게 Aspinwall과 Taylor(1993, 연구 2)의 연구에서는 학업영역에서 실패를 경험한 조건에서 자존심이 사회비교로 초래되는 정서경험에 어떠한 영향을 미치는지 검토했다. 그 결과를 보면 최근 학업영역에서 실패를 경험한 사람들 중에서 만성적으로 자존심이 낮은 사람들이 높은 사람들보다 하향비교하고 나면 부적정서를 덜 경험하였다.

그런데 이 두 연구들(Gibbons & McCoy, 1991; Aspinwall & Taylor, 1993)에서 하향비교한 결과를 직접 조작하지는 않았지만, 자신보다 열등한 사람과 비교하는 하향비교는 대체로 자신이 비교대상인 상대방보다는 우월하다고 추론할 수 있는 상황을 만들어 준다. 그렇다면 이들이 조작한 하향비교는 실질적으로는 하향비교하여 성공한 조건을 다룬 셈이 되므로 선행 연구를 비교결과에 상관없이 하향비교가 초래하는 효과라고 일반화하는데 한계가 있다. 이와 같이 현재까지 이루어진 연구들은 주로 사회비교과정의 일부분만을 검증하였다고 볼 수 있으며, 선행 연구결과들을 통합된 하나의 틀로 설명하는데 한계가 있다. 반면에 이 연구에서는 앞선 장에서 살펴본 바와 같이 사회비교한 결과에 따라서 정서경험이 달라진다고 가정하고, 사회비교의 자기조절 과정이론의 틀 내에서 이를 설명하고자 한다. 이를 위해 이 이론에 근거하여 본 연구에서 다루고자 하는 가설들이 도출된 배경과 그 내용을 논하고자 한다. 다만, 이에 앞서 사회비교 과정에서 경험하는 정서를 측정하는 방법에 대한 선행연구들과 본 연구의 가정을 먼저 논의하고자 한다.

사회비교에 따른 정서경험의 측정 이번에 소개하는 연구(장은영, 한덕웅, 2004b)에서는 비교 후 비교동기의 충족수준에 따라서 정적정서 혹은 부적정서의 종류나 경험 수준이 달라진다고 가정하고 있다. 사회비교 후에 경험하는 정서의 종류를 구체적으로 분류하려는 연구는 최근에 이루어지기 시작하였다(Smith, 2000). Smith(2000)는 비교대상, 통제력 및 비교의 초점에 따라서 경험되는 정서들을 개념적으로 구분하여 분류한 바 있다. 예를 들면 상향비교에서 통제력지각이 높으면 자신에 대해서 낙관(optimism)을 경험하고 비교대상에 대해서는 존경(admiration)을 경험한다. 반면에 상향비교에서 통제력지각이 낮으면 자신에 대해서 우울한 수치심(depressional shame)을 경험하고 비교대상에 대해서는 질투심(envy)을 경험한다. 또한 하향비교에서 통제력지각이 높으면 자신에 대해서 긍지(pride)를 경험하고 비교대상에 대해서는 경멸이나 멸시(contempt, scorn)를 경험한다. 반면에 하향비교에서 통제력지각이 낮으면 자신에 대해서 두려움이나 걱정(fear, worry)을 경험하고, 비교대상에 대해서는 연민(pity)을 경험한다. 그러나 이 내용도 실증연구를 통해서 직접 검증한 바 없다. 반면에 이 연구에서는 비교 후 사회비교 동기가 충족된 수준에 따라서 정서경험이 달라진다고 가정한다. 이 가정을 근거로 이 연구에서는 다양한 정서 측정치들 가운데 먼저 사회비교 과정에서 더 잘 경험되는 정서들을 추출한 후 사회비교 동기의 충족수준에 따라서 정서경험이 이 연구의 가설과 일관되게 차별적으로 나타나는지 알아보고자 한다.

먼저 정서경험을 유형으로 나누어 설명하고자 시도한 Higgins(1996)의 조절초점이론, 앞선 장에서 논의한 한덕웅과 장은영(2000a)의 실험연구 및 Smith(2000)의 제안에 기초하여 세 가지 사회비교 동기가 충족되거나 좌절됨에 따라서 우세하게 경험되는 정서의 종류가 다르다고 가정하였다. 구체적으로 자기향상동기가 우세한 조건에서 이 동기가 충족되면 자기향상에 기여하는 성취감, 열망 및 포부감과 같은 정적정서가 높아지게 된다. 그리고 자기향상의 동기는 상향비교하여 결과가 좋을 때 충족수준이 더욱 높아지므로 이 조건에서 기쁨이나 성취감을 경험하는 수준이 가장 높을 것이다. 다만 자기향상의 동기가 우세하였으나 이 동기를 충족시키는데 적합하지 않은 유사비교한 결과가 좋을 때에는 상향비교한 조건보다는 충족수준이 상대적으로 낮아질 것이므로 기쁨이나 성취감을 경험하는 수준은 낮아지게 된다. 그리고 자기향상의 동기가 우세하였으나 이 동기를 충족시키는데 가장 적합하지 않은 하향비교한 결과가 좋을 때에는 이 동기의 충족수준이 매우 낮아지므로 이 조건에서 기쁨이나 성취감을 경험하는 수준은 더욱 낮아질 것이다.

다음으로 자기향상동기가 우세한 조건에서 이 욕구가 좌절되면 열등감이나 낙담과 같은 부적정서와 높아질 것이다. 그리고 자기향상의 동기는 상향비교하여 결과가 나쁠 때 충족수준이 더욱 낮아지므로 이 조건에서 열등감을 경험하는 수준이 가장 높을 것이다. 다만 자기향상의 동기가 우세하였으나 이 동기를 충족시키는데 적합하지 않은 유사비교한 결과가 나쁠 때에는 열등감을 경험하기도 하지만 자기향상의 동기에 비해서 자기평가의 동기의 충족수준이 더 낮아지므로 당혹감이나 불확실감과 같은 정서를 더 높게 경험하게 된다. 그리고 자기향상의 동기가 우세하였으나 이 동기를 충족시키는데 가장 적합하지 않은 하향비교한 결과가 나쁠 때에는 열등감을 경험하기도 하지만 자기향상의 동기에 비해서 자기방어의 동기의 충족수준이 더 낮아지므로 우울이나 불안 및 분노와 같은 부적정서를 더 높게 경험하게 된다.

자기방어의 동기가 우세한 조건을 살펴보면 다음과 같다. 이 동기가 충족되면 안도감과 같은 정적정서가 높아진다. 그리고 자기방어의 동기는 하향비교하여 결과가 좋을 때 충족수준이 더욱 높아지므로 이 조건에서 안도감을 경험하는 수준이 가장 높을 것이다. 다만 자기방어의 동기가 우세하였으나 이 동기를 충족시키는데 적합하지 않은 유사비교하거나 상향비교한 결과가 좋을 때에는 자기방어의 동기 이외에 향상동기의 충족수준이 높아져서 기쁨이나 성취감을 경험하는 수준이 오히려 높을 것이다. 특히 유사비교하는 조건보다 상향비교하는 조건에서 향상동기의 충족수준이 더 높을 것이므로 기쁨이나 성취감을 경험하는 수준도 더 높을 것이다.

다음으로 자기방어동기가 우세한 조건에서 이 욕구가 좌절되면 우울, 수치심 및 초조와 같은 부적정서가 높아질 것이다. 그리고 자기방어의 동기는 하향비교하여 결과가 나쁠 때 충족수준이 더욱 낮아지므로 이 조건에서 우울을 경험하는 수준이 가장 높을 것이다. 다만 자기방어의 동기가 우세하였으나 이 동기를 충족시키는데 적합하지 않은 유사비교하거나 상향비교한 결과가 나쁠 때에는 자기방어의 동기 이외에 향상동기의 충족수준이 낮아져서 열등감을 경험하는 수준이 오히려 높을 것이다. 특히 유사비교하는 조건보다 상향비교하는 조건에서 향상동기의 충족수준이 더 낮을 것이므로 열등감을 경험하는 수준도 더 높을 것이다.

자기평가의 동기가 우세한 조건을 살펴보면 다음과 같다. 이 동기가 충족되면 확신감과 같은 정적정서가 높아진다. 반면에 이 욕구가 좌절되면 혼란스러움 및 불확실감과 같은 부적정서가 높아질 것이다. 다만 자기평가의 동기가 충족되거나 좌절되는 상황은 자기향상이나 자기방어의 동기와는 다르다. 다시 말해서 자기향상이나 자기방어의 동기는 동기를 충족시키는데 적합한 대상과 비교하여 성공하거나 실패할 때 충족수준이나 좌절수준이 달라진다. 하지만 자기평가의 동기는 사회비교의 결과가 성공인지 혹은 실패인지 여부에 따라서 충족수준이나 좌절수준이 달라지기보다는 사회비교의 결과가 명확한지 혹은 일관적인지에 따라서 달라진다. 다시 말해서 비교하여 명확하거나 일관적이거나 혹은 확실한 결과를 얻게 되면 자기평가 동기의 충족수준이 높아져서 확신감을 경험하게 된다. 반면에 비교한 결과가 모호하거나 비일관되면 자기평가동기의 좌절수준이 높아져서 혼란스러움이나 불확실감을 경험하게 된다.

앞서 자기향상의 동기 혹은 자기방어의 동기가 우세한 상황에서 상향비교, 유사비교 혹은 하향비교하여 성공하거나 실패한 조건을 예측했다. 자기평가의 동기가 우세한 상황에서 사회비교하여 성공하거나 실패한 조건에서 사람들이 그 비교결과가 명확하거나 혹은 일관적이라고 지각하는 수준이 어떻게 달라질지 예측하여 이로 인해 경험하게 되는 확신감 혹은 불확실감이 어떻게 높아지거나 낮아질지 추론해보면 다음과 같다.

자기평가의 동기가 우세한 조건에서 유사비교하여 성공하면 유사비교는 자기평가에 가장 도움이 되는 정보를 제공하여 주기 때문에 확신감을 높게 경험하게 된다. 또한 상향비교하여 성공하면 향상동기의 충족수준이 높아지므로 기쁨을 높게 경험할 것이다. 반면에 자기평가의 동기가 우세한 조건에서 하향비교하여 성공하면 방어동기의 충족수준은 높아지므로 안도감을 높게 경험할 것이다. 그러나 자신보다 못한 사람과 비교하여 더 우수했다는 결과는 자기평가에 도움이 되는 새로운 정보를 제공해주지는 못하므로 평가동기의 충족수준은 낮아서 확신감을 경험하는 수준은 낮다.

한편 자기평가의 동기가 우세한 조건에서 상향비교하여 실패하면 자신에 대해서 정확하게 평가하기 어려워지므로 평가동기의 충족수준은 낮아진다. 또한 이 조건에서는 향상동기의 충족수준도 더욱 낮아지므로 열등감을 경험하게 된다. 자기평가의 동기가 우세한 조건에서 유사비교하여 실패하면 이 경우에도 정확하게 평가하기 어려워지므로 평가동기의 충족수준이 낮아지므로 혼란스러움과 불확실감을 경험한다. 마지막으로 자기평가의 동기가 우세한 조건에서 하향비교하여 실패하면 정확하게 자기평가하기 어려워서 자신에 대해서 불확실성을 경험하므로 평가동기의 충족수준이 낮아진다. 또한 방어동기의 충족수준도 역시 낮아지는데, 이로 인해서 이 조건에서는 혼란스러움이나 불확실감과 같은 정서들을 높게 경험할 것이다. 지금까지 설명한 바에 따라서 각 조건에서 유발되는 정서를 정리하면 표 7-1과 같다. 이 연구에서는 먼저 조사연구를 통하여 표 7-1에서 제안한 대로 사회비교 과정에서 각 동기가 충족되거나 좌절될 때 경험할 것으로 가정한 정서를 신뢰롭고 타당하게 측정하는 척도를 개발하고자 한다.

표 7-1. 사회비교 동기의 충족 및 좌절에 따라서 경험되는 정서들

사회비교 동기	충족 및 좌절 조건	
	충족수준이 높을 때	좌절수준이 높을 때
자기향상동기	기쁨(혹은 성취감)	열등감
자기평가동기	확신감	불확실감
자기방어동기	안도감	우울(혹은 수치심, 초조)

사회비교의 결과로 경험하는 정서에 관한 가설 사회비교의 자기조절 과정이론으로 보면 목표설정과 목표개입의 두 경로를 통해서 우세해진 사회비교의 동기가 비교과정을 거치면서 충족된 수준이 높을수록 정적정서를 경험할 가능성이 높아진다. 반면에 우세해진 비교동기가 충족된 수준이 낮을수록 부적정서를 경험할 가능성이 높아진다. 다시 말해서 사회비교의 결과로 경험하는 정서에

대해서는 다음과 같이 예측할 수 있다: 사회비교의 목표설정 경로와 사회비교 목표개입 경로가 작동하여 특정한 사회비교 동기가 우세해지면 적합한 비교대상을 선택하여 우세해진 비교동기를 충족시키고자 한다. 그리고 사회비교의 결과로 우세한 비교동기가 충족되면 정적정서를 경험할 가능성이 높아진다. 반면에 우세해진 비교동기가 충족되지 못하면 부적정서를 경험할 가능성이 높아진다. 따라서 사회비교의 결과로 나타나는 성공이나 실패에 따라서 주효과를 예상할 수 있다. 구체적으로 비교대상보다 자신이 더 잘하여 성공하면(이하 '성공'이라고 칭함), 비교동기가 충족될 가능성은 높아지지만, 좌절의 가능성은 낮다. 반면에 비교대상보다 자신이 더 못하여 실패하면(이하 '실패'라고 칭함), 비교동기가 좌절될 가능성은 높아지지만, 충족될 가능성은 낮다. 따라서 다음과 같은 가설을 도출할 수 있다(비교결과의 주효과): 비교에 실패했을 때보다 성공했을 때 기쁨정서 수준이 더 높다(가설 1-1). 비교에 성공했을 때보다 실패했을 때 열등정서 수준이 더 높다(가설 1-2). 비교에 실패했을 때보다 성공했을 때 안도정서 수준이 더 높다(가설 1-3). 비교에 성공했을 때보다 실패했을 때 우울정서 수준이 더 높다(가설 1-4).

다음으로 표 7-1에 제시된대로 각 사회비교 동기가 충족되거나 좌절된 경우에 경험하는 정서가 달라진다고 가정하므로 비교대상과 비교결과의 이원상호작용을 예상할 수 있다. 구체적으로 상향비교하여 성공하면 기쁨을 경험하게 되는데, 기쁨은 자기향상동기를 충족시켜주는데 적합하지 않은 하향비교에 성공했을 때보다 자기향상동기를 충족시켜주는데 적합한 상향비교에 성공했을 때 높아질 것이다. 반면에 열등감은 자기향상동기를 충족시켜주는데 적합하지 않은 하향비교에 실패했을 때보다 자기향상동기를 충족시켜주는데 적합한 상향비교에 실패했을 때 높아질 것이다.

그리고 하향비교하여 성공하면 안도감을 경험하게 되는데, 안도감은 자기방어동기를 충족시켜주는데 적합하지 않은 상향비교에 성공했을 때보다 자기방어동기를 충족시켜주는데 적합한 하향비교에 성공했을 때 높아질 것이다. 반면에 우울은 자기방어동기를 충족시켜주는데 적합하지 않은 상향비교에 실패했을 때보다 자기방어동기를 충족시켜주는데 적합한 하향비교에 실패했을 때 높아질 것이다. 따라서 다음과 같은 가설을 도출할 수 있다(비교결과에 따른 비교대상의 단순주효과): 상향비교하여 성공했을 때 하향비교하여 성공했을 때보다 기쁨정서 수준이 더 높다(가설 2-1). 상향비교하여 실패했을 때 하향비교하여 실패했을 때보다 열등정서 수준이 더 높다(가설 2-2). 하향비교하여 성공했을 때 상향비교하여 성공했을 때보다 안도정서 수준이 더 높다(가설 2-3). 하향비교하여 실패했을 때 상향비교하여 실패했을 때보다 우울정서 수준이 더 높다(가설 2-4).

또한 비교대상과 비교결과의 영향은 사회비교의 목표에 따라서 달라질 것이다. 예를 들어 자기향상목표를 설정하면 자기방어목표를 설정했을 때보다 자기향상동기가 더 우세해진다. 자기향상목표를 설정하고 상향비교에 성공하면 자기방어목표를 설정했을 때보다 자기향상동기의 충족수준이 높다. 따라서 기쁨도 더 높아진다. 반면에 자기향상목표를 설정하고 상향비교에 실패하면 자기방어목표를 설정하고 실패했을 때보다 자기향상동기의 좌절수준이 높다. 따라서 열등감이 더욱 높아진다.

그리고 자기방어목표를 설정하면 자기향상목표를 설정했을 때보다 자기방어동기가 더 우세해진다. 이로 인해서 자기방어목표를 설정하고 하향비교에 성공하면 자기방어동기의 충족수준이 높다. 따라서 안도감이 더욱 높아진다. 반면에 자기방어목표를 설정하고 하향비교에 실패하면 자기향상목표를 설정하고 실패했을 때보다 자기방어동기의 좌절수준이 높다. 따라서 우울이 더욱 높아진다. 이에 근거하여 다음과 같은 가설을 도출할 수 있다(비교대상과 비교결과에 따른 사회비교 목표의 단순단순주효과): 상향비교하여 성공한 조건에서는, 자기향상목표를 설정했을 때 자기방어목표를 설정했을 때보다 기쁨정서 수준이 더 높다(가설 3-1). 상향비교하여 실패한 조건에서는, 자기향상목표를 설정했을 때 자기방어목표를 설정했을 때보다 열등정서 수준이 더 높다(가설 3-2). 하향비교하여 성공한 조건에서는, 자기방어목표를 설정했을 때 자기향상목표를 설정했을 때보다 안도정서 수준이 더 높다(가설 3-3). 하향비교하여 실패한 조건에서는, 자기방어목표를 설정했을 때 자기향상목표를 설정했을 때보다 우울정서 수준이 더 높다(가설 3-4). 앞서 설명한대로, 조사연구에서 정서경험을 측정하는 척도를 개발하고, 두 번째 실험연구를 통하여 위에서 제안한 가설들을 검증하고자 한다.

연구 1

이 연구에서는 다양한 정서 측정치들 중 사회비교 과정에서 우세하게 경험하는 정서들을 추출한 후 각 사회비교 동기의 충족수준에 따라서 각 정서경험이 차별적으로 나타나는지 알아보고자 조사연구를 실시하였다.

연구 방법

참 가 자 본 조사는 서울지역 3개 대학 학생들을 대상으로 실시되었다. 질문지는 280부 가운데 275부가 회수되어 회수율은 99%이었다.

조사 방법 조사는 심리학 분야의 강좌를 담당한 교수가 실시 지침에 따라 실시하였다. 질문지에 응답하기 전에 참가자들에게 조사 내용과 방법을 충분히 설명하고 개인정보가 누출되지 않도록 비밀을 보장한다고 알려주었다.

질문지 구성 강혜자와 한덕웅(2000)의 한국어 정서용어 중에서 405개를 추출하고, 연구자들이 이 가운데 사회비교 과정에서 자기 혹은 비교대상에 대해서 경험할 수 있는 정서용어를 147개 선정하였다. 그리고 이 147개 각각의 정서를 4가지 조건에서 얼마나 강하게 경험하는지 평정하도록 하였다. 4개 조건은 비교대상(상향/하향)×비교결과(성공/실패)의 2×2의 설계에 따라 작성되었다. 참가자에게 학업능력과 관련된 차원에서 각 조건에 해당하는 비교대상을 떠올리도록 설명하고 각 조건에서 여러 정서들을 각각 어느 정도 경험하는지 7점척도(0: 전혀 느끼지 않는다, 6: 매우 많이 느낀다)에 평정하도록 하였다. 참여자들은 4개 조건들 가운데 한 조건에 해당하는 질문지에만 응답하였다.

자료 분석 실험연구에서 능력차원에서 나타나는 비교과정을 다루기 때문에 능력 차원에 응답한 275명의 자료를 사용하여 요인분석과 신뢰도 분석을 실시하였다. 요인분석에서는 공통변량의 시초값을 중다상관자승(SMC)으로 하는 주축분해법을 사용하였다. 요인 수를 정할 때는 누적분산비율과 scree plot을 고려하여 결정하였다. 여러 문항들을 요약된 군집으로 묶고자 사각회전하여 정서 요인들을 추출하였고, 각 요인별로 선정된 정서용어들을 기초로 신뢰도를 Cronbach's α로 측정하였다. 신뢰도와 타당도를 위한 통계분석에는 SPSS 10.0을 사용하였다. 또한 비교대상과 비교결과에 따라서 정서경험이 어떻게 달라지는지 알아보기 위해서 비교대상과 비교결과를 피험자간 변인으로 하고 정서경험을 반복측정치로 사용한 변량분석(MANOVA)를 실시하였다.

연구 결과

요인부하량과 신뢰도 계수 등을 고려하여 각 요인들을 잘 대표하면서 해당 구성개념을 잘 측정하는 최소한의 문항들을 선정하기 위하여 문항분석하였다. 먼저 정적정서 35개 문항들과 부적정서 112개 문항들로 이루어진 147개 문항들에 대해 문항분석을 실시하였다. 이 과정을 거쳐서 요인부하량이 .50 이하인 문항들을 제거하여 110개 문항으로 줄였고, 이 110개 문항들을 요인분석한 결과에서 정적정서 33개, 부적정서 77개 문항들로 구분되는 2요인구조가 나타났다. 이후 정적정서와 부적정서를 구분하여 각기 문항분석을 실시하였다.

정적정서 요인들 정적정서 33개에 측정치를 기초 요인분석한 결과에서 고유치, 누적분산비율 및 해석 가능성 등을 고려하여 세 요인을 추출하였다. 그리고 이 중 요인부하량이 .50 이하이거나 신뢰도를 낮추는 문항들을 제외하여 최종 15개 문항을 선정하였다. 이 15문항에 대한 탐색적 요인분석과 신뢰도 분석 결과를 보면 전체 15문항에서 세 요인이 추출되었다. 이 세 요인의 총 설명변량은 12.02로 전체변량의 80%를 설명하였다. 각 요인마다 5문항씩 포함되었으며, 각 요인에 포함된 문항별 요인부하량과 신뢰도 계수는 표 7-2에 제시하였다.

제 1 요인은 '우월정서'라고 명명하였다. 이 요인의 내적일치도계수(Cronbach's α)는 .93이며, 총점-문항상관은 .72에서 .88 사이이고, 요인부하량은 최저 .66이었다. 제 2 요인은 '기쁨정서'라고 명명하였는데 이 요인의 내적일치도계수(Cronbach's α)는 .93이며, 총점-문항상관은 .68에서 .87 사이이고, 요인부하량은 최저 .69이었다. 제 3 요인 '안도정서'의 내적일치도계수(Cronbach's α)는 .93이며, 총점-문항상관은 .59에서 .91 사이이고, 요인부하량은 최저 .65이었다.

부적정서 요인들 부적정서 77개의 측정치를 사용하여 기초 요인분석한 결과에서 고유치, 누적분산비율 및 해석 가능성 등을 고려하여 여섯 요인을 추출하였다. 이 중 요인부하량이 .50 이하이거나 신뢰도를 낮추는 문항들을 제외하여 최종 30개 문항을 선정하였다. 이 30문항에 대한 탐색적 요인분석과 신뢰도 분석 결과에서 전체 30문항의 여섯 요인이 추출되었다. 이 여섯 요인의 총 설명변량은 24.13으로 전체변량의 81%를 설명하였다. 각 요인마다 5문항씩 포함되었으며, 각 문항들의 요인부하량과 신뢰도 계수는 표 7-3에 제시하였다.

제 1 요인은 '열등정서'라고 명명하였다. 이 요인의 내적일치도계수(Cronbach's α)는 .94이며, 총점-문항상관은 .80에서 .89 사이이고, 요인부하량은 최저 .74이었

표 7-2. 정적정서를 구성하는 세 요인들의 요인부하량 및 신뢰도 계수

문 항	요인 부하량	공통분	문항-전체 상관	자기문항제거시 α
제 1 요인: 우월정서				
우월감	.836	.770	.723	.929
승리감	.729	.851	.882	.898
통쾌하다	.717	.708	.752	.924
성취감	.675	.810	.856	.904
자긍심	.657	.821	.852	.905
		고유치 4.341, Cronbach's α=.93		
제 2 요인: 기쁨정서				
기쁘다	.788	.837	.862	.911
희망적이다	.774	.687	.682	.945
기분좋다	.768	.839	.864	.910
자랑스럽다	.715	.863	.874	.910
자신감	.694	.827	.850	.913
		고유치 4.228, Cronbach's α=.93		
제 3 요인: 안도정서				
마음놓다	.787	.819	.831	.905
느긋하다	.774	.666	.591	.946
안심하다	.686	.867	.910	.889
안정감	.656	.815	.827	.906
안도감	.653	.843	.886	.894
		고유치 3.454, Cronbach's α=.93		

표 7-3. 부적정서를 구성하는 여섯 요인들의 요인부하량 및 신뢰도 계수

문 항	요인 부하량	공통분	문항-전체 상관	자기문항 거시 α
제 1 요인: 열등정서				
위축감	.796	.833	.895	.909
기죽다	.781	.796	.797	.928
열등감	.780	.777	.804	.926
초라하	.759	.846	.835	.920
무능감	.735	.784	.822	.924
		고유치 4.956, Cronbach's α =.94		
제 2 요인: 우울정서				
의기소침하다	.707	.789	.846	.934
상심하다	.662	.863	.886	.926
울적하다	.579	.858	.869	.929
서글프다	.573	.768	.809	.940
침울하다	.500	.840	.847	.934
		고유치 4.495, Cronbach's α =.95		
제 3 요인: 당혹정서				
황당하다	.842	.848	.862	.900
어이없다	.819	.820	.851	.902
당황하다	.819	.818	.832	.906
기막히다	.803	.742	.774	.918
곤혹스럽다	.667	.713	.732	.925
		고유치 3.962, Cronbach's α =.93		
제 4 요인: 분노정서				
분노하다	.766	.901	.915	.941
부아가 나다	.729	.861	.873	.948
노하다	.701	.852	.853	.951
분하다	.685	.851	.883	.947
울화가 치밀다	.649	.867	.880	.947
		고유치 3.891, Cronbach's α =.96		
제 5 요인: 자기연민정서				
불쌍하다	.813	.727	.708	.847
딱하다	.802	.740	.724	.843
측은하다	.749	.700	.704	.849
가엾다	.735	.717	.683	.853
애처롭다	.695	.757	.708	.849
		고유치 3.556, Cronbach's α =.87		
제 6 요인: 불안정서				
조바심	.755	.843	.839	.887
조급하다	.700	.849	.852	.884
초조하다	.673	.860	.880	.879
안절부절못하다	.621	.754	.771	.901
긴장되다	.566	.755	.600	.934
		고유치 3.299, Cronbach's α =.92		

다. 제 2 요인은 '우울정서'라고 명명하였다. 이 요인의 내적일치도계수(Cronbach's α)는 .95이며, 총점-문항상관은 .81에서 .89 사이이고, 요인부하량은 최저 .50이었다. 제 3 요인은 '당혹정서'라고 명명하였다. 이 요인의 내적일치도계수(Cronbach's α)는 .93이며, 총점-문항상관은 .73에서 .86 사이이고, 요인부하량은 최저 .67이었다. 제 4 요인은 '분노정서'라고 명명하였다. 이 요인의 내적일치도계수(Cronbach's α)는 .96이며, 총점-문항상관은 .85에서 .92 사이이고, 요인부하량은 최저 .65이었다. 제 5 요인은 '자기연민정서'라고 명명하였다. 이 요인의 내적일치도계수(Cronbach's α)는 .87이며, 총점-문항상관은 .68에서 .72 사이이고, 요인부하량은 최저 .70이었다. 제 6 요인은 '불안정서'라고 명명하였다. 이 요인의 내적일치도계수(Cronbach's α)는 .92이며, 총점-문항상관은 .60에서 .88 사이이고, 요인부하량은 최저 .57였다.

조사연구 요약

이 연구에서는 사회비교 과정에서 나타날 수 있는 여러 상황에서 경험되는 정서를 보다 세분화하여 구체적으로 알아보고자 하였다. 그리고 이 정서들을 이후 실험 연구에서 주종속치로 사용하고자 하였으며, 능력차원에서 경험되는 정서들을 일차적으로 알아보기 위하여 학업능력 차원에서 비교대상과 비교결과에 따라서 경험되는 정서들을 찾아내고자 하였다. 그 결과 정적정서는 3요인 구조, 부적정서는 6요인 구조로 구성되어 있음이 나타났고, 신뢰도와 타당도도 만족할만한 수준이었다. 부가적으로 선행 연구에서 사용한 네 가지 사회비교 조건에서 나타난 정서경험의 평균 및 변량분석 결과를 보면, 비교대상과 비교결과에 따라서 정서경험이 어떻게 달라지는지 확인할 수 있다. 구체적으로 9가지 정서유형에서 모두 비교결과의 주효과가 유의하였고, 평균값도 이 연구에서 예상한 방향과 동일하게 나타났다(표 7-4 참고할 것). 이러한 결과는 실험을 통하여 직접 검증하는 것에 비해서 해석에 제약이 따르지만, 사회비교 과정에서 경험하게 되는 정서는 세분화할 필요가 있으며, 비교대상과 비교결과에 따라서 다양한 정서경험이 차별화되어 나타날 수 있다는 이 연구에서 가정하고 있는 가설을 간접적으로 지지해 준다.

표 7-4. 비교대상과 비교결과에 따른 각 정서경험의 평균(표준편차)과 변량분석 결과

각 정서	상향비교 성공 M (SD)	상향비교 실패 M (SD)	상향비교 소계 M (SD)	하향비교 성공 M (SD)	하향비교 실패 M (SD)	하향비교 소계 M (SD)	합계 M (SD)	F값 비교대상	F값 비교결과	F값 대상×결과
기쁨정서	4.78 (1.48)	1.83(0.91)	3.35 (1.93)	4.03 (1.60)	1.72 (0.84)	3.74 (1.69)	3.05 (1.89)	8.04**	308.03***	4.49*
우월정서	3.85 (1.54)	1.58(1.21)	2.75 (1.79)	4.05 (1.68)	1.53 (0.66)	2.64 (1.74)	2.70 (1.77)	0.23	227.36***	0.62
안도정서	3.69 (1.61)	1.88(1.04)	2.82 (1.64)	4.66 (1.51)	1.82 (0.81)	3.07 (1.83)	2.94 (1.74)	8.73**	228.08***	11.02***
당혹정서	2.75 (1.56)	2.81(1.21)	2.78 (1.40)	2.27 (1.44)	5.17 (1.26)	3.90 (1.97)	3.32 (1.78)	32.23***	79.14***	73.46***
우울정서	1.74 (1.08)	3.41(1.38)	2.54 (1.49)	2.01 (1.33)	4.18 (1.52)	3.22 (1.80)	2.87 (1.68)	10.21**	139.96***	2.29
분노정서	1.62 (1.10)	2.70(1.65)	2.14 (1.49)	1.62 (1.17)	4.04 (1.63)	2.97 (1.88)	2.55 (1.74)	14.94***	103.26***	15.29***
열등정서	1.79 (1.23)	3.90(1.60)	2.81 (1.77)	1.81 (1.26)	3.76 (1.55)	2.90 (1.72)	2.85 (1.74)	0.13	137.44***	0.22
자기연민정서	2.22 (1.24)	2.60(1.36)	2.40 (1.31)	2.47 (1.37)	2.73 (1.41)	2.61 (1.39)	2.51 (1.35)	1.32	3.91*	0.14
불안정서	1.96 (1.23)	3.03(1.48)	2.48 (1.45)	2.14 (1.27)	3.62 (1.53)	2.97 (1.60)	2.72 (1.54)	5.17*	57.02***	1.48

* $p < .05$, ** $p < .01$, *** $p < .001$

연구 2

연구 1에서 개발한 척도를 사용하여 사회비교의 목표, 비교대상 및 비교결과가 정서경험에 어떠한 영향을 미치는지 설명하는 가설들을 실험으로 검증하고자 하였다. 또한 이 연구에서는 부가적으로 비교동기의 충족수준 척도(한덕웅, 장은영, 2003a)를 사용하여 앞서 언급한 세 가지 독립변인이 정서경험에 영향을 미치는 과정에서 비교동기의 충족수준이 매개역할을 하는지 Baron과 Kenny(1986)가 제안한 매개과정 분석 기법을 이용하여 알아보고자 한다.

연구 방법

실험절차 4장에서 다룬 실험절차와 비교결과를 조작할 때까지 동일하다. 그리고 난 다음, 참가자들은 컴퓨터 화면에 한번에 하나씩 제시되는 정서 측정치를 읽고 그 정서를 얼마나 높게 경험하는지 응답하였다. 주종속치에 응답하고 나면 비교대상 선택을 측정하였고, 다음으로 조작점검 문항에 응답하였다. 한덕웅과 장은영의 연구(2003a)에서 개발한 비교동기의 충족수준을 측정하는 척도가 포함된 부가적 측정치에 응답하였다. 실험에 소요된 시간은 약 30분 정도였다.

참 가 자 성균관대학교에서 심리학개론을 수강하는 남녀 학생들 중 120명이 8개 조건에 15명씩 무선할당되었다.

실험설계 2(사회비교의 목표: 자기향상/자기방어)×2(비교대상: 상향/하향)×2(비교결과: 성공/실패)로 3개의 독립변인이 모두 집단간 변인인 삼원 완전무선요인 설계였다.

독립변인 조작 4장에서 다룬 연구와 동일하였다.

종속변인 측정 본과제 점수를 보고나면 참가자들에게 검사 개발에 참고가 되도록 몇 가지 질문에 응답해달라고 요청하였다. 그리고 정서 측정치(표 7-5)가 컴퓨터 화면에 한번에 하나씩 제시되었고, 참가자들은 각 정서를 현재 어느 정도나 높게 경험하는지 7점 척도(0: 전혀 느끼지 않는다, 6: 매우 많이 느낀다)로 응답하였다. 응답하는 순서는 무작위로 추출된 4유형이 있었으며, 참가자들은 이 숭 한 유형에 응답하였다.

표 7-5. 연구 4에서 정서를 측정하기 위해 사용한 문항들

기쁨정서	안도정서	우울정서	열등정서
기쁘다	마음놓다	상심하다	기죽다
자랑스럽다	안심하다	울적하다	위축감
기분좋다	안도감	침울하다	열등감
희망적이다	안정감	서글프다	초라하다
자신감	느긋하다	의기소침하다	무능감

연구 결과

독립변인의 조작효과 사회비교 목표의 조작효과는 '당신은 본과제 점수를 컴퓨터가 정해준 사람과 비교할 때에 자신의 유능성을 높이는데 관심을 두었습니까'에 대한 응답을 2(사회비교의 목표: 자기향상/자기방어)×2(비교대상: 상향/하향)×2(비교결과: 성공/실패)로 변량분석한 결과, 사회비교 목표의 주효과만 유의하였다($F(1,112) = 13.79$, $p < .001$). 즉, 자기향상목표 조건($M = 4.80$)에서 자기방어목표 조건($M = 3.93$)보다 자신의 유능성을 높이는데 더 관심을 두었다고 응답했다. 또한 '당신은 본과제 점수를 컴퓨터가 정해준 사람과 비교할 때에 자신의 자존심이 손상당하지 않는데 관심을 두었습니까'에 대한 응답을 2(사회비교의 목표: 자기향상/자기방어)×2(비교대상: 상향/하향)×2(비교결과: 성공/실패)로 변량분석한 결과, 사회비교 목표의 주효과만 유의하였다($F(1,112) = 34.63$, $p < .001$). 즉, 자기방어목표 조건($M = 4.88$)에서 자기향상목표 조건($M = 3.32$)보다 자신의 자존심이 손상당하지 않는데 더 관심을 두었다고 응답했다.

비교대상의 조작효과는 '연습과제 후 컴퓨터가 정해준 사람은 당신에 비해

연습과제 점수가 더 좋은 편이었습니까'에 대한 응답을 2(사회비교의 목표: 자기향상/자기방어)×2(비교대상: 상향/하향)×2(비교결과: 성공/실패)로 변량분석한 결과, 비교대상의 주효과만 유의하였다($F(1,112)=193.75$, $p<.001$). 즉, 상향비교 조건($M=5.76$)에서 하향비교 조건($M=2.58$)보다 비교대상의 연습과제 점수가 더 좋았다고 응답했다. '연습과제 후 컴퓨터가 정해준 사람은 당신에 비해 연습과제 점수는 어떤 편이었습니까'에 대한 응답을 2(사회비교의 목표: 자기향상/자기방어)×2(비교대상: 상향/하향)×2(비교결과: 성공/실패)로 변량분석한 결과, 비교대상의 주효과만 유의하였다($F(1,112)=219.67$, $p<.001$). 즉, 상향비교 조건($M=5.58$)에서 하향비교 조건($M=2.90$)보다 자신에 비해서 비교대상의 연습과제 점수가 더 좋았다고 응답했다.

비교결과의 조작효과는 '본과제에서 당신은 컴퓨터가 정해준 사람보다 더 잘한 편이었습니까'에 대한 응답을 2(사회비교의 목표: 자기향상/자기방어)×2(비교대상: 상향/하향)×2(비교결과: 성공/실패)로 변량분석한 결과, 비교대상의 주효과만 유의하였다($F(1,112)=703.96$, $p<.001$). 즉, 실패조건($M=5.42$)에서 성공조건($M=2.15$)보다 비교대상의 본과제 점수가 더 좋았다고 응답했다. '본과제에서 당신과 컴퓨터가 임의로 정해준 사람의 점수는 어떤 편이었습니까'에 대한 응답을 2(사회비교의 목표: 자기향상/자기방어)×2(비교대상: 상향/하향)×2(비교결과: 성공/실패)로 변량분석한 결과, 비교대상의 주효과만 유의하였다($F(1,112)=363.52$, $p<.001$). 즉, 실패조건($M=5.57$)에서 성공조건($M=2.67$)보다 자신에 비해서 비교대상의 본과제 점수가 더 좋았다고 응답했다.

사회비교가 기쁨정서에 미치는 영향 사회비교 목표, 비교대상 및 비교결과에 따른 조건별로 경험한 기쁨정서의 평균값은 표 7-6에 제시하였다. 이에 대해 2(사회비교의 목표: 자기향상/자기방어)×2(비교대상: 상향/하향)×2(비교결과: 성공/실패)로 변량분석하였는데, 먼저 비교결과의 주효과가 유의했다($F(1,112)=64.43$, $p<.001$). 구체적으로 비교에 성공한 조건($M=4.67$)에서 실패한 조건($M=3.13$)보다 기쁨정서 수준이 더 높았다. 이는 가설 1-1을 지지하는 결과이다. 또한 사회비교 목표의 주효과가 유의했는데($F(1,112)=8.37$, $p<.01$), 자기향상목표 조건($M=4.17$)에서 자기방어목표 조건($M=3.62$)보다 기쁨정서 수준이 더 높았다. 그러나 이는 유의한 삼원상호작용 효과로 해석에 제한이 있다($F(1,112)=8.78$, $p<.01$). 삼원상

표 7-6. 각 조건별 기쁨정서의 경험 평균(표준편차)

비교대상	비교결과	향상목표 평균 (SD)	방어목표 평균 (SD)	소계 평균 (SD)
상향비교	성공	5.31 (0.78)	4.21 (1.07)	4.76 (1.07)
	실패	3.04 (1.23)	3.24 (1.30)	3.14 (1.24)
	소계	4.17 (1.53)	3.73 (1.27)	3.95 (1.41)
하향비교	성공	4.65 (0.68)	4.48 (0.67)	4.57 (0.67)
	실패	3.69 (1.30)	2.55 (1.11)	3.12 (1.32)
	소계	4.17 (1.13)	3.52 (1.33)	3.84 (1.27)
합 계		4.17 (1.33)	3.62 (1.29)	3.90 (1.34)

그림 7-1. 사회비교의 목표, 대상 및 결과에 따른 기쁨정서의 경험

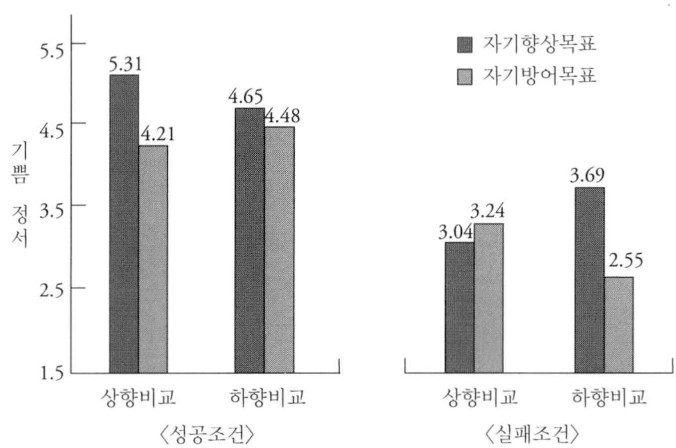

호작용의 효과를 자세히 알아본 결과를 보면(그림 7-1 참조), 자기향상목표를 설정하고 상향비교하여 성공했을 때($M=5.31$) 자기방어목표를 설정하고 상향비교하여 성공했을 때($M=4.21$)보다 기쁨정서 수준이 더 높았다. 이는 가설 3-1을 지지하는 결과이다.

사회비교가 열등정서에 미치는 영향 사회비교 목표, 비교대상 및 비교결과에 따른 조건별로 경험한 열등정서의 평균값은 표 7-7에 제시하였다. 이에

대해 2(사회비교의 목표: 자기향상/자기방어)×2(비교대상: 상향/하향)×2(비교결과: 성공/실패)로 변량분석하였는데, 먼저 비교결과의 주효과가 유의했다($F(1,112)=30.03$, $p < .001$). 구체적으로 비교에 실패한 조건($M=3.65$)에서 성공한 조건($M=2.58$)보다 열등정서 수준이 더 높았다. 이는 가설 1-2를 지지하는 결과이다. 그러나 이는 사회비교 목표와 비교대상의 유의한 이원상호작용 효과($F(1,112)=4.32$, $p < .05$), 비교대상과 비교결과의 유의한 이원상호작용 효과($F(1,112)=5.29$, $p < .05$) 및 유의한 삼원상호작용 효과($F(1,112)=9.21$, $p < .01$)로 해석에 제한이 있다.

비교대상과 비교결과의 이원상호작용의 효과를 분석한 결과를 보면, 상향비교하여 실패한 조건($M=3.98$)에서 하향비교하여 실패한 조건($M=3.33$)보다 열등정서 수준이 더 높았다. 이는 가설 2-2를 지지하는 결과이다. 그리고 사회비교 목표와 비교대상의 이원상호작용의 효과를 분석한 결과를 보면, 자기향상목표를 설정하고 상향비교한 조건($M=3.51$)에서 자기방어목표를 설정하고 상향비교한 조건($M=2.92$)보다 열등정서 수준이 더 높았다.

또한 삼원상호작용의 효과를 자세히 알아본 결과를 보면(그림 7-2 참조), 자기향상목표를 설정하고 상향비교하여 실패했을 때($M=4.48$) 자기방어목표를 설정하고 상향비교하여 실패했을 때($M=3.73$)보다 열등정서 수준이 더 높았다. 이는 가설 3-2를 지지하는 결과이다.

표 7-7. 각 조건별 열등정서의 경험 평균(표준편차)

비교대상	비교결과	향상목표 평균 (SD)	방어목표 평균 (SD)	소계 평균 (SD)
상향비교	성공	2.55 (1.01)	2.37 (0.91)	2.46 (0.95)
	실패	4.48 (1.31)	3.47 (1.14)	3.98 (1.31)
	소계	3.51 (1.51)	2.92 (1.16)	3.22 (1.37)
하향비교	성공	2.99 (0.97)	2.44 (0.90)	2.71 (0.96)
	실패	2.84 (1.15)	3.83 (1.08)	3.33 (1.21)
	소계	2.91 (1.05)	3.13 (1.21)	3.02 (1.13)
합 계		3.21 (1.33)	3.03 (1.18)	3.12 (1.25)

그림 7-2. 사회비교의 목표, 대상 및 결과에 따른 열등정서의 경험

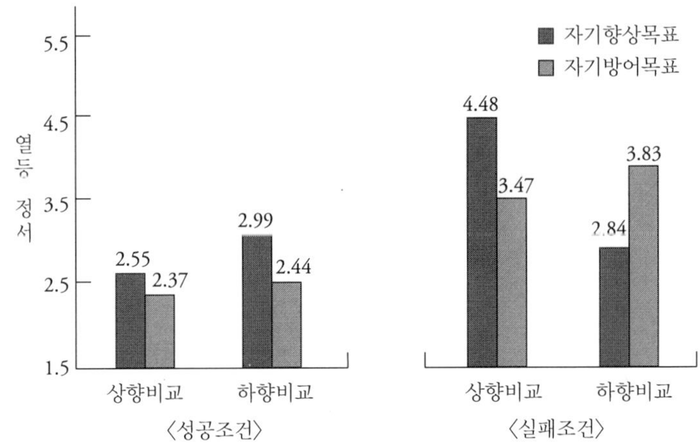

사회비교가 안도정서에 미치는 영향 사회비교 목표, 비교대상 및 비교결과에 따른 조건별로 경험한 안도정서의 평균값은 표 7-8에 제시하였다. 이에 대해 2(사회비교의 목표: 자기향상/자기방어)×2(비교대상: 상향/하향)×2(비교결과: 성공/실패)로 변량분석하였는데, 비교결과의 주효과가 유의했다($F(1,112)=46.13$, $p<.001$). 구체적으로 비교에 성공한 조건($M=4.45$)에서 실패한 조건($M=3.43$)보다 안도정서 수준이 더 높았다. 이는 가설 1-3을 지지하는 결과이다. 또한 비교대상의 주효과가 유의했는데($F(1,112)=7.55$, $p<.01$), 하향비교 조건($M=4.15$)에서 상향비교 조건($M=3.73$)보다 안도정서 수준이 더 높았다.

그러나 이는 사회비교 목표와 비교결과의 유의한 이원상호작용 효과($F(1,112)=4.18$, $p<.05$)와 비교대상과 비교결과의 유의한 이원상호작용 효과($F(1,112)=5.13$, $p<.05$)로 해석에 제한이 있다. 사회비교 목표와 비교결과의 이원상호작용의 효과를 자세히 알아본 결과를 보면, 성공했을 때 자기방어목표를 설정한 조건($M=4.60$)에서 자기향상목표를 설정한 조건($M=4.31$)보다 안도정서 수준이 더 높은 경향만 나타났다($F(1,112)=2.31$, $p<.10$). 비교대상과 비교결과의 효과를 자세히 알아본 결과를 보면(그림 7-3 참조), 하향비교하여 성공한 조건($M=4.83$)에서 상향비교하여 성공한 조건($M=4.07$)보다 안도정서 수준이 더 높았다. 이는 가설 2-3을 지지하는 결과이다.

표 7-8. 각 조건별 안도정서의 경험 평균(표준편차)

비교대상	비교결과	향상목표 평균	(SD)	방어목표 평균	(SD)	소계 평균	(SD)
상향비교	성공	3.95	(0.50)	4.20	(0.89)	4.07	(0.72)
	실패	3.67	(0.74)	3.11	(1.15)	3.39	(0.99)
	소계	3.81	(0.63)	3.65	(1.15)	3.73	(0.93)
하향비교	성공	4.67	(0.55)	5.00	(0.70)	4.83	(0.64)
	실패	3.51	(1.04)	3.41	(0.86)	3.46	(0.94)
	소계	4.09	(1.01)	4.21	(1.12)	4.15	(1.06)
합 계		3.95	(0.85)	3.93	(1.16)	3.94	(1.01)

그림 7-3. 사회비교의 목표, 대상 및 결과에 따른 안도정서의 경험

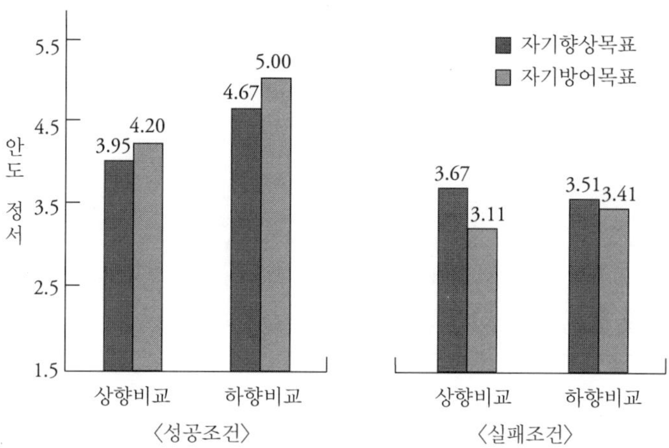

사회비교가 우울정서에 미치는 영향 사회비교 목표, 비교대상 및 비교결과에 따른 조건별로 경험한 우울정서의 평균값은 표 7-9에 제시하였다. 그리고 이에 대해 2(사회비교의 목표: 자기향상/자기방어)×2(비교대상: 상향/하향)×2(비교결과: 성공/실패)로 변량분석하였는데, 여기서도 비교결과의 주효과가 유의했다($F(1,112) = 65.43$, $p < .001$). 구체적으로 비교에 실패한 조건($M = 4.35$)에서 성공한 조건($M = 2.65$)보다 우울정서 수준이 더 높았다. 이는 가설 1-4를 지지하는 결과이다. 또한 비교대상의 주효과가 유의했고($F(1,112) = 6.17$, $p < .05$), 하향비교 조건($M = 3.76$)에

서 상향비교 조건($M = 3.24$)보다 우울정서 수준이 더 높았다.

그러나 이는 사회비교 목표와 비교결과의 유의한 이원상호작용 효과($F(1,112) = 5.48$, $p < .05$) 및 유의한 삼원상호작용 효과($F(1,112) = 5.41$, $p < .05$)로 해석에 제한이 있다. 사회비교 목표와 비교결과의 이원상호작용의 효과를 분석한 결과에서 성공했을 때 자기향상목표를 설정한 조건($M = 3.07$)에서 자기방어목표를 설정한 조건($M = 2.23$)보다 우울정서 수준이 더 높았다. 또한 삼원상호작용의 효과(그림 7-4 참조)를 분석한 결과에서는 자기향상목표를 설정하고 하향비교하여

표 7-9. 각 조건별 우울정서의 경험 평균(표준편차)

비교대상	비교결과	향상목표 평균	향상목표 (SD)	방어목표 평균	방어목표 (SD)	소계 평균	소계 (SD)
상향비교	성공	2.69	(1.40)	1.97	(0.85)	2.33	(1.19)
	실패	4.51	(0.94)	3.79	(1.10)	4.15	(1.07)
	소계	3.60	(1.49)	2.88	(1.34)	3.24	(1.45)
하향비교	성공	3.45	(1.19)	2.49	(1.05)	2.97	(1.21)
	실패	4.05	(1.29)	5.05	(1.28)	4.55	(1.36)
	소계	3.75	(1.26)	3.77	(1.74)	3.76	(1.50)
합 계		3.68	(1.37)	3.33	(1.60)	3.50	(1.49)

그림 7-4. 사회비교의 목표, 대상 및 결과에 따른 우울정서의 경험

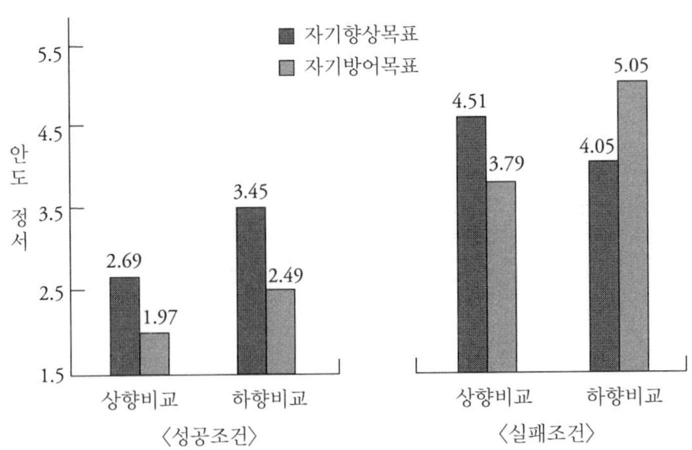

실패했을 때($M = 4.05$)보다 자기방어목표를 설정하고 하향비교하여 실패했을 때 ($M = 5.05$) 우울정서 수준이 더 높았다. 이는 가설 3-4를 지지하는 결과이다.

사회비교 과정에서 비교동기가 정서경험에 미치는 매개과정의 분석

이 연구에서는 사회비교의 목표, 비교대상 및 비교결과에 따라서 사회비교 동기의 충족수준이 달라지고, 이 충족수준에 따라서 정서경험이 달라진다고 가정하고 있다. 이 가정을 검증하기 위해서 조작점검문항에 참여자가 평정한 값들을 사용하여 사회비교의 목표, 비교대상 및 비교결과의 주효과, 이원상호작용 효과 및 삼원상호작용 효과가 기쁨정서와 열등정서에 미치는 효과를 향상동기의 충족수준이 매개하는지 Baron과 Kenny(1986)가 권고한 회귀분석 방법에 의해서 검증하였다. 그리고 안도정서와 우울정서에 미치는 효과를 방어동기의 충족수준이 매개하는지 검증하였다. 독립변인이 종속변인에 직접 영향을 미치는 직접경로와 독립변인이 매개변인을 거쳐서 종속변인에 영향을 미치는 간접경로가 모두 입증되는 경우에는 수정된 Sobel검증 기법(Kenny, Kashy, & Bolger, 1998)에 의해서 간접경로가 0보다 유의하게 더 큰지 검증하고, 유의한 경우에는 부분적으로 매개효과를 보인다고 해석하였다.

사회비교의 목표, 비교대상 및 비교결과가 향상동기 충족수준의 매개역할에 의해서 기쁨정서와 열등정서에 영향을 미치는지 검증한 그 결과를 보면, 사회비교의 목표×비교대상×비교결과의 삼원상호작용 효과가 기쁨정서에 미치는 효과는 향상동기 충족수준에 의해서 부분 매개됨을 알 수 있다($Z = 3.72$, $p < .001$). 이 내용은 그림 7-5에 제시하였다. 또한 사회비교의 목표×비교대상×비교결과의 삼원상호작용 효과가 열등정서에 미치는 효과는 향상동기 충족수준에 의해서 완전 매개됨을 알 수 있다. 이 내용은 그림 7-6에 제시하였다. 특히 기쁨정서는 향상동기 충족수준이 높을수록 높아지고($\beta = .44$, $p < .001$), 열등정서는 향상동기 충족수준이 낮을수록 높아졌다($\beta = -.26$, $p < .01$).

사회비교의 목표, 비교대상 및 비교결과가 방어동기 충족수준의 매개역할에 의해서 안도정서와 우울정서에 영향을 미치는지 검증한 보면, 사회비교의 목표×비교대상×비교결과의 삼원상호작용 효과가 안도정서에 미치는 효과는 방어동기 충족수준에 의해서 완전 매개됨을 알 수 있다. 이 내용은 그림 7-7에 제시하였다. 또한 사회비교의 목표×비교대상×비교결과의 삼원상호작용 효과가 우울정서에 미치는 효과는 방어동기 충족수준에 의해서 부분 매개됨을 알 수 있다($Z=2.79$, $p<.01$). 이 내용은 그림 7-8에 제시하였다. 특히 안도정서는 방어동기 충족수준이 높을수록 높아지고($\beta=.46$, $p<.001$), 우울정서는 방어동기 충족수준이 낮을수록 높아졌다($\beta=-.35$, $p<.01$).

그림 7-5. 사회비교의 목표와 대상 및 결과가 향상동기 충족수준의 매개로 기쁨정서에 영향을 미치는 경로

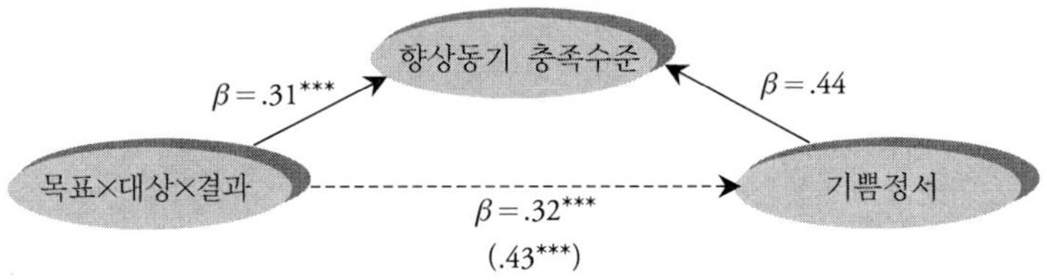

*** $p<.001$

그림 7-6. 사회비교의 목표, 대상 및 결과가 자기향상동기의 매개로 상향비교 대상의 선택에 영향을 미치는 경로

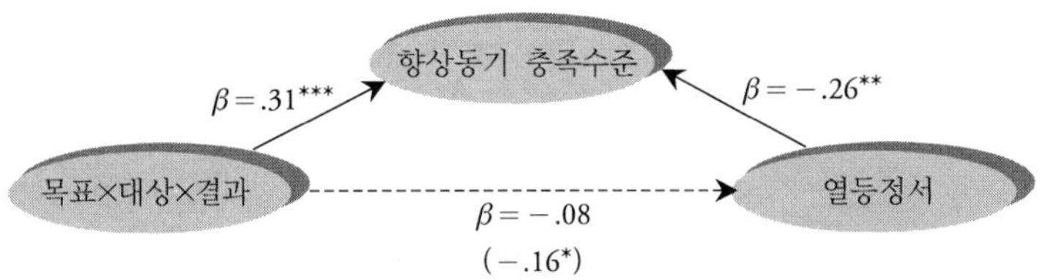

* $p<.05$, ** $p<.01$, *** $p<.001$

그림 7-7. 사회비교의 목표와 대상 및 결과가 방어동기 충족수준의 매개로 안도정서에 영향을 미치는 경로

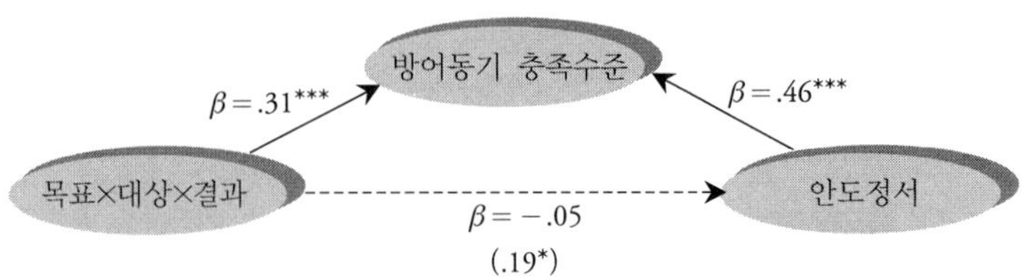

* $p<.01$, *** $p<.001$

그림 7-8. 사회비교의 목표와 대상 및 결과가 방어동기 충족수준의 매개로 우울정서에 영향을 미치는 경로

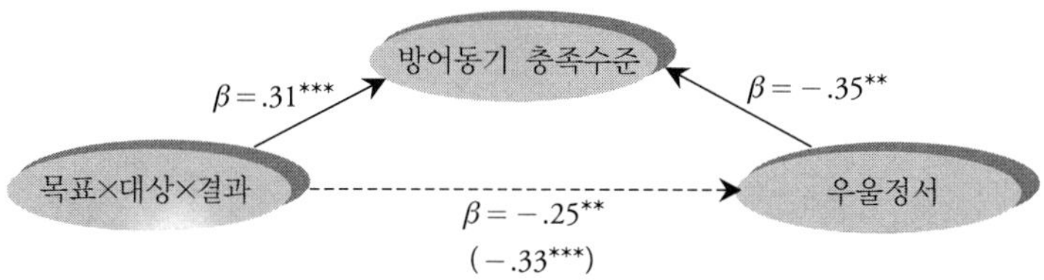

** $p < .01$, *** $p < .001$

실험연구 요약

이 연구의 결과를 장은영과 한덕웅(2004a)에서 얻은 결과(4장 참고할 것)와 종합하여 보면 사회비교의 목표, 대상 및 결과에 따라서 우세하게 경험하는 정서와 비교하고자 선택하는 대상이 어떻게 달라지는지 알아볼 수 있다. 먼저 자기향상의 목표를 설정하고 상향비교하여 성공하면 향상동기의 충족수준이 높아지므로 다른 조건들보다 기쁨정서를 높게 경험한다. 또한 자기향상의 동기가 상당히 충족되지만, 여전히 자기향상의 동기 수준이 높게 유지되어서 상향비교하려 한다. 반면에 자기향상의 목표를 설정하고 상향비교하여 실패하면 향상동기의 충족수준이 낮아지므로 다른 조건들보다 열등정서를 높게 경험한다. 이 조건에서는 자기향상의 동기를 다시 충족시키고자 상향비교하거나 비교대상을 한 단계 낮추어서 유사비교하려 한다.

장은영과 한덕웅(2004a)의 연구에서 종속치로 다룬 하향비교 대상의 선택율 및 이 연구에서 종속치로 다룬 안도정서 경험에서 모두 삼원상호작용 효과가 유의하지 않아서 해석에 제한이 따른다. 이를 고려하여 해석해보면 다음과 같다. 먼저 하향비교하여 성공하면 방어동기의 충족수준이 높아지므로 다른 조건들보다 안도정서를 높게 경험한다. 이 조건에서는 자기방어의 동기가 충족되어서 비교대상을 높여서 상향비교하려는 경향이 강하게 나타났다. 마지막으로 하향비교하여 실패하면 방어동기의 충족수준이 낮아지므로 다른 조건들보다 우울정서를 높게 경험한다. 특히 자기방어의 목표를 설정하고 하향비교하였으나 비교에 실패하게 되면 다른 조건들보다 우울정서를 높게 경험하고, 자기방어동기가 높게 유

지되어서 하향비교하려 한다. 다만 장은영과 한덕웅(2004a)의 연구에서 자기방어의 목표를 설정하고 하향비교에 실패한 조건에서 성공한 조건보다 하향비교대상의 선택율이 더 높은 경향은 나타났으나 통계적으로 유의한 수준까지 이르지는 못했다.

종합 논의

연구의 시사점 이 연구의 결과에 근거하여 보면 선행연구에서 비교결과에 따라 정서경험이 일관되게 나타나지 않은 이유로 모호하고 광범위한 정서 측정치를 사용한 점에 있다고 추론할 수 있다. 즉, 정적 혹은 부적정서 측정치에 어떠한 정서 유형을 알아보는 문항이 더 많이 포함되었는가에 따라서 결과가 달라졌을 가능성이 높다. 반면에 이 연구에서는 사회비교의 목표, 비교대상 및 비교결과가 네 가지 정서 유형별로 달리 영향을 미치는 점이 나타났다. 따라서 정서 유형에 따라서 특정한 정서 수준이 가장 높아지는 조건을 알아낸 데 의의가 있다.

또한 기쁨정서와 열등정서는 자기향상동기의 충족수준과 관련이 있고, 안도정서와 우울정서는 자기방어동기의 충족수준과 관련이 있다는 점을 알 수 있었다. 다만 자기를 향상시키려는 마음에 충족을 얻어서 기쁨을 경험하고 자기를 방어하려는 마음에 충족을 얻어서 안도감을 경험한다는 점은 직관이나 상식을 통해서도 추론할 수 있다. 또한 자기를 향상시키려는 마음이 충족되지 않아서 열등감을 경험하고 자기를 방어하려는 마음이 충족되지 않아서 우울을 경험한다는 점도 마찬가지이다. 그러나 본 연구는 조사연구와 실험연구를 통해서 각 세부 자기정서가 우세하게 경험되는 조건을 실증적으로 검증하였다.

기쁨정서에서 사회비교 목표의 주효과가 유의하였다는 점에 주목할 필요가 있다. 따라서 자기향상의 목표만 설정하더라도 자기방어의 목표를 설정할 때보다 기쁨정서를 더 경험할 수 있음을 알 수 있다. 이는 사람들이 일상생활에서 다른 사람보다 자신이 더 잘했다는 점을 알게 되거나 혹은 수행에서 성공을 경험하는 경우에서만 기쁨을 경험할 수 있는 것은 아니며 앞으로 자신의 유능성을 개발하고 향상시키고자 마음먹게 되면 기쁨과 같은 정적정서를 경험할 수 있음을 보여준다.

이 연구에서 우울정서가 높아지는 조건을 알아낼 수 있었는데, 이러한 결과는 응용심리의 측면에서도 시사점을 준다. 구체적으로 이 연구에서는 우울정서가 방어동기의 충족수준과 상관이 높은 변인으로 나타났다. 그리고 자기방어의 목표를 설정하고 하향비교하였으나 실패했을 때 우울정서가 가장 높게 경험되고, 이 과정에서 방어동기의 충족수준이 매개역할을 하는 점도 알아냈다. 이에 근거하여 우울한 사람들은 본래 자기방어동기는 강하지만 이 동기가 일상생활에서 충족되지 못하여서 지속적으로 우울을 높게 경험한다고 추론할 수 있다.

연구의 제한점 첫째, 연구 1에서 유사비교하여 성공하거나 실패하는 상황을 다루지 않아서 이 정서가 자기평가동기와 상관이 높다는 점을 입증하지 못하였다. 연구 2에서도 자기평가목표를 다루지 않아서 자기평가동기와 상관있는 정서가 높거나 혹은 낮게 경험되는 조건이 무엇인지 알아내지 못하였다. 따라서 장래 연구에서 자기평가동기와 상관이 높은 정서를 측정하는 척도도 개발할 필요가 있다. 둘째, 이 연구에서는 자기평가목표를 다루지 않았다. 자기향상이나 자기방어목표가 능력 차원에서 주로 설정되는 사회비교의 목표라면, 자기평가목표는 의견 차원과 같이 불확실성을 감소키시키려는 차원에서 주로 설정될 가능성도 있다. 따라서 이 연구 결과는 능력 차원에서 설정된 자기향상 및 자기방어목표 효과에 한정하여 해석하여야 할 것이다. 셋째, 능력차원에 대해 실험이 이루어졌고, 참가자들은 모두 대학생들이었으므로 일반화에 한계가 있다. 넷째, 이 연구의 결과는 자신이 어떠한 사람과 비교하고 그 비교 결과는 무엇인지 개인이 의식하는 상황에서 정서를 경험하는 상황으로 제한하여 해석하여야 한다. 다섯째, 이 연구에서는 우울정서가 높아지는 원인 중의 하나로 사회비교가 영향을 미칠 수 있음을 보였다. 따라서 우울증환자나 우울수준이 높은 사람들을 대상으로 사회비교 경험이 현재 우울수준에 영향을 미치는지 장래 연구를 통해서 확인할 필요가 있다.

제3부

사회비교와 자기평가

제 8 장

사회비교에서 자기와 집단의 수행 정보가 자기평가에 미치는 영향

이 연구에서는 한국사회에서 자기를 평가하는 과정에서 자신의 능력과 더불어 자신이 속한 집단의 능력도 중요한 영향을 미친다는 점에 착안하였다. 이 관점에서 개인의 수행과 자기가 속한 집단의 수행에 따라서 자기평가가 어떻게 달라지는지 알아보았다. 그리고 이 두 가지 수행정보들이 자기평가에 미치는 상대적 영향력도 알아보았다. 결과를 보면, 개인의 수행정보가 반복해서 제공된 상황에서는, 집단과 자신이 모두 우수하다고 지각한 사람들이 집단은 우수하지만 자신은 열등하다고 지각한 사람들보다 자신의 능력을 더 좋게 평가했다. 그리고 집단은 열등하지만 자신은 우수하다고 지각한 사람들이 집단과 자신이 모두 열등하다고 지각한 사람들보다 자신의 능력을 더 좋게 평가했다. 자기가 속한 집단의 수행이 반복해서 나쁜 상황에서는, 개인이 우수하면 개인도 열등할 때에 비해서 자기의 능력을 더 좋게 평가했다. 그러나 자신이 속한 집단의 수행이 반복해서 우수한 상황에서는 개인이 우수하건 열등하건 상관없이 자신의 능력을 모두 높게 평가했다. 이 결과는 한국문화에서 집단간의 사회비교가 개인 수준에서도 자기평가에 큰 영향을 미침을 시사한다.

서 론

인간이 자기를 평가하는 과정에서 타인과 비교하는 현상에 관해서 여러 측면에서 연구가 이루어지고 있다. 현재까지 서구 문화권에서 이루어진 연구들을 보면 타인과 직접이거나 묵시적으로 사회비교가 이루어지는 조건에서 개인들의 정보를 비교할 수 있도록 제공하는 절차를 사용한 경우가 많았다. 다시 말해서 개인이 자신과 타인을 비교하는 대인간 조건에서 주로 이 문제를 다루어왔다(예, Morse & Gergen, 1970). 이러한 흐름의 연구들에서는 대체로 비교대상에 따라서 자기평가에 영향을 받는다는 사실이 발견되었다. 예로 들면 우수한 사람과 비교하면 자기평가는 낮아지지만 열등한 사람과 비교하면 자기평가가 높아진다는 결과들이 보고된 바 있다(Taylor, Wayment, & Carillo, 1993).

그러나 이와 같은 대인간의 사회비교뿐만 아니라, 집단의 사회비교에 따라서도 개인의 자기평가는 달라질 수 있다. 다음과 같은 예를 생각해 보자: 성공한 집단에서 상위 수준으로 좋은 수행을 보인 사람과 실패한 집단이지만 개인적으로는 상위 수준의 좋은 수행을 보인 사람은 개인의 수행 정보로 볼 때 모두 집단에서 잘 하였다는 점에서는 유사하다. 또한 성공한 집단에서 하위에 속한 사람과 실패한 집단에서 하위에 속한 사람은 개인의 수행이 집단에서 매우 못하였다는 점에서는 유사하다. 그러나 이처럼 자신이 속한 집단에서는 개인의 수행이 동일한 수준이라고 하더라도 다른 집단과 비교해서 자신이 속한 집단의 수행이 달라지게 하면 개인은 자신의 수행 정보를 다르게 해석할 수 있다. 이번 장에서 살펴보게 되는 연구(한덕웅, 장은영, 2001)에서는 이처럼 자신의 수행 수준에 관한 환류(feedback)와 자신이 속한 집단의 수행 수준에 관한 정보의 환류를 받게 된 상황에서 사람들이 자기를 어떻게 평가하는지 알아보고자 한다.

집단간 비교가 자기평가에 미치는 영향 자신이 속한 집단의 수행수준으로 인해 자신의 수행 수준에 대한 추정이나 정서 경험이 달라지는 현상을 알아본 최초 연구로는 Davis(1966)를 들 수 있다. Davis는 좋거나 혹은 좋지 못한 학교에 다니는 학생들의 학업 능력 지각, 학점 평균 및 SAT에 관한 자료를 얻어서 각 변인들간 관련성을 알아보았다. 그 결과를 보면, SAT 점수를 통제하여도, 자신의 학업능력 지각은 학교의 수준(일종의 랭킹과 같은 서열)과 유의하게 부적으로 상관을 보였다. 다시 말해서 개인 차원에서는 능력의 절대적 수준은 동일하여도, 그 개인이 좋은 학교에 다니는 경우에 좋지 못한 학교에 다닐 때보다 자신의 능력이나 수행에 대한 지각이 더 낮았다(McFarland와 Buehler, 1995에서 재인용, 1055쪽).

Marsh(1987)는 여러 학교의 SAT 평균 점수에 의해서 SAT 점수가 높은 학교와 낮은 학교로 나누어서, 두 수준에서 학생들의 학업 차원에서의 자기개념 수준이 다른지 알아보았다. 학업 차원에서의 자기개념 수준은 지능에 대한 주관적 지각과 자신의 독서능력을 스스로 보고하도록 하여 측정하였다. 그 결과를 보면, 비록 개인의 SAT나 사회경제적 수준은 동일하여도, 전체 SAT 평균이 높은 학교와 낮은 학교 중 어디에 속하였느냐에 따라서 자기개념이 달라졌다. 즉, SAT 평균이 더 높은 학교에 다니는 학생들이 낮은 학교에 다니는 학생들보다 학업에 대한 자기개념의 수준이 더 낮았다(McFarland와 Buehler, 1995에서 재인용, 1056 쪽).

이상의 두 연구는 개인의 수행 수준은 동일하더라도 수행 수준이 높은 집단에 속했을 때보다 수행 수준이 낮은 집단에 속한 개인이 더 호의적으로 자기를 평가한다는 사실을 보여준다. 그러나 이 두 연구에서는 우수한 집단에 속한 학생들에 초점을 두고 이들이 내집단 성원들과 자신을 비교하는 집단내 과정을 주로 다루고 있다. 다시 말해서 이 연구들에서는 비록 우수한 집단에 속해 있으면서 자신이 속한 집단과 다른 집단을 비교하는 집단간 비교 과정은 경험하지 못한 채 단지 내집단 성원과 자신을 비교하는 과정에만 초점을 둔 셈이다.

반면에 이 장에서 다루는 연구에서는 집단간 비교과정이 활성화된다면 집단내 비교과정으로 자기평가 현상만을 다룬 이전 연구들과 다른 결과를 보일 것이라고 가정하였다. 구체적으로 동일한 개인의 수행 수준이 동일하더라도 집단내 비교와 달리 집단간 비교가 활성화되면 내집단에 동일시하는 수준이 높아지기 때문에 내집단의 수행 수준을 준거로 자기를 평가할 가능성이 높아진다. 그러므로 집단간 비교 상황에서는 내집단 수행 수준이 낮을 때보다 내집단 수행 수준이 높을 때 자기평가가 더 높아진다고 추론할 수 있다. 특히 한국처럼 이른바 집합주의 문화에서는 외집단과 비교되어 자신이 속한 내집난이 지닌 특징이 자기를 정의하는데 중요한 영향을 미친다ᄀ 가정할 수 있다. 이로 인해 집단간 비교가 활성화된 조건에서는 내집단의 수행 수준에 따라서 자기평가가 큰 영향을 받는다고 추론할 수 있다.

물론 개인의 수행 수준은 동등하지만 집단 수행 수준이 서로 다른 조건을 다룬 선행연구들(Davis, 1966; Marsh, 1987)도 찾아볼 수 있다. 그러나 개인과 집단의 수행 수준에 관한 정보가 모두 제공되는 조건에서 자기와 집단의 수행 수준이 불일치하는 경우에 자기평가가 어떻게 달라지는지 알아볼 필요가 있다. 구체적으로 실패한 집단에서 수행 수준이 높은 사람과 성공한 집단에서 수행 수준이 높은 사람이 자기평가에서 어떠한 차이를 보일 것인가?

개인과 내집단의 수행 수준에 관해서 불일치하는 정보를 접했을 때 개인에게 미치는 영향을 간접적으로 알아본 연구로는 McFarland와 Buehler(1995)의 연구를 들 수 있다. 이들의 연구에서는 직접적으로 자기평가를 다루지는 않았지만, 개인의 수행과 아울러 자신이 속한 내집단의 수행에 관한 정보를 동시에 들은 사람들이 수행 결과에 대해서 어떤 반응을 보이는지 알아보았다. 참가자들은 자신이 속한 집단의 수행이 높거나 낮다는 정보를 받았고, 개인의 수행 수준에 관한 정보도 받았다. 즉, 참가자의 반수에게는 자신은 잘했고 집단은 못했다는 정보를 제공하였고, 나머지 반수에게는 자신은 못했고 집단은 잘했다는 정보를 제공했다. 종속치로는 집단 수행에 대한 반응이 개인적으로 느끼는 집합적 자존감에 의해서 어떻게 달라지는지 알아보았다. 그 결과를 보면, 성공적이지 못한 집단에 있으면서 개인의 수행이 좋은 사람들은 성공적인 집단에 있으면서 개인의 수행이 좋지 못한 사람들에 비해서 자신의 수행 결과에 대해서 더 호의적인 반응을 보였다. McFarland와 Buehler(1995)는 이러한 현상을 우물안 개구리(frog-pond 또는 big-fish-little-pond) 효과라고 제안하였다. 이 효과는 다음과 같이 정의된다. 내집단이 뛰어난 경우에 개인이 내집단에서 상대적으로 비교하게 되면 부정적 경험을 하고, 내집단이 우수하지 못한 경우에 개인은 내집단과 상대적으로 비교하게 되면 긍정적 경험을 하게 된다. 그러나 이러한 경향은 개인이 지니는 집합적 자존감 수준에 따라서 달라졌다. 즉 개인이 지니는 집합적 자존감이 높은 이들은 집단이 수행을 잘했을 때보다 못했을 때 자신의 수행 결과에 대해서 긍정적 반응이 더 낮았다. 그러나 개인이 지니는 집합적 자존감이 낮은 이들은 집단이 수행을 잘했거나 못했거나 차이를 보이지 않았다.

이러한 결과는 수행 수준이 높은 집단에서 우수한 사람보다 수행 수준이 낮은 집단에서 우수한 사람이 자기를 더 호의적으로 평가한다는 점을 시사한다. 그러나 이들의 연구에서는 우수한 집단에서 내집단 성원과 자신을 비교하는 집단내 과정만을 다루고 있다. 다시 말해서 우수한 집단에 속해 있었던 참가자들은 자신이 속한 집단과 다른 집단을 비교하는 과정이 없이 단지 내집단 성원과 자신을 비교하는 과정만 경험한 셈이다. 따라서 자신이 속한 집단이 우수하거나 열등하다는 정보를 주는 조건이더라도 집단내 비교 과정과 달리 집단간 비교 과정이 활성화된 상황은 개인정체화된 조건이거나 혹은 사회정체화 수준이 상대적으로 더 낮은 조건이라고 볼 수 있다.

이와 같이 현재까지 집단간 사회비교 과정을 다룬 연구들을 보면, 사회정체화된 조건에서 집단간 사회비교를 통해서 자기평가가 어떻게 나타나는지 다룬 연구들은 거의 없다. 이번에 소개하는 연구에서는 사회정체화된 조건에서 집단간 사회비교가 활성화되도록 집단의 수행 정보를 특출하게 만들어 주면 개인정체화가 이루어진 대인비교 조건과 비교해서 자기평가가 어떻게 달라지는지 알아보고자 한다. 구체적으로 개인의 수행 수준에 관한 정보를 받더라도 집단간 비교 정보가 반복해서 제공되어 특출하게 활성화되면 내집단의 수행 수준에 의해서 자기를 평가할 가능성이 높아지게 된다. 그러므로 이 조건에서는 내집단 수행 수준이 낮을 때보다 내집단 수행 수준이 높을 때 자기평가가 더 높아진다고 추론할 수 있다. 왜냐하면 집단간 비교가 우세하게 활성화되면 자신의 개인 수행 수준이 우수하다는 점에 더해서 자신이 속한 집단의 우수성 정보가 큰 영향을 미쳐서 자신의 우수성을 상당히 높게 평가하게 되기 때문이다. 따라서 이전 연구에서 제안한 우물안 개구리 효과는 집단간 비교를 전혀 경험하지 않은 상황에서 단지 내집단의 우수한 성원과 자신을 비교하는 집단내 비교의 결과로 볼 수 있다.

또한 McFarland와 Buehler(1995)의 연구는 주로 자신의 수행과 집단의 수행이 불일치하는 조건에 초점을 두었다. 그러므로 자신의 수행과 집단의 수행이 일치하는 조건에서 어떠한 결과가 나타나는지 알 수 없다. 예를 들면 자신도 잘하고 집단도 잘하는 경우와 자신도 못하고 집단도 못하는 경우에는 어떤 결과가 나타나는지 다루지 않았다. 따라서 자신과 집단의 수행이 불일치하는 조건에서 얻은 결과가 실질적으로 일치하는 조건에서 얻은 결과와 비교해서 어떻게 다른지 알 수 없다. 또한 이들의 연구에서는 종속변인의 측정지로서 평가 정보에 대한 긍정적 혹은 부정적 반응을 다루었기 때문에 이 장에서 다루는 연구에서 관심을 두고 있는 자기평가의 수준에 관해서는 간접적인 추론 단서만 제공할 수 있을 뿐이다.

이 연구에서 다루는 가설들 이 연구에서는 집단간 비교 상황에서 내집단 수행환류와 개인 수행환류에 따라서 자기평가가 어떻게 달라지는지 알아보고자 하였다. 다시 말해서 사회 정체화된 상황에서 개인 수행 정보와 집단 수행 정보를 모두 주고 집단내 비교 및 집단간 비교가 모두 가용한 조건에서 자기평가가 어떻게 달라지는지 알아보는데 관심이 있다.

또한 일상생활에서 이러한 두 가지 정보가 모두 가용하더라도 두 정보 중 어느 하나에 더 관심을 두거나 개인적으로 두 정보 중 한 정보를 더 중요시할 수도 있다. 예를 들어 집단간 경쟁이 치열해서 집단 수행 정보를 더 중요하게 생각할 수도 있고, 개인의 저조한 수행은 무시한 채 집단의 우수한 수행에만 매달릴 수도 있다. 그리고 현실에서는 개인 및 집단 수행 정보가 동등하게 주어지는 때보다 이처럼 어느 한 정보를 더 빨리 혹은 더 자주 접하게 되는 경우가 더 흔할 것이다. 따라서 이 연구에서는 이처럼 개인 및 집단 수행 정보 중 한 정보에 더 초점을 두게 되는 상황을 두 정보 중 어느 한 정보가 특출해지는 상황으로 조작하고자 한다. 그리고 개인 수행 정보와 집단 수행 정보가 모두 가용한 상황에서는 이 두 정보 중 어느 정보가 특출한가에 따라서 집단내 및 집단간 비교가 더욱 활성화되어 자기평가가 다르게 영향을 받는다고 가정한다. 구체적으로 앞선 연구들의 제한점에 기초하여 자신의 수행 정보와 자신이 속한 집단의 수행 정보가 자기평가에 영향을 주는 과정에서 조절작용을 하는 변인으로 정보의 특출성의 역할을 알아보고자 한다.

먼저 자신의 수행 정보와 집단의 수행 정보가 모두 가용한 조건에서 집단의 수행 정보가 더 특출한 조건을 생각해보자. 예를 들자면 자신은 학업능력이 상당히 낮다는 정보와 자신이 다니는 학교의 전체 학업능력은 상당히 우수하다는 정보를 모두 들었지만, 학교의 학업능력에 더 초점을 둔 상황에 해당한다. 이 조건에서는 개인 정체성보다 집단 정체성이 특출해지므로 집단내 비교보다 집단간 비교 영향이 더 클 것이다. 따라서 집단내 비교뿐만 아니라 집단간 비교가 활성화되므로 집단 수행 정보가 자기를 평가하는데 중요하게 사용된다. 이로 인해 이전 연구(Davis, 1966; Marsh, 1987)에서 예측되는 바와 달리 집단이 실패했을 때보다 성공했을 때 자기평가가 더 높다. 또한 집단이 성공했을 때 개인의 수행 수준이 저조하더라도 집단 수행 정보를 자기를 평가할 때 주로 고려하게 되므로 집단이 성공하고 개인이 우수한 조건과 집단이 성공하고 개인이 저조한 조건간 차이는 나타나지 않을 것이다. 반면에 집단이 실패했을 때 개인 수행 수준이 저조하다면 자신이 속한 집단의 성원이 뛰어나서 그 안에서만 자신의 수행 수준이 낮게 평가된다고 해석할 여지가 없게 되므로 개인 수행 수준이 우수할 때보다 자기평가는 더 낮아지게 된다. 또한 우물안 개구리 효과에서 예측되는 바와 상반되게 집단은 실패했으나 개인 수행 수준은 우수할 때보다 집단도 성공했고 개인 수행 수준도 우수할 때 자기평가가 더 높을 것이다.

다음으로 자신의 수행 정보와 집단의 수행 정보가 모두 가용한 조건에서 개인의 수행 정보가 더 특출한 조건을 생각해보자. 예를 들면 자신은 학업능력이 상당히 낮다는 정보와 자신이 다니는 학교의 전체 학업능력은 상당히 우수하다는 정보를 모두 들었지만, 자신의 학업능력에 더 초점을 둔 상황에 해당한다. 이 조건에서는 집단 정체성보다 개인 정체성이 특출해지므로 집단간 비교보다 집단내 비교 영향이 더 클 것이다. 다시 말해 개인 수행 정보가 특출하여 자기평가가 집단내 비교에 의해 더 큰 영향을 받게 되므로, 집단 수행 정보가 성공 혹은 실패로 주어지더라도 개인 수행 정보에 따른 차이가 나타날 것이다. 따라서 성공한 집단에서 저조한 사람보다 성공한 집단에서 우수한 사람의 자기평가가 더 높을 것이다. 반면에 집단이 실패했을 때 개인 수행 수준이 실패한 집단에서 저조한 사람보다 실패한 집단에서 우수한 사람의 자기평가가 더 높을 것이다. 또한 이 조건에서도 비록 개인 수행 정보가 특출하여 집단간 비교보다 집단내 비교가 더 활성화되지만, 집단간 비교를 전혀 경험하지 못하는 것이 아니므로 우물안 개구리 효과는 나타나지 않을 것이다.

요약해서 말하면 이 연구에서는 자기평가가 내집단의 수행 수준, 자신의 수행 수준 및 수행 정보의 특출성에 따라서 어떻게 달라지는지 알아보게 된다. 앞에서 제시한 논리에 따라서 이 연구에서 검증하고자 하는 가설을 정리해 보면 다음과 같다. 먼저 집단 수행 정보가 특출한 조건에서는 집단이 실패했을 때보다 성공했을 때 자기평가가 더 높을 것이다(가설 1-1). 그리고 집단 수행 정보가 특출한 조건에서는 성공한 집단에서 우수한 사람과 성공한 집단에서 저조한 사람의 자기평가는 유의한 차이를 보이지 않지만, 실패한 집단에서 저조한 사람보다 실패한 집단에서 우수한 사람의 자기평가가 더 높을 것이다(가설 1-2). 또한 집단 수행 정보가 특출한 조건에서는 실패한 집단에서 우수한 사람보다 성공한 집단에서 우수한 사람의 자기평가가 더 높을 것이다(가설 1-3).

반면에 개인 수행 정보가 특출한 조건에서는 성공한 집단에서 저조한 사람보다 성공한 집단에서 우수한 사람의 자기평가가 더 높고, 실패한 집단에서 우수한 사람보다 성공한 집단에서 저조한 사람의 자기평가가 더 높을 것이다(가설 2).

연구 방법

실험절차 참가자들은 3명씩 함께 실험에 참여하였다. 실험은 컴퓨터 화면에 나타나는 지시문을 읽으면서 진행되었는데, 컴퓨터 사이에 칸막이를 두어서 참가자는 다른 사람의 화면을 볼 수 없었다. 참가자들이 모두 컴퓨터 앞에 앉으면, 이 연구는 집단 상황에서 지각유형과 지각능력을 알아보고자 한다고 알려주었다. 따라서 참가자들은 먼저 지각유형을 알아보는 검사를 받게 되는데, 화면에 그림이 나타났다가 사라지면 그 그림에서 푸른 빛깔의 점이 몇 개나 있었는지 응답하였다. 참가자가 5가지 선택지 중에서 하나를 선택하여 응답하면, 실험자로부터 항상 지각유형이 C형이라고 듣게 되었다. 그리고나서 지각능력검사를 받았는데, 연습시행을 1분간 수행하고, 본시행을 3분씩 세 번 수행하였다. 각 본시행이 끝날 때마다 수행 수준에 관한 환류 정보를 제공받았는데, 내집단 수행 정보가 특출한 조건에서는 집단 수행 환류, 개인 수행 환류, 집단 수행 환류의 순서로, 개인 수행 정보가 특출한 조건에서는 개인 수행 환류, 집단 수행 환류, 개인 수행 환류의 순서로 환류 정보를 제공받았다. 또한 각각의 집단 및 개인 수행 환류를 줄 때 지각능력검사의 점수의 수준을 달리하여 환류의 성공 또는 실패를 조작하였다. 끝으로 종속변인으로는 대학생들을 기준으로 자신의 지각능력을 백분위 점수로 평가하도록 하고 조작점검 문항과 부가적 종속치에 응답하도록 하였다.

참 가 자 　'심리학개론'을 교양강좌로 수강하는 성균관대학교의 학생 120명을 8조건에 15명씩 무선할당하였다.

실험설계 　2(수행 정보의 특출성: 개인 정보가 특출함/집단 정보가 특출함)×2(내집단의 수행 환류: 집단성공/집단실패)×2(개인의 수행 환류: 개인우수/개인저조)의 완전무선설계를 사용했다.

실험 과제 　한덕웅(1999)의 연구에서 사용했던 지각능력검사를 과제로 사용하였다.

독립변인 조작 　내집단 수행 수준의 환류는 참가자 자신과 지각유형이 동일한 사람들이 지각유형이 다른 사람들에 비해서 어느 정도 지각능력 점수를 얻었는지 알려주는 방법으로 조작하였다. 성공조건에서는 지각유형이 C형인 사람들은 A, B, D 및 E형인 사람들과 달리 상위 20%(19, 20 혹은 21중에 하나를 차례대로 참가자에게 제시)에 해당하는 높은 점수를 얻어서 지각능력이 우수한 편이라고 알려주었다. 실패조건에서는 지각유형이 C형인 사람들은 A, B, D 및 E형인 사람들에 비해서 하위 20%(19, 20 혹은 21중에 하나를 차례대로 참가자에게 제시)에 해당하는 낮은 점수를 얻어서 지각능력이 저조한 편이라고 알려주었다. 개인 수행 결과의 환류는 학생 개인이 과제를 수행할 때 얻은 실제 수행과 상관없이 실험 조건에 따라서 백분위로 제시했다. 참가자들에게 자신과 지각유형이 동일한 사람들에 비해서 자신이 지각능력이 어느 정도인지 지각능력 점수를 알려주는 방법으로 조작하였다. 우수조건에서는 지각유형이 C형인 사람들에 비해서 참가자는 상위 20%(19, 20 혹은 21중에 하나를 차례대로 참가자에게 제시)에 해당하는 높은 점수를 얻어서 지각능력이 우수한 편이라고 알려주었다. 저조조건에서는 지각유형이 C형인 사람들에 비해서 참가자는 하위 20%(19, 20 혹은 21중에 하나를 차례대로 참가자에게 제시)에 해당하는 낮은 점수를 얻어서 지각능력이 저조한 편이라고 알려주었다. 수행 정보의 특출성은 세 번의 본시행에서 개인의 수행 환류와 집단의 수행 환류가 제시되는 횟수를 달리해서 조작하였다. 다시 말하면 집단 수행 정보가 특출한 조건에서는 전체 3회 환류를 제공할 때 첫 번째와 세 번째 두 번에 걸쳐서 집단의 수행 정보를 제공하고, 두 번째에 한 번 개인 수행 정보를 제공하였다. 이와 반대로 개인 수행 정보가 특출한 조건에서는 첫 번째와 세 번째 두 번에 걸쳐서 개인의 수행 정보를 제공하고, 두 번째에 한번 집단 수행 정보를 제공하였다. 이러한 방법으로 특출성을 조작한 근거는 최초정보효과(primacy effect)와 최종정보효과(recency effect)를 모두 높이면 특출성이 높아진다고 보았기 때문이다.

종속변인 측정 참가자들의 자기평가는 세 문항(앞서 실시한 검사를 전체 대학생들이 받게 된다면 당신은 100명 중 몇 등쯤 된다고 생각합니까, 당신은 앞선 지각능력 검사에서 100명 중 자신보다 잘한 사람이 몇 명이나 된다고 생각합니까, 당신은 앞선 지각능력 검사에서 100명을 기준으로 할 때 자신은 몇 등쯤 된다고 생각합니까)을 사용하여 자기 자신의 지각능력을 평가하도록 하였다. 참가자들은 이 질문에 0부터 100까지 숫자를 사용하여 응답하였다. 이 자기평가 측정치들이 한 요인으로 구성되는지를 알아보기 위하여 실시한 요인분석에서 한 요인 구조가 추출되었으며, 신뢰도는 Cronbach의 α계수로 산출하였는데 .95이었다. 또한 탐색적 요인분석을 통해서 얻은 구성개념이 실제 자료에 잘 부합되는지 검토하기 위한 방법으로 확인적 요인분석을 실시하였다. 그 결과 기초부합치(*GFI*), 조정부합치(*AGFI*), 표준부합치(*NFI*) 및 표준화하지 않은 부합치(*NNFI*)는 좋은 부합의 기준으로 제시되는 .90보다 높아서 모형이 자료에 잘 부합되었고, RMR도 .01이었다(*GFI*=.99, *AGFI* =.99, *NFI*=.98, *NNFI*= .98, *RMR*=.017). 이러한 결과를 근거로 자기평가를 측정하는 종속변인 측정치는 이 3개 질문의 각 평정치들에서 점수가 높을수록 자기평가가 우수함을 의미하도록 역산한 후 평균을 산출하였다. 그러므로 자기평가 측정치의 범위는 0부터 100까지이고, 점수가 높을수록 자기평가가 좋음을 의미한다.

자기정서 경험 참고로 내집단의 성공과 실패, 개인의 성공과 실패 및 수행 정보의 특출성에 따라 자기정서들이 어떻게 달라지는지 알아보았다. 자기정서는 강혜자와 한덕웅(2000) 연구에서 얻은 자기정서 측정치들 가운데 초조정서(긴장되다/걱정스럽다/불안하다/두렵다/안절부절못하다/초조하다)와 낙담정서(무기력하다/불만스럽다/슬프다/실망스럽다/우울하다/의기소침하다) 및 정적정서(활기차다/희망적이다/편안하다/기쁘다/안심되다/만족스럽다/안정감/안도감)를 얼마나 느끼는지 그 정도를 9점 척도로 응답하도록 하여서 측정하였다. 탐색적 요인분석 결과에서 세 요인 구조가 추출되었으며, 신뢰도는 초조정서 Cronbach'α =.89, 낙담정서 Cronbach'α =.85, 정적정서 Cronbach'α =.90이었다. 각 정서별로 측정치의 평균을 구하여 분석에 사용하였으며, 점수가 높을수록 초조정서, 낙담정서 혹은 정적정서가 높음을 의미한다.

연구 결과

독립변인의 조작효과 각 실험 조건에 따라서 참가자들이 자신이 받은 독립변인 조작 지시문을 기억하는지 알아본 결과, 모든 참가자들이 자신에게 제시된 지시문을 정확히 기억했다. 또한 '일반적으로 지각능력을 판단할 때 개인 점수와 지각유형을 기준으로 본 % 중에서 어느 것이 더 중요하다고 생각합니까'에 대한 응답을 2(수행 정보의 특출성)×2(내집단의 수행 환류)×2(개인의 수행 환류)로 변량분석한 결과, 수행 정보의 특출성의 주효과가 유의하였다($F(1,112)=4.85$, $p<.05$). 구체적으로 집단정보가 특출한 조건($M=4.30$)에서 개인 정보가 특출한 조건($M=3.40$)보다 집단 정보가 자신의 지각능력을 판단할 때 더 중요하다고 응답하였다.

내집단의 수행 환류의 조작 효과는 '당신과 지각유형이 같은 사람들은 당신과 지각유형이 다른 집단들과 비교해 볼 때 지각능력 점수는 어느 정도였습니까'에 대한 응답을 변량분석하여 확인하였다. 그 결과를 보면, 내집단 환류의 주효과가 유의하였다($F(1,112)=6.41$, $p<.05$). 구체적으로 집단성공 조건($M=5.07$)에서 집단실패 조건($M=4.35$)보다 자신과 지각유형이 같은 사람들은 지각유형이 다른 집단들과 비교해볼 때 지각유형별 점수가 더 높았다고 응답하였다.

개인의 수행 환류의 조직 효과는 '당신과 지각유형이 같은 사람들과 비교해 볼 때 당신 개인의 점수는 어느 정도였습니까'에 대한 응답을 변량분석하여 확인하였다. 그 결과를 보면, 내집단 환류의 주효과가 유의하였다($F(1,112)=454.05$, $p<.001$). 구체적으로 개인우수 조건($M=6.78$)에서 개인실패 조건($M=2.24$)보다 자신과 지각유형이 같은 사람들과 비교해 볼 때 자신은 지각능력 점수가 더 높았다고 응답하였다.

또한 이 연구에서 모든 참가자들에게 지각유형이 C형이라고 조작하였으므로 집단에 대한 동일시 수준을 알아보았다. 집단에 대한 동일시 수준은 '나는 현재 이 집단에 속해서 기쁘다, 나는 현재 속한 이 집단에 애착을 느낀다, 나와 함께 이 집단에 속한 사람들은 나와 비슷한 사람들이다, 내가 현재 속한 이 집단은 나의 지각능력을 잘 반영해 준다, 집단으로 다시 검사를 받게 된다면 나는 현재 이 집단의 사람들과 함께 하고 싶다, 나는 현재 내가 속한 이 집단의 사람들에게 강한 연대감을 느낀다'와 같은 여섯 문항에 9점 척도로 응답한 값을 평균하여 얻었다. 그 결과 전체 평균이 4.29로 나타나서 참가자들이 자신의 집단에 중간 수준 정도로 동일시하는 것으로 나타났다.

자기평가 이 연구의 주종속치인 자기평가는 앞서 언급한 대로 자기평가를 측정하는 3개 문항에 응답한 값을 역산한 후 평균하여 얻었다. 그 결과는 표 8-1에 제시되어 있다. 이에 대해서 2(수행 정보의 특출성)×2(내집단의 수행 환류)×2(개인의 수행 환류)로 변량분석한 결과, 내집단 수행 환류의 주효과, 개인의 수행 환류의 주효과 및 수행 정보의 특출성의 주효과가 유의하였다. 즉, 내집단이 실패하였을 때($M=48.03$)보다 성공하였을 때($M=69.55$)에 자기평가가 더 높았고($F(1,112)=46.31$, $p<.001$), 개인이 저조하였 때($M=51.04$)보다 우수하였을 때($M=66.55$) 자기평가가 더 높았으며($F(1,112)=6.66$, $p<.01$), 개인 정보가 특출할 때($M=54.14$) 보다 집단 정보가 특출할 때($M=63.44$)에 자기평가가 더 높았다(F

(1,112) = 8.64, $p < .01$).

그러나 이러한 유의한 주효과는 유의한 내집단 수행환류×수행 정보의 특출성의 이원 상호작용($F(1,112) = 24.05$, $p < .001$)과 수행 정보의 특출성×내집단 수행환류×개인의 수행 환류의 삼원상호작용($F(1,112) = 6.41$, $p < .05$) 때문에 그 해석이 제한된다(그림 8-1 참조). 이를 수행 정보의 특출성 조건별로 보면 다음과 같다. 먼저 집단 수행 정보가 특출한 조건에서 단순상호작용과 집단 수행 정보의 주효과 및 개인 수행 정보의 주효과가 유의하였다. 즉 집단 수행 정보가 특출하면 집단이 실패했을 때($M = 48.60$)보다 성공했을 때($M = 78.28$) 자기평가가 더 높았다. 따라서 가설 1-1이 지지되었다.

또한 개인 자신의 수행 정보보다 자신이 속한 집단의 수행 정보가 특출하면, 자기평가를 하는 데 있어서 집단의 수행 수준과 개인의 수행 수준이 단지 가산적 효과를 미치는 것은 아닌 것으로 나타났다. 즉, 집단 수행 정보가 특출한 경우에는 집단이 성공한 조건에서는 개인이 우수($M = 79.96$)하였건 저조($M = 76.60$)하였건 자기평가는 유의하게 달라지지 않았다.

이러한 결과는 사람들은 자신은 잘 못하였지만 집단은 뛰어난 경우에 집단의 수행 정보가 특출해지면 집단도 잘하였고 자신도 잘한 경우만큼이나 자신을 높게 평가하게 됨을 보여준다. 또한 집단이 성공하고 개인은 실패한 경험을 개인 수행 정보가 특출한 조건과 비교해보면, 중간 수준인 53.18로서 두 조건간 큰 차이를 보인다. 그러나 집단이 실패한 조건에서는 개인이 우수하였을 때($M = 64.47$)보다 저조하였을 때($M = 32.73$)에 자기평가가 유의하게 낮아졌다. 따라서 성공한

표 8-1. 자기평가의 평균(표준편차)

수행 정보의 특출성	집단성공		소계	집단실패		소 계	합 계
	개인우수	개인저조		개인우수	개인저조		
집단정보 특출	79.96 (3.18)	76.60 (12.81)	78.28 (9.33)	64.47 (11.84)	32.73 (21.98)	48.60 (23.69)	63.44 (23.29)
개인정보 특출	68.47 (21.95)	53.18 (22.48)	60.82 (23.17)	53.29 (17.84)	41.64 (17.22)	47.47 (18.21)	54.14 (21.73)
합 계	74.21 (16.48)	64.89 (21.56)	69.55 (19.60)	58.88 (15.92)	37.19 (19.92)	48.03 (20.96)	58.79 (22.91)

그림 8-1. 수행 정보의 특출성 조건별로 본 내집단과 개인 수행 환류의 효과

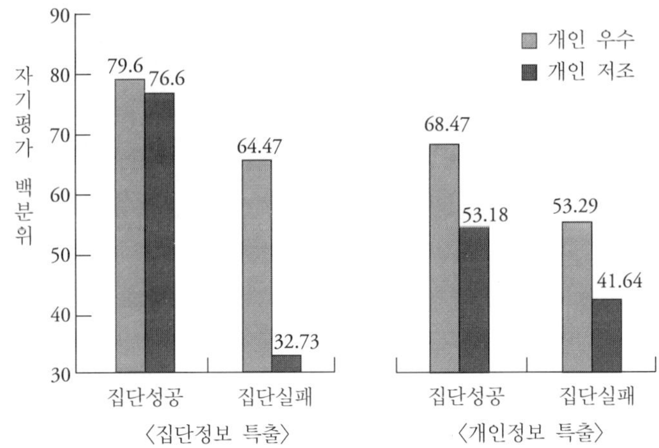

집단에서 우수한 사람과 성공한 집단에서 저조한 사람의 자기평가는 유의한 차이를 보이지 않지만, 실패한 집단에서 저조한 사람보다 실패한 집단에서 우수한 사람의 자기평가가 더 높아서 가설 1-2가 지지되었다. 이에 더해서 집단이 실패하였으나 개인은 우수하였을 때($M=64.47$)보다 집단이 성공하였으나 개인은 우수하였을 때($M=79.96$) 자기평가가 유의하게 더 높아서 가설 1-3이 지지되었다.

다음으로 개인 수행 정보가 특출한 조건에서는 단순상호작용은 유의하지 않았다. 따라서 개인 자신의 수행 정보가 자신이 속한 집단의 수행 정보보다 특출하면, 자기평가를 하는데 있어서 집단의 수행 수준과 개인의 수행 수준이 가산적 효과를 미치는 것으로 보인다. 즉 개인 수행정보가 특출하면, 개인이 저조하였을 때보다 우수하였을 때 더 자기평가가 높아지고, 집단이 실패하였을 때보다 집단이 성공하였을 때 더 자기평가가 높아진다. 따라서 개인도 잘하였고, 자신이 속한 집단도 뛰어난 집단일 때에 자기평가가 높고($M=68.47$) 그 다음으로 개인은 잘하였으나 집단은 뛰어나지 못한 경우($M=53.29$) 또는 집단은 뛰어나지만 개인은 잘하지 못한 경우($M=53.18$)에 자기평가가 높으며, 집단도 뛰어나지 못하고 스스로도 잘하지 못한 경우($M=41.64$)에 자기평가가 가장 낮다. 따라서 성공한 집단에서 저조한 사람보다 성공한 집단에서 우수한 사람의 자기평가가 더 높고, 실패한 집단에서 우수한 사람보다 성공한 집단에서 우수한 사람의 자기평가가

더 높아서 가설 2가 지지되었다.

초조정서 초조정서는 강혜자와 한덕웅(2000)의 연구처럼 6개 초조정서의 평정치들을 평균하여 사용하였는데, 점수가 높을수록 초조정서가 높음을 의미한다. 각 조건별 초조정서의 수준은 표 8-2에 제시되어 있다.

먼저 초조정서 경험을 실험 조건별로 정리해 보면 다음과 같다. 초조정서에 대해서 2(수행 정보의 특출성)×2(내집단의 수행 환류)×2(개인의 수행 환류)로 변량분석한 결과, 수행 정보의 특출성의 주효과($F(1,112)=4.46$, $p<.05$), 수행 정보의 특출성×개인의 수행환류의 상호작용 효과($F(1,112)=10.46$, $p<.01$) 및 내집단 수행 환류×개인 수행 환류의 상호작용 효과($F(1,112)=8.14$, $p<.01$)가 유의하였다. 그러나 이는 유의한 수행 정보의 특출성×내집단 수행환류×개인의 수행 환류의 삼원상호작용($F(1,112)=6.83$, $p<.05$) 때문에 그 해석이 제한된다. 이를 수행 정보의 특출성 조건별로 보면 다음과 같다.

표 8-2. 초조정서의 평균(표준편차)

수행 정보의 특출성	집단성공		소 계	집단실패		소 계	합 계
	개인우수	개인저조		개인우수	개인저조		
집단정보 특출	2.46(1.22)	3.69(1.86)	3.07(1.67)	2.19(1.33)	3.56(1.95)	2.87(1.78)	2.97(1.71)
개인정보 특출	4.51(1.73)	2.50(1.06)	3.51(1.74)	3.10(0.69)	4.12(1.83)	3.61(1.46)	3.56(1.59)
합 계	3.48(1.80)	3.09(1.61)	3.29(1.70)	2.64(1.14)	3.84(1.88)	3.24(1.66)	3.27(1.67)

집단 수행 정보가 특출한 경우에는 단순상호작용은 유의하지 않았다. 즉, 집단의 수행 정보가 특출한 경우에는 집단이 성공한 경우와 실패한 경우 모두 개인이 우수하였을 때($M=2.33$)보다 실패하였을 때($M=3.62$)에 초조정서를 더 강하게 경험하였지만, 집단의 수행 수준에 따라서 초조정서는 달라지지 않았다. 반면에 개인 수행 정보가 특출한 경우에는 단순상호작용이 유의하였다. 즉, 개인 수행 정보가 특출하고 집단이 성공한 경우에는 개인의 우수하였을 때($M=3.10$) 보다 저조하였을 때($M=4.12$)에 초조정서를 더 강하게 경험하지 않았다. 하지만 집단이 실패한 경우에는 개인이 저조하였을 때($M=2.50$)보다 우수하였을 때($M=4.51$)에 초조정서를 더 강하게 경험하는 것으로 나타났다.

부가적으로 자기평가와 초조정서 간 상관을 알아보았는데, 상관계수는 -.06으로 유의하지 않았다. 각 실험 조건별로 자기평가와 초조정서 간 상관도 알아보았는데 집단 수행 정보가 특출한 조건에서 집단이 실패하고 개인은 우수한 조건과 집단이 실패하고 개인은 저조한 조건에서 상관계수가 각각 -.62와 .53으로 유의하였다. 자기평가와 초조정서를 연결하여 생각해보면 집단이 실패했다는 정보가 특출하고 개인은 우수할 때 사람들은 자기를 100명 중 35등 정도로 평가하고 초조정서는 경미한 정도로 경험하며, 자기를 좋게 평가할수록 초조정서를 덜 경험한다. 그리고 집단이 실패했다는 정보가 특출하고 개인은 저조할 때 사람들은 자기를 100명 중 67등 정도로 평가하고 초조정서를 중간 정도로 경험하며, 자기를 나쁘게 평가할수록 초조정서를 덜 경험한다. 이는 집단 수행 수준이 특출해져서 집단간 비교가 활성화된 상황에서 자신이 속한 내집단의 수행이 저조한 조건에서, 자신 개인의 수행이 우수하다면 자기를 좋게 평가할수록 초조정서를 더 경험하지만, 자신의 수행이 저조하다면 자기를 나쁘게 평가할수록 초조정서를 덜 경험함을 보여준다.

낙담정서 낙담정서도 강혜자와 한덕웅(2000)의 연구에서 보고된 6개 낙담정서의 평정치들을 평균하여 사용하였는데, 점수가 높을수록 낙담정서가 높음을 의미하며, 표 8-3에 각 조건별 평균값을 제시하였다. 이에 대해서 2(수행 정보의 특출성)×2(내집단의 수행 환류)×2(개인의 수행 환류)로 변량분석한 결과, 수행 정보의 특출성의 주효과($F(1,112)=9.06$, $p<.01$), 수행 정보의 특출성×집단의 수행 환류의 상호작용 효과($F(1,112)=21.21$, $p<.001$) 및 집단 수행 환류×개인 수행 환류의 상호작용 효과($F(1,112)=11.39$, $p<.001$)가 유의하였다.

구체적으로 집단 정보가 특출한 조건($M=4.09$)보다 개인 정보가 특출한 조건($M=4.96$)에서 낙담정서를 더 강하게 경험하였다. 그러나 이는 유의한 수행 정보의 특출성과 집단의 수행 환류의 상호작용 효과때문에 해석이 제한된다. 즉, 개인 정보가 특출한 경우에 집단이 성공한 조건($M=4.95$), 개인 정보가 특출한 경우에 집단이 실패한 조건($M=4.97$) 및 집단 정보가 특출한 경우에 집단이 실패한 조건($M=4.38$)에서는 낙담정서 경험에서 차이가 없었다.

표 8-3. 낙담정서의 평균(표준편차)

수행 정보의 특출성	집단성공		소 계	집단실패		소 계	합 계
	개인우수	개인저조		개인우수	개인저조		
집단정보 특출	3.51(1.28)	4.10(1.73)	3.81(1.53)	3.18(1.69)	5.58(1.28)	4.38(1.91)	4.09(1.74)
개인정보 특출	4.89(1.88)	5.01(2.14)	4.95(1.98)	3.87(0.92)	6.08(1.40)	4.97(1.62)	4.96(1.79)
합 계	4.20(1.73)	4.56(1.97)	4.38(1.84)	3.52(1.38)	5.83(1.34)	4.67(1.78)	4.53(1.81)

이와 달리 개인 정보가 특출한 경우 집단이 성공한 조건($M=4.95$)과 집단이 실패한 조건($M=4.97$)간 유의한 차이가 없으나, 집단 정보가 특출한 경우에는 집단이 성공한 조건($M=3.81$)에서 유의하게 낙담정서를 덜 경험하였다.

또한 내집단과 개인 수행 환류에 따라서 유의한 상호작용 효과를 보였는데, 이를 살펴보면 다음과 같다. 즉 내집단이 성공한 조건에서는 개인이 저조하거나($M=4.56$) 우수하거나 상관없이($M=4.20$) 낙담정서를 유의하게 달리 경험하지 않았다. 그러나 내집단이 실패한 조건에서는 개인이 우수하였을 때($M=3.52$)보다 저조하였을 때($M=5.83$) 낙담정서를 더 강하게 경험하였다.

다음으로 자기평가와 정서 경험의 관계를 알아보기 위하여 자기평가와 낙담정서의 상관을 구했는데, 각 조건에서 얻은 자료를 합쳤을 때 두 측정치의 상관계수는 −.47로 유의하였다. 각 실험 조건별로 자기평가와 낙담정서 간 상관도 알아보았다. 개인 수행 정보가 특출한 조건에서 집단이 성공하고 개인은 우수한 조건과 집단은 성공하고 개인은 저조한 조건에서 상관계수가 각각 −.75와 −.68로 유의하였다. 자기평가와 낙담정서를 연결하여 생각해 보면 집단이 성공했으며 개인이 우수하다는 정보가 특출해지면 사람들은 자기를 100명 중 32등 정도로 평가하고 낙담정서를 중간 수준으로 경험한다고 보고했다. 자기를 좋게 평가할수록 낙담정서를 덜 경험한다. 그리고 집단이 성공했으며 개인이 저조하다는 정보가 특출해지면 사람들은 자기를 100명 중 47등 정도로 평가하고 낙담정서를 중간 수준으로 경험하며, 자기를 좋게 평가할수록 낙담정서를 덜 경험한다고 보고했다.

정적정서 정적정서도 강혜자와 한덕웅(2000)의 8개 낙담정서의 평정치들을 평균하여 사용하였는데, 점수가 높을수록 정적정서가 높음을 의미하며, 각 조건별 평균값은 표 8-4에 제시하였다. 정적정서에 대해서 2(수행 정보의 특출성)×2(내집단의 수행 환류)×2(개인의 수행 환류)로 변량분석한 결과, 수행 정보의 특출성의 주효과($F(1,112)=4.75$, $p<.05$), 수행 정보의 특출성×집단의 수행환류의 상호작용 효과($F(1,112)=26.46$, $p<.001$)가 유의하였다.

구체적으로 개인 정보가 특출한 조건($M=3.90$)보다 집단 정보가 특출한 조건($M=4.51$)에서 정적정서를 더 강하게 경험하였다. 그러나 이는 수행 정보의 특출성과 집단의 수행 환류의 상호작용 효과 때문에 해석이 제한된다. 즉, 집단 정보가 특출한 경우에는 집단이 성공한 조건($M=4.64$)과 실패한 조건($M=4.38$)간에 유의한 차이가 없었다. 그러나 개인 정보가 특출한 경우에 집단이 실패한 조건($M=3.69$)보다 성공한 조건($M=4.11$)에서 정적정서 수준이 더 높았다.

표 8-4. 정적정서의 평균(표준편차)

수행 정보의 특출성	집단성공		소계	집단실패		소계	합계
	개인우수	개인저조		개인우수	개인저조		
집단정보 특출	5.18(1.49)	4.11(1.63)	4.64(1.63)	5.18(2.35)	3.59(1.27)	4.38(2.02)	4.51(1.82)
개인정보 특출	4.79(1.79)	3.43(1.14)	4.11(1.63)	4.58(0.69)	2.80(1.41)	3.69(1.42)	3.90(1.53)
합 계	4.98(1.63)	3.77(1.42)	4.38(1.63)	4.88(1.73)	3.20(1.38)	4.04(1.77)	4.21(1.70)

앞에서와 마찬가지로 자기평가와 정서 경험의 관계를 알아보기 위하여 자기평가와 정적정서 간 상관을 구했는데, 상관계수는 .34로 유의하였다. 각 실험 조건별로 자기평가와 낙담정서 간 상관도 알아보았는데 개인 수행 정보가 특출한 조건에서 집단이 성공하고 개인은 우수한 조건과 집단이 성공하고 개인은 저조한 조건에서 상관계수가 각각 .68과 .55로 유의하였다. 자기평가와 낙담정서를 연결하여 생각해보면 집단이 성공했으며 개인이 우수하다는 정보가 특출해지면 사람들은 자기를 100명 중 32등 정도로 평가하고 정적정서를 중간 정도로 경험하며, 자기를 좋게 평가할수록 정적정서를 더 경험한다. 그리고 집단이 성공했으며 개인이 저조하다는 정보가 특출해지면 사람들은 자기를 100명 중 47등 정도로 평가하고 정적정서를 경미한 정도로 경험하며, 자기를 좋게 평가할수록 정적정서를 더 경험한다.

논 의

연구의 요약 및 시사점 이 연구에서는 개인의 수행 정보가 특출하거나 집단의 수행 정보가 특출한 조건에서 내집단과 자신의 수행 수준에 관한 정보를 받았을 때 자기평가가 어떻게 달라지는지 알아보았다. 이 연구의 결과를 보면 개인의 수행 정보가 특출하거나 집단 수행 정보가 각각 특출한 조건에 따라서 내집단과 자신의 수행 수준이 자기평가에 서로 다르게 영향을 미쳤다.

먼저 집단의 수행 정보가 특출한 조건에서는 집단과 개인의 수행 수준에 관한 정보가 자기평가에 단순히 가산적으로 영향을 미치는 것이 아니라 집단간 비교가 더욱 활성화되어서 에 큰 영향을 미쳤다. 특히 자신은 우수하지 못하지만 집단이 뛰어난 조건이면 자신도 우수하고 집단도 뛰어난 조건과 비교해서 자기평가가 높으면서 차이를 보이지 않은 점이 주목할만하다. 그러나 이처럼 집단이 뛰어날 때 자기평가에 득을 얻는 현상과 연결되게 집단이 뛰어나지 못한 조건에서는 자기평가에 해를 입는 현상도 나타났다. 즉 자신은 우수하지만 집단이 뛰어나지 못한 조건에서 보인 자기평가 수준보다 자신도 우수하지 못하고 집단도 뛰어나지 못한 조건에서 나타난 자기평가 수준이 매우 낮았다.

특히 집단 수행 정보가 특출한 경우에 개인은 잘 못하였으나 집단이 잘한 조건에서 얻은 자기평가치 자체도 흥미로운 결과를 보여준다. 즉 집단과 개인이 모두 성공한 경우에는 중간값 50보다 높은 79.96 정도로 자신을 평가했는데, 개인은 실패하였으나 집단은 성공한 경우에도 이와 유사한 76.60 정도로 자신을 평가했다. 따라서 집단이 성공했다는 정보가 특출해지면 개인의 수행 수준보다는 집단의 수행 수준에 의해 자기를 평가하게 되어 개인의 성공보다 집단의 성공에 의해서 자기평가가 더 영향을 받게 된다고 할 수 있다. 반면에 개인은 성공하였으나 집단은 실패한 경우에는 50보다는 높지만 76.60보다는 낮은 64.47 정도로 자신을 평가했다. 그리고 집단도 실패하였고, 개인도 실패한 조건에서는 32.73으로 50보다 낮게 자신을 평가했다. 따라서 집단이 실패했다는 정보가 특출해지면 개인의 수행 수준보다는 집단의 수행 수준에 의해 자기를 평가하게 되어 개인의 실패보다 집단의 실패에 의해서 자기평가가 더 영향을 받게 된다고 할 수 있다.

이 연구에서 부가적으로 각 실험 조건에서 경험한 자기정서를 알아보았다. 그 결과를 보면, 집단 수행 정보가 특출한 조건에서는 집단이 성공하면 개인의 수행은 저조하더라도 자기평가는 개인이 우수할 때만큼 높지만 초조정서를 강하게 경험하는 것으로 보인다. 반면에 집단도 실패하고 개인의 수행도 저조하면 개인 수행이 우수할 때보다 자기를 더 나쁘게 평가하고 초조정서도 더 강하게 경험하게 된다. 특히 집단의 실패 정보가 특출할 때 개인 수행마저 저조하면 자기를 매우 나쁘게 평가하기는 하지만, 이 조건에서는 자기평가가 나쁠수록 초조정서를 덜 경험했다고 보고했다. 그러나 상관분석 자료로는 인과관계를 알 수 없으며, 또한 이 연구에서 자기정서는 부가적으로 얻은 자료이므로 해석에 제한이 따른다. 따라서 장차 집단내 비교와 달리 집단간 비교가 우세한 상황에서 자기정서를 주 종속치로 다루는 실험 연구를 통해서 검증할 필요가 있다.

다음으로 개인 수행 정보가 특출한 조건에서는 이 연구의 예측대로 특출해진 개인 수행 정보로 인해서 집단간 비교보다 집단내 비교가 더욱 활성화되어서 자기평가에 영향을 미치는 것으로 나타났다. 개인의 수행 정보가 특출한 조건에서는 집단의 수행 수준과 개인의 수행 수준은 서로 독립적으로 자기평가에 영향을 미치는 것으로 보인다. 다시 말해서 집단이 우수하거나 우수하지 못한 경우 개인 수행 정보에 따라서 자기평가에 영향을 미쳤다. 이로 인해 집단도 성공하였고 자신도 잘한 경우에 자기평가가 가장 높았다. 다음으로는 집단이나 개인 중 어느 한 쪽만이 성공한 경우, 즉 집단은 성공하였으나 개인은 실패하였거나 집단은 실패하였으나 개인은 성공한 경우에 자기평가가 높았다. 마지막으로 집단도 실패하였고 개인도 실패한 경우에 자기평가가 가장 낮았다.

또한 평정치 자체도 관심을 기울일만하다. 집단과 개인이 모두 성공한 경우에는 중간값 50보다 높은 68.47 정도로 자신을 평정했고, 집단이나 개인 중 어느 한 쪽만이 성공한 경우에는 53.18과 53.29 정도로 50과 거의 유사하게 자신을 평정하였으며, 집단과 개인이 모두 실패한 경우에는 50보다 낮은 41.64 정도로 자신을 평정했다. 이를 보면 집단의 수행 정보보다 개인의 수행 정보가 상대적으로 더 특출해지면 사람들은 이 두 정보에 동등한 가중치를 두어서 자기를 평가하는데 사용하는 것으로 보인다. 이 점은 매우 중요한데, 개인 수행 정보가 더 특출함에도 불구하고 사람들은 자신이 속한 집단의 수행 정보를 개인의 수행 정보와 동등하게 자기를 평가하는데 사용하며, 특히 자신은 실패한 상황에서도 집단의 성공으로 자기가 평가절하되지 않도록 하는 현상을 보여주기 때문이다. 따라서 비록 이 연구에서는 앞선 연구들(장은영, 한덕웅, 1999; 한덕웅, 1999; 한덕웅, 장은영, 2001)에서 자기방어 동기를 측정하여 알아보지 않았지만, 이러한 조건에서 자기방어 동기를 알아보면 사람들이 자신을 고양하는데 개인적 비교 정보뿐만 아니라 집단 비교 정보도 사용하는지 여부를 직접적으로 검증할 수 있을 것이다.

개인 수행 정보가 특출한 조건에서 자기정서 경험을 살펴보면, 집단간 비교보다 집단내 비교가 더욱 활성화된 조건에서는 집단이 성공하면 자기를 좋게 평가할수록 낙담정서를 덜 경험하고 정적정서를 더 경험한다. 하지만 초조정서는 자기평가와 아무런 상관을 보이지 않았다. 이는 자신의 수행 수준이 저조할 때 초조정서를 매우 낮게 경험한 데 원인이 있는 것으로 보인다. 이러한 결과는 자신은 저조한데 비해 집단이 뛰어난 조건에서 집단내 비교를 통해 상향비교를 하게 될 가능성이 높음에도 불구하고 초조정서를 가장 덜 경험했음을 보여준다. 이는 선행 연구(한덕웅, 장은영, 2001)에서 개인적으로 실패를 경험한 사람이 상향비교를 예상할 때에 초조정서를 덜 경험한 점과 일관되는 내용이다. 그러나 이러한 가능성도 자기정서를 주 종속치로 다루어서 실험 연구를 통해 검증할 필요가 있다.

개인은 우수하지만 집단은 실패한 조건이거나 개인도 우수하고 집단도 성공한 조건에서 각각 자기평가가 어떻게 나타날지 검증한 이 연구 결과와 선행 연구 결과를 종합하여 정리해 보면 다음과 같다: 먼저 이 연구에서 집단 수행 정보가 특출한 조건은 집단간 비교가 가장 활성화된 상황으로서 집단 수행 정보로 더 큰 영향을 받아서 개인은 우수하지만 집단은 성공한 조건보다 개인도 우수하고 집단도 성공한 조건에서 자기평가가 더 높다. 그리고 개인 수행 정보가 특출한 조건에서도 집단간 비교보다 집단내 비교가 활성화되었지만, 집단간 비교를 전혀 경험하지 않은 것이 아니므로 개인은 우수하지만 집단은 성공한 조건보다 개인도 우수하고 집단도 성공한 조건에서 자기평가가 더 높다. 반면에 이전 연구들에서 다룬 바와 같이 집단간 비교를 전혀 경험하지 않는 상황에서는 집단의 수행 정보를 전혀 고려하지 않기 때문에 개인은 우수하지만 집단은 실패한 조건보다 개인도 우수하고 집단도 성공한 조건에서 자기평가가 더 낮다. 따라서 이 내용을 실험 연구를 통하여 검증해 볼 필요가 있다.

참고로 이 연구의 모든 조건들에서 얻은 자기평가의 백분위는 전체 평균이 58.79로 환류 정보의 평균인 50.55보다 다소 높은 편이다. 이는 대학생들이 자기를 평균보다 높다고 생각하는 경향이 있음을 보여준 연구결과와 일관되는 내용이다(Weinstein, 1980; Weinstein, 1983; Weinstein & Lachendro, 1982).

연구의 제한점과 장래 연구의 과제 이 연구의 제한점과 그와 관련된 후속 연구에서 다룰 만한 과제들을 생각해 보면 다음과 같다: 첫째, 이 연구에서 알아본 자기평가는 능력에 대한 자기평가이다. 그러나 우리가 자기를 평가하는 영역은 능력 뿐만 아니라 외모, 습관 및 태도 등 다양하며 이러한 다양한 자기관련 영역은 특히 변화가능성이나 통제가능성에서 상당히 다르다. 따라서 이 연구의 결과는 능력에 대한 자기평가로 제한하여 해석하여야 한다.

둘째, 다음으로 이 연구에서 개인의 수행 수준과 내집단의 수행 수준에 관한 정보 중 어느 것이 특출한가에 따라서 자기평가에 상당히 다른 영향을 미쳤다. 그러나 이러한 수행 정보가 개인의 자기평가에 영향을 미치는 수준은 다를 수 있다. 예를 들면 내집단의 수행 환류는 개인의 수행 환류보다 전집을 더욱 잘 대표하는 정보로 지각되었을 수 있다. 이 연구에서 내집단에서 개인의 환류 백분위와 다른 집단과 비교한 내집단의 상대적 백분위로 환류를 조작하였기 때문에 이 가능성은 높지 않지만, 이러한 대안 해석의 여지는 여전히 남아있다. 이 연구에서는 개인의 수행 수준이 특출하거나 내집단의 수행 수준이 특출한 조건만을 다루었으므로 장래 연구에서는 이 두 수행 수준이 모두 특출하게 조작되지 않은 조건이나 두 수행 수준이 모두 특출한 조건에서 얻은 결과를 이 연구 결과와 비교하여 검토해보는 것도 의의가 있겠다.

셋째, 내집단 수행 정보와 개인의 수행 정보를 자기를 평가하는데 사용할 때 문화의 차이가 영향을 미치는 현상도 생각해볼 수 있다. 한국의 경우 다른 문화보다 자신이 속한 집단 기준으로 자기를 평가하는 경향이 우세할 수 있다. 따라서 내집단 수행 정보와 개인의 수행 정보가 문화에 따라서 다르게 자기평가에 영향을 미치는지 장래 연구에서 직접 다룰 필요가 있다.

넷째, 이 연구에서는 부가적으로 각 조건마다 경험되는 자기정서를 알아보았는데, 집단 수행과 개인 수행이 모두 제공되고 두 정보 중 어느 정보가 특출하느냐에 따라 자기정서가 영향을 받았다. 그리고 초조정서와 낙담정서 및 정적정서는 항상 동일한 패턴으로 경험되지 않는 점이 나타났다. 따라서 이 정서 측정치를 주 종속치로 하여 이 연구의 결과가 재검증되는지 알아보는 것도 후속 연구에서 다룰만한 주제이다.

다섯째, 이 연구에서 다룬 수행 정보의 특출성 효과는 단순한 접촉 빈도라고도 볼 수 있다. 그러나 조작점검을 위해 참가자들에게 질문한 문항은 지각능력을 판단할 때 개인 점수가 집단 점수 중 무엇이 더 중요하다고 생각하는지 알아본 것이었다. 그리고 개인 수행 정보가 특출한 조건과 집단 수행 정보가 특출한 조건간 차이가 유의하였다. 따라서 수행 정보의 특출성을 정보를 접한 횟수로 조작하였지만, 참가자들에게 단순한 접촉빈도 이상의 정보에 대한 중요성 지각으로 조작되었을 가능성이 있다.

마지막으로, 이 연구의 결과는 우물안 개구리(frog-pond 또는 big-fish-little-pond) 효과와 관련하여 논할 수 있다. 이 효과는 내집단이 뛰어나지 못하면 우수한 개인은 내집단과 상대적 비교로 인해서 자신에 대한 평가가 실제보다 매우 높아지게 되어 비현실적으로 긍정적인 자기평가를 초래할 수 있음을 의미한다. 반면에 내집단이 뛰어나면 우수한 개인은 내집단과 상대적 비교로 인해서 자신에 대한 평가가 낮아지게 되어 부정적인 자기평가를 초래할 수 있다. 그러나 이 연구 결과에 의하면 이러한 우물안 개구리 효과는 항상 일어나는 것이 아니며, 집단 수행 정보가 특출하게 되어 집단간 비교를 경험하면 이러한 부정적 효과는 완화되어서 실제의 자기를 반영하는 자기평가가 이루어질 수 있음을 알 수 있다.

제 9 장

실패를 경험하고 상향비교하는 상황에서 비교하는 목표가 자기평가에 미치는 영향

이 연구에서는 과제를 수행하여 실패를 경험하고 자신을 우수한 사람과 비교하는 상황에서, 비교하는 목표, 우수한 상대방이 과거에 실패했던 경험 그리고 장차 자신이 우수한 상대방처럼 될 수 있는 가능성이 자기평가에 어떤 영향을 미치는지 알아보았다. 결과를 보면, 개인이 실패를 경험한 상황이더라도 자기향상의 목표를 설정한 조건에서 상향비교 대상이 이전에 실패한 경험이 있거나 혹은 자신도 상향비교 대상의 수준에 도달할 가능성이 높다고 지각하면, 상향비교 대상이 이전에 실패한 경험도 없고 도달가능성도 낮을 때보다, 자신의 능력을 더 높게 평가했다. 또한 자기방어의 목표를 설정하면 상향비교 대상의 수준에 도달할 가능성이 높은 조건에서 낮은 조건보다 자신의 능력을 더 높게 평가했다. 이 연구는 한국사회에서 개인이 과제에 수행에서 실패를 경험하더라도 상향비교의 압력이 상존하는 경우에 자기평가에 미치는 부작용을 완화시킬 수 있는 요인들을 알아낸데 의의가 있다.

서 론

다른 문화권에 비해서 한국사회는 교육열이 높은데(한덕웅, 1994b; 한덕웅, 이경성, 2003) 학업에서도 경쟁하는 상황이 조성되면서 자의적으로나 타의적으로 타인과 비교가 빈번하게 이루어지고 있다(한덕웅, 엄광은 2002). 문화에 상관없이 사회비교는 학교에서 우세하게 나타나는 중요한 특징들 가운데 하나라고 볼 수 있다(Huguet, Dumas, Monteil, & Genestoux, 2001). 특히 한국사회에서는 학교에서 학생들의 경쟁이 심하기 때문에 부모들이 자녀들에게 상향비교를 강요(한덕웅, 장은영, 2003b)할 뿐만 아니라 학생들 스스로도 자기향상을 추구하면서 자기보다 우수한 학생과 비교하는 경향을 보인다. 실제로 선행연구들(장은영, 한덕웅, 1999; 한덕웅, 1999)을 살펴보면 한국의 대학생들이 개인의 과제 수행을 다른 학생과 비교하는 상황에서 특히 자기보다 우수한 사람을 선택하는 비율이 전체 대학생들의 2/3나 되었다. 이와 관련해서 Heine, Kitayama, Lehman, Takata, Leung 및 Matsumoto (2001)는 서양문화에서 자기방어의 동기가 우세한 바와 대조적으로 동양문화에서는 상대적으로 자기성장의 동기가 높다고 가정하였다. 자기성장 혹은 자기향상의 동기가 높으면 사회비교 과정에서도 이 동기를 충족시키기에 적합하도록 자기보다 우수한 사람을 선택하여 비교하게 된다고 가정할 수 있다(장은영, 한덕웅, 1999; 한덕웅, 1999). 이 관점에서 보면 한국을 포함해서 동양문화에서 자신보다 우수한 상향비교 대상과 비교가 우세하게 이루어진다고 볼 수 있다.

이번 장에서 다루게 되는 연구(이희란, 한덕웅, 2005)에서는 한국문화에서 우수한 사람과 비교하게 되는 경우에 어떤 상황에서 자기평가가 높아지거나 혹은 낮아지는지 알아내려고 한다. 앞에서도 언급한 바와 같이 한국문화에서는 일상생활에서 상향비교의 압력이 우세하기 때문에 개인이 실패를 경험한 상황에서도 자기보다 우수한 사람과 비교해야 하는 경우가 많다고 볼 수 있다. 이 사실에 착안하여 이 연구에서는 개인이 실패를 경험한 상황에서 상향비교를 하게 되는 경우에 어떤 조건에서 자기평가에 큰 영향을 받게 되는지 알아내려고 한다.

지금까지 국내외에서 상향비교를 다룬 연구들을 보면 그 결과가 비교적 일관되지 못했다. 예를 들어 우수한 타인과 비교한 후 자신의 상대적인 열등감으로 인해서 낙담할 수도 있지만(Collins, 1996; Tesser, 1988), 상향비교를 통해서 장차 성공을 얻을 수 있는 지침을 지니게 됨으로써 자기향상에 유익하게 기여할 수도 있고(Lockwood & Kunda, 1997; Mussweiler, Ruter, & Epstude, 2004), 우수한 비교대상이 자기향상의 동기를 높이는데 기여할 가능성이 있다는 소수의 연구들(Major, Testa, & Bylsma, 1991; Taylor & Lober, 1989; Wood, 1989)도 있다. 그러므로 스스로 상향비교를 추구하거나 외부로부터 상향비교의 압력을 받는 사회상황에서 상향비교를 하게 되면 어떤 요인들이 어떤 순기능과 역기능을 보이는지 연구할 필요가 있다.

이 연구에서는 대체로 자기평가에 긍정적 영향을 미친다고 가정하는 하향비교(Brown, Novick, Lord, & Richards, 1992; Buunk, Collins, Taylor, Van Yperen, & Dakof, 1990; Lockwood, 2002; Morse & Gergen, 1970; Van der Zee, Oldersma, Buunk, & Bos, 1998; Wheeler & Miyake, 1992)와 달리 자기에 긍정적으로나 부정적으로 영향을 미칠 수 있는 상향비교(한덕웅, 장은영, 2001; Aspinwall & Taylor, 1993; Collins, 1996; Tesser, 1988)가 사회비교하는 사람의 자기평가에 긍정적 효과를 초래할 수 있는 조건을 밝히고자 한다. 이 연구에서는 특히 개인이 실패를 경험한 상황으로 한정해서 자신의 실패에도 불구하고 상향비교가 자기평가에 긍정적인 영향을 미치는 조건을 알아보는데 목적이 있다. 지금까지 여러 연구에서 실패를 경험하게 되면 자기평가가 낮아지고 사회비교에서도 자기보다 못한 사람과 비교하게 된다고 가정하였다. 그러나 Heine 등의 연구에서도 지적된 바와 같이 실패에 대한 반응은 각 문화에서 자기성장이나 자기고양의 동기가 우세한 수준에 따라서 달리 나타난다. 또한 이와 일관된 관점에서 개인이 만성적으로나 상황에 따라서 일시적으로 지니는 자기성장이나 자기방어의 동기 수준에 따라서도 실패의 경험이 자기평가에 달리 영향을 미친다고 추론할 수 있다. 이 연구에서는 이와 같은 관점에서 실패를 경험한 후에 자기보다 우수한 사람과 비교하는 과정에서 사회비교하는 목표를 달리 설정하게 되면 자기평가에 미치는 영향이 달라진다고 가정했다. 그리고 상향의 사회비교를 거쳐서 자기평가에 영향을 미치는 과정을 사회비교의 자기조절 과정이론(한덕웅, 1999, 2002; 한덕웅, 장은영, 2003a)에 근거하여 가설을 도출하고, 실험을 통하여 이 가설을 검증하고자 한다.

한덕웅(1999, 2002)은 Festinger(1954)가 제안한 유사비교이론과 Wills(1981)의 하향비교과정 이론을 통합하여 설명하려는 연구들(Taylor & Lobel, 1989; Tesser, 1988; Buunk, Collins, Taylor, Van Yperen, & Dakof, 1990; Gibbons & Boney McCoy, 1991)을 하나의 일관된 이론틀로 설명하지 못한 점에 착안하여 사회비교의 자기조절 과정이론을 제안하였다. 이 이론(한덕웅, 1999, 2002; 한덕웅, 장은영, 2003a)에서는 사회비교목표의 설정과 아울러 비교목표의 개입이라는 두 경로를 통해서 사회비교의 동기가 우세해지고 우세해진 사회비교 동기의 충족 수준에 따라서 사회비교의 결과가 달라진다고 가정하고 있다.

이후 비교대상의 선택에 관한 실험연구(한덕웅, 1999)를 통해서 사회비교목표의 설정과 상황의 개입 요인에 따라서 상향비교, 유사비교 및 하향비교 대상의 선택이 달라진다는 가설을 검증하였다. 선행연구들(한덕웅, 장은영, 2003a)에서 이 이론에 근거하여 다룬 종속변인들은 대상선택, 정서, 주관안녕 및 건강지각이었다. 이 연구에서는 이 이론에 근거하여 자기평가를 종속변인으로 다루게 된다. 다시 말해서 과제의 수행에서 실패를 경험한 상황에서 상향비교가 자기평가에 긍정적 영향을 미치는 조건을 알아보려고 한다. 이 연구에서 자기평가는 실험 과제에서 자신의 수행 수준을 백분위로 측정하여 구체적 자기평가를 알아보게 된다. 그리고 이 자기평가와 아울러 수행과제를 넘어서 자신에 대한 전반적 평가에도 일반화 되어서 영향을 미치는 수준도 알아보려고 한다. 실험에 사용된 과제에서 자기평가를 다루는데 덧붙여서 전반적 자기평가를 알아보는 이유는 세 독립변인들 가운데 상대적으로 자기평가의 일반화에 기여하는 요인을 알아보려는데 있다.

또한 이 연구자의 선행연구들과 비교해서 논의하기 위해서 자기평가와 아울러 참고로 독립변인들이 자기정서에 미친 영향도 알아보려고 한다. 그리고 상향비교가 자기평가에 미치는 효과를 한덕웅과 장은영(2003a)이 개발한 사회비교 동기와 비교동기의 충족 수준으로 측정하여 이 이론으로 일관되게 설명되는지 검증하려고 한다. 이 연구에서는 실험을 통해서 개인이 실패를 경험한 상황으로 한정시키고 이 상황에서도 상향비교가 자기평가에 긍정적 영향을 미칠 수 있는 요인들로 사회비교의 목표, 비교대상의 실패경험 및 도달가능성을 가정하였다. 다음에는 이 연구에서 가설들을 설정한 이론적 배경을 독립변인에 따라서 차례대로 살펴보기로 한다.

사회비교 목표가 자기평가에 미치는 영향 사회비교의 자기조절 과정이론(한덕웅, 1999, 2002; 한덕웅, 장은영, 2003a)에 따르면 사회 상황에서 사람들이 의도적으로 사회비교의 목표를 설정할 수도 있다. 그리고 이 사회비교의 결과는 사회비교의 목표에 따라서도 달라진다. 사회비교의 과정을 다룬 연구를 떠나서 살펴보면 문화에 따라서 개인들이 공유하는 동기가 서로 다르기 때문에 과제수행에서 성공이나 실패를 경험한 경우에도 문화에 따라서 수행의 동기가 달라진다는 가설도 제안된 바 있다. Heine, Kitayama, Lehman, Takata, Leung 및 Matsumoto(2001)는 일본과 미국에서 실패나 성공환류를 받은 후 과제수행의 동기를 알아보기 위해서 과제수행의 지속 시간을 알아보았다. 그 결과, 일본인들은 과제수행에 성공했을 때보다 실패한 후 과제수행을 지속한 시간이 더 길었고, 캐나다와 미국인들은 상반된 결과를 보였다. 이 연구자들은 이 결과를 문화에 따른 자기와 동기의 차이로 설명했다. 즉, 북미인들은 자기가 독립적이고 독특하며 상대적으로 변하지 않는다고 보고 자기를 긍정적으로 인식하여 고양하려는 동기가 상대적으로 우세하기 때문에 실패보다 성공했을 때 더욱 노력한다고 가정했다. 반면, 동아시아인들은 자기가 상호의존적이며 포함적이고 변화가 가능하다고 보고 자기를 성장시키려는 동기가 우세하기 때문에 성공보다 오히려 실패했을 때 더욱 노력하게 된다고 가정했다.

이 연구자들의 주장과 같이 문화에 따라서 자기동기의 성질이나 강도가 달라지기도 한다. 그러나 다른 한편으로 어떤 사회동기를 우세하게 공유하는 한 문화에서도 개인의 만성적 요인이나 상황요인들에 따라서 자기동기가 달라지기도 한다. 구체적으로 한덕웅과 공동연구자들의 사회비교 연구에서도 특정한 비교목표의 설정, 성공이나 실패의 경험, 장래 성공가능성, 통제가능성 등 여러 요인에 따라서 자기향상이나 자기방어의 동기가 달라졌다. 이 결과는 동일한 한국문화에서도 사회비교의 목표를 달리 설정하게 되면 자기동기의 성질이 달라질 수 있음을 의미한다. 이처럼 사회비교의 목표나 상황요인을 달리 조작함으로써 자기동기를 달리 형성시키게 되면, 문화요인을 독립변인으로 다루는 연구에서 자기동기의 매개과정을 검증하지 못하는 바와 달리, 이 요인들이 자기동기나 이 동기의 충족을 매개과정으로 여러 변인들에 미치는 영향을 직접 검증할 수 있다.

이번 장에서 다루게 되는 연구는 개인의 과제수행이 낮아서 실패를 경험한 조건에서 사회비교의 목표를 달리 설정하면 특정한 동기가 우세해져서 자기동기의 충족을 매개로 자기평가가 달라지는지 알아보고자 하였다. 앞서의 논리를 이 연구에 적용해 보면 한국사회에서 비록 실패를 경험하고 자기보다 우수한 사람과 비교하더라도 자기향상목표를 설정하면 자기방어목표가 설정될 때보다 이후의 성공에 대한 기대가 더 높아지고 자기향상동기의 충족이 기대되므로 자기평가가 더 높다고 추론할 수 있다.

이와 관련해서 장은영과 한덕웅(2004a)은 성공 또는 실패를 경험한 상황에서 사회비교의 목표를 실험적으로 조작한 후 장차 자신의 수행을 비교하게 될 대상을 선택하도록 하였다. 그 결과, 자기향상목표를 설정한 사람들이 자기방어목표를 설정한 사람들보다 상향비교 대상을 유의하게 더 많이 선택하였다. 연구자들은 자신을 방어하려는 목표보다 자신을 향상시키려는 목표를 설정하게 되면 사회비교 과정에서도 자기향상의 동기가 높아지고 따라서 이 동기를 충족시키기에 적합한 상향비교 대상을 선택한 비율이 높아졌다고 보았다. 이들의 연구와 같은 논리로 이번 연구에서 다루게 되는 비교목표의 가설을 다음과 같이 유도할 수 있다: 과제를 수행하는데 실패한 조건에서는 자기방어동기가 우세해진다. 그러나 이 조건에서도 실패를 경험한 사람이 자기향상의 목표를 설정하면 자기향상동기도 함께 우세하게 작동하게 된다. 이 조건에서 상향비교 대상과 비교하게 되면 자기방어동기보다 자기향상동기를 충족시키는데 더 적합하게 되므로(한덕웅, 1999; 한덕웅, 장은영, 2003a), 이 조건에서 성공이 예견되면 자기향상동기의 충족 수준이 자기방어동기의 충족 수준보다 높은 조건이라고 볼 수 있다. 한편 실패를 경험한 사람이 자기방어의 목표를 설정하면 자기방어의 동기가 우세해진다. 이때 상향비교 대상과 비교하게 되면 자신의 성공기대가 낮아지기 때문에 우세한 자기방어동기를 충족시키는데 적합하지 못한 조건이 되므로 이 조건은 우세해진 방어동기의 충족 수준이 매우 낮게 예견되는 조건이라고 볼 수 있다. 따라서 자기향상목표를 설정하면 자기방어목표를 설정할 때보다 자신의 능력을 개선하려는 자기향상의 동기가 상대적으로 우세해져서 장차 자신이 우수한 사람보다 잘 하거나 유사해질 수 있다는 성공기대가 형성되고 향상동기가 충족될 개연성이 높다고 추론할 수 있으므로 자기평가도 높을 것이다. 따라서 실패상황에서 자기향상목표를 설정하고 상향비교 대상과 비교하게 되면 자기방어목표를 설정한 경우보다 자기평가가 더 높다고 예측할 수 있다(가설 1).

비교대상의 실패경험이 자기평가에 미치는 영향 일상생활에서 사람들은 사회비교를 통해서 자신이 다른 사람들보다 우수하다는 사실을 알아내기도 하고 열등하다고 평가하기도 한다. 이 가운데 후자의 경우도 흔히 생각하는 것보다 자주 나타난다. 이 연구에서는 이처럼 사회비교의 결과로 자신이 열등하여 실패를 경험한 조건에서 다시 자기보다 우수한 사람과 비교해야 하는 상황을 다룬다. 이 주제를 다룬 연구들을 살펴보기에 앞서 먼저 지금까지 사회비교의 실패를 다룬 연구들에서 어떤 현상들이 나타났는지 간략하게 알아보기로 한다.

상향비교하는 대상이 이전에 경험한 실패가 사람들에게 미치는 영향을 간접적으로 살펴본 Van der Zee, Oldersma, Buunk 및 Bos(1998)는 사회비교 정보를 접한 유방암 환자들의 정서반응을 알아보았다. 유방암 환자들에게 질병의 상태가 자기보다 좋은 상향비교의 대상이나 혹은 자기보다 나쁜 하향비교의 대상을 가상으로 조작한 유방암 환자를 면담한 글을 읽도록 하였다. 그 결과, 환자들은 상향비교 대상에 관한 글을 읽었을 때 하향비교 대상에 관한 기사를 읽었을 때보다 상대적으로 긍정적정서를 경험한 수준이 높았다. 연구자들은 이 결과를 토대로 위협을 잘 극복한 사람들을 면접한 글이 환자들을 고취시키고 격려시킬 수 있다고 제안하였다.

이와 유사하게 Evers, Bishop, Gerhan 및 Weisse(1997)의 연구에서도 비교대상이 위협을 어느 정도 극복한 상황에서 대처정보를 적극적으로 제공하면 위협을 받는 사람들이 가장 선호하고 그와 같이 대처하도록 영향을 미친다는 연구 결과를 보고하였다. 참가자들은 면담을 녹화한 비디오 교육을 받았는데 면담한 사람은 참가자들과 같은 대학생이나 교육자는 HIV 양성/음성과 아울러 성적지향성 수준에 따라서 조작되었다. 이 연구에서 HIV에 대한 위험지각과 검사를 받을 의도를 알아본 결과를 보면 교육자가 HIV 음성이면 학생들이 HIV 검사를 받으려는 의도의 변화량이 약간 감소한 반면에 교육자가 HIV 양성이면 HIV 검사를 받으려는 의도가 이전보다 더 높아졌다. 이들의 연구에서는 HIV 양성인 교육자는 비록 양성이지만 HIV를 어느 정도 극복하고 HIV의 감염을 막는 정보를 적극적으로 제공하였기 때문에 위협을 어느 정도 극복한 상향비교 대상이 긍정적으로 영향을 미쳤다고 볼 수 있다.

이러한 결과들을 토대로 실패 혹은 위협을 경험한 사회비교 상황에서 상향비교 대상이 이전에 실패했던 경험이 있거나 없는 경우에 자기평가에 미치는 영향을 예상해 보면 다음과 같다: 개인이 실패를 경험한 상황에서 자기방어동기가 우세해지므로 상향비교 대상은 우세한 방어동기를 충족시키는데 적합한 대상이 아니다. 그러나 상향비교 대상도 이전에 같은 상황에서 실패했던 경험이 있다면 비록 상향비교 대상이기는 하지만 자신도 이 대상처럼 유능하게 될 수 있다고 추론하여 성공기대가 높아지게 된다. 따라서 우세해진 방어동기 역시 충족될 개연성이 높아진다고 예측할 수 있다. 그러므로 상향비교 대상이 실패한 경험이 있는 사람이면 없는 조건보다 자기평가가 더 높다고 예측하였다(가설 2).

그러나 이 변인들의 효과는 사회비교목표와 상호작용할 수 있다. 비교대상의 실패경험과 사회비교목표설정의 상호작용을 가정하는데 도움이 되는 연구를 살펴보자. Bennenbroek, Buunk, van der Zee 및 Grol(2002)의 연구에서는 암환자들이 상향비교나 하향비교 가운데 어떤 비교대상을 선호하는지 알아보았다. 특히 환자들이 대처와 질병의 심각성 차원에서 사회비교의 정보와 사회비교 대상의 접촉 가운데 무엇을 선호하는지 알아보았다. 그 결과, 현재 고통을 겪고 있는 환자들은 상향비교 정보와 상향비교 대상과 접촉을 모두 더 선호하였다. 특히 상향비교 대상의 정보에 대해서 알고 싶을 때라도 질병의 심각성 차원보다 어떻게 대처했는지 대처차원에 관한 정보를 더 알기 원했다. 이들의 연구는 이미 암의 대처과정 프로그램에 참여한 환자들을 대상으로 실시하였기 때문에 참여자들이 자기향상동기가 높은 환자들이어서 이 동기를 충족시키기 적합한 상향비교 대상을 선호하는 경향이 강했다고 볼 수 있다. 또한 이 환자들은 자신과 동일한 질병을 경험해서 실패한 경험이 있는 상향비교 대상에 대해서 더 높은 선호를 보였다. 따라서 이 결과는 사회비교의 목표와 비교대상의 실패경험이 상호작용함을 시사하는 결과라고 볼 수 있다.

지금까지 보고된 연구들에서는 대체로 이전에 실패한 경험이 있는 상향비교 대상이 긍정적 영향을 미치는 효과를 설명하면서 특히 상향비교 대상이 실패를 극복하는데 필요한 정보나 대처 정보를 제공하기 때문이라고 보고 있다. 이와 달리 이번 연구에서는 상향비교 대상의 실패경험을 통해서 실패의 극복이나 대처를 위한 구체적 정보를 제공하지 않더라도 단지 이 비교 대상이 이전에 실패했던 경험만으로도 자기평가에 긍정적 영향을 미치는지 알아보려고 한다. 즉, 비록 자신보다 상향비교 대상이지만 이전에 실패했었던 경험이 있다면 자신도 그 사람처럼 우수하게 될 수 있다고 추론할 수 있다. 그러므로 장차 이 대상만큼 자신이 잘 할 수도 있다는 자기향상 욕구의 충족이 기대되어서 자기평가가 높아지는지 검증하게 된다.

이와 같은 추론을 바탕으로 실패상황에서 사회비교의 목표와 상향비교 대상의 실패경험이 자기평가에 미치는 상호작용효과를 정리해 보면 다음과 같다: 먼저 자신이 실패하여 자기방어동기가 우세한 상황에서 자기향상목표가 설정되면 자기향상동기도 함께 우세해진다. 이 조건에서 상향비교하는 대상이 이전에 자기처럼 실패했던 경험이 있다면 그렇지 않을 때보다 자신도 장차 그 대상만큼 잘 할 수 있다고 생각하여 향상동기가 충족될 개연성이 더 높다고 추론하게 된다. 반면에, 자신이 실패하여 자기방어동기가 우세해진 상태에서 자기방어목표가 설정되면 자기방어동기만 특출하게 우세해진 조건이 된다. 이 경우에는 자존심의 손상을 방어하려는 동기만 우세해져서 상향비교 대상이 이전에 자기처럼 실패한 경험이 있더라도 장차 자신이 상향비교 대상처럼 성공할 수 있다는 생각은 낮게 된다. 그러므로 상향비교 대상의 실패경험 유무와 상관없이 자기의 실패로 우세해진 방어동기가 충족된다고 기대하기 어려우므로 자기평가도 낮다고 예측할 수 있다. 따라서 자기향상목표가 설정된 조건에서는 비교대상이 실패한 경험이 없을 때보다 있을 때 자기평가가 더 높지만, 자기방어목표가 설정된 조건에서는 비교대상의 실패경험에 따라서 자기평가가 유의하게 달라지지 않을 것이다(가설 3).

자신이 비교대상의 수준에 도달할 가능성에 대한 신념이 자기평가에 미치는 영향 지금까지 사회비교의 과정에 영향을 미치는 변인들을 다룬 연구들에서 성공/실패 환류(장은영, 한덕웅, 1999, 2004b; 한덕웅, 1999; 한덕웅, 엄광은, 2002; 한덕웅, 장은영, 2000a; Gibbons & McCoy, 1991; Klein, 1997; Trope & Neter, 1994), 통제력 지각(장은영, 한덕웅, 1999), 변화가능성(Stapel & Koomen, 2001) 및 향상가능성(한덕웅, 엄광은, 2002) 등이 다루어졌다. 그 가운데 특히 상향비교의 순기능에 영향을 미치는 변인으로는 자신이 상향비교 대상의 수준에 도달할 가능성 지각을 들 수 있다. 비록 자신보다 우수한 사람일지라도 자신도 그 사람만큼 우수한 수준에 도달할 수 있다고 지각하게 되면 자기향상의 동기와 아울러 자기평가가 높아지는 반면에 이에 도달하기가 어려워 보이면 자신이 희망을 가질 수 없기 때문에 낙심하게 된다(Lockwood & Kunda, 1997).

비교대상 수준의 도달가능성이 중요하다고 시사하는 연구들에서는 초기에 과제를 수행하는 상황을 다루었다. 초기 연구에서는 비교대상의 수행 수준에 따라서 자기수행에 대한 성공기대가 달라져서 수행에도 영향을 미쳤다. 이와 관련해서 Seta(1982)는 동료와 사회비교하게 되면 과제수행에 어떤 영향을 미치는지 알아보았다. 실험참가자들에게 자신보다 수행이 열등하거나, 동등하거나, 또는 약간 뛰어난 다른 학생과 함께 패턴인식과제를 수행하도록 했다. 그 결과, 혼자나 매우 우수한 사람과 수행할 때보다 자기보다 약간 뛰어난 수행을 보인 사람과 함께 수행한 참가자들이 가장 높은 수행을 보였다. 이 연구자들은 비교대상의 수행이 자신의 수행과 차이가 크다고 지각하면 비교대상을 무시하게 되어서 혼자 수행하는 경우와 비슷한 수행이 나타난다고 설명하였다. 그러나 사회비교의 자기조절 과정이론에서 보면, 상향비교 대상이 자신보다 다소 우수하여 자신도 그 사람 수준에 도달할 개연성이 높다고 생각하므로 자기향상동기의 충족이 예상되어서 자기평가에도 긍정적 영향을 미쳤다고 볼 수 있다.

도달가능성이 자기평가에 미치는 영향을 직접 알아본 Lockwood와 Kunda (1997)의 연구에서는 자기와 관련있는 상향비교대상이 지니는 수행 수준에 도달할 수 있다고 지각하면 자신감과 포부가 생기지만 도달할 수 없다고 지각하면 실망감이 생긴다고 보았다. 이들은 실험조건에서는 1학년과 4학년 대학생들에게 자기전공과 관련있는 분야에서 매우 뛰어난 졸업생의 기사를 읽도록 했고, 통제조건에서는 장래 교사가 되기를 희망하는 학생들에게 비교대상에 대한 글을 읽지 않도록 한 다음에 자기를 평정하도록 하였다. 그 결과, 1학년생은 자기 전공과 관련있는 상향비교대상과 비교하면 비교하지 않은 때보다 자기평정이 높았으나, 4학년생은 상향비교한 조건과 통제조건 간에 자기평정에 차이가 없었다.

한편 Blanton, Buunk, Gibbons 및 Kuyper(1999)는 사회비교가 매우 빈번하게 이루어지는 학교상황에서 사회비교의 효과를 알아보았다. 이들의 연구에서는 타인들에 비해서 자신을 어떻게 평가하는지 알아본 상대평가와 어떤 비교대상을 선택하는지 알아보는 두 측정치들을 사용하여 학업성적을 예측했다. 그 결과, 학생들은 학교에서 자신보다 약간 더 잘하는 동성의 학생과 비교하는 빈도가 높을수록, 그리고 다른 학생들보다 자신이 더 잘 한다고 평가할수록 3학기에 성적이 더 좋았다. 그러나 이 결과는 성적의 안정성이라는 측면에서도 설명이 가능하며, 다른 친구와 비교해서 자신의 우수성을 상대적으로 평가할 때 조사 실시한 담임 선생님의 평가에 대한 우려가 작용할 수 있어서 결과의 해석에 제약이 된다. 이러한 제한점에도 불구하고 이 결과는 사회비교의 목표와 도달가능성이 자기평가에 미치는 상호작용 효과에 시사점을 제공한다. 또한 자신이 일반적인 타인보다 더 우수하다고 볼수록, 그리고 자기와 차이가 작지만 우수한 사람과 비교할수록 수행이 향상되었다. 이 결과를 이번에 소개하는 사회비교의 자기조절 과정이론의 논리로 설명하면 자기향상목표를 설정한 조건에서 자기방어목표를 설정할 때보다 도달가능성이 자기평가에 더 긍정적으로 영향을 미쳤다고 추론할 수 있다.

앞에서 도달가능성을 다룬 연구의 결과들을 정리해 보면 사회비교 과정에서 비교대상의 수준에 도달할 개연성에 따라서 수행 및 자기평가에 영향을 줄 수 있음을 알 수 있다. 그러나 대부분의 연구들에서 사회비교 후에 나타난 결과를 인과적으로 설명할 수 있는 독립변인의 조작이나 측정이 일관되지 못했으며, 도달가능성을 조작한 경우에도 다른 변인의 효과가 혼입되었을 가능성을 배제하지 못했다. 그뿐만 아니라 자기보다 약간 우수한 상향비교 대상과 비교한 빈도가 높을수록 수행과 자기평가가 높아진 연구결과 역시 상향비교 대상과 자신이 유사하다고 지각한 유사성 효과인지 혹은 도달가능성의 효과인지 알 수 없는 한계를 지닌다. 따라서 상향비교 대상의 수행 수준에 도달할 가능성을 실험상황에서 독립변인으로 조작하여 가외변인의 효과를 통제하는 연구가 필요하다. 이번 연구에서는 이와 같이 도달가능성을 독립변인으로 조작하여 자신보다 약간 우수한 상향비교 대상이 아니라 매우 우수한 비교대상과 비교하는 경우에도 도달가능성이 자기평가에 영향을 미치는지 알아보려고 한다.

선행연구들을 토대로 실패를 경험한 상황에서 우수한 비교대상의 수행 수준에 도달할 가능성이 자기평가에 어떤 영향을 미치는지 정리해 보면 다음과 같다: 자신이 실패를 경험한 상황이더라도 자기향상의 목표를 설정하여 향상동기가 높아지고 또한 상향비교 대상의 수행 수준에 도달할 가능성도 높으면 자기평가는 좋아진다. 과제의 수행에 실패한 조건에서는 일반적으로 자기방어동기가 우세해지므로 상향비교 대상은 우세한 자기방어동기를 충족시키는데 적합한 비교대상이 아니다. 그러나 실패 후에 이 대상의 수행 수준에 도달할 가능성을 높다고 지각하게 되면 상향비교를 하더라도 장차 자신도 우수한 상대만큼 잘 할 수 있다는 기대가 상대적으로 높아져서 자기방어동기도 충족될 가능성이 더 높아져서 자기평가도 높아진다고 예측된다. 따라서 도달가능성이 높은 조건에서 도달가능성이 낮은 조건보다 자기평가가 더 높을 것이다(가설 4).

다음으로 사회비교의 목표와 도달가능성의 두 변인이 자기평가에 미치는 상호작용 효과를 예상할 수 있다. 먼저 실패상황에서 자기향상목표를 설정한 조건에서는 이미 손상된 자존심의 방어에 관심을 두는 자기방어동기와 유능성 증진에 관심을 두는 자기향상동기가 동시에 우세하게 된다. 이 조건에서 상향비교 대상의 수준에 도달할 가능성이 높다고 지각하게 되면 장차 자신도 그 사람만큼 잘 할 수 있다는 기대가 상대적으로 높아지므로 향상동기가 충족될 가능성이 더 높다고 예측된다. 반면에 실패상황에서 자기방어목표를 설정하면 자기방어동기가 매우 우세한 조건이 된다. 이 경우에는 이미 손상된 자존심의 손상을 막으려는 동기가 우세하기 때문에 비록 개인이 장차 상향비교 대상의 수준에 도달할 가능성이 높다고 지각하더라도, 장차 자신이 상향비교 대상보다 잘 할 수 있다는 기대는 낮아지게 된다. 그러므로 이 조건에서는 자기평가가 낮다고 예측된다. 따라서 실패상황에서 자기향상목표가 설정된 조건에서는 도달가능성이 낮을 때보다 높을 때 자기평가가 더 높지만, 자기방어목표가 설정된 조건에서는 도달가능성에 따라서 자기평가에 유의한 차이가 없을 것이다(가설 5).

또한 실패를 경험한 후에 상향비교에서 비교대상의 실패경험과 도달가능성이 자기평가에 미치는 영향은 사회비교의 목표에 의해서 그 효과가 조절된다고 예측할 수 있다. 먼저 자기향상목표가 설정된 조건에서는 실패 경험으로 우세해진 자기방어동기 뿐만 아니라 자기향상목표의 설정으로 자기향상동기 역시 우세해지게 된다. 이때 이전에 이미 실패한 경험이 있는 우수한 사람과 비교하게 되면 자신도 비교대상의 수준에 도달할 가능성도 높다고 추론하므로 장차 자신이 비교대상 수준으로 잘 할 수 있다는 기대가 더 높아지게 된다. 따라서 이 조건에서는 비록 비교대상 수준에 도달할 가능성이 낮더라도 높은 성공기대로 우세해진 자기향상동기를 어느 정도 충족시킬 수 있으므로 도달가능성이 높은 조건에 비해서 자기평가에 큰 차이를 보이지 않게 된다고 예측할 수 있다. 반면에 자기향상목표가 설정된 조건이라도 비교대상이 이전에 실패한 경험도 없고 또한 비교대상 수준에 도달할 가능성도 낮은 조건에서는 자기의 성공가능성이 낮다고 보게 되므로 자기평가가 매우 낮아진다고 예측할 수 있다. 따라서 자기향상목표 조건에서 비교대상이 이전에 실패한 경험이 있는 사람이라면 장차 자기수행이 비교대상의 수준에 도달할 가능성에 따라서 자기평가가 유의하게 달라지지 않지만, 비교대상이 실패경험이 없는 사람이라면 도달가능성이 낮을 때보다 높을 때 자기평가가 더 높다고 예측할 수 있다(가설 6-1).

다음으로 실패상황에서 자기방어목표를 설정한 조건에서는 자존심을 방어하려는 동기가 매우 우세하게 된다. 이 때에는 상향비교 대상이 이전에 실패한 경험이 있는 사람이라도 방어동기가 높고 이후 사회비교에서 성공기대도 높지 않게 된다. 따라서 이 조건에서는 비교대상의 실패경험이 자기방어동기를 충족시켜주는 수준에는 차이가 없어서 자기평가도 유의하게 달라지지 않게 된다고 예측할 수 있다. 반면, 자기방어목표를 설정한 조건이라도 자신의 수행이 상향비교대상의 수준에 도달할 가능성이 높으면 장차 사회비교에서 성공기대가 상대적으로 높아져서 방어동기의 충족 수준도 높아진다고 추론할 수 있다. 따라서 자기방어의 목표를 설정한 사회비교 조건에서는 비교대상의 실패경험에 따라서 자기평가에 유의한 차이가 없지만 도달가능성이 높으면 낮을 때보다 자기평가가 더 높다고 예측할 수 있다(가설 6-2).

연구 방법

실험절차 실험에 참여하기로 동의한 참가자들이 2명씩 실험실에 도착하면 각자 컴퓨터 앞에 자유롭게 앉도록 하였다. 모든 실험절차와 과제의 실시는 참가자들이 컴퓨터 화면에 나타난 지시문을 읽으면서 진행되었다. 참가자들에게 이 연구는 대학생의 직무판단과 수행 능력을 알아보는데 목적이 있다고 알려주었고, 모든 참가자들에게 사회비교에서 실패환류를 제공하기 위하여 직무판단 및 수행 능력 예비검사를 5분간 실시하였다. 실패환류는 지금까지 동일한 검사를 실시한 이전 대학생들과 비교하여 100점 만점에 50점을 평균으로 환산하면 참가자의 득점이 백분위로 하위 30%, 31% 혹은 32%에 해당한다고 무선으로 배정하여 동일하게 알려주었다. 그리고나서 작년에 동일한 검사를 받은 학생들 가운데 한 사람을 컴퓨터가 무선으로 정해 주게 되면 다음 본과제의 수행에서 자신이 얻는 점수를 그 사람과 비교하게 된다고 알려주었다. 이어서 자신의 점수와 이 사람의 점수를 비교할 때 염두에 두어야 할 사회비교의 목표를 조건에 따라서 달리 조작하였다. 그리고 작년에 동일한 검사를 받았던 학생들 중 비교할 사람을 선정하였는데 그의 본검사 점수가 백분위로 91%(90%, 92%)에 해당하여 매우 우수하다고 알려줌으로써 모든 참가자들에게 동일하게 상향비교 대상을 조작하였다. 그 다음으로 상향비교 대상의 실패경험을 알려주기 위하여 컴퓨터가 정해준 사람이 최종적으로 받은 우수한 본검사 점수와 별도로 본점사 이전에 예비검사에서 받은 점수를 조건에 따라서 달리 제공하여 조작하였다. 그리고 참가자가 각자 예비검사에서 보인 수행패턴을 컴퓨터가 단위 시간별로 세분하여 분석한 그래프를 제시하여 앞으로 실시할 본검사에서 자신이 상향비교 대상의 수행 수준에 도달할 가능성을 달리 조작하였다. 이어서 종속변인으로 자기평가를 측정하고, 부가적으로 자기정서도 측정하였다. 그리고 조작점검 문항에 응답하도록 한 후 직무판단과 수행능력 본검사를 실시하였다.

참 가 자 성균관대학교에서 심리학개론을 수강하는 학생 120명을 8조건에 각각 15명씩 무선할당하였다.

실험설계 2(사회비교의 목표: 자기향상/자기방어)×2(비교대상의 실패경험: 있다/없다)×2(비교대상 수준의 도달가능성: 높다/낮다)로 삼원 완전무선요인설계를 사용했다.

실험 과제 한덕웅과 소재용(2002)의 연구에서 사용했던 컴퓨터 직무수행 능력검사를 변형하여 사용하였다. 이 연구에 사용된 과제는 컴퓨터 화면에 16개 칸으로 나뉘어 있는 4×4 행렬의 네모칸들 안에 숫자와 영어 알파벳으로 이루어진 문자가 0.4, 0.5, 혹은 0.6초로 매우 짧은 시간 동안 제시된다. 참가자들은 집중해서 순간적으로 다양하게 제시되는 숫자와 문자의 개수를 각각 세어서 숫자와 문자의 응답 칸에 개수를 숫자로 입력하도록 하였다. 지시문에서 참가자들에게 4×4 행렬의 그림은 매우 짧은 시간 동안 제시되므로 가능한 한 정확하고 빠르게 응답해야 한다고 알려주었다. 또한 숫자와 문자 중 먼저 응답하는 순서가 정해져 있지 않으므로, 지각한 숫자와 문자 모두거나 혹은 숫자나 문자 가운데 하나만 골라서 개수를 응답해도 된다고 설명하였다. 참가자들에게 검사의 점수는 정해진 시간 동안에 응답한 총 문제의 수, 정확하게 응답한 수, 그리고 반응시간을 모두 반영하여 계산한다고 알려주었다.

독립변인 조작 사회비교의 목표를 조작하기 위해서 한덕웅과 장은영(2003a)의 연구에서 사용한 사회비교의 기법을 이 연구의 실험상황에 맞도록 일부 수정하여 사용하였다. 자기향상 목표조건에서는 컴퓨터가 정해준 사람의 예비검사 및 본검사 점수를 자신의 점수와 비교할 때 자신의 판단능력을 증진시켜서 유능성을 높이는데 목표를 두라고 지시하였으며, 유능성을 높이는데 목표를 두게 되면 자신을 향상시키는데 도움이 된다는 사실이 훈련프로그램에서 입증된 바 있다고 제시하였다. 자기방어 목표조건에서는 컴퓨터가 정해준 사람의 예비검사 및 본검사 점수를 자신의 점수와 비교할 때 자신의 자존심이 손상당하지 않도록 자존심을 방어하는데 목표를 두라고 지시하였으며, 자존심이 손상당하지 않는데 목표를 두게 되면 자존심을 방어하는데 도움이 된다는 사실이 훈련프로그램에서 입증되었다고 설명하였다. 비교대상의 실패경험을 조작하기 위한 예비검사 결과는 이전에 동일한 검사를 받은 대학생들과 비교하여 100점 만점에 50점을 평균으로 환산한 백분위 점수로 알려주었다. 비교하는 대상이 실패한 경험이 있는 조건에서는 컴퓨터가 정해준 사람의 예비검사 결과를 백분위로 환산하면 점수가 20%(19%, 20%, 21%)에 해당하여 본검사와 달리 예비검사에서는 매우 저조한 점수를 얻었다고 알려주었다. 실패한 경험이 없는 조건에서는 컴퓨터가 정해준 사람의 예비검사 결과를 백분위로 환산하면 점수가 80%(79%, 80%, 81%)에 해당하여 본검사와 마찬가지로 예비검사에서도 매우 높은 점수를 얻었다고 알려주었다. 도달가능성은 실험참가자가 직무판단 및 수행 능력의 예비검사에서 얻은 수행수준의 패턴을 1분 단위로 세분하여 그래프로 보여주고 이후 본검사에서 자신이 컴퓨터가 정해준 사람의 본검사 점수에 도달할 확률을 조작하여 조작하였다. 도달가능성이 높은 조건에서는 이전에 참가했던 2217명의 수행패턴을 기초로 분석한 결과를 보면 예비검사에서 당신과 유사한 수행패턴을 보인 학생들 가운데 대략 70% 정도가 본검사에서 컴퓨터가 정해준 사람의 점수에 도달하였으므로 당신도 본검사에서 컴퓨터가 정해준 사람이 받은 점수에 도달할 가능성이 매우 높다고 알려주었다. 도달가능성이 낮은 조건에서는 이전에 참가했던 2,217명의 수행패턴을 기초로 분석한 결과를 보면 예비검사에서 당신과 유사한 수행패턴을 보인 학생들 가운데 대략 30% 정도가 본검사에서 컴퓨터가 정해준 사람 점수에 도달하였으므로 당신도 본검사에서 컴퓨터가 정해준 사람이 받은 점수에 도달할 가능성이 매우 낮다고 알려주었다.

종속변인 측정 자기평가는 장은영과 한덕웅(2001)이 실험에서 사용한 과제에서 자신을 평가하는 구체적 자기평가의 6문항으로 측정하였다. 아울러 이 연구에서 처음으로 실험에 사용한 과제를 넘어서 자기평가가 어느 정도 일반화되는지 알아보기 위하여 전반적 자기평가는 4문항으로 측정하였다. 구체적 자기평가 문항들에서는 실험에 사용한 과제에서 자신이 100명 중 몇 등 혹은 몇 번째가 된다고 평가하는지 등수를 구체적으로 기입하도록 했다. 전반적 자기평가 문항들에서는 자신의 전반적 능력에 대한 생각과 가장 일치하는 정도를 －3(예 : 매우 유능하지 않다)에서 ＋3(예 : 매우 유능하다)까지 7점 척도에 응답하도록 하였다. 두 자기평가의 값이 크면 자기평가가 좋았음을 의미하도록 자료를 정리하여 평균을 구하였다. 이 자기평가 문항들을 두 요인으로 볼 수 있는지 알아보기 위하여 실시한 요인분석에서 두 요인 구조가 추출되었다. 또한 탐색적 요인분석을 통해서 얻은 구성개념의 측정치들이 구체적 자기평가와 전반적 자기평가의 두 요인으로 구성되는지 검증하기 위하여 확인적 요인분석을 실시하였으며, 그 결과에서 부합도 지수는 전반적으로 만족할만한 수준이었다(RMR=.07, GFI=.99, $AGFI$=.99, NFI=.99, $NNFI$=1.01). 따라서 구체적 자기평가는 6개 문항 그리고 전반적 자기평가는 8개 문항에 7점 척도로 평정한 측정치들을 조건별로 각각 평균하여 얻었다.

정서경험 선행연구들과 비교하기 위하여 참고로 실패상황에서 사회비교의 목표, 비교대상의 실패경험 및 도달가능성에 따라서 자기정서들이 어떻게 달라지는지도 알아보았다. 이 연구에서 자기정서는 Hahnm, Chon 그리고 Pyo(2004)가 개발한 기본정서 문항들 가운데 사회비교 상황에 적합한 정서들을 가려내어서 사용하였다:

정적 자기정서는 기쁘다, 신나다, 즐겁다, 유쾌하다, 자랑스럽다, 환희, 재미있다, 만족스럽다, 친밀감, 자신감, 흥미롭다, 안정감, 열정적이다. 부적 자기정서는 미워하다, 짜증나다, 화나다, 괴롭다, 겁나다, 분노하다, 적개심, 슬프다, 부끄럽다, 속상하다, 두렵다, 싫어하다, 우울하다, 불안하다. 참가자들에게 현재 각 정서들을 얼마나 느끼는지 7점척도(0: 전혀 느끼지 않음, 6: 매우 많이 느낌)에 응답하도록 하였다. 이 정서들이 정적정서와 부적정서의 두 요인으로 변별되는지 알아보기 위하여 실시한 요인분석에서 두 요인 구조가 추출되었다. 13개 정적정서의 문항들의 신뢰도(Cronbach's α)는 .96이었다. 한편 14개 부적정서 문항들의 신뢰도(Cronbach's α)는 .95이었다. 자기정서 경험의 측정치는 13개 정적정서와 14개 부적정서로 평정의 평균을 얻었다.

비교동기의 충족수준 한덕웅과 장은영(2003a)의 연구에서 개발한 사회비교 동기의 충족척도에서 이 연구 목적에 맞게 일부 문항을 수정하여 사용하였다. 자기향상동기, 자기방어동기, 자기평가동기 각각의 충족 수준을 측정하는 순서는 상쇄해서 제시하였다. 먼저 전체 12 문항들이 세 요인으로 구성되는지 알아보기 위하여 확인적 요인분석을 실시하였다. 그 결과, 대표적인 부합도 지수들이 만족할만한 수준이었다(*RMR*=.07, *GFI*=.80, *AGFI*=.70, *NFI*=.92, *NNFI*=.92). 따라서 방어동기, 평가동기 및 향상동기 충족 수준을 세 요인으로 측정할 수 있는 타당성이 확인되었다. 각 동기의 충족 수준을 측정하는 문항들의 내적일치도계수(Cronbach's α)를 보면 .96이며, 평가동기는 .93이고, 향상동기는 .91이었다.

연구 결과

독립번인의 조직효과 점검 각 실험 조건에 따라서 참가자들이 자신이 받은 독립변인 조작 지시문을 기억하는지 알아본 결과, 모든 참가자들이 자신에게 제시된 지시문을 정확히 기억했다. 또한 '나의 직무판단 및 수행 능력 예비검사 점수는 저조한 편이었다.'와 '나의 직무판단 및 수행 능력 예비검사 점수는 우수한 편이었다.'의 두 문항에 7점 척도로 반응한 자료를 분석하여 실패환류의 조작효과를 점검하였다. 이 문항들에서 평균은 $M = 2.32$로 나타났는데, 이 값을 정상분포를 가정하는 경우의 평균 4와 비교하여 t검증한 결과, 차이가 유의하여($p < .001$) 자신의 수행이 매우 저조하다고 지각하였음을 알 수 있다. 그러므로 실패환류의 조작은 잘 이루어졌다.

또한 '컴퓨터가 정해준 사람의 본검사 점수는 다른 학생들에 비해서 어떤 편이라고 생각합니까', '컴퓨터가 정해준 사람의 본검사 점수는 매우 우수했다', '컴퓨터가 정해준 사람의 본검사 점수는 매우 저조했다'의 세 문항들에 대한 반응을 요인분석한 결과가 한 요인으로 묶여서(Cronbach's $\alpha = .80$), 이 문항들에 대한 전체 평균($M = 6.54$)을 얻었다. 이 값을 정상분포를 가정하는 경우의 평균 4와 비교하여 t검증한 결과, 컴퓨터가 정해준 사람이 매우 우수한 사람들로서 상향비교 대상이라고 지각하여 조작이 잘 이루어졌다($p < .001$).

사회비교의 목표의 조작효과는 '나는 컴퓨터가 정해준 사람과 예비검사 및 본검사 점수를 비교할 때 나의 유능성을 높이는데 주로 관심을 두었다'에 대한 응답을 2(사회비교의 목표)×2(비교대상의 실패경험)×2(도달가능성)로 변량분석하여 확인하였다. 그 결과, 사회비교목표의 주효과만 유의하였으며, $F(1,112) = 370.75$, $p < .001$, 자기방어목표($M = 2.13$)보다 자기향상목표($M = 6.02$)를 설정한 조건에서 유능성을 높이는데 더 관심을 두었다고 응답하였다. 또한 '나는 컴퓨터가 정해준 사람과 예비검사 및 본검사 점수를 비교할 때 나의 자존심을 손상당하지 않는데 주로 관심을 두었다'에 대한 응답을 2(사회비교의 목표)×2(비교대상의 실패경험)×2(도달가능성)로 변량분석한 결과, 사회비교목표의 주효과만 유의했다, $F(1,112) =$

313.94, $p < .001$. 구체적으로 살펴보면 자기향상목표($M = 1.95$)보다 자기방어목표($M = 5.92$)에서 자존심을 손상 당하지 않는데 더 관심을 두었다고 응답하였다. 이 결과는 두 사회비교의 목표 설정이 효과적으로 조작되었음을 보여준다.

비교대상의 실패경험을 조작한 효과는 '컴퓨터가 정해준 사람의 예비검사 점수는 그 사람의 본검사 점수처럼 매우 우수한 편이었다'는 문항을 2(사회비교의 목표)×2(비교대상의 실패경험)×2(도달가능성)로 변량 분석하여 확인하였다. 그 결과에서 비교대상 실패경험의 주효과만 유의했다, $F(1,112) = 1170.38$, $p < .001$. 구체적으로 살펴보면 컴퓨터가 정해준 비교대상의 실패경험이 없는 조건($M = 6.17$)에서는 예비검사의 점수도 본검사처럼 우수했다고 보았고, 비교대상의 실패경험이 있는 조건($M = 1.33$)에서는 예비검사의 점수가 본검사 점수보다 매우 나빴다고 지각하여서 조작이 효과적으로 이루어졌다.

도달가능성의 조작효과는 '예비검사 점수를 분석한 결과, 나는 본검사에서 컴퓨터가 정해준 사람의 본검사 점수에 도달가능성할 가능성이 낮은 편이었다', '예비검사 점수를 분석한 결과에서 당신은 본검사에서 컴퓨터가 정해준 사람의 본검사 점수에 도달할 가능성이 어느 정도였습니까', '예비검사 점수를 분석한 결과에서 나는 본검사에서 컴퓨터가 정해준 사람의 본검사 점수에 도달할 가능성이 높은 편이었다'의 세 문항이 한 요인으로 묶여서(Cronbach's $\alpha = .98$), 이를 2(사회비교의 목표)×2(비교대상의 실패경험)×2(도달가능성)로 변량분석하여 확인하였다. 그 결과에서 도달가능성의 주효과만 유의했다, $F(1,112) = 1330.95$, $p < .001$. 구체적으로 살펴보면 도달가능성이 낮은 조건($M = 1.86$)에서는 자신도 본검사에서 우수한 사람이 받은 점수 수준에 도달할 가능성이 낮다고 지각하였고, 도달가능성이 높은 조건($M = 6.05$)에서는 도달가능성이 높다고 지각하여서 효과적으로 조작되었다.

직무판단 및 수행 능력 과제에서 자기평가 실패상황에서 사회비교의 목표, 비교대상의 실패경험 및 도달가능성에 따라서 구체적 자기평가의 평균을 얻었다(표 9-1). 변량분석의 결과에서 사회비교목표, 비교대상의 실패경험, 그리고 도달가능성의 주효과가 각각 유의하였다. 즉, 자기향상목표를 설정하면($M = 59.43$) 자기방어목표를 설정했을 때($M = 51.83$)보다 이 과제에서 자기의 수행 능력에 대한 자기평가가 더 좋았고, $F(1,112) = 4.44$, $p < .05$(가설 1 지지), 비교대상이 이전

에 수행이 나빴던 실패경험이 있는 사람이면(M=64.20) 실패경험이 없을 때(M=47.07)보다 구체적 자기평가가 더 좋았으며, $F(1,112)=22.58$, $p<.001$(가설2 지지), 자신이 비교하는 사람의 수행 수준에 도달할 가능성이 높으면(M=64.01) 낮을 때(M=47.21)보다 구체적 자기평가가 더 좋았다, $F(1,112)=21.85$, $p<.001$(가설 4 지지). 그러나 주효과들은 비교목표와 비교대상 실패경험의 이원상호작용($F(1,112)=6.75$, $p<.05$)과 아울러 사회비교의 목표, 비교대상 실패경험 및 도달가능성의 삼원상호작용($F(1,112)=5.78$, $p<.05$)이 유의하기 때문에 그 해석이 제한된다.

표 9-1. 각 조건별 구체적 자기평가의 평균(표준편차)

실패경험	비교목표 / 도달가능성	향상목표 평균(SD)	방어목표 평균(SD)	합 계 평균(SD)
실패경험 있음	도달가능성 높음	74.74(18.95)	66.71(19.82)	70.72(19.49)
	도달가능성 낮음	70.62(19.79)	44.73(26.50)	57.67(26.49)
	소 계	72.68(19.15)	55.72(25.57)	64.20(23.97)
실패경험 없음	도달가능성 높음	60.71(23.14)	54.08(15.57)	57.39(19.67)
	도달가능성 낮음	31.66(8.95)	41.83(20.38)	36.74(16.31)
	소 계	46.18(22.70)	47.95(18.88)	47.07(20.72)
합 계		59.43(24.74)	51.83(22.62)	55.63(23.91)

그림 9-1. 사회비교목표, 비교대상의 실패경험 및 도달가능성에 따른 구체적 자기평가

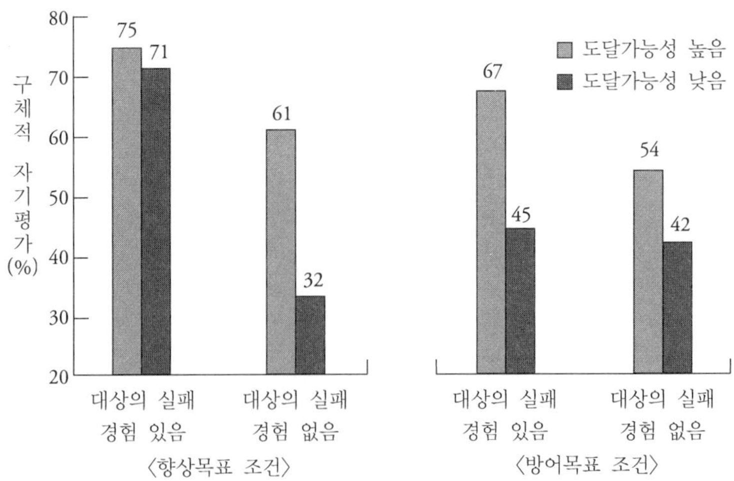

사회비교의 목표와 비교대상의 실패경험이 구체적 자기평가에 미치는 이원상호작용 효과를 알아보기 위해서 단순주효과를 분석한 결과를 보면 자기향상목표를 설정한 조건에서는 비교하는 사람이 이전에 수행이 낮아서 실패한 경험이 있으면($M=72.68$) 없을 때($M=46.18$)보다 구체적 자기평가가 더 높았지만, 자기방어목표를 설정한 조건에서는 비교대상의 실패경험에 따라서 구체적 자기평가가 유의하게 달라지지 않아서 가설 3이 지지되었다.

그러나 사회비교의 목표와 비교하는 사람의 수행 수준에 도달할 가능성의 두 요인이 구체적 자기평가에 미치는 이원상호작용 효과는 유의하지 않았다, $F(1{,}112)=.005$, *n.s.* 다시 말해서 자기방어목표를 설정한 조건에서도 도달가능성이 높으면($M=60.40$) 낮을 때($M=43.28$)보다 구체적 자기평가가 더 좋아서 가설 4는 기각되었다.

삼원상호작용의 효과를 자세히 알아보기 위하여 사회비교의 목표별로 분석하였다(그림 9-1 참조). 먼저 자기향상목표를 설정한 조건에서 단순상호작용 효과가 유의하였는데, $F(1{,}112)=5.97$, $p<.05$, 실패경험이 없는 사람과 비교해서 자신이 그 사람 수준으로 수행이 좋아질 가능성이 높으면($M=60.71$) 낮을 때보다($M=31.66$) 구체적 자기평가가 높았다, $F(1{,}112)=16.23$, $p<.001$. 그러나 실패 후 향상목표를 설정하고 실패경험이 있는 사람과 비교한 경우에는 향상동기가 높고 자신이 동기를 충족시킬 기대도 높기 때문에 이미 구체적 자기평가가 높은 수준에 이르러서 도달가능성이 높고 낮음에 따라서는 더 이상 자기평가가 달라지지 않았다. 이는 가설 5-1을 지지하는 결과이다. 한편, 자기방어목표를 설정한 조건에서는 비교대상의 실패경험에 따라서 구체적 자기평가가 달라지지는 않았으나, 반면에 도달가능성이 높으면($M=60.40$) 낮을 때($M=43.28$)보다 구체적 자기평가가 더 높았다, $F(1{,}112)=11.27$, $p<.01$. 따라서 가설 5-2가 지지되었다.

전반적 자기평가 다음으로 직무판단 및 수행 능력 과제를 넘어서 전반적으로 자기를 평가한 평균들을 정리해 보면 다음과 같다(표 9-2). 변량분석한 결과를 보면, 사회비교목표, 비교대상의 실패경험 및 도달가능성의 주효과가 모두 유의하였다. 즉, 자기향상목표를 설정하면($M=4.72$) 자기방어목표를 설정했을 때($M=4.35$)보다 전반적 자기평가가 더 높았다, $F(1{,}112)=6.06$, $p<.05$(가설 1 지지). 또한 비교대상이 실패경험이 있으면($M=4.74$) 없을 때($M=4.32$)보다 전반적

자기평가가 더 높았다, $F(1,112)=7.52$, $p<.01$(가설 2 지지). 또한 자신이 우수한 사람의 능력 수준에 도달할 가능성이 높으면($M=4.97$) 낮을 때($M=4.1$)보다 전반적 자기평가가 더 좋았다, $F(1,112)=32.17$, $p<.001$(가설 4 지지). 그러나 이 주효과들은 삼원상호작용 효과가 유의하기 때문에($F(1,112)=9.52$, $p<.01$) 해석이 제한된다.

사회비교의 목표와 상향비교 대상의 실패경험이 전반적 자기평가에 미치는 이원상호작용 효과는 유의하지 않았으나, $F(1,112)=3.38$, $p<.10$, 자기향상목표를

표 9-2. 각 조건별 전반적 자기평가의 평균(표준편차)

실패경험	비교목표 / 도달가능성	향상목표 평균(SD)	방어목표 평균(SD)	합계 평균(SD)
실패경험 있음	도달가능성 높음	5.15(.75)	4.94(85)	5.05(79)
	도달가능성 낮음	4.99(.69)	3.89(1.29)	4.44(1.16)
	소 계	5.07(.71)	4.41(1.20)	4.74(1.03)
실패경험 없음	도달가능성 높음	5.18(.69)	4.59(44)	4.89(64)
	도달가능성 낮음	3.56(.86)	3.96(88)	3.76(88)
	소 계	4.37(1.13)	4.28(75)	4.32(95)
합 계		4.72(1.00)	4.35(99)	4.53(1.01)

그림 9-2. 사회비교목표, 비교대상의 실패경험 및 도달가능성에 따른 전반적 자기평가

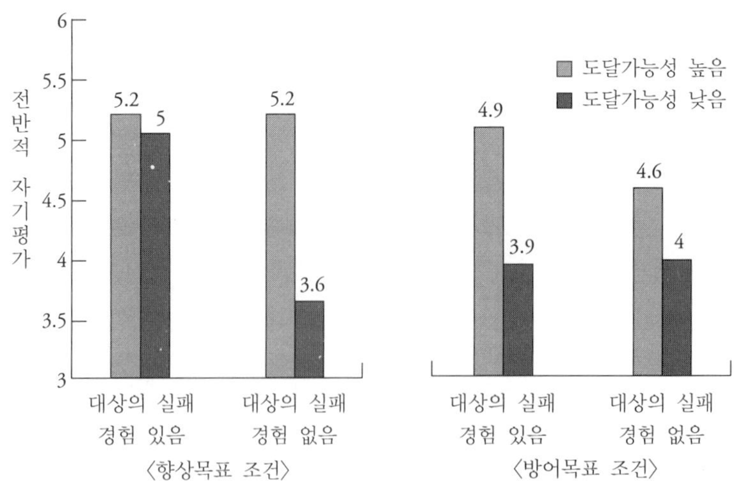

설정한 조건에서는 비교대상의 실패경험이 있으면($M=$ 5.07) 없을 때($M=4.37$)보다 전반적 자기평가가 더 높아서 가설 3은 부분적으로 지지되었다.

또한, 사회비교의 목표와 도달가능성이 전반적 자기평가에 미치는 이원상호작용 효과도 유의하지 않았는데, $F(1,\ 112)=.02$, *n.s.*, 오히려 자기방어목표를 설정한 경우에도 도달가능성이 낮을 때($M=3.93$)보다 높을 때($M=4.77$) 전반적 자기평가가 더 높아서 가설 5는 기각되었다.

사회비교의 목표, 비교대상의 실패경험 그리고 도달가능성의 삼원상호작용 효과가 유의하여 사회비교목표 조건별로 세부 분석하였다(그림 9-2 참조). 자기향상목표 조건에서는 단순상호작용 효과가 유의하였는데, $F(1,112)=11.37$, $p<.01$. 단순단순주효과 분석 결과를 보면 자기향상목표를 설정한 조건에서 비교대상이 실패한 경험이 없으면 도달가능성에 따라서 전반적 자기평가가 달라짐을 알 수 있다, $F(1,112)=28.07$, $p<.001$. 즉, 자기향상목표를 설정한 조건에서 자기보다 우수한 비교대상이 이전에 실패한 경험도 없으면서 자신이 그 사람의 수준에 도달할 가능성이 높으면($M=5.18$) 낮을 때($M=3.56$)보다 전반적 자기평가가 더 높았다. 이는 가설 6-1을 지지하는 결과이다. 반면에 자기방어목표를 설정한 조건에서는 비교대상의 실패경험에 따라서는 전반적 자기평가에 유의한 차이가 없었으나, 도달가능성이 높으면($M=4.77$) 낮을 때($M=3.93$)보다 전반적 자기평가가 더 높았다, $F(1,\ 112)=15.21$, $p<.001$. 따라서 가설 6-2가 지지되었다.

자기정서 선행연구에서 비교목표를 설정한 조건에서 자기정서들을 알아본 바 있는데 이 연구에서는 참고로 실패상황에서 사회비교의 목표, 우수한 비교대상의 실패경험 및 비교대상 수준에 도달할 가능성이 자기정서 경험에는 어떻게 영향을 미치는지 알아보았다. 정적정서 평정치들의 평균은 표 9-3에 제시되어 있다. 이 자료를 변량분석한 결과를 보면, 비교대상의 실패경험과 도달가능성의 주효과가 각각 유의하였다. 구체적으로 비교대상이 실패경험이 있으면($M=$ 4.36) 없을 때($M=3.92$)보다 정적정서가 더 높았으며, $F(1,112)=6.35$, $p<.05$, 비교대상 수준의 도달가능성이 낮을 때($M=3.61$)보다 도달가능성이 높을 때($M=$ 4.67) 정적정서가 더 높았다, $F(1,112)=38.31$, $p<.001$. 그러나 이는 사회비교의 목표와 비교대상의 실패경험의 상호작용 효과($F(1,112)=4.74$, $p<.05$), 그리고 사회비교의 목표, 비교대상의 실패경험, 도달가능성의 삼원상호작용 효과($F(1,112)$

=8.81, $p < .01$)가 유의해서 해석이 제한된다.

사회비교의 목표와 비교대상의 실패경험으로 인한 이원상호작용 효과를 알아보기 위해서 단순주효과 분석을 하였다. 그 결과, 자기향상목표를 설정한 조건에서 비교대상의 실패경험에 따라서 정적정서의 수준이 달랐음을 알 수 있다. 즉, 자기향상목표를 설정한 조건에서는 비교대상이 실패경험이 있으면($M=4.64$) 없을 때($M=3.84$)보다 정적정서가 더 높았지만, 자기방어목표를 설정한 조건에서는 비교대상의 실패경험에 따라서 정적정서가 유의하게 달라지지 않았다, $F(1,112)=11.03$, $p < .01$.

사회비교의 목표, 비교대상의 실패경험 및 도달가능성의 삼원상호작용 효과를 알아보기 위해서 사회비교의 목표별로 분석하였다. 그 결과, 자기향상목표를 설정한 조건에서 단순상호작용 효과가 유의했다, $F(1,112)=11.03$, $p < .01$. 즉, 자

표 9-3. 각 조건별 정적정서의 평균(표준편차)

실패경험	비교목표 / 도달가능성	향상목표 평균(SD)	방어목표 평균(SD)	합계 평균(SD)
실패경험 있음	도달가능성 높음	4.68(.71)	4.76(.80)	4.72(.74)
	도달가능성 낮음	4.61(.85)	3.37(1.42)	3.99(1.31)
	소 계	4.64(.77)	4.07(1.34)	4.36(1.12)
실패경험 없음	도달가능성 높음	4.71(.81)	4.52(.75)	4.62(.77)
	도달가능성 낮음	2.96(.81)	3.49(1.15)	3.23(1.01)
	소 계	3.84(1.19)	4.01(1.09)	3.92(1.14)
합 계		4.24(1.08)	4.04(1.21)	4.14(1.15)

표 9-4. 각 조건별 부적정서의 평균(표준편차)

실패경험	비교목표 / 도달가능성	향상목표 평균(SD)	방어목표 평균(SD)	합계 평균(SD)
실패경험 있음	도달가능성 높음	2.96(1.07)	3.20(.88)	3.08(.97)
	도달가능성 낮음	2.80(.78)	3.75(1.41)	3.27(1.22)
	소 계	2.88(.92)	3.47(1.19)	3.18(1.10)
실패경험 없음	도달가능성 높음	2.86(.74)	3.70(1.11)	3.28(1.02)
	도달가능성 낮음	3.79(.96)	3.74(.68)	3.76(.82)
	소 계	3.33(.97)	3.72(.91)	3.52(.95)
합 계		3.10(.97)	3.59(1.05)	3.35(1.04)

기향상목표를 설정한 조건에서 비교대상이 실패경험이 없으면 도달가능성에 따라서 정적정서에 차이가 나타남을 알 수 있다, $F(1,112)=26.01$, $p<.001$. 구체적으로 자기향상목표를 설정한 조건에서 비교대상이 이전에 실패했던 경험도 없으면서 자신이 비교대상의 수행 수준에 도달할 가능성이 높으면($M=4.71$) 낮을 때($M=2.96$)보다 정적정서가 더 높았다. 반면에 자기방어목표를 설정한 조건에서는 비교대상의 실패경험에 따라서는 정적정서에 차이가 유의하지 않았지만, 도달가능성이 높으면($M=4.64$) 낮을 때($M=3.43$)보다 정적정서가 더 높았다, $F(1,112)=24.88$, $p<.001$.

다음으로 부적정서 경험에서 나타난 특징들을 정리해 보면 다음과 같다: 사회비교목표의 주효과가 유의해서 자기방어목표를 설정하면($M=3.59$) 자기향상목표를 설정한 경우($M=3.10$)보다 부적정서가 더 높았다, $F(1,112)=7.51$, $p<.01$. 그러나 이 결과는 사회비교의 목표, 비교대상의 실패경험 및 도달가능성의 삼원상호작용 효과($F(1,112)=4.99$, $p<.05$)가 유의하여 해석이 제한된다. 삼원상호작용을 알아보기 위하여 사회비교의 목표별로 분석한 결과를 보면 자기향상목표 조건에서만 단순상호작용 효과가 유의했다, $F(1,112)=4.46$, $p<.05$. 즉, 자기향상목표 조건에서 우수한 비교대상이 실패경험도 없으면서 자신이 그 비교대상의 수준에 도달할 가능성도 낮으면($M=3.79$) 다른 조건들보다 부적정서가 가장 높았다, $F(1,112)=6.73$, $p<.05$. 그러나 이 조건에서 얻은 평균이 7점척도에서 4점이므로 이 조건에서 다른 조건들보다 부적정서가 더 높았다기보다 다른 조건들에서 부적정서가 낮았기 때문에 나타난 결과라고 해석할 수 있다.

사회비교목표, 대상의 실패경험, 그리고 도달가능성이 자기평가에 미치는 영향에서 향상동기 충족 수준의 매개효과 이 연구에서는 사회비교의 자기조절 과정이론에 근거해서 사회비교의 목표, 우수한 비교대상의 실패경험 및 자신의 도달가능성에 따라서 사회비교의 동기가 달리 유발되고 사회비교의 결과로 그 우세해진 비교동기가 충족되는 수준이 달라지므로 자기평가 역시 달라진다고 가정하였다. 이 가설을 검증하기 위해서 사회비교목표, 비교대상의 실패경험, 그리고 도달가능성이 각각 자기평가에 미치는 효과를 향상동기의 충족 수준이 매개하는지 알아보았다. 매개효과는 앞선 장에서 사용한 방법과 동일하게 Baron과 Kenny(1986)의 절차에 따라서 분석하였고, 수정된 Sobel검증(Kenny, Kashy, &

Bolger, 1998) 기법을 사용하였다. 이 분석의 결과를 살펴보면 사회비교목표와 비교대상의 실패경험은 향상동기의 충족 수준(각각 $\beta = .26$, $p < .01$, $\beta = .26$, $p < .01$)에 유의한 영향을 미쳤다(단계 1). 그리고 사회비교목표가 구체적 자기평가($\beta = .20$, $p < .05$)와 전반적 자기평가($\beta = .21$, $p < .05$)에 각각 유의한 영향을 미쳤으며, 비교대상의 실패경험도 역시 전반적 자기평가($\beta = .24$, $p < .01$)에 유의한 영향을 미쳤다(단계 2). 마지막으로 사회비교목표와 자기 향상동기의 충족 수준을 동시에 회귀식에 투입하였을 때 사회비교의 목표가 구체적 자기평가($\beta = .09$, $p > .10$)나 전반적 자기평가($\beta = .07$, $p > .10$)에 미치는 영향은 모두 유의하지 않았다. 그리고 비교대상의 실패경험과 향상동기의 충족 수준을 동시에 회귀식에 투입하였을 때 비교대상의 실패경험이 전반적 자기평가($\beta = .10$, $p > .10$)에 미치는 영향은 유의하지 않았다(단계 3). 그러므로 그림 9-3에 제시된대로, 사회비교목표와 비교대상의 실

그림 9-3. 사회비교 동기 충족 수준의 매개효과 검증

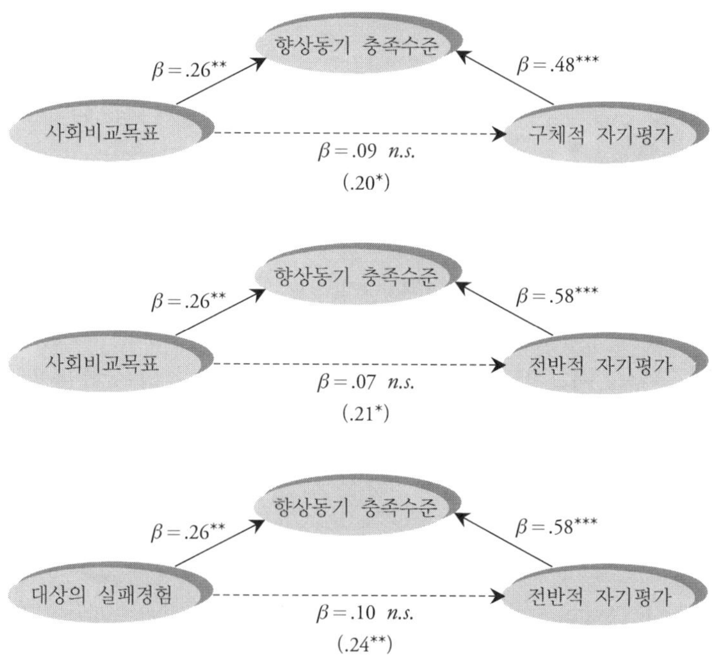

* $p < .05$, ** $p < .01$, *** $p < .001$

패경험이 자기평가에 미치는 효과를 향상동기의 충족 수준이 매개한다고 해석할 수 있다. 이 결과로부터 자신이 과제의 수행에서 실패를 경험한 상황이더라도 자기향상목표를 설정하고 우수한 사람과 비교하게 되면 향상동기의 충족 수준이 높아지고 이로 인해서 구체적 자기평가나 전반적 자기평가가 각각 높아졌음을 알 수 있다. 또한 자기보다 우수한 사람과 비교하더라도 이 사람이 자기처럼 실패한 경험이 있었다고 지각할수록 향상동기의 충족 수준이 높아지고, 이로 인해서 전반적 자기평가가 높아졌음을 알 수 있다.

논　　의

연구의 요약 및 시사점 이 연구에서 제안한 가설들을 검증한 결과들을 토대로 특징점들을 논의하기로 한다. 먼저 과제의 수행에서 실패를 경험하고 우수한 사람과 사회비교하는 상황에서는 자기향상목표를 설정하고 상향비교 대상과 비교하더라도 그 사람이 이전에 실패했던 경험이 있다면 도달가능성이 높고 낮음에 따라서 자기평가가 달라지지 않고 모두 자기평가가 좋았다(구체적 자기평가, 각각 75%, 71%; 전반적 자기평가, 각각 5.15, 4.99). 이 결과는 한덕웅과 장은영(2003a)의 연구에서 제안된 바와 같이 자기향상목표가 설정된 경우에 상향비교 대상이 향상동기를 충족시키기에 적합하고 상향비교 대상의 실패경험 역시 자기향상을 추구하는 동기의 충족수준에 좋은 영향을 미쳤다고 볼 수 있다. 이러한 해석은 참고로 장차 동일한 검사에서 컴퓨터가 정해준 사람과 비교해서 자신이 얼마나 잘 할 수 있다고 생각하는지 알아본 결과에서 유사한 수행을 보인다고 추정한데서도 확인할 수 있다($F(1,112)=.80$, $p=.37$).

둘째, 과제의 수행에서 실패를 경험한 후 자기향상목표를 설정한 조건에서 자기보다 우수한 사람이 이전에 실패했던 경험이 없다면 장차 자신의 도달가능성이 높아야만 자기평가가 더 높았다(구체적 자기평가, 각각 61%, 32%; 전반적 자기평가, 각각 5.18, 3.56). 이 결과는 실패를 경험하고 자기향상목표를 설정한 상황에서 상향비교 대상이 자신과 달리 이전에 실패한 경험이 없는 매우 우수한 사람이더라도 자신이 비교대상의 수준에 도달할 가능성이 높다고 지각하게 되면 이후 성공기대와 향상동기의 충족 수준이 높아져서 자기평가가 더 높아졌다고 추론할 수 있다. 이 해석은 향상동기의 충족 수준($F(1,112) = 17.75$, $p < .001$)을 측정한 평균과 아울러 이후 컴퓨터가 정해준 우수한 사람과 비교해서 동일한 검사에서 자신이 얼마나 잘할 수 있는지 알아본 평균($F(1,112) = 11.73$, $p < .01$)에서도 동일한 방향으로 유의한 차이를 보여서 확인되었다. 따라서 실패를 경험한 상황에서 자신의 유능성 증진에 관심을 두고 자기향상목표를 설정하게 되면 비교하는 사람이 이전에 실패의 경험이 없는 우수한 대상이더라도 자신이 이 사람 수준에 도달할 가능성만 높다고 지각하면 자기평가에 긍정적 영향을 미침을 알 수 있다.

셋째, 자기향상목표가 설정된 조건에서 우수한 비교대상이 실패한 경험도 없고 자신이 그 사람 수준에 도달할 가능성도 낮으면, 상향비교 대상이 실패한 경험이 있으면서 도달가능성도 높을 때나, 상향비교 대상이 실패한 경험이 있으나 도달가능성은 낮을 때, 그리고 상향비교 대상이 실패한 경험이 없으나 자신의 도달가능성이 높을 때에 비해서 자기평가가 더 낮았다. 이 결과는 향상동기의 충족 수준($F(1,112) = 11.86$, $p < .01$)과 아울러 이후 비교에서 자신이 성공할 기대수준을 알아본 결과($F(1,112) = 17.38$, $p < .001$)에서도 확인할 수 있다. 따라서 자신이 실패를 경험한 상황에서 자신의 유능성 증진에 관심을 두는 자기향상목표를 설정하면 비록 우수한 사람과 비교하더라도 비교대상이 실패경험이 있거나 자신의 도달가능성이 높기만 해도 상대적으로 향상동기의 충족 수준이 높아지고 자신도 비교대상처럼 잘 할 수 있다는 성공기대도 높아져서 자기평가에 긍정적인 영향을 미친다고 추론할 수 있다.

넷째, 자기방어목표가 설정된 조건에서는 전반적으로 자기향상의 목표가 설정된 조건과 달리 비교대상이 실패경험이 있거나 없는 조건에서 모두 도달가능성이 낮을 때보다 높을 때 일관되게 자기평가가 높게 나타났다. 구체적으로 살펴보면 실패를 경험한 후 자기방어목표를 설정한 조건에서는 우수한 비교대상의 실패경험에 따라서는 자기평가에 차이가 없었으나(구체적 자기평가, 각각 56%, 48%; 전반적 자기평가, 각각 4.41, 4.28), 자신이 비교대상의 수행 수준에 도달할 가능성이 높으면 낮을 때보다 자기평가가 더 높았다(구체적 자기평가, 각각 60%, 43%; 전반적 자기평가, 각각 4.77, 3.93). 이 결과 가운데 자기방어목표를 설정한 조건에서는, 자기향상목표를 설정했을 때와 달리, 우수한 비교대상의 실패경험이 자기평가에 영향을 미치지 못했다는 점이 주목할 만하다. 이 결과를 비교동기의 충족 수준을 예측하도록 해서 얻은 평균과 연결지어서 살펴보면 다음과 같다: 일반적으로 실패를 경험한 후 자존심 방어의 동기가 높아지는데 이 경우에 자기방어목표를 설정하게 되면 자기방어동기가 매우 우세한 조건이 된다. 선행연구들에 따르면 우세한 자기방어동기를 충족시키기에 우수한 사람은 적합한 비교의 대상이 아니다. 다시 말해서 이 조건에서는 비록 우수한 상대가 이전에 실패한 경험이 있더라도 자신이 비교대상처럼 잘 할 수 있다는 기대가 높아지지 않아서 매우 우세해진 자기방어동기가 충족되기 어려운 조건이므로 자기평가가 낮았다고 볼 수 있다.

다섯째, 현재 자기보다 우수한 사람과 비교하면서 자존심 방어에 관심을 두고 자기방어목표를 설정하게 되면 비교대상의 현재 능력이 중요하고 과거 실패경험은 장차 자신의 방어욕구를 충족시키는데 중요하지 않기 때문에 자기평가가 높지 않았다. 반면에 이 목표 조건에서 자신의 도달가능성이 높으면 장차 자신의 자존심을 방어하는데 좋으므로 자기평가에 좋은 영향을 미쳤다고 볼 수 있다. 다시 말해서 상향비교 대상의 실패경험과 달리 우수한 사람과 비교하더라도 자신의 도달가능성이 높으면 낮을 때에 비해서 방어동기의 충족이 예상된다고 추론할 수 있다. 이 해석은 방어동기의 충족 수준($F(1,112)=7.81$, $p<.01$), 향상동기의 충족 수준($F(1,112)=8.04$, $p<.01$), 그리고 이후 실시할 검사에서 우수한 사람에 비해서 자신이 얼마나 잘 할 수 있는지 알아본 결과($F(1,112)=12.81$, $p<.01$)에서도 근거를 찾을 수 있다. 따라서 실패를 경험한 상황에서 자기향상목표를 설정할 때와 달리 자기방어목표를 설정하고 자신의 도달할 가능성이 높다고 지각하게 되면 방어욕구를 충족시킬 수 있기 때문에 자기평가에 긍정적 영향을 미쳤다고 볼 수 있다.

여섯째, 각 실험조건에서 나타난 부적정서를 살펴보면, 자기평가와 달리, 사회비교목표와 비교대상의 실패경험에 따른 상호작용 효과가 나타나지 않았다. 즉, 방어목표가 설정된 조건과 달리 향상목표가 설정된 조건에서만 비교대상의 실패경험에 따라서 자기평가와 정적정서가 이 연구에서 예상한 방향으로 달라졌지만 부적정서의 경험은 유사한 수준이었다. 구체적으로 살펴보면 향상목표가 설정된 조건에서 부적정서는 비교대상의 실패경험이 있을 때($M=2.88$)나 없을 때

($M=3.33$) 차이가 유의하지 않았다. 이 결과는 향상목표를 설정한 조건에서는 상향비교 대상의 실패경험에 상관없이 모두 부적정서가 크게 높지 않음을 보여준다. 요약해 보면 이 연구에서 자기평가와 정적정서는 대체로 일관되는 결과를 보였으나 비교목표에 따라서 일부 일치되지 않는 결과도 나타났다. 이에 관해서는 장래 연구에서 반복해서 검증하고 깊이 있게 다룰 필요가 있다.

이 연구의 제한점과 장래 연구의 과제 첫째, 이 연구에서 세 독립변인을 조작한 후 자기평가를 먼저 측정하고, 그 다음으로 자기정서를 측정하였다. 그러므로 독립변인의 효과가 직접 나타난 종속변인은 자기평가이며 자기정서 경험은 부가적 측정치로 보아야 한다. 또한 이 연구의 결과에서 자기정서의 경험은 가설을 직접 검증한 결과로 볼 수 없으므로 장차 이 종속변인을 직접 측정하여 이 연구의 결과를 재검증하여야 한다.

둘째, 선행연구들에서도(장은영, 한덕웅, 1999, 2004a; 한덕웅, 1999; 한덕웅, 엄광은, 2002; 한덕웅, 장은영, 2003b) 지적된 바와 같이 이 연구에서 참가한 대학생들은 비교적 향상동기가 높은 경향을 지닌다. 결과에서도 사회비교목표, 비교대상의 실패경험 및 도달가능성이 자기평가에 미치는 영향은 주로 향상동기의 충족 수준에 의해서 매개되었다. 이 연구에 대학생들이 참여했기 때문에 만성적으로 향상동기가 높은 경향을 지니고 향상동기의 충족 수준도 상대적으로 더 높다고 볼 수 있으므로 결과의 일반화에 제한이 된다. 따라서 앞으로 대학생 이외에 낮은 연령과 성인을 포함하여 폭 넓은 연령층을 대상으로 확대하여 이 연구의 결과가 일반화되는지 알아볼 필요가 있다.

셋째, 또한 향상목표나 방어목표를 설정한 조건 이외에 '통제조건'을 사용하면 자기평가가 달리 나타난 효과가 특히 어떤 조건의 영향으로 나타났는지 알아볼 수 있는 이점이 있다. 따라서 장래 연구에서는 통제조건을 포함한 연구를 통해서 통제조건과 각 조건들 사이의 차이를 알아보게 되면 두 목표가 자기평가에 미치는 상대적 영향력도 설명할 수 있다.

넷째, 이 연구의 결과는 능력 차원에서만 일반화할 수 있다.

다섯째, 또한 이 연구에서 사회비교의 목표, 비교대상의 실패경험 및 도달가능성이 자기평가와 자기정서에 미친 효과가 학교에서 중요한 학업과 같이 실제 수행상황에서도 일관되게 나타나는지 장래 연구에서 다룰 필요가 있다. 특히 다른 영역과 달리 수행과 관련되는 사회비교 연구에서는 매우 우수한 상향비교 대상과 비교한 경우보다 약간 우수한 비교대상과 비교하면 수행 수준이 더 좋아졌다는 보고도 있다(Seta, 1982; Seta, Seta, & Donaldson, 1991). 그러므로 개인이 수행에서 실패를 경험한 상황에서 매우 우수한 상향비교 사람과 비교하거나 약간 우수한 사람과 비교한 조건에서 이 연구의 독립변인들에 따라서 실제로 자기평가, 자기정서, 과제수행의 수준 등에 어떤 효과를 미치는지 반복하여 검증해 볼 필요가 있다.

여섯째, 또한 이 연구에서 흥미로운 결과는 비록 실패한 상황이더라도 자기 유능성의 증진에 관심을 두는 향상목표를 설정하게 되면 자신이 비교하는 사람의 수준에 도달할 개연성이 낮더라도 비교대상이 실패한 경험이 있었다는 정보만으로 자기평가가 높았다는 점이다. 이와 함께 비록 자존심의 방어에 관심을 두는 방어목표를 설정하더라도 자신이 우수한 사람의 수준에 도달할 가능성이 높다고 지각해도 자기평가가 높아졌다.

이 결과들은 특히 학업이나 일상생활에서 실패한 경험이 있는 청소년의 상담이나 지도에서 내담자가 스스로 향상목표를 설정하고 실패경험이 있는 우수한 사람과 비교하도록 하면 자기평가에 좋은 영향을 미칠 수 있음을 시사한다. 또한 일상생활에서 자기평가가 일정한 수준으로 확립되지 않은 청소년들을 대상으로 쉽게 접할 수 있는 위인이나 주변의 성공사례를 대면하더라도 신격화되고 우상화된 위인이 아니라 실패경험이 있는 위인과 비교하도록 하면 자기평가에 더 긍정적인 효과를 얻을 수 있는지 장차 응용연구에서 직접 검증해 볼 필요가 있다.

이 연구의 현실적 시사점 한국사회에서 문화적으로 사회비교의 압력이 높은데 특히 고등학교 이상의 학교교육에서 상향비교의 압력이 높다. 이 연구에서는 개인이 과제의 수행에서 실패를 경험한 조건에서 상향비교가 자기평가에 순기능을 하거나 역기능을 하는 조건을 알아냈다. 이 때문에 이 연구에서 얻은 중요한 결과는 현실적으로 사회비교 과정을 관리하는데 시사점을 제공할 수 있다. 먼저 사회비교 과정에서 자기방어의 목표보다 자기향상의 목표를 설정하도록 유도할 필요가 있다. 다시 말해서 자신보다 우수한 사람과 비교함으로써 장차 자신도 상대만큼 우수하게 될 수 있다는 신념을 형성시키는 일이 중요하다.

다음으로 우수한 비교대상을 선정하는 과정에서 개인이 만성적으로나 일시적으로 지니는 자기동기를 고려하여야 한다. 만성적으로나 일시적으로 자기향상의 동기가 높은 사람들에게는 우수한 비교대상으로 이전에 실패한 경험이 있었던 사람을 선정하게 되면 자기평가에 좋은 효과를 미칠 수 있다. 그러나 이 연구의 결과를 보면 자기방어의 동기가 높은 사람들에게는 자신이 우수하나 사람의 수준에 도달할 수 있는 신념을 형성하는 일이 중요하고 비교대상의 실패경험은 자기평가에 큰 효과를 미칠 수 없음을 알 수 있다. 장차 이 시사점들을 만성적이거나 일시적으로 실패를 경험한 사람들을 대상으로 사회비교의 경험을 통해서 자기평가를 개선하는데 활용할 수 있다. 이와 같이 장차 실용성 있는 사회비교의 프로그램을 마련하게 되면 자기평가의 개선효과를 검증할 수도 있다.

제10장

비교하는 집단과 사회정체성이 자기평가에 미치는 영향

이 연구에서는 자기보다 낫거나 혹은 못한 사람과 비교하여 자기평가에 영향을 미치는 과정에서 조절변인으로 자기와 상대방의 집단소속과 자신이 소속한 집단에 대한 사회정체성이 어떤 영향을 보이는지 알아보았다. 자신이 속한 집단을 중요하게 여기지 않고 동일시가 낮아서 사회정체성 수준이 낮은 조건에서는 자기와 같은 집단에 속하면서 자기보다 잘난 사람과 비교하면 자기평가가 낮았다. 반면에 자신이 속한 집단이 자기에게 중요하고 동일시가 높아서 사회정체성 수준이 높은 조건에서는 자기와 같은 집단에 속하면서 자기보다 잘난 사람이 못한 사람보다도 오히려 자기평가를 높였다. 그리고 자기와 다른 집단에 속하면서 자기보다 못한 사람은 잘난 사람보다도 오히려 자기평가를 높였다. 이 연구 역시 한국문화에서 집단소속이 자기평가에 큰 영향을 미침을 잘 보여준다.

서 론

사람들은 사회생활을 하면서 자신이 원하든 원하지 않든 타인과 자신을 비교하면서 살아간다. Festinger(1954)가 제안한 사회비교 이론은 사람들이 자신들의 능력이나 성격, 의견의 타당성 등을 평가할 수 있는 객관적 준거가 없을 때는 타인과의 비교를 통해서 평가한다고 제안하고 있다. 이번에 소개하는 연구(김비아, 한덕웅, 2006)에서는 사회비교이론이 처음 제안될 시기부터 주요 관심을 가졌던 영역인 자기평가에 대해서 알아보고자 한다.

실제로 사회비교에 대한 연구에서 다루어 온 중요한 변인 중의 하나가 바로 자기평가이다. 이전 장에서 이미 살펴본대로 연구자들은 상향비교, 유사비교 혹은 하향비교가 자기평가에 어떠한 영향을 미치는지, 그리고 유사비교는 정확하게 자기를 평가하는데 도움이 되는지 알아보고자 하였다. 그리고 주요 결과 중의 하나로서 사람들은 종종 다른 사람과 자신을 비교해서 그것을 근거로 자기평가를 하게 되는데, 자기보다 우수한 사람과 비교하면 자기평가는 낮아지고, 자신보다 열등한 사람과 비교하면 자기평가는 반대로 높아지게 된다는 점이 제안되었다(Taylor, Wayment, & Carillo, 1993). 하지만, 이후 후속연구들에 의해서 상향비교가 항상 자기평가를 낮추고, 하향비교가 항상 자기평가를 높이지 않는다는 점이 제안되기 시작하였고, 이후로 여러 연구들을 통해 상향 및 하향비교와 같은 비교대상이 자기평가에 영향을 미치는 과정에서 작동하는 여러 변인들을 찾아내려는 시도가 이루어졌다.

이 연구는 이러한 변인들 중에서 집단비교가 자기평가에 미치는 영향을 알아보고자 한다. 즉, 동일한 상향비교 대상이어도 그 대상이 내집단 성원이냐 혹은 외집단 성원이냐에 따라서 자기평가는 달라질 수 있으며, 또한, 동일한 내집단 비교대상이더라도 개인이 그 집단에 정체화된 수준에 따라서 자기평가가 달라질 수 있다고 가정한다. 예를 들어, 자신이 그 집단에 속해 있다고 지각하는 수준이 높을 때, 집단에 더욱 동일시하게 되므로 비교대상이 내집단 성원인 조건에서 우수한 내집단 성원은 자기평가를 높이고 열등한 내집단 성원은 자기평가를 낮출 것이다. 반대로, 사회정체성 수준이 낮다면, 집단 구성원과 일체감을 느끼지 않게 되고, 따라서 우수한 내집단 성원은 자기 평가를 낮추고 열등한 내집단 성원은 자기 평가를 높일 것이다. 이 연구에서는 이러한 가정에 근거하여 집단간 비교가 자기평가에 어떤 영향을 미치는지 실험 연구를 통하여 알아보고자 한다.

사회비교가 자기평가에 미치는 영향 Festinger(1954)와 Wills(1981)를 시작으로 이루어진 사회비교에 대한 여러 선행연구에서 상향비교는 부적인 영향을 미치고, 하향비교는 자존심을 고양시킨다는 가정을 지지하는 결과를 보였다(Tucker & Kasri, 2002, 83쪽에서 재인용).

한편, Lockwood와 Kunda(1999)는 우수한 비교대상이 자기향상동기에 기여할 것이라는 가능성이 소수의 연구자들 외에는 사회비교 연구들에서 크기 무시되어 왔다고 지적하면서, 자기향상동기가 작동하는 조건에서 상향비교는 자기평가에 긍정적인 영향을 미칠 수 있음을 주장하였다.

이외에도 상향비교가 정적인 영향을 주는 이유가 여러 가지 제안되어 왔다. 예를 들어 과제에서 숙달된 다른 사람을 관찰하는 것은 자신의 수행을 향상시킬 수 있는 방법에 대한 유용한 정보를 제공해 준다(Buunk & Ybema, 1997; Taylor & Lobel, 1989). 또한 성공한 타인을 관찰하여 자기 스스로를 향상시키려는 동기가 증가될 수도 있다. 혹은 상향대상의 행동을 모방하면서 그와 자신을 동일시하려고 하기도 하며(Bandura, 1986), 자신의 성공에 대한 더 높은 기준을 정하게 해서 더 도전적인 목표를 향해 노력하도록 동기화시킬 수도 있다(Huguet et al, 1999, 2000; Seta, 1982). 그리고 성공한 타인을 관찰하는 경험은 자신의 잠재력에 대해 생각하도록 하며(Buunk, Collens, Taylor, Van Yperen, & Dakof, 1990; Lockwood & Kunda, 1997; Major, Testa, & Bylsma, 1991), 자기효능성을 증가시킬 수 있다(Monteil

& Genestous, 2004, 558쪽에서 재인용).

이러한 가능성이 제안된 이후로 자신보다 우월한 타인과 비교하는 상향비교가 자기평가에 영향을 미치는 과정에서 작동하는 조절변인들을 밝히고자 하는 연구들이 계속되고 있다. 그리고 대표적인 변인들로 비교대상과 동일시하거나 가깝다고 느끼는지의 여부(Brewer & Weber, 1994; Brown et al, 1992; Buunk & Ybema, 1997; Lockwood & Kunda, 1997; Tesser, 1988) 또는 도달가능성(Lockwood & Kunda, 1997; Major, Testa, & Bylsma, 1991)을 들 수 있으며, 최근 집난산 비교 또한 그 변인 중 하나로 제안되기 시작했다(한덕웅, 장은영, 2001). 이제 다음 절에서 집단간 비교가 자기평가에 미치는 영향을 다룬 선행연구를 살펴보고, 이 연구에서 다루는 가설을 제안해 보고자 한다.

집단간 비교가 자기평가에 미치는 영향 집단간 비교를 통한 자기평가에서 내집단 비교는 동화 효과를, 외집단 비교는 대비효과를 산출함을 제안한 Mussweiler(2002)의 연구를 살펴보자. 그의 연구에 참가한 남자 대학생들은 사람지각에 관한 연구라고 목적을 소개받은 후에 어떤 익명의 대상에 대한 기술문을 읽었다. 참가자의 1/3은 중간정도로 친절한 남성에 관한 중립적인 기술문을(통제조건), 두 번째 집단은 매우 친절한 남성에 관한 기술문을(내집단 조건), 마지막 집단은 매우 친절한 여성에 관한 기술문을(외집단 조건) 읽었다. 그리고나서 참가자들은 자신이 얼마나 친절한지 묻는 질문에 응답하였다. 결과를 살펴보면, 통제집단과 비교해서, 여성대상(외집단)의 기술문을 읽은 참가자들은 그들 자신을 매우 친절하지 않은 것으로 지각하였으나, 남성대상(내집단)의 기술문을 읽은 참가자들은 그들 자신을 매우 친절한 것으로 지각하였다. 연구자는 외집단 조건에서는 상대방과 자신의 차이점을 찾게 되므로, 대비효과가 발생하여 자기평가가 더 낮아지고, 내집단 조건에서는 유사점을 찾게 되므로 동화효과가 발생하여 자기평가가 높아졌다고 해석하였다.

또한 앞선 장에서 살펴본 한덕웅과 장은영(2001)의 연구에서는, 집단 수행 정보가 특출한 조건에서 집단이 실패했을 때보다 성공했을 때 자기평가가 더 높았고, 집단이 성공한 조건에서는 개인이 우수하였건 저조하였건 자기평가는 유의하게 달라지지 않았다. 이러한 결과는 사람들은 자신은 잘 못하였지만 집단은 뛰어난 경우에 집단의 수행 정보가 특출해지면 자기평가가 높아지게 되는데, 집단과 자신이 모두 우수한 조건과 거의 유사한 정도로 자기평가가 높아지게 되는 점을 보여준다. 그러나 집단이 실패한 조건에서는 개인이 우수하였을 때보다 저조하였을 때에 자기평가가 유의하게 낮아졌다. 그리고 개인 수행 정보가 특출한 조건에서는 개인이 저조하였을 때보다 우수하였을 때 더 자기평가가 높아지고, 집단이 실패하였을 때보다 집단이 성공하였을 때 더 자기평가가 높아진다.

이러한 연구 결과들은 집단비교가 자기평가에 미치는 영향에 대한 추론의 근거를 제공해 줄 수 있다. 구체적으로 사람들의 자기평가는 자신의 개인 수준의 수행뿐만 아니라 자신이 속한 내집단의 수행 수준에 따라서도 영향받을 것이며, 내집단 상향 비교대상을 보았을 때 자기평가도 높아지고, 내집단 하향 비교대상을 보았을 때 반대로 자기평가가 낮아질 것이라고 추론할 수 있다. 따라서 이 연구에서 내/외집단과 사회비교가 자기평가에 미치는 이원상호작용 효과 가설을 다음과 같이 예측하였다: 비교 대상이 내집단 성원인 조건에서는 상향 비교대상과 비교할 때 하향 비교대상과 비교할 때보다 자기평가가 높지만, 비교대상이 외집단 성원인 조건에서는 하향 비교대상과 비교할 때 상향 비교대상과 비교할 때보다 자기평가가 높다(가설 1).

하지만, 이러한 집단간 비교에서 내집단 비교가 항상 동화 효과를 외집단 비교가 항상 대비 효과를 산출하는 것은 아니며, 개인이 사회정체성이 높은지 또는 사회정체성이 낮은지에 따라서 자기평가에 미치는 영향이 달라질 것이라고 예상된다. 이의 근거가 되는 선행연구와 이 연구에서 다루게 되는 가설을 살펴보자.

사회정체성 수준이 자기평가에 미치는 영향 Tajfal의 사회정체성이론에서는 기본 가정으로 인간이 긍정적 자기개념이나 자존심을 유지하고 추구한다는 명제를 제안하였다. 하지만 이 개념에는 개인범주화가 아니라 사회범주화에 따른 자기범주화만 명시하고 있다. 그러므로 이 명제에 따르면 Tajfal이 가정한 대로 자신이 속해 있다고 지각하는 사회범주의 지각으로부터 항상 긍정적 자기정체성이 획득된다고 보장할 수 없다. 그런데 사회정체성이론의 기본 가정을 보면 자기개념의 일부로서 인간은 자신이 가치를 부여한 긍정적인 사회정체성을 획득하려는 욕구를 지닌다고 주장한다. 사회정체성이론의 이 기본 가설을 정리해 보면 인간은 긍정적 자기정체성을 획득하기 위하여 자신을 특정한 집단의 성원으로 범주화하고, 다른 집단과 비교함으로써, 정적으로 가치 있는 자기 집단의 독특성을 추구한다고 볼 수 있다(한덕웅, 2002).

이를 근거로 추론해 보면, 개인은 자신이 속한 집단을 통해서 긍정적인 자기 개념을 획득하려고 한다. 즉, 개인은 자신을 내집단과 동일시하고, 내집단과의 비교가 자기평가에도 영향을 미친다. 또한 이러한 동일시 수준은 사회정체성 수준에 따라서 달라지므로 사회정체성 수준은 자기평가에도 영향을 미칠 수 있다. 구체적으로, 사회정체성 수준이 높아서 집단에 대한 동일시 수준이 높고 내집단의 구성원으로서 자기를 인식하는 수준이 높아지면 내집단 수행 수준이 사기를 평가할 때 더욱 중요하게 영향을 미칠 것이다. 반면에 집단에 대한 동일시 수준이 낮아서 사회정체성 수준이 낮으면, 성원이 아닌 개인으로서 자기를 인식하는 수준이 높아지고 이 때에는 집단의 수행 수준이 자기를 평가하는데 큰 영향을 미치지 못한다. 따라서 이 경우에는 집단간 비교가 아니라 개인간 비교과정에 의해서 자기평가가 영향을 받을 것이라고 추론할 수 있다.

Brewer와 Weber(1994)의 연구는 개인간 혹은 집단간 비교가 자기평가에 미치는 영향을 잘 보여준다. 이들의 연구에서는 소수집단으로 범주화된 조건에서 우수한 내집단 성원과 상향비교하면 열등한 내집단 성원과 하향비교할 때보다 자기평가가 오히려 높았다. 또한 우수한 외집단 성원과 상향비교하면 열등한 외집단 성원과 하향비교할 때보다 자기평가가 낮았다. 그러나 참가자들이 다수집단으로 범주화되었을 때에는 이와 다른 패턴이 얻어졌다. 구체적으로 우수한 내집단 성원과 상향비교하면, 열등한 내집단 성원과 하향비교할 때보다 자기평가가 낮았고, 외집단 비교일 경우에는 대상에 따라 자기평가는 영향받지 않았다. 연구자들은 이를 Brewer(1991)의 최적독특성 이론에 근거하여 설명하였다. 즉, 일반적으로 멤버십, 군집적인 다수 집단은 '차별화욕구'가 활성화되기 때문에 다른 집단 구성원과의 차이에 대한 개인의 욕구를 활성화시키고 이는 다시 개인간 비교과정을 가장 특출하게 만든다. 하지만, 소수 집단에서 멤버십은 '포함욕구'가 활성화되기 때문에 집단간 동화와 집단간 대비를 증진시키는 집단간 비교를 활성화시킨다. 따라서 소수 집단이 다수 집단보다 사회정체성 수준이 더욱 높고 특출한 조건이라고 가정할 수 있다.

이를 근거로 추론하면 다음과 같다. Brewer와 Weber(1994)의 연구에서 소수집단 조건은 집단간 비교가 활성화된 조건에 해당하고, 다수집단 조건은 개인간 비교가 활성화된 조건에 해당한다. 집단간 비교는 사회정체성 수준이 높고, 개인간 비교는 상대적으로 더 낮다고 가정하면, 위 연구의 소수집단 조건은 사회정체성 수준이 높은 조건에, 다수집단 조건은 사회정체성 수준이 낮은 조건에 적용해 볼 수 있다. 따라서 사회정체성이 높은 조건에서는 내집단 성원과 상향비교하면, 내집단 성원과 하향비교할 때보다 자기평가가 높고, 외집단 성원과 상향비교하면, 외집단 성원과 하향비교할 때보다 자기평가가 낮을 것이라고 추론할 수 있다. 반면에 사회정체성이 낮을 때에는 개인간 비교가 활성화되기 때문에 비교대상이 내집단 성원이냐 혹은 외집단 성원이냐에 관계없이 비교대상의 우수성에 의해서 영향을 받을 것이라고 추론할 수 있다.

Blanton, Crocker, 및 Miller(2000)의 연구에서는 흑인 대학생들을 대상으로 내집단 상향대상이 내집단의 부정적인 고정관념과 일치하지 않는 예외적인 수행을 보일 때 자존심이 높아지는 결과를 얻었다. 이들의 연구에서 참가자들은 백인 대학 표본에서 실시된 "수학 능력"의 새로운 "IQ"측정치를 표준화하는 것이 연구의 목적이라고 듣고 나서, 거짓 IQ 검사를 받았다. 그리고나서 참가자들은 흑인(내집단 조건) 혹은 백인(외집단 조건)의 IQ 검사 결과를 우연히 듣게 되었는데, 이 비교대상의 IQ 수준을 우수하거나 열등하게 조작하였다. 결과를 보면, 비교 대상이 백인일 때에는 상향비교조건보다 하향비교조건에서 자존심이 더 높았다. 반대로 비교대상이 흑인일 때에는 하향비교조건보다 상향 비교조건에서 자존심이 더 높았다. 인종은 일반적으로 사회정체성이 특출하게 높은 집단이므로, 이들의 연구 결과를 확장해서 보면 다음과 같은 추론이 가능하다: 즉, 흑인 참가자들은 사회정체성이 높은 상황에서 내집단 상향 비교대상을 보았기 때문에 그 개인과 자신을 동일시하고, 더욱 유사하다고 지각했고 이는 자존심을 높였다. 반면에 내집단 하향비교대상은 자존심을 낮추었다.

이상에서 살펴본 것과 같이, 집단간 비교과정에서 사회정체성 수준은 자기평가에 영향을 미칠 수 있다. 즉, 개인이 그 집단에 소속되어 있는 정도를 지각하는 정도, 집단의 성원으로서 자신을 지각하는 정도, 성원들끼리 유사하다고 지각하는 정도, 그리고 그 집단과 동일시하는 정도에 따라서 자기평가는 달라질 수 있으며, 이는 비교대상 그리고 그 비교대상이 내집단 성원이냐 혹은 외집단 성원이냐 여부와 함께 상호작용 효과를 보일 수 있다. 구체적으로 사회정체성이 높은 조건에서는 낮은 조건보다 그 집단에 자신을 정체화하며, 내집단 동일시 수준이 높고, 개인보다는 집단으로서 자기평가를 하게 된다. 즉, 집단이 우수하다면 자기평가도 높을 것이고, 집단이 열등하다면 자기평가도 낮을 것이다. 반대로 사회정체성이 낮은 조건에서는 집단에 대한 동일시 수준이 낮아지게 되고, 개인간 비교가 일어나게 된다. 이로 인해 우수한 수행을 보이는 내집단 성원과 자신을 비교하였을 때 자기평가는 낮아지고, 열등한 내집단 성원과 자신을 비교하면 자기평가는 높아질 것이다.

따라서 다음과 같은 삼원 상호작용을 추론할 수 있다: 사회정체성이 높으면, 내집단 성원과 비교하는 조건에서는 상향 비교대상과 비교할 때 하향 비교대상과 비교할 때보다 자기평가가 더 높지만, 외집단 성원과 비교하는 조건에서는 하향 비교대상과 비교할 때 상향 비교대상과 비교할 때보다 자기평가가 더 높다(가설 2-1). 반면에 사회정체성이 낮으면, 하향 비교대상과 비교할 때 상향 비교대상과 비교할 때보다 자기평가가 높다(가설 2-2).

연구 방법

이 연구는 사회정체성의 고/저에 따라서 집단 상황에서의 비교가 자기평가 결과에 어떤 영향을 미치는지에 관심을 둔다. 즉, 사회정체성이 높은지 또는 사회정체성이 낮은지, 그리고 비교 대상이 내집단 또는 외집단의 상향, 하향대상인지에 따라서 자기평가 결과가 어떻게 달라지는지 알아보고자 한다.

실험절차 참가자들은 네 명씩 한조를 이루어서 집단으로 참여했다(여성 2명, 남성 2명). 참가자들이 오면 각각의 방에 남성 1명과 여성 1명이 들어가서 컴퓨터 앞에 앉도록 하였으며, 실험을 하는 동안 서로를 관찰하거나 서로의 수행을 확인할 수 없도록 하였다. 참가자가 컴퓨터가 놓여있는 책상 앞에 앉으면, 이 연구는 대학생들의 창의성 수준을 측정하는 검사를 표준화하기 위한 것이라고 알려주었고, 이를 위해 창의성 검사를 받게 된다고 알려주었다.

다음에 사회정체성을 조작하기 위해서 에세이를 쓰도록 하였다. 사회정체성이 높은 조건에서는 여성으로서(남성으로서)의 자신을, 낮은 조건에서는 성별에 관계없이 개인으로서의 자신을 5분 간 생각하도록 하고 컴퓨터 화면에 자판을 이용하여 에세이를 쓰도록 하였다. 다음으로 창의성 과제를 소개하고 응답하는 법을 알려준 후 예비과제를 실시하고 나서 본과제에 응답하도록 하였다. 본과제는 약 10분간 진행되었다. 본과제를 마치고 나면, 참가자들은 자신의 창의성에 대한 수행환류를 제공받았는데, 이 수행환류와 함께 통하여 내/외집단 및 비교대상을 조작하였다. 즉, 모든 참가자들에게 자신의 수행 수준은 '이 검사를 수행한 전체 학생들 중에서 40%-60%의 수행수준에 해당한다'고 알려주었고, 자신의 결과를 해석하는데 참고하도록 실험에 함께 참여한 나머지 세 명 중에서 한 사람을 컴퓨터가 무작위로 선정하여 그 사람에 대한 결과도 알려주었다. 내집단 조건에서는 함께 실험에 참여한 나머지 세 명 중에서 자신과 성별이 같은 사람의 결과를, 외집단 조건에서는 성별이 다른 사람의 결과도 제공되었다. 또한 상향비교 조건과 하향비교 조건별로 실험에 함께 참여한 나머지 세 명 중에서 컴퓨터가 무작위로 선정한 한 사람의 수행결과를 달리 조작하였다. 세가지 독립변인이 모두 조작하고 나서, 이 연구의 주종속치인 자기평가와 정적정서 및 부적정서를 측정하는 문항에 응답하도록 하였고, 조작점검 문항 및 부가적 측정치에 응답하도록 하였다.

실험설계 2(사회정체성수준: 사회정체성 고/저)×2(집단범주: 내집단/외집단)×2(비교대상: 상향대상/하향대상)의 삼원 완전무선요인설계이다.

실험 과제 김금미(2001)가 사용한 창의성 과제를 수정해서 사용했다. 이 과제는 그림 6개를 1분 30초씩 제시하고 각 그림의 제목을 개수에 상관없이 창의적으로 작명하여 컴퓨터 자판을 이용해 응답하도록 하는 창의성 과제이다. 과제를 다 한 후에 컴퓨터 프로그램에 의해서 점수가 계산되고 그 후에 점수가 컴퓨터 화면에 제시되는데 이 때 내용에 의해서만 점수가 계산이 되기 때문에 문법이나 철자에 구애 받을 필요가 없다고 언급하였다.

참 가 자 성균관대학교에서 심리학개론 및 기타 심리학 관련과목을 수강하는 대학생 총 128명이 이 연구에 참여하였다. 참가자들은 4인이 한 조를 이루어 집단으로 실험에 참여하였으며, 참가자들을 각 실험조건에 남성 8명, 여성 8명 총 16명씩 무선할당했다.

독립변인 조작 사회정체성 수준은 성별정체성 수준을 높이거나 혹은 개인정체성 수준을 높여서 조작하였다. 사회정체성이 높은 조건에서는 '이제 귀하께서는 대학생들의 창의성 수준을 표준화하기 위한 연구에 참여하게 되셨습니다. 이 연구를 하기 전에 먼저, 여성으로서의(남성으로서의) 자신을 생각해 보십시오. 그리고 지금부터 5분 동안 여성으로서(남성으로서) 가지고 있는 특징을 컴퓨터 화면에 적어 보십시오.'라고 지시하여 조작하였다. 사회정체성이 낮은 조건에서는 '이제 귀하께서는 대학생들의 창의성 수준을 표준화하기 위한 연구에 참여하게 되셨습니다. 이 연구를 하기 전에 먼저, 개인으로서의 자신을 생각해 보십시오. 그리고 지금부터 5분 동안 개인으로서 자신만이 가지고 있는 특징을 컴퓨터 화면에 적어 보십시오.'라고 지시하여 조작하였다. 내/외집단은 비교대상의 멤버십으로 조작하였다. 내집단 조건에서는 '아래 제시된 내용은 현재 다른 실험실에 있는 여성/남성(참가자와 같은 성별)의 창의성 검사 결과입니다. 귀하와 마찬가지로 이 사람의 창의성 수준도 현재까지 이 검사를 받은 전국의 대학생들이 검사에 응답한 내용에 기초하여 점수가 계산되었습니다. 이 사람은 현재까지 이 검사를 받은 대학생들 중에서 ○○○에 해당하는 점수를 받았습니다.'라고 알려주어서 조작하였다. 외집단 조건에서는 '아래 제시된 내용은 현재 다른 실험실에 있는 남성/여성(참가자와 다른 성별)의 창의성 검사 결과입니다. 귀하와 마찬가지로 이 사람의 창의성 수준도 현재까지 이 검사를 받은 전국의 대학생들이 검사에 응답한 내용에 기초하여 점수가 계산되었습니다. 이 사람은 현재까지 이 검사를 받은 대학생들 중에서 ○○○에 해당하는 점수를 받았습니다.'라고 알려주어서 조작하였다. 비교대상은 이와 같은 지시문에서 비교대상의 수행 수준으로 조작하였다. 상향비교대상 조건에서는 ○○○에 '상위 19%(21%)'와 같은 내용이 첨가되었다. 반면에 하향비교대상 조건에서는 ○○○에 '하위 19%(21%)'와 같은 내용이 첨가되었다.

종속변인 측정 이 연구의 주종속치는 자신의 창의성 수준에 대한 평가이다. 이 문항들은 한덕웅과 장은영(2001)의 연구에서 사용된 구체적 자기평가

문항들을 이 연구의 실험조건에 맞게 수정한 것들이다. 먼저 참가자들은 '당신은 그림의 제목 만들기 창의성 검사에서 자기 자신이 우수하다고 생각합니까?', '당신은 그림의 제목 만들기 창의성 검사에서 자신이 훌륭한 사람이라고 생각합니까?', '당신은 그림의 제목 만들기 창의성 검사에서 자신이 유능하다고 생각합니까?', 및 '당신은 그림의 제목 만들기 창의성 검사에서 자신의 능력이 좋다고 생각합니까?'의 문항에 대해서 현재 자신의 생각과 가장 일치하는 정도를 1(매우 비유능)에서 7(매우 유능)까지 7점 척도로 응답하였다. 이 문항들을 요인분석 한 결과 한 요인으로 추출되었고, 모두 요인부하량이 .70 이상이었고, Cronbach'α는 .93이었다. 이에 더해서 각 검사 문항에 대해서 100명 중 몇 등 혹은 몇 번과 같은 구체적인 등수를 기입하도록 하여 응답을 얻었다. 이 문항들을 요인분석 한 결과 한 요인으로 추출되었고, 모두 요인부하량이 .70 이상이었고, Cronbach'α는 .88이었다.

부가측정치 이 연구에서는 자기평가 측정치 이외에 자기정서가 사회정체성, 집단범주 및 비교대상에 따라서 달라지는지 알아보고자 하였다. 이를 위해 Hahn, Chon 그리고 Pyo(2004)가 개발한 간편정서척도 중에서 부적정서 4문항과 정적정서 4문항을 추출하여 사용하였다. 참가자들은 8개 형용사가 현재 자신의 기분을 얼마나 잘 나타내고 있는지 7점 척도로 응답하였다(1: 전혀 느끼지 않음, 7: 매우 많이 느낌). 부적정서를 요인분석한 결과 한 요인으로 추출되었고, Cronbach's α는 .75이었다. 정적정서를 요인분석한 결과에서도 한 요인이 추출되었고, Cronbach's α는 .90이었다. 또한 김금미(2001)가 개발한 집단 범주화, 집단 자존심, 집단 몰입의 세 개 요인으로 구성된 21개의 사회정체성 문항 중에서 집단 자존심을 측정하는 6개의 문항을 추출하여 7점 척도에 응답하게 하였다. 이 6개 문항을 한 요인으로 볼 수 있는지 알아보기 위하여 요인분석과 신뢰도 분석을 실시하였다. 그 결과 한 요인이 추출되었고, 모두 요인부하량이 .70 이상이었으며, Cronbach'α는 .90이었다.

연구 결과

독립변인의 조작효과 각 실험 조건에 따라서 참가자들이 독립변인 조작 지시문을 기억하는지 알아본 결과, 모든 참가자들이 자신에게 제시된 지시문을 정확히 기억했다. 특히 집단범주를 조작할 때에 사용한 성별범주를 정확히 지각하였는지 확인하기 위하여, 컴퓨터가 무작위로 정한 다른 한사람의 성별을 물어보았는데, 모든 참가자들이 정확하게 성별을 기억하였다. 즉, 내집단 조건의 참가자들은 모두 동성이라고 응답하였고, 외집단 조건의 참가자들은 모두 이성이라고 응답하였다. 이에 더해서 컴퓨터가 무작위로 정한 다른 사람의 성별을 직접 물어보았는데, 내집단 조건의 남성 참가자들은 모두 남성이라고 응답하였고, 내집단 조건의 여성 참가자들은 모두 여성이라고 응답하였다. 그리고 외집단 조건의 남성 참가자들은 모두 여성이라고 응답하였고, 외집단 조건의 여성 참가자들은 모두 남성이라고 응답하였다.

또한 각 참가자별 사회정체성 수준의 평균을 구하여 이에 대해 2(사회정체성)×2(집단범주)×2(비교대상)로 변량 분석하였다. 그 결과에서 사회정체성의 주효과만이 유의하였다, $F(1,120)=11.68$, $p<.01$. 즉, 사회정체성이 높은 조건($M=3.30$)의 참가자들은 사회정체성이 낮은 조건($M=2.84$)의 참가자들보다 집단 자존심 수준이 높았다.

마지막으로 비교대상의 조작점검을 위하여 '컴퓨터가 무작위로 정한 다른 개인의 점수가 어느 정도였다고 생각합니까?'라고 물어서 이에 7점 척도에 응답하게 하였다. 이 문항을 2(사회정체성)×2(집단범주)×2(비교대상)로 변량 분석한 결과, 비교방향의 주효과만이 유의하였다, $F(1,120)=495.32$, $p<.01$. 즉, 상향비교조건의 참가자들이($M=5.67$) 하향비교조건의 참가자들($M=1.97$)보다 다른 개인의 점수가 더 높다고 응답하였다.

자기평가 참가자들이 '그림의 제목 만들기 창의성 검사'를 하고 환류를 받고 난 후 7점 척도로 평정한 자기평가를 측정하는 문항들의 참가자별 평균값을 구했다. 이 값의 각 조건별 평균은 표 10-1에 제시되어 있다.

표 10-1. 사회정체성, 집단범주 및 비교대상에 따른 자기평가의 평균(표준편차)

사회정체성	집단범주	비교대상 상향비교대상 M(SD)	 하향비교대상 M(SD)	합 계 M(SD)
사회정체성 높음	내집단	4.33(1.36)	3.45(.90)	3.89(1.22)
	외집단	3.59(.77)	4.23(.75)	3.91(.82)
	소 계	3.96(1.15)	3.84(.91)	3.90(1.03)
사회정체성 낮음	내집단	3.47(.79)	4.45(1.05)	3.96(1.04)
	외집단	3.48(.92)	4.48(.91)	3.98(1.03)
	소 계	3.48(.84)	4.47(.96)	3.97(1.03)
합 계		3.71(1.03)	4.16(.98)	3.94(1.03)

이 연구의 가설을 검증하기 위해 2(사회정체성)×2(집단범주)×2(비교대상)로 변량분석한 결과는 다음과 같다. 첫째, 집단범주와 비교대상의 이원상호작용이 유의하였다, $F(1,120)=5.29$, $p<.05$. 이 연구의 가설을 검증하기 위해 이원상호작용효과에 대해 단순주효과 분석을 실시하였다. 그 결과를 보면, 내집단 조건에서는 비교대상에 따라서 유의한 차이가 없었지만, 외집단 조건에서는 유의한 차이가 있었다, $F(1,120)=12.62$, $p<.01$. 즉, 외집단 조건에서 하향비교 조건의 참가자들($M=4.36$)이 상향비교 조건의 참가자들($M=3.54$)보다 자기평가가 더 높았다. 이는 가설 1을 부분적으로 지지하는 결과이다.

둘째, 정체성, 집단범주 및 비교대상의 삼원상호작용의 유의하였다, $F(1,120)=4.40$, $p<.05$. 삼원상호작용의 효과를 자세히 알아보기 위해서 단순상호작용 분석을 실시하였다. 사회정체성이 높고 낮은 수준으로 나누어 보면, 사회정체성이 낮은 조건에서는 집단범주와 비교대상에 따른 상호작용이 유의하지 않았으나, 사회정체성이 높은 조건에서 집단범주와 비교대상에 따른 상호작용 효과가 유의하였다, $F(1,120)=9.68$, $p<.01$. 이 유의한 단순상호작용을 구체적으로 살펴보면, 사회정체성이 높은 내집단 조건에서, 상향대상조건의 참가자들($M=4.33$)이 하향비교 조건의 참가자들($M=3.45$)보다 자기평가가 더 높았고, 사회정체성이 높은 외집단 조건에서, 하향대상조건의 참가자들($M=4.23$)이 상향대상조건의 참가자들($M=3.59$)보다 자기평가가 더 높았다. 따라서 사회정체성이 높은 조건에서는 집단범주와 비교대상에 따라서 자기평가가 달라지지만, 사회정체성이 낮은 조건에서는 집단범주와는 상관없이 상향비교할 때보다 하향비교할 때 자기평가가 더

그림 10-1. 사회비교목표, 비교대상의 실패경험 및 도달가능성에 따른 전반적 자기평가

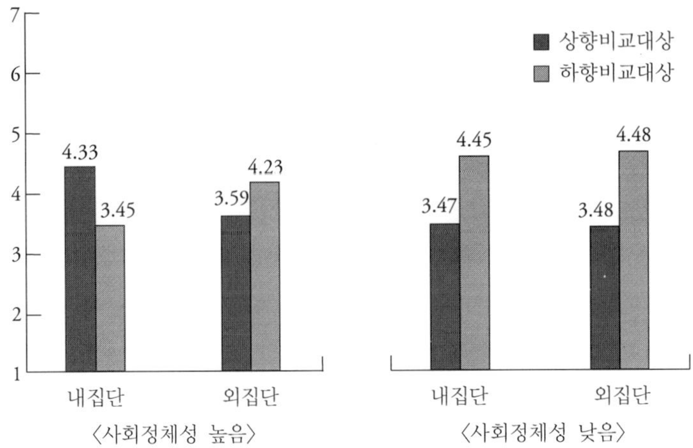

높았다. 이는 가설 2를 지지하는 결과이다(그림 10-1 참조).

부적정서 사회정체성, 집단범주 및 비교대상에 따른 부적정서의 평균은 표 10-2에 제시하였다. 변량분석한 결과를 보면, 정체성, 집단범주 및 비교대상의 삼원상호작용이 유의하였다, $F(1,120)=5.33$, $p<.05$. 단순상호작용 효과를 분석한 결과를 보면, 사회정체성이 낮을 때 집단범주와 비교대상에 따른 상호작용 효과는 유의하지 않았으나, $F(1,120)=2.20$, *n.s.*, 사회정체성이 높을 때 집단범주

표 10-2. 사회정체성, 집단범주 및 비교대상에 따른 부적정서의 평균(표준편차)

사회정체성	집단범주	비교대상		합 계
		상향비교대상 M(SD)	하향비교대상 M(SD)	M(SD)
사회정체성 높음	내집단	1.81(1.01)	1.89 (.77)	1.85 (.89)
	외집단	2.17 (.80)	1.63 (.63)	1.89 (.76)
	소 계	1.99 (.92)	1.76 (.71)	1.88 (.82)
사회정체성 낮음	내집단	2.05(1.02)	1.63 (.85)	1.84 (.95)
	외집단	1.73 (.84)	1.86 (.89)	1.79 (.86)
	소 계	1.89 (.93)	1.74 (.87)	1.82 (.89)
합 계		1.94 (.92)	1.75 (.78)	1.85 (.86)

와 비교대상에 따라서 부적정서는 달라졌다, $F(1,120) = 3.17$, $p < .10$). 구체적으로 정체성이 높을 때 외집단 상향대상조건의 참가자들($M = 2.17$)이 외집단 하향대상조건의 참가자들($M = 1.76$)보다 부적정서가 더 높았다.

정적정서 사회정체성, 집단범주 및 비교대상에 따른 정적정서는 표 10-3에 제시하였다. 변량분석한 결과를 살펴보면, 비교대상의 주효과만 유의하였다, $F(1,120) = 4.87$, $p < .05$. 즉, 하향비교조건의 참가자들($M = 3.25$)이 상향비교조건의 참가자들($M = 2.65$)보다 정적정서가 더 높았다.

표 10-3. 사회정체성, 집단범주 및 비교대상에 따른 정적정서의 평균(표준편차)

사회정체성	집단범주	비교대상		합계
		상향비교대상 M(SD)	하향비교대상 M(SD)	M(SD)
사회정체성 높음	내집단	2.53(1.32)	3.05(1.33)	2.79(1.33)
	외집단	2.78(1.21)	3.19(1.26)	2.98(1.23)
	소 계	2.66(1.25)	3.12(1.28)	2.89(1.28)
사회정체성 낮음	내집단	2.77(1.31)	3.45(1.67)	3.11(1.52)
	외집단	2.52(1.11)	3.33(1.47)	2.92(1.34)
	소 계	2.64(1.20)	3.39(1.14)	3.02(1.42)
합 계		2.65(1.22)	3.25(1.41)	2.95(1.35)

논 의

연구의 요약과 시사점 이 연구에서는 사회정체성의 고/저에 따라서 집단 상황에서의 비교가 자기평가 결과에 미치는 영향을 실험방법으로 알아보았다. 독립변인이 조작된 순서대로 따라가 보면, 참가자들은 성별에 따른 자신의 특징을 생각한 후 에세이를 적거나 혹은 성별에 관계없이 개인 자신만의 특징을 생각한 후 에세이를 적었다. 이로 사회정체성을 높거나 낮게 조작하였다. 다음으로 특정한 과제를 수행하고, 집단범주 및 비교대상에 관한 환류를 받은 후에 자기평가를 하였다. 이 연구의 주요 결과를 보면, 사회정체성이 높은 경우에는 내집단 상향대상조건의 참여자들이 내집단 하향대상조건의 참여자들보다 자기에 대해서 더욱 호의적으로 평가하였고, 외집단 하향비교 조건의 참여자들이 외집단 상향비교 조건의 참여자들보다 자기에 대해서 더욱 호의적으로 평가하였다. 이는 이 연구의 본래 가설을 지지하는 내용이다. 부가하여 사회정체성이 낮은 조건에서는 비교대상이 속한 집단이 내집단이나 혹은 외집단인지 여부에 관계없이 하향대상조건의 참여자들이 상향대상조건의 참여자들보다 자기를 더욱 호의적으로 평가하였다.

이러한 결과는 사회정체성이 낮을 때에는 전통적인 사회비교이론에서 예측한대로 비교대상에 의해서 자기평가가 영향받는다는 점을 보여준다. 따라서 집단정체화 수준이 낮아서 개인 대 개인의 대인간 비교가 초점인 상황에서는 비교대상이 나보다 우월하면 자기평가는 낮고, 나보다 열등하다면 자기평가는 높음을 보여준다. 반면에 사회정체성이 높을 때에는 단순히 비교대상에 의해서 영향받기보다는 비교대상의 멤버십에 의해서 영향받는 것으로 보인다. 즉, 사회정체성이 높아서 집단의 범주가 특출해진 상황에서는 비록 나보다 우월하여도 그 비교대상이 나와 동일한 집단에 속한 사람이라면, 자기평가는 오히려 높아졌다. 반면에 나보다 열등하여도 그 비교대상이 나와 동일한 집단에 속한 사람이라면, 자기평가에서 별다른 이득을 얻지 못하는 것으로 보인다. 이러한 결과는 전통적으로 자기평가에서 동화 혹은 대비효과가 나타나는 조건을 검증한 선행연구(McFarland & Buehler, 1995; Mussweiler, 2002)들과 일관된다.

연구의 제한점 첫째, 이 연구에서는 사회정체성, 집단범주 및 비교대상에 따른 자기평가 값들을 살펴보면, 전반적으로 평균값이 높지 않음을 알 수 있다. 이는 개인수행의 환류를 40%~60%라고 주었기 때문에, 참가자들이 자기평가를 할 때 이 범위를 고려하였을 가능성을 시사한다. 따라서 중간정도 수준에서 자기평가를 하였을 것이고, 자기평가 점수도 높아지지 않았음을 고려하여 이 연구의 결과를 해석해야 할 것이다. 둘째, 이 연구에서는 창의성 검사라고 명명한 과제를 사용하였다. 대체로 창의성은 자신의 노력으로 통제할 수 없다고 생각할 가능성이 높다는 점에서 볼 때, 이 연구의 결과는 자신이 노력해서 통제할 수 있다고 지각하기 어려운 능력의 차원에 대해서만 일반화할 수 있을 것이다. 셋째, 이 연구에서는 사회정체성 수준을 조작하기 위해서 성별에 관련된 또는 개인만이 가지고 있는 특징을 적도록 하였다. 참가자들이 에세이를 쓸 때 성별과 관련하여 자신의 특징 또는 성별에 관계없이 개인의 특징을 적을 때 좋은 점만을 적었다고 확신할 수 없다. 성별과 관련된 장점을 적을 때 사회정체성이 높아질 것이라는 가정과는 다르게 참가자가 성별과 관련하여 부정적인 특징을 적을 경우 사회정체성 조작에 영향을 미쳤을 수 있다. 따라서 이후 연구에서는 문항분석 등을 통하여 이를 알아볼 필요가 있다. 넷째, 이 연구에서 자기평가와 함께 자기정서가 어떻게 달라지는지 부적정서와 정적정서를 측정하였다. 그 결과 정적정서는 비교대상 간 차이만 유의하였고, 부적정서는 사회정체성, 집단범주 및 비교대상의 삼원상호작용이 유의하였다. 자기평가와 부적정서를 분석한 결과를 함께 보면, 사회정체성이 높을 때, 내집단 상향대상조건의 참가자들은 하향대상조건의 참가자들보다 자기평가가 더 높았으며, 상향대상조건의 참가자들의 부적정서가 하향대상조건의 참가자들의 부적정서보다 유의하지는 않지만 더 낮은 경향을 보였다. 특히, 사회정체성이 높으며 외집단 성원과 비교할 때에는 그 외집단 인물이 나보다 못한 사람일 때보다 우월한 사람일 때 부적정서가 유의하게 더 높았으며, 자기평가도 유의하게 더 낮았다. 이러한 결과들을 종합해 보면, 이 연구의 참가자들의 정적정서는 자기평가와 함께 달라지지는 않았지만, 부적정서는 유의하게 달라짐을 알 수 있다.

제4부

사회비교, 행복, 건강

제11장

신체질병을 지닌 사람들이 사회비교 과정에서 보이는 특징들

이 조사연구에서는 신체질병을 지닌 대학생들이 자기 건강에 대해서 생각할 때에 주로 어떤 사람과 비교하고, 어떤 경험을 하는지 알아보았다. 결과를 보면, 신체질병을 지닌 대학생들은 건강을 매우 중요하다고 보았고, 자신의 건강을 증진시키려는 자기향상동기가 높았다. 그리고 자기보다 더 건강한 사람과 자신의 건강을 비교하였다. 특히 자기보다 더 건강한 사람과 비교하는 대학생들은 대체로 비교하는 사람과 친한 편이었고, 함께 보내는 시간도 많았다. 이로 인해서 자신보다 더 건강한 사람과 비교함에도 불구하고 비교과정에서 사회비교보다 반영(reflection) 현상을 보여서 오히려 정적정서를 높게 경험하였다.

서 론

일상생활에서 타인에 대한 다양한 정보는 자신을 판단하는데 영향을 준다. 이 사회비교의 과정을 이론으로 정립하여 제안한 사람은 Festinger(1954)이다. 이후 Wills(1981)는 위협을 경험하거나 위협이 예고된 상황에서 자신보다 못한 사람과 비교하고자 한다고 설명하였다. 왜냐하면 위협을 경험하면 자존감이 손상되는데 이처럼 저하된 자존감을 다시 고양시키기 위해서 자신보다 못한 사람과 비교하게 되면 자신의 현재 상황을 판단할 때 상대적으로 더 좋다고 지각된다고 보았기 때문이다. 다시 말해서 Wills가 제안한 하향비교이론에 의하면 사람들은 불행한 사람과의 비교를 통해 자신의 행복, 자존감 혹은 안녕감을 증진시키기도 한다.

사회비교이론을 건강심리 영역에 적용시킨 학자들에게 가장 관심을 받은 부분은 바로 이 하향비교 과정이다. 앞에서도 언급한 바와 같이 하향비교는 위협을 경험하거나 위협이 예고된 상황에서 자존감에 손상을 입은 사람들에 의해서 추구된다. 이 때의 '위협'은 다양한 영역에 적용되어 연구되었다. 예를 들어 질병, 스트레스 혹은 부적 환류처럼 현재 자신이 처한 나쁜 상황이나 자신에 관한 부정적 정보에 대처하려는 사람들에게 하향비교는 가장 선호되는 사회비교로 제안되어 왔다. 그리고 사회비교이론은 스트레스나 질병에 대한 대처를 중심으로 건강심리학 분야에 활발히 적용되고 있다(Taylor, Wood, & Lightman, 1983; Wood, Taylor, & Lightman, 1985).

예를 들면, Wood, Taylor 및 Lightman(1985)의 연구는 면접을 사용하여 여성 암환자들을 대상으로 암과 관련하여 사회 비교에 대한 여러 응답을 얻어냈다. 이들의 연구에서는 신체적 비교, 상황에 대한 비교, 그리고 차원에 대한 비교를 주요 응답치로 얻어냈다. 그리고 상향비교에 비해 하향비교를 많이 하는 사람, 하향비교에 비해 상향비교를 많이 하는 사람, 그리고 상향비교와 하향비교 횟수가 동일한 사람으로 나누어서 비교 대상의 빈도를 분석하였다. 그 결과를 보면 73명 중에서 상향비교에 비해 하향비교를 많이 하는 사람은 63명(86%), 하향비교에 비해 상향비교를 많이 하는 사람은 1명(1%), 그리고 상향비교와 하향비교 횟수가 동일한 사람은 5명(7%)이었다. 이 결과는 여성 암환자들과 같이 신체 및 건강의 측면에서 위협을 경험한 사람들은 하향비교를 선호한다는 점을 보여준다.

그러나 질병을 지닌 사람들이 자신에 관한 부정적 정보에 대처하기 위해 주로 하향비교만 추구하는지 의문이 제기되었다. 이와 관련해서 Taylor와 Lobel(1989)은 암환자들을 대상으로 조사 연구한 결과를 통해 암환자들이 지니는 심리적 욕구에 따라서 비교 대상을 선택한다고 주장하였다. 이 주장에 따르면 자신보다 나은 사람이 긍정적 모델이 되면서 이 모델을 통해서 정보적 가치를 얻을 수 있는 상황에서는 상향비교가 선호될 수 있다. 왜냐하면 상향 접촉은 자신보다 나은 사람에 관한 정보를 얻을 기회를 제공하지만, 자신보다 못한 사람과 접촉하는 하향비교는 이러한 정보를 제공하지 못하기 때문이다.

따라서 질병을 지닌 사람이 질병으로 인한 손상된 자존심을 방어하는데 초점을 두느냐 질병을 이겨내는데 도움이 되는 정보를 얻는데 초점을 두느냐에 따라서 비교 대상의 선택이 달라진다고 볼 수 있다. 이번에 소개하는 연구(한덕웅, 장은영, 2000b)에서는 앞서 소개한 선행연구의 결과들에 기초하여 신체질병을 지닌 대학생들이 자신을 방어하고 손상된 자존심을 고양시키는데 초점을 두어 하향비교를 추구하는지 그렇지 않으면 자신의 질병을 이겨내어서 자신의 건강을 향상시키는데 초점을 두어 상향비교를 추구하는지 알아보는데 일차적 관심이 있다.

다음으로 이 연구에서는 비교로 인해서 경험하는 내용도 알아보고자 한다. 일반적으로 국외 선행 연구들에서는 자신보다 나은 사람과 비교하면 기분이 나빠지고 자신보다 못한 사람과 비교하면 부적정서가 감소한다는 관점에서 연구가 수행되었다(Aspinwall & Taylor, 1993; Salovey & Rodin, 1984; Wheeler & Miyake, 1992). 그러나 지금까지 보고된 연구들을 보면 사회비교로 인해서 경험하게 되는 정서는 단순히 비교 대상에 따라서 달라지지 않는다는 점을 알 수 있다(장은영, 한덕웅, 2004b; 한덕웅, 장은영, 2000; Tesser, 1988). 앞선 7장에서 이미 소개한 선행연구(장은영, 한덕웅, 2004a; 한덕웅, 장은영, 2000a)를 보면, 사회비교과정에서 경험하는 정서는 단지 비교대상이 나보다 우월하냐 혹은 열등하냐에 따라서 달라지지 않았다. 이보다는 본래 우세하던 동기가 비교를 통해서 얼마나 충족되었느냐에 따라서 자기정서가 달라졌다.

자신보다 우월한 사람과 비교하느냐 혹은 열등한 사람과 비교하느냐에 따라서 경험하게 되는 정서를 조절하는 변인을 알아본 흥미로운 연구가 있다. Tesser, Miller 및 Moore(1988)는 두 명씩 친한 친구끼리 찾아온 네 사람으로 구성된 상황에서 먼저 흥미를 측정한다고 소개하고, 다양한 차원에 대해 지니고 있는 지식을 알아보는 질문을 하였다. 연구자들은 이 응답치로 피험자들이 지식을 별로 지니지 않은 차원을 알아냈다. 그리고 네 사람씩 구성된 상황에서 각 피험자들이 지식을 별로 없는 차원에 대한 퀴즈를 냈고, 피험자 자신과 그 친구 또는 다른 두 명의 낯선 사람의 수행 결과에 대해 모두 알려주었다. 그리고 나서 정서 경험을 알아보았으며, 이 정서 경험에 대해 2(비교 대상이 자신과 가까운 정도: 친구, 낯선 이들)×2(수행 수준: 동일한 수행, 낮은 수행)로 분석하였다. 그 결과를 보면, 친구와 자신의 수행이 동일할 때보다 친구가 자신보다 잘했을 때 정적정서를 더 강하게 경험하였다. 또한 낯선 이가 자신보다 잘했을 때보다 친구가 자신보다 잘했을 때 정적정서를 더 강하게 경험하였다.

이 결과로부터 Tesser 등(1988)은 사회비교를 두 가지 과정으로 구분하여 설명하였다. 하나는 비교(comparison) 과정인데, 이 과정은 자신에게 중요한 차원에서 자기를 평가할 때 나타난다고 보았다. 그리고 이 비교 과정이 일어나면 자신보다 못하는 사람과 비교할 때보다 잘하는 사람과 비교할 때 자기평가가 더 낮았고, 부적정서도 더 강하게 경험한다. 반면에 자신과 심리적으로 가까운 사람과 비교할 때에는 상향비교 대상과 가까운 관계를 추구하게 되므로 반영(reflection) 과정이 일어난다. 그리고 이 반영 과정이 일어나게 되면 자신보다 못한 사람을 볼 때보다 잘하는 사람을 볼 때 자기평가가 더 높아지게 되고 정적정서를 더 강하게 경험한다. 이러한 연구를 보면, 사회비교하고나서 경험하는 정서는 비교대상이 단순히 상향비교대상이냐 혹은 하향비교대상이냐에 따라서 달라지지 않는 것으로 보인다.

이 연구에서는 이상의 선행 연구들에 기초해서 신체질병을 지닌 사람들이 일상생활에서 건강에 관해서 타인과 비교할 때 비교 대상으로 선택하는 사람을 알아내어서 그 사람과 심리적으로 얼마나 가까운지 알아보고 비교 후 자기평가와 정서 경험의 수준을 알아보고자 한다.

연구 방법

참 가 자 조사는 성균관대학교 학생들을 대상으로 실시되었는데 총 450부를 배부하여 회수된 428명의 자료가 수거되었다. 이 연구에서는 건강 차원에서 비교 대상을 보고한 사람들 386명의 자료가 분석되었다. 조사 대상 가운데 남학생은 238명(62%)이고, 여학생은 131명(34%)이었고, 성별에 응답하지 않은 학생은 17명(4%)이었다. 이 가운데 질병이 있다고 응답한 학생이 342명(89%)이고 질병이 없다고 응답한 학생이 44명(11%)이었다.

질문지 구성 먼저 학생들에게 '당신은 자신의 건강에 대해서 생각할 때 당신과 비슷한 나이의 사람들 가운데 자신의 건강을 누구와 가장 자주 비교합니까? 그 사람의 이름을 알파벳의 첫 철자로만 적어주십시오'라고 질문하여 반응을 얻었다. 그리고 나서 그 사람은 건강이 자신보다 좋은 사람인지, 비슷한 사람인지 혹은 자신보다 건강이 나쁜 사람인지 세 가지 선택지 중 하나에 응답하도록 하였다. 자신보다 건강이 좋은 사람과 비교한다고 응답하면 상향비교 대상을 선택한 것으로, 자신과 건강이 비슷한 사람과 비교한다고 응답하면 유사비교 대상을 선택한 것으로, 자신보다 건강이 나쁜 사람과 비교한다고 응답하면 하향비교 대상을 선택한 것으로 분류하였다.

또한 그 사람과 건강을 비교하는 빈도(1문항), 자신의 건강 평가(1문항), 자신의 건강에 대한 만족도(1문항), 건강의 중요성(1문항), 비교 대상과 친한 편인지(1문항), 비교 대상과 지내는 시간이 많은 편인지(1문항), 자기향상동기(3문항), 자기평가동기(3문항), 자기방어동기(3문항), 비교당시 경험한 정적정서(5문항) 및 비교당시 경험한 부적정서(5문항)를 측정할 수 있는 문항에 '1 = 전혀 그렇지 않다'에서부터 '7 = 매우 그렇다'까지 7점 척도로 응답하였다. 끝으로 '앞서 적은 사람 이외에 당신의 건강을 다른 사람과 비교한다면 어떤 사람과 비교하고 싶습니까?'에 이름을 구체적으로 알아내기 위해서 첫 철자로 응답하여 비교 대상을 재선정하도록 하였다.

사회비교를 통해서 경험하는 자기정서는 강혜자와 한덕웅(2000)의 연구에서 얻은 정서 측정치들 가운데 자기정서들(20문항)을 평상시 각각 얼마나 느끼는지 그 정도를 '1: 전혀 경험하지 않는다'에서부터 '7: 매우 강하게 경험한다'까지 7점 척도로 응답하도록 하여 얻어냈다. 그리고 지난 7일 동안 다양한 신체증상들(17문항)로 얼마나 괴로워했는지 그 정도를 '1: 전혀 그렇지 않다'에서부터 '5: 매우 그렇다'까지 5점 척도로 응답하도록 하였다.

다음으로 현재 앓고 있는 질병이 있는지 물어서 앓는 질병이 있다면 그 질병을 앓은 지 얼마나 오래되었는지, ' 년 개월'로 응답하도록 하였다. 그리고 그 질병이 얼마나 심각한지 '1: 전혀 심하지 않다'에서부터 '7: 매우 심하다'까지 7점 척도로 응답하도록 하였다. 마지막으로 학생들은 자신이 속한 학부 혹은 전공, 성별 및 연령에 응답하였다.

자료 분석 이 연구에서 사용한 구성개념을 이루는 문항들이 신뢰롭고 타당한 측정치인지 알아보기 위해서 내적 일치도 계수를 구하고 요인분석을 실시하였다. 이 연구를 통해서 최종 선택되어 이 연구에서 사용된 구성개념들과 구성개념의 신뢰도 및 구성개념을 이루고 있는 문항들의 내용, 문항-전체 상관 및 요인부하량은 표 11-1에 제시하였다. 각 구성개념의 신뢰도는 Cronbach α로 계산해서 구성개념 옆에 제시하였다. 요인부하량은 공통변량(communality)의 초기값을 중다상관자승(SMC)으로 한 주축분해법을 사용하여 얻었다.

질병이 있는 사람과 없는 사람을 잘 구분해 주는 변인들과 질병이 있는 사람들이 선택하는 비교 대상을 잘 구분해 주는 변인들을 알아보기 위해서 판별분석을 실시하였다. 또한 질병이 있는 사람과 없는 사람들이 각 구성개념별 평정치에서 차이를 보이는지 알아보기 위해서 비동수변량분석을 실시하였다. 분석은 SAS Window용 6.12판을 사용하였다.

표 11-1. 각 변인별 문항분석 결과

변인들과 각 문항들	신뢰도	문항-전체 상관	요인부하량
자기향상동기	.87		
나의 건강을 좋게 만들고 싶다		.77	.77
어떻게 하면 나의 건강을 좋게 만들 수 있는지 알고 싶다		.77	.76
자기평가동기	.84		
내 건강을 정확히 평가하고 싶다		.81	.88
내 건강이 어떤지 잘 알고 싶다		.75	.76
내 건강을 정확히 알아보고 판단하는데 관심을 갖게 된다		.56	.44
자기방어동기	.88		
나의 건강 때문에 자존심을 잃지 않으려는 마음 때문이다		.81	.82
나의 자존심을 다시 높이려는 마음이 생긴다		.78	.79
나의 자존심을 높이는데 관심을 갖게 된다		.73	.73
비교당시 경험한 정적정서	.85		
자랑스럽다		.74	.86
기쁘다		.74	.85
자신감이 생긴다		.75	.79
우월감이 생긴다		.57	.61
비교당시 경험한 부적정서	.88		
우울하다		.81	.89
불안하다		.74	.82
창피하다		.73	.77
화가 난다		.69	.73
열등감이 생긴다		.64	.67
낙담정서	.85		
무기력하다		.69	.75
의기소침하다		.74	.75
실망스럽다		.62	.63
우울하다		.76	.51
불만스럽다		.48	.50
초조정서	.91		
불안하다		.83	.77
초조하다		.81	.72
두렵다		.69	.69
긴장되다		.65	.67
안절부절하다		.75	.61
걱정스럽다		.73	.60
정적정서	.91		
안도감		.71	.75
안심되다		.71	.74
안정감		.74	.67

활기차다		.64	.65
편안하다		.70	.64
기쁘다		.69	.64
만족스럽다		.74	.63
희망적이다		.65	.62
신체증상	.91		
식사 후에 소화가 안된다		.56	.74
식후 또는 공복 시에 위가 아프다		.60	.68
위가 답답하다		.70	.68
속이 쓰리고 아프다		.63	.66
식후에는 자주 헛배가 부른다		.61	.66
가슴이나 심장이 아프다		.60	.65
심장이 마구뛴다		.56	.65
숨이 차다		.59	.65
숨이 가쁘고 답답하다		.63	.63
머리가 띵하고 무겁다		.60	.63
다리가 쑤시고 아프다		.58	.61
어깨가 아프다		.53	.61
뒷골이 당기고 아프다		.62	.60
다리가 묵직하다		.65	.56
잠을 깊이 들지 못하고 자주 깬다		.43	.51
잠을 자기가 힘들다		.46	.46
잠잔 후에도 잔 것 같지가 않다		.51	.42

연구 결과

먼저 질병이 있는 사람과 질병이 없는 사람을 잘 구분해 주는 요인이 무엇인지 알아보았다. 이를 위해서 건강을 비교하는 빈도, 건강의 중요성, 비교 대상과 친한 정도, 비교 대상과 지내는 시간, 자기향상동기, 자기평가동기, 자기방어동기, 자신의 건강에 대한 만족도, 자신의 건강 평가, 비교당시 경험한 정적정서, 비교당시 경험한 부적정서, 초조정서, 낙담정서, 정적정서 및 신체증상 측정치를 예언변인으로 하여 질병이 있는 사람과 없는 사람을 판별분석한 결과를 표 11-2에 제시하였다.

표 11-2를 보면, 질병이 있는 사람과 없는 사람을 판별하기 위해서 15개 예

표 11-2. 예언변인들에 의한 질병이 있는 사람들과 없는 사람들의 판별분석(N=386)

예언변인	F	판별계수
비교빈도	1.27	.08
건강의 중요성	1.24	.03
비교대상과 친한 정도	.32	-.24
비교대상과 함께 보내는 시간	.00	.09
자기향상동기	7.75**	-.49
자기평가동기	.01	.41
자기방어동기	.64	.03
자신의 건강에 대한 만족도	19.29***	.16
자신의 건강 평가	22.06***	.35
비교당시 경험한 정적정서	11.95***	-.35
비교당시 경험한 부적정서	5.34*	.12
초조정서	2.78 †	-.02
낙담정서	1.55	.24
정적정서	5.95*	.25
신체증상	7.76**	-.25
Wilks' Lambda	0.9 **	
분류 정확도(Press's Q)	271.96***	
R^2	0.01	

† p < .10, * p < .05, ** p < .01, ***p < .001

언치를 사용했을 때 유의하게 판별됨을 알 수 있다(Wilks's Lamda=.91 p < .001, 분류정확도=91.96, Press's Q=271.96, p < .001). 이 결과를 보면 8개 요인들만 유의한 단일변인 판별 기능을 보임을 알 수 있다. 유의한 판별 기능을 보인 요인들을 위주로 질병이 있는 사람과 없는 사람을 살펴보면 다음과 같다.

먼저 신체증상, 초조정서 및 정적정서가 유의한 판별 요인으로 나타났다. 이는 신체질병을 지닌 사람들이 최근 경험한(최근 1주일 동안) 신체증상과 평상시 자기에 대해서 경험하는 정적정서에 대해서 알려준다. 다시 말하면 질병이 없는 사람들보다 질병이 있는 사람들이 최근 일주일간 다양한 신체증상으로 인해서 더 괴로워하며(각각 M=2.21, M=2.55, F(1,380)=14.99, p < .001), 평상시 자기에 대해 초조정서를 더 경험하는 경향을 보이고(각각 M=4.20, M=3.87, F(1,380)=2.26, *n.s.*), 자기에 대해 정적정서를 덜 경험하는 점(각각 M=3.96, M=4.33, F(1,380)=

4.60 $p < .05$)을 알 수 있다. 이 결과는 신체질병을 지닌 사람들이 만성적으로 지니고 있는 문제를 보여준다.

다음으로 자신의 건강을 향상시키고자 하는 동기 역시 유의한 판별 요인으로 나타났다. 다시 말하면 자기향상동기를 측정한 두 문항을 평균하여 얻은 값들의 평균치를 보면, 질병이 없는 사람보다 질병이 있는 사람이 자기향상동기가 더 높은 경향을 보였다(각각 $M = 4.83$, $M = 5.42$, $F(1,380) = 1.10$, n.s.). 이러한 결과로 볼 때, 질병이 있는 사람들이 질병이 없는 사람들보다 자신의 건강을 좋게 만들고자 하는 동기가 높아서 자신에게 좋은 모델이 될 수 있는 상향비교 대상을 많이 선택하게 되었다고 해석할 수 있다.

이에 더하여 자신의 건강 평가와 건강 만족도가 질병이 있는 사람과 없는 사람을 잘 구분하는 요인으로 나타났다. 구체적으로 질병이 있는 사람과 없는 사람들의 평정치를 보면 사회비교 후 질병이 없는 사람은 있는 사람보다 자신에 대한 건강 평가가 높고(각각 $M = 4.52$, $M = 3.61$, $F(1,380) = 11.11$, $p < .001$), 자신에 대한 건강 만족도(각각 $M = 4.14$, $M = 3.16$, $F(1,380) = 7.68$, $p < .01$)가 높았다.

이러한 결과는 질병이 있는 사람들과 질병이 없는 사람들의 사회비교의 대상 선택 빈도와 함께 연결하여 생각하는 것이 더 좋을 것이다. 즉, 질병이 없는 사람들보다 질병이 있는 사람들은 상향비교 대상 선택 빈도가 더 높았다(각각 44%, 66%, $\chi^2 = 9.02$, $p < .05$). 따라서 질병이 있는 사람들이 질병이 없는 사람들보다 건강이 자신보다 더 좋은 사람과 비교하였으므로, 비교 후 자신의 건강에 대한 평가와 만족도가 더 낮은 것으로 보인다.

또한 자신이 선택한 비교 대상과 비교할 당시에 경험한 정적 및 부적정서도 유의한 판별 요인으로 나타났다. 표 11-2에 제시한 각 구성개념을 측정하는 문항들에 응답자들이 평정한 값을 평균하여 각 조건마다 구한 평균치를 보면 질병이 있는 사람보다 질병이 없는 사람이 비교할 때 정적정서를 덜 경험하는 경향을 보였고(각각 $M = 2.94$, $M = 2.32$, $F(1,380) = 1.10$ n.s.), 부적정서는 더 경험하였다(각각 $M = 2.78$, $M = 3.18$, $F(1,380) = 3.81$ $p < .05$). 따라서 비교할 때에 질병이 없는 사람보다 신체질병을 지닌 사람들이 부정적정서를 덜 경험하였는데, 이러한 결과는 신체질병을 지닌 사람들의 비교 대상 선택과 모순되는 결과로 볼 수도 있다. 왜냐하면 신체질병을 지닌 사람들은 상향비교를 더 많이 선택하였기 때문이다.

그러나 이 결과는 Tesser 등(1988)이 제안한 비교(comparison)와 반영(reflection)

중에서 '반성 과정'이 일어났기 때문으로 해석할 수 있다. 이러한 해석 가능성을 명확히 검토하기 위해서 이 연구에서는 질병이 있는 사람들이 선택한 사회비교 대상에 영향을 주는 변인들을 알아보았다. 이를 위해 건강을 비교하는 빈도, 건강의 중요성, 비교 대상과 친한 정도, 비교 대상과 지내는 시간, 자기향상동기, 자기평가동기, 자기방어동기, 자신의 건강에 대한 만족도, 자신의 건강 평가, 비교당시 경험한 정적정서, 비교당시 경험한 부적정서, 초조정서, 낙담정서, 정적정서, 신체증상 및 질병의 심도 측정치를 예언변인으로 하였다. 그리고 건강에 대해서 생각할 때 비교하는 사람이 자신보다 건강이 좋은 사람인지, 비슷한 사람인지 혹은 나쁜 사람인지 응답한 결과를 가지고 상향비교, 유사비교 혹은 하향비교를 선택하는 사람을 판별분석한 결과를 표 11-3에 제시하였다.

표 11-3. 예언변인들에 의한 상향비교, 유사비교 및 하향비교 선택의 판별분석 (질병이 있는 사람들 $N=44$)

예언변인	F	판별계수1	판별계수2
비교빈도	4.33*	-.48	-.58
건강의 중요성	1.32	-.24	-.43
비교대상과 친한 정도	4.09*	.52	.23
비교대상과 함께 보내는 시간	2.58†	-.47	.79
자기향상동기	10.50***	1.33	.40
자기평가동기	1.93	-.12	-.57
자기방어동기	.55	.26	1.12
자신의 건강에 대한 만족도	6.81**	-.03	.10
자신의 건강 평가	3.97*	-.84	.31
비교당시 경험한 정적정서	5.96**	.60	.03
비교당시 경험한 부적정서	4.21*	-.23	-.99
초조정서	.07	-.45	.16
낙담정서	.76	-.12	.37
정적정서	.03	-.62	.69
신체증상	3.27*	.01	.79
질병의 심도	2.15	-.84	.14
Wilks' Lambda	0.94***		
분류 정확도(Press's Q)	88.00***		
R^2	0.13		

† $p < .10$, * $p < .05$, ** $p < .01$, *** $p < .001$

표 11 - 3을 보면 질병이 있는 사람들이 선택한 비교 대상을 판별하기 위해서 16개 예언치를 사용했을 때 유의하게 판별됨을 알 수 있다(Wilks's Lamda =.126, $p < .001$, 분류정확도=100.00, Press's Q=88.00, $p < .001$). 이 결과를 보면 9개 요인들만 유의한 단일변인 판별 기능을 보임을 알 수 있다. 유의한 판별 기능을 보인 요인들을 위주로 질병이 있는 사람들의 비교 대상 선택을 살펴보면 다음과 같다.

먼저 신체증상이 신체질병을 지닌 사람들의 비교 대상 선택을 잘 구분하는 요인으로 나타났다. 이를 자세히 살펴보면 신체질병을 지닌 사람들 중에서 자신과 건강이 유사한 사람과 비교하는 사람들(M=3.23)보다는 자신보다 건강이 좋은 사람과 비교하는 사람들(M=2.38)이 최근 일주일간 신체증상을 덜 경험하였다($F(2,41)=3.27$, $p < .05$).

또한 건강비교빈도가 유의한 판별 요인으로 나타났다. 이를 자세히 살펴보기 위해 신체질병을 지닌 사람들을 자신보다 건강이 더 좋은 사람과 비교하는 사람, 자신과 건강 수준이 유사한 사람과 비교하는 사람 및 자신보다 건강이 더 나쁜 사람과 비교하는 사람으로 나누어 각 조건별로 평균치를 알아보았다. 그 결과를 보면 상향비교 대상(M=4.10)을 선택한 사람이 유사비교 대상(M=2.71) 혹은 하향비교 대상(M=3.13)을 선택한 사람보다 더 자주 그 사람과 비교하는 것으로 나타났다($F(2,41)=4.33$, $p < .05$). 이 결과에 더해서 비교 대상과 친한 정도와 비교 대상과 지내는 시간을 함께 보면 신체질병을 지닌 사람들이 어떠한 사람과 주로 비교하는지 더 명확히 알 수 있다. 즉 비교 대상과 친한 정도와 비교 대상과 지내는 시간도 신체질병을 지닌 사람들의 비교 대상 선택을 잘 구분하는 요인으로 나타났는데, 이를 더 구체적으로 살펴보면 신체질병을 지닌 사람들은 자신보다 건강이 나쁜 사람(M=5.00)보다는 자신과 건강 수준이 유사한 사람(M=6.57)이나 자신보다 건강이 더 좋은 사람(M=6.03)과 더 친하였다($F(2,41)=4.09$, $p < .05$). 또한 자신보다 건강이 나쁜 사람(M=5.00) 및 자신보다 건강이 더 좋은 사람(M=6.03)보다는 자신과 건강 수준이 유사한 사람(M=6.57)과 보내는 시간이 더 많은 경향이 나타났다($F(2,41)=2.58$, $p < .10$).

이 내용을 신체질병을 지닌 사람들이 선택한 빈도와 연결하여 살펴보면, 신체질병을 지닌 사람들은 자신과 건강이 유사하거나 자신보다 건강하지 못한 사람보다는 자신보다 건강이 더 좋은 사람과 비교하며, 자신보다 건강이 더 좋은 사람들과 자신의 건강을 비교해보는 사람들이 비교 빈도도 더 높다. 또한 자신과 건강이 유사하거나 자신보다 건강이 더 좋은 사람들과 자신의 건강을 비교해보는 사람들은, 자신보다 건강이 나쁜 사람들과 비교해보는 사람들보다 그 비교 대상과 더 친하게 지내며, 함께 보내는 시간이 더 많은 것으로 나타났다. 따라서 신체질병을 지닌 사람들은 자신보다 건강이 좋은 사람과 자신을 주로 비교하며, 이 비교 대상과 친하고, 함께 보내는 시간이 많은 것을 알 수 있다. 그리고 건강이 얼마나 중요한지 질병을 지닌 사람들이 평정한 값을 보면 7점 척도에서 5.41로 나타나서 신체질병을 지닌 사람들이 건강이 중요하다고 생각한 것을 알 수 있다. 이는 Tesser 등(1988)이 제안한 반영이 일어날 수 있는 조건을 만족시켜주므로 이 연구에 응답한 신체질병을 지닌 사람들은 사회비교를 통해서 주로 반성 과정을 경험하였다고 해석할 수 있다.

또한 자기향상동기도 신체질병을 지닌 사람들의 비교 대상 선택을 잘 구분하는 요인으로 나타났다. 조건별 평균치를 보면, 자신보다 건강이 나쁜 사람과 비교하는 사람($M=4.00$)보다 자신과 건강이 유사한 사람과 비교하는 사람($M=4.93$)이 자기향상동기가 더 높았고, 유사한 사람과 비교하는 사람보다 자신보다 건강이 좋은 사람과 비교하는 사람($M=5.93$)이 자기향상동기가 더 높았다($F(2,41)=10.50$, $p<.001$). 이는 이전 연구들에서 자기향상동기가 높으면 상향비교 대상을 선택하게 된다는 제안을 지지해주는 결과이다.

그러나 자기평가동기와 자기방어동기가 신체질병을 지닌 사람들의 비교 대상 선택을 구분하는데 유의한 영향을 미치지 않은 것은 주의할 점이다. 이는 아마도 이 연구에 응답한 신체질병을 지닌 사람들이 전반적으로 자기의 건강을 향상시키고자하는 동기가 강하며, 이로 인해 상향비교 대상을 주로 선택하여서 자기평가동기나 자기방어동기가 효과를 발휘할 여지가 적은 점에 원인이 있는 것으로 보인다.

마지막으로 신체질병을 지닌 사람들이 어떤 사람과 비교하는가에 따라서 비교 이후에 경험하는 결과도 유의한 판별 요인으로 나타났다. 먼저 자신에 대한 건강 평가와 건강 만족도가 신체질병을 지닌 사람들의 비교 대상 선택을 잘 구분하는 것으로 나타났다. 구체적으로 살펴보면 신체질병을 지닌 사람들 중 자신보다 건강이 좋은 사람과 비교하는 사람들($M=3.28$)보다 자신보다 건강이 나쁜 사람과 비교하는 사람들($M=4.75$)이 자신의 건강이 더 좋다고 평정하였다($F(2,41)$

$=3.97$, $p < .05$). 또한 자신보다 건강이 좋은 사람과 비교하는 사람들($M=2.66$)보다 자신과 건강이 유사한 사람과 비교하는 사람들($M=3.71$)이, 그리고 자신과 유사한 사람과 비교하는 사람들보다 자신보다 건강이 나쁜 사람과 비교하는 사람들($M=4.50$)이 자신의 건강에 더 만족하였다($F(2,41)=6.81$, $p < .01$). 따라서 전반적으로 신체질병이 있는 사람들은 자신보다 건강이 좋은 사람과 비교할 때보다 자신보다 건강이 나쁜 사람과 비교할 때 자신의 건강을 더 호의적으로 평가하며, 자신의 건강에 더 만족하였다.

또한 신체질병을 지닌 사람들 중 자신보다 건강이 나쁜 사람과 비교하는 사람들($M=2.03$) 혹은 자신과 건강이 유사한 사람들($M=2.31$)보다 자신보다 건강이 좋은 사람과 비교하는 사람들($M=3.34$)은 비교할 때 더 정적정서를 경험하였다($F(2,41)=5.96$, $p < .01$). 따라서 전반적으로 신체질병이 있는 사람들은 자신보다 건강이 나쁜 사람과 비교할 때보다 자신보다 건강이 좋은 사람과 비교할 때 더 정적정서를 경험하는 것으로 보인다. 이러한 결과는 Tesser 등(1988)이 반성 과정 후 경험하게 된다고 제안한 정서와 일치하는 내용이다. 즉, 사회비교에서 비교 과정이 아니라 반성 과정이 일어나서 상향비교 후에도 오히려 정적정서를 경험하게 된 것으로 해석할 수 있다.

논 의

연구의 요약과 제한점 이 연구 결과를 요약하면 신체질병을 지닌 대학생들은 건강한 학생들과 비교할 때 상향비교 대상의 선택 빈도가 높았고, 건강의 중요성도 높다고 생각하였다. 또한 건강에 대해 비교할 때 상향비교하는 사람들은 비교 대상과 친하고 함께 보내는 시간이 많았으며, 자기향상동기가 높았고, 상향비교 후에도 정적정서를 경험하였다. 즉, 이 연구에서 신체질병을 지닌 학생들은 중요하다고 생각하는 건강 차원에서 자신의 건강을 향상시키고자하는 욕구가 높았고 이로 인해 주로 자신보다 건강이 좋은 사람과 비교하였으며, 이러한 상향비교대상은 자신과 친한 사람이었다. 이는 Tesser 등(1988)이 제안한 비교 과정 중 반성 과정이 일어날 수 있는 조건이다. Tesser 등(1988)은 이러한 조건에서는 상향비교함에도 불구하고 부적정서를 덜 경험하게 된다고 제안하였는데, 이 연구에서도 이러한 예측은 지지되었다. 그러나 이 연구에서 신체질병을 지닌 사람들이 상향비교하면 하향비교할 때보다 정적정서를 경험한 점은 Tesser 등(1988)의 제안과 일치하지만, 자기 건강에 대한 평가나 자기 건강에 대한 만족도는 더 낮은 점은 일치하지 않는 결과이다. 따라서 정서 경험과 자기평가가 서로 다른 결과를 보여주고 있는데, 이는 앞으로 연구를 통해 재검토해 볼 필요가 있다.

연구의 시사점 이러한 결과를 해석할 때에는 이 연구의 제한점들을 고려하여 살펴보아야 할 것이다. 먼저, 이 연구에 참여한 신체질병을 지닌 대학생들이 자기향상동기가 높으며, 자신과 친한 사람과 상향비교하였다는 점이다. 이러한 점에서 볼 때, 실제로 신체질병을 지닌 대학생들이 자기향상동기가 높아서 자신에게 좋은 모델이 되는 사람과 비교하여서 상향비교로 인해 부정적 경험을 덜 하게 된 것인지, 친한 사람과 심리적으로 가까워서 상향비교함에도 불구하고 부정적 경험을 덜 하게 된 것인지 불명확하다. 물론 이 결과를 순차적으로 해석하는 것은 가능하다. 즉 자기향상동기가 높아서 상향비교를 하게 되고, 특히 자신과 친한 사람과 상향비교하여서 반성 과정이 일어났다고 볼 수 있다. 그러나 이러한 해석을 가능하려면 이 연구의 결과를 확인할 수 있는 실험 연구가 필요할 것으로 보인다.

또한 이 연구에서 신체질병을 지닌 사람들 중 자신보다 건강이 더 나쁜 사람과 자신의 건강을 비교하는 사람보다 건강이 더 좋은 사람과 비교하는 사람이 최근 1주일간 신체증상으로 덜 괴로워하였다. 따라서 질병을 지닌 사람들 중에서도 상향비교하는 사람은 하향비교하는 사람보다 신체증상을 덜 경험한다는 점에서 자존감에 대한 위협을 덜 경험한 사람이라고 해석할 수 있다. 다시 말해서 신체질병을 지닌 사람들이 자기 건강을 증진시키고자 하는 자기향상동기가 높아서 상향비교를 추구하지만, 이 사람들 내에서는 상대적으로 신체증상으로 덜 괴로워하여 자존감에 대한 위협을 덜 경험하는 사람들이 상향비교를 추구하게 되었다고 볼 수 있다.

이 결과는 단순히 질병을 지녔다는 점이 비교 방향을 결정하는 것이 아니라,

질병을 지닌 사람들이 질병으로 인해 경험하는 고통 수준에 따라서 비교 방향이 결정될 수 있다는 시사점을 준다. 이러한 가능성도 앞으로 실험 연구를 통해 검증해 볼 필요가 있다. 이에 더하여 이 연구에서 신체질병을 지닌 사람들이 그 질병을 지녀온 기간과 심도가 다를 것이므로 이 점이 이 연구 결과에 가외변인으로 작용하였다고 의심해 볼 만하다. 그러나 질병을 지녀온 기간과 질병 심도는 판별분석에서 유의한 판별요인으로 나타나지 않았다.

마지막으로 이 연구에서는 386명 중 신체질병을 지닌 학생들이 44명(11%)밖에 되지 않아서 표집 수가 매우 작은 편이다. 따라서 보다 큰 표집을 통해 이 연구 결과를 확증할 필요가 있다. 이에 더하여 이 연구에서 제시한 판별분석 결과에서 설명변량이 매우 작은 점도 결과를 해석하는데 있어서 주의할 내용이다.

제12장

사회비교의 동기가 분노경험, 주관안녕 및 건강지각에 미치는 영향

이 조사연구에서는 사회비교의 자기조절과정이론에 기초하여 사회비교의 동기와 이 비교동기의 충족 수준을 신뢰롭고 타당하게 측정하는 척도를 개발하여 이 이론을 검증하였다. 이 척도들을 사용하여 대학생들의 각 사회비교 동기들과 이 동기의 충족수준들을 측정하였다. 개인의 사회비교 동기의 수준이 분노경험, 주관안녕 및 건강지각에 미치는 영향을 알아보았다. 결과를 보면 자기향상동기가 높으면서 동시에 향상동기가 충족된 수준도 높지만 방어동기가 충족된 수준이 낮을수록 분노를 높게 경험하였다. 자기평가동기가 충족수준이 높을수록 자기의 삶에 대해서 인지적으로 만족스럽다고 평가하였다. 또한 자기평가동기가 충족된 수준이 높아서 이 동기는 낮은 수준이면서 자기향상동기가 높을수록 자기의 삶에서 행복하다고 평가하였다. 한편 자기향상동기, 자기평가동기, 자기방어동기가 충족된 수준이 모두 높을수록 자신이 신체적으로 더 건강하다고 지각하였다.

서　　론

이번 장에서는 사회생활에서 다른 사람과 비교하는 사회비교 과정에 따라서 분노경험, 주관안녕 및 건강지각이 어떻게 달라지는지 알아본 연구(한덕웅, 장은영, 2003a)를 다루고자 한다. 이 연구에서는 사회비교 과정에 따라서 사회비교의 동기들과 이 동기들이 충족된 수준이 어떻게 달라지며, 이로 인해서 주관안녕과 건강지각에 미치는 영향이 어떻게 나타나는지 알아보려고 하였다. 이제 사회비교 동기를 어떻게 측정할 것인가에 대한 내용부터 논의하면서 이 연구에서 다루고자 하는 과제들을 정리해 보고자 한다.

사회비교 동기의 측정　　현재까지 이루어진 사회비교에 대한 여러 연구들을 보면 사회비교 과정에서 유발되는 자기성장, 자기방어 및 자기평가의 동기가 중요하게 연구되었다. 그리고 사회비교에서 고려되는 타인은 크게 다음의 세 가지 유형으로 구분된다. 나보다 나은 위치의 사람, 나보다 못한 위치의 사람 그리고 나와 비슷한 위치에 처한 사람이다. 여기서 위치란 용어는 연구자에 따라 수행(Brockner, 1979; Gibbons, Benbow, & Gerrard, 1994), 능력(Radloff, 1966), 의견(Festinger, 1954), 성격(Hakmiller, 1966; Wheeler, Shaver, Jones, Goethals, & Cooper, 1969) 및 위협을 주는 사건에 대한 대처(Gibbons, Gerrard, Lando, & McGovern, 1991; Taylor, Wood, & Lightman, 1983) 등에서 상대적 수준을 의미한다. 따라서 타인과 비교가 이루어지는 차원에서 자신보다 나은 위치에 있는 타인과 비교하면 상향비교(upward comparison), 자신보다 못한 위치에 있는 타인과 비교하면 하향비교

(downward comparison) 그리고 자신과 유사한 위치에 있는 타인과 비교하면 유사비교(lateral comparison)라고 정의할 수 있다. 그리고 이 세 방향의 사회비교는 각기 다른 사회비교의 동기에 의해서 촉발되며 비교의 결과에 따라서 각 동기의 충족 수준도 달라진다. 예컨대 Taylor, Wayment 및 Carrillo(1993)에 의하면 자기고양동기는 자기상의 위협이나 자존심이 손상되는 상황에서 높아지며 하향비교를 통해서 충족된다. 자기향상동기는 자기평가와 자기고양의 동기가 충족된 후 나타나며 상향비교를 통해서 충족된다. 그리고 자기평가동기는 자기평가에서 불확실성이 높을 때 유발되고 유사비교를 통해서 충족된다고 주장했다(Helgeson & Michelson, 1995; Taylor & Lobel, 1989).

사회비교 과정에서 사람들이 경험하는 비교동기는 자기향상동기, 자기평가동기 및 자기고양동기를 위주로 하여 연대감이나 자기확증동기까지 여러 가지가 제안되어 왔지만, 이러한 비교동기를 신뢰롭고 타당하게 측정할 수 있는 측정치는 개발되지 못했다.

다만, Gibbons와 Buunk(1999)는 만성적 개인차 변인으로 사회비교 경향을 측정하는 측정치를 개발하기 위한 연구를 수행하였다. 이들은 먼저 사회비교 과정을 연구하는 연구자들에게 의견과 능력에서 비교경향을 알아볼 수 있는 문항을 만들어보도록 하였다. 여기서 33개 문항이 추출되었는데, 이는 7개의 상향비교 관련 문항, 7개의 하향비교 관련 문항 및 의견과 능력에서의 비교경향을 알아보는 19개 문항으로 구성되었다. 연구자들은 의견과 능력에서 보편적으로 사회비교를 추구하는 경향을 알아보기 위해서 미국의 두 표집과 네덜란드의 두 표집에 실시하여서 8문항을 제거하였고, 최종 11문항이 선정되었다. 이 11문항을 연구자들은 Iowa-Netherlands Comparison Orientation Measure(INCOM)라고 하였고, 이 11문항을 미국의 10개 표집과 네덜란드의 12개 표집에 실시하여서 신뢰도와 타당도를 알아보았다. 그 결과 2 요인구조가 확인되었으며, 한 요인은 능력 그리고 다른 한 요인은 의견을 측정하는 문항으로 정의하였다.

이 연구의 첫 번째 목적은 바로 이 측정치를 한국인 표집에 맞게 표준화하는 것이다. 그런데 이 INCOM 문항들은 비교 방향이나 비교동기에 대한 내용없이 사회비교 정보에 대해 얼마나 민감한지 혹은 수용적인지 알아보는데 초점을 두고 있다는 제한점이 있다. 따라서 이 연구에서는 특정한 비교 방향이나 비교목표가 첨가된 사회비교 동기의 척도도 새롭게 개발하고자 한다. 그리고 이미 앞에서 살펴본 대로 사회비교의 자기조절 과정이론에서는 우세했던 사회비교의 동기가 충족된 수준이 이후 사회비교에 다시 영향을 미친다고 가정하기 때문에 비교동기의 충족수준을 측정하는 척도도 개발하고자 한다. 그리고 이 문항들을 통하여 사회비교 동기 및 비교동기의 충족수준을 각 개인을 대상으로 측정하고, 이 연구에서 관심이 있는 준거변인에 어떠한 영향을 미치는지 알아보고자 한다. 다음 절에서는 사회비교가 이 연구에서 다룰 준거변인 중 정서 경험 가운데 분노에 미치는 영향에 대해 살펴본다.

사회비교 동기와 비교동기의 충족수준이 분노경험에 미치는 영향 사회비교 후 경험하는 정서가 건강심리학에서 중요한 이유는 정서와 신체질병이 서로 관련된다는 관점 때문이다(Leventhal & Patrick-Miller, 2000, 한덕웅과 표승연, 2002에서 재인용, 2002, 406~407쪽). 그리고 정서와 신체질병이 서로 관련된다는 관점이 제안된 이후 정서와 신체질병의 관계에 관한 실증연구들이 보고되었다. 먼저 분노억제와 적개심이 관상동맥 경화증과 유의한 상관이 있음을 나타낸 연구(MacDougall, Dembroski, Dimsfale, & Hackett, 1985)가 있었고, 국내에서도 신체질병이 있는 집단과 없는 집단을 가장 잘 판별하는 정서 경험으로서 분노의 설명량이 가장 높음을 보인 연구(한덕웅, 표승연, 2002)가 있다. 그리고 분노가 심근경색과 관련된다는 실증연구도 보고된 바 있다(전겸구, 김영조, 한덕웅, 1999). 이러한 여러 연구들을 보면 정서 경험이 신체질병과 관련된다고 볼 수 있으므로, 사회비교로 경험하는 정서가 어떻게 달라지는지 알아내는 것이 중요하다.

그러나 이미 이전 장에서 언급한 바와 같이, 최근까지 사회비교와 정서의 관계를 다룬 연구들을 보면 위협을 경험한 후에 하향비교하면 부적정서가 감소하기도 하고(Aspinwall & Taylor, 1993; Gibbons & Boney McCoy, 1991), 증가하기도 하여서(Wood, Giordano-Beech, Taylor, Michela, & Gaus, 1994) 연구 결과가 일관되지 못하다. 또 다른 중요한 문제점은 사회비교 과정에서 정서를 다룬 연구들의 또 하나의 제한점은 어떤 정서를 다루었는지가 연구마다 다르며, 앞서 살펴본 바와 같이 주로 정적정서, 부적정서 혹은 기분과 같이 광범위한 정서 측정치를 사용하는 경우도 많다는 점이다. 따라서 비교 후 경험하는 정서와 건강의 관계를 알아내기 위해서는 비교과정에서 구체적인 정서 경험을 측정하는 것이 필요하다. 그리고 다른 상황과 달리 사회비교 과정에서 더 잘 경험되는 정서에 대해서는 연구가 거의 이루어지지 않았으며, 동일한 비교 과정이더라도 비교 차원이나 비교대상에 따라서 어떤 정서들이 차별적으로 더 잘 경험되는지에 대해서도 연구가 이루어지지 않았다. 다만 사회비교 후에 경험하는 정서의 종류를 구체적으로 알아보고자한 연구는 최근에 이루어지기 시작하였다(장은영, 한덕웅, 2004b; Smith, 2000).

반면에 이 연구에서는 사회비교의 자기조절 과정이론(한덕웅, 1999, 2002; 한덕웅, 장은영, 2003a)에 근거하여 정서 경험이 사회비교 동기의 충족과 관련되는 변인이라고 가정하고 있다. 이 이론에서 보면 비교의 결과로 경험하는 정서반응에 대해서는 다음과 같이 예측할 수 있다: 사회비교 목표설정 경로와 사회비교 목표개입 경로가 작동하여 특정한 사회비교 동기가 우세해지면 적합한 비교대상을 선택하여 우세해진 이 비교동기를 충족시키려 한다. 그리고 우세해진 비교동기가 충족될수록 정적정서를 경험할 가능성이 높아진다. 반면에 우세해진 비교동기가 충족되지 못할수록 부적정서를 경험할 가능성이 높아진다. 요약하면 사회비교 과정에서 경험하는 정서의 종류를 알아내고, 이 각 정서가 특정한 사회비교 동기의 충족수준과 관련되는지를 입증하면, 사회비교과정이 사람들의 신체건강에 어떠한 영향을 미치는지 추론할 수 있을 것이다.

다만 이 연구가 수행될 당시 사회비교에서 경험하는 정서를 측정할 수 있는 도구가 개발되지 못하였으므로 신뢰롭고 타당한 측정치로 이미 개발된 도구들을 사용하여 사회비교 과정에서 경험하는 정서에 대해 탐색하고자 하였고, 분노경험과 사회비교의 관계를 알아보고자 하였다.

분노감이 신체질병과 관련있는 정서라는 점이 여러 연구에서 입증되었지만, 사회비교를 다룬 선행연구에서는 이 정서를 알아본 연구가 거의 없다. 따라서 이 연구에서는 사회비교 동기와 비교동기의 충족수준에 따라서 분노경험이 어떻게 달라지는지 알아보고자 하였다. 이를 위해서 한국판 상태-특성 분노표현척도(STAXI-K: Korean Adaptation of the State-Trait Anger Expression Inventory)로 분노 경험을 측정하고, 어떠한 사회비교 조건에서 분노경험이 높아지는지 알아보고자 하였다. 왜냐하면 분노경험이 높아지는 조건을 알면, 신체건강에 나쁜 효과를 초래할 사회비교 조건을 추론할 수 있기 때문이다. 이 연구에서는 사회비교의 자기조절 과정이론에 근거하여 사회비교 동기 및 비교동기의 충족수준이 분노경험에 영향을 미친다고 보기 때문에, 특정한 사회비교 동기의 강도가 높으면서 충족수준이 낮으면 부적정서 경험이 높아진다고 가정하고, 어떤 조건에서 분노경험이 높은지 알아보고자 하였다.

사회비교 동기와 비교동기의 충족수준이 주관안녕에 미치는 영향 비교 대상 선택에 초점을 두던 연구 경향에서 비교 후 경험하는 정서나 자기고양에 초점을 두는 연구 경향으로 옮겨간 점은 Wills(1981)의 하향비교이론에 의해서 영향받은 비 그다(한덕웅, 장은영, 2003a). 사회비교가 정서경험이나 자기고양에 미치는 영향은 사회비교가 주관안녕에 어떻게 기여할 수 있는지 연구할 수 있기 때문에 관심을 끈다. 그리고 이러한 관심이 사회비교이론을 건강심리학 분야에 적용하는 계기를 만들었다고 볼 수 있다(한덕웅, 장은영, 2003a).

사회비교가 주관안녕에 미치는 영향은 비교가 초래하는 결과에 연구자들이 관심을 두기 시작하면서 주목을 받았다. Taylor와 Brown(1988)은 개인의 주관안녕이 잘 유지되는데 자신에 대한 정확한 정보가 도움이 되는지 혹은 부정확하지만 긍정적인 정보가 도움이 되는지 사회비교에 대한 여러 선행 연구들을 개관한 바 있다. 그리고 이들은 자기자신에 대한 부정확하지만 긍정적인 정보가 주관안녕을 회복하는데 도움이 되는 조건은 개인이 위협을 경험하거나 자신에 대해서 부정적인 정보를 받은 경우라고 결론내렸다.

부정확하지만 자신에게 긍정적인 정보를 가져다주는 사회비교는 하향비교이다. 따라서 하향비교는 자신에 대해서 더 긍정적으로 생각하고 평가할 수 있도록 해주기 때문에 주관안녕에 정적 효과를 미친다고 볼 수 있다. 이는 하향비교 후 자존감이 고양된다는 Wills(1981)의 제안과도 일관된다.

하향비교 후에 주관안녕이 높아진다는 연구 결과들(Wheeler & Miyake, 1992; Wills, 1981; Wood, Taylor, & Lightman, 1985), 그리고 상향비교 후에 주관안녕이 낮아진다는 연구 결과들(Wheeler & Miyake, 1992)이 보고된 바 있지만, 전체적으로 상향비교 혹은 하향비교와 같은 비교방향만으로는 비교 후 주관안녕을 일관되게 예측할 수 없다.

이 연구에서는 비교방향보다 비교 전에 우세해진 사회비교 동기가 충족되었는지에 따라서 주관안녕이 달라진다고 가정한다. 예를 들어 자기향상동기가 우세해진 사람이 하향비교하여 자신이 더 낫다는 정보를 얻었다고 하자. 이 때 하향비교에 성공한 경험은 이 사람의 자기향상동기를 충족시켜주지 못한다. 따라서 이 조건에서는 하향비교하였더라도 사회비교가 주관안녕에 긍정적 효과를 발휘하기 어렵다. 반면에 자기방어동기가 우세해진 사람이 하향비교하여 자신이 더 낫다는 정보를 얻었다고 하자. 이 때 하향비교에 성공한 경험은 이 사람의 자기방어동기를 충족시켜주기 때문에 주관안녕이 높아진다고 예언할 수 있다.

따라서 특정한 사회비교 동기가 우세하지만 비교동기의 충족수준이 낮다면 주관안녕은 낮을 것이다. 반면에 비교동기의 충족수준이 높다면 주관안녕은 높을 것이다. 다만 사회비교의 자기조절 과정이론에서는 사회비교 동기 및 비교동기의 충족수준에 따라서 정서경험, 주관안녕 및 건강지각이 달라진다고 가정하지만, 이 가운데 정서경험이 가장 즉각적으로 일어나며 이 정서경험은 이후 주관안녕과 건강지각에도 영향을 미칠 수 있다고 본다. 이 연구에서는 사회비교가 주관안녕에 미치는 영향을 알아보는데 일차 목적이 있으므로 정서경험으로써 분노의 영향력을 제거한 후에도 사회비교 동기 및 비교동기의 충족수준이 주관안녕에 효과를 미치는지 검증하려고 한다.

사회비교 동기와 비교동기의 충족수준이 건강지각에 미치는 영향 앞서 언급한 바와 같이 사회비교이론이 건강심리학 분야에 적용되면서 사회비교가 질병대처나 건강지각에 어떠한 영향을 미치는지 알아보는 연구가 여러 차례 이루어진 바 있다(Helgeson & Taylor, 1993; Taylor, Aspinwall, Guiliano, Dakof, & Reardon, 1993; Van der Zee, Oldersma, Buunk, & Bos, 1998).

질병을 지닌 사람들을 대상으로 사회비교를 다룬 연구로는 앞선 장에서 살펴본대로, 암환자를 대상으로 조사연구를 수행한 Helgeson과 Taylor(1993)의 연구가 대표적이다. 그리고 Sun과 Croyle(1995)의 연구에서는 학생들에게 개인의 콜레스테롤 수준이 통제가 가능하거나 혹은 불가능하다고 알려주어서 통제력 조작을 한 다음에 콜레스테롤 수준을 검사했다. 그 후 학생들에게 콜레스테롤 수치가 허용경계선이거나 위험한 수준 중 한 가지라고 알려주었다. 그 후 네 사회비교(콜레스테롤 수준이 자신보다 낫거나 못한 사람 그리고 자기보고된 다이어트와 임상 평가가 자신보다 나은 사람 혹은 못한 사람) 대상에 대한 관심을 측정하였다. 이 연구에서 학생들은 하향비교보다 상향비교에 더 관심을 보였다. 그리고 위협이 높은 조건에서 상향비교와 하향비교의 발생 빈도는 차이가 없으나, 위협이 낮은 조건에서는 하향비교보다 상향비교에 더 관심을 보였다. 반면에 통제력은 효과를 보이지 않았다. 이 연구는 위협을 낮게 경험하면 상향비교를 더 선호한다는 점을 보였지만, 위협이 높은 조건에서 하향비교가 나타난다는 가설은 입증하지 못했다.

이 외에 신체질병이나 건강지각을 다룬 연구들을 보면 사회비교의 대상 선택이나 비교로 인한 반응을 다룬 연구들에서 일관되지 않는 결과를 찾아볼 수 있다. 그 이유로는 신체질병을 지닌 이들이 건강에 대해서 자신을 타인과 비교할 때 이들의 비교 목표를 구체적으로 알아보거나 통제하지 않은 점을 들 수 있다. 다시 말해서 비교 목표를 조사하지 않았으므로 비교동기에 관한 추론이 불가능하여서 신체질병을 지닌 사람들이 어떤 비교대상을 선택하는지 그리고 비교 후 어떤 결과를 얻게 될지 알 수 없다. 예를 들어 자기방어 목표를 의도적으로 설정한 사람은 자기방어동기가 높고, 욕구를 충족시키기에 적합한 하향비교 대상과 비교하려 하므로 이 동기의 충족 수준에 따라서 건강의 평가나 신체질병에 영향을 미치는 수준이 달라진다고 예측할 수 있다.

다만 앞선 장에서 다룬 연구(한덕웅, 장은영, 2000b)에서는 비교동기의 충족수준을 알아보지는 않았지만, 세 가지 사회비교 동기로 신체질병이 있는 사람과 없는 사람을 구분할 수 있는지 알아보았다. 그 결과 자신보다 건강이 나쁜 사람과 비교하는 사람보다 자신과 건강이 유사한 사람과 비교하는 사람이 자기향상동기가 더 높았고, 유사한 사람과 비교하는 사람보다 자신보다 건강이 좋은 사람과 비교하는 사람이 자기향상동기가 더 높았다.

그러나 이 연구에서도 비교 후 비교동기의 충족수준에 대해서 구체적으로 알아보지 않았다. 예를 들어 자신의 건강 수준을 다른 사람과 비교하는 경우를 생각해보자. 이 때 비교대상이 자신보다 건강이 더 나쁜 사람이어서 자기방어동기가 충족된다면 주관안녕은 높아지고, 자신이 건강하다고 지각할 것이다. 반면에 자신보다 건강이 나쁜 사람과 비교하였으나 자신이 더 못하다는 사실에 접하게 되어서 자기방어동기가 충족되지 못한다면 주관안녕은 낮아지고, 자신이 건강하지 못하다고 지각할 것이다. 이러한 가정에 기초하여 이 연구에서는 사회비교 동기와 비교동기의 충족수준이 건강지각에 미치는 영향도 알아보고자 하였다. 그리고 주관안녕과 마찬가지로 분노의 영향력을 제거한 후에도 사회비교 동기 및 비교동기의 충족수준이 건강지각에 미치는 효과가 유의한지 검증하려고 하였다.

연구 방법

참 가 자 조사연구는 서울 250명(69%), 전주 60명(17%), 대구 53명(15%)에서 대학생들을 대상으로 실시되었다. 질문지는 370부 가운데 363부가 회수되어 회수율은 98%였다. 질문지에 응답하기 전에 참여자들에게 조사 내용과 방법을 충분히 설명하고 개인정보가 누출되지 않도록 비밀을 보장한다고 알려주었다. 363명의 자료를 182명과 181명으로 무선적으로 나누어서 한 자료에 사회비교 동기와 동기의 충족수준을 측정하는 척도들의 요인타당도를 알아보기 위하여 탐색적 요인분석과 신뢰도분석을 실시하였고, 다른 한 자료를 사용하여 확인적 요인분석을 실시하였다.

질문지 구성 사회비교 동기 척도는 자기향상동기, 자기평가동기 및 자기방어동기를 측정하는 세 하위척도들로 구성된다. 사회비교 동기척도를 구성하기 위한 예비문항에는 장은영과 한덕웅(1999) 및 한덕웅(1999)의 연구에서 사용된 문항들도 포함되었고, 연구자들이 일부 문항을 새로 추가하였다. 각 비교동기마다 5문항으로 구성되었고, 각 문항에 동의하는 정도를 5점 척도(1: 매우 동의하지 않는다, 5: 매우 동의한다)로 응답하도록 하였다.

탐색적 요인분석 결과와 신뢰도의 분석 결과를 보면 전체 15문항에서 3요인이 추출되었으며 총 설명변량은 11.19로 전체변량의 75%를 설명하였다. 요인 1에 5문항, 요인 2에 5문항, 요인 3에 5문항이 포함되었으며, 문항 내용은 연구자들이 자기향상동기, 자기평가동기 및 자기방어동기를 측정한다고 가정한 문항들과 동일하였다.

자기향상동기를 측정하는 문항은 '내가 더 좋아질 수 있다면 나보다 나은 사람들과 비교하려고 한다(.93), 내가 다른 사람들과 비교하는 이유는 나보다 나은 훌륭한 사람이 되고 싶기 때문이다(.70), 나는 자신이 더 나아지는데 도움이 되도록 나보다 나은 사람들과 비교하려고 한다(.90), 나는 자기 향상을 위해서 나보다 나은 사람들과 비교하게 된다(.92), 내가 더 좋은 사람이 되고자 나보다 나은 사람들과 비교하려는 마음이 생긴다(.87)'이었다. 신뢰도계수는 $\alpha=.89$이었다.

자기평가동기를 측정하는 문항은 '내가 어떤 사람인지 정확히 알기 위해서 나와 비슷한 사람들과 비교하려는 마음이 생긴다(.77), 나에 대해서 정확히 알기 위해서 나와 비슷한 사람들과 비교하려고 한다(.85), 나 자신에 대해서 정확히 판단하기 위해서 나와 비슷한 사람들과 비교하려고 한다(.87), 내가 나와 비슷한 사람들과 비교하는 이유는 나를 정확히 평가하고 싶기 때문이다(.83), 내가 어떤 사람인지 확실하게 알기 위해서 나와 비슷한 사람들과 비교하게 된다(.89)'이었다. 신뢰도계수는 $\alpha=.92$이었다.

자기방어동기를 측정하는 문항은 '나를 나보다 못한 사람들과 비교하는 이유는 자존심을 잃고 싶지 않기 때문이다(.81), 나의 자존심을 잃지 않고 보호할 수 있다면 나보다 못한 사람들과 비교하려고 한다(.83), 나의 자존심을 잃지 않으려고 나보다 못한 사람들과 비교하려는 마음이 생긴다(.89), 나는 자존심을 지키기 위해서 나보다 못한 사람들과 비교하려고 한다(.92), 나는 자존심을 높이기 위해서 나보다 못한 사람들과 비교하게 된다(.86)'이었다. 신뢰도계수는 $\alpha=.92$이었다.

자기향상동기, 자기평가동기 및 자기방어동기가 별개로 구분되는 개념이면서 이 연구에서 사용한 문항으로 측정되는지 검증하기 위하여 다른 표본의 자료를 사용하여 확인적 요인분석도 실시하였다. 대표적인 부합도 지수들을 살펴보면 표준부합치(*NFI*)=.99, 표준화하지 않은 부합치(*NNFI*)=1.01, 비교합치도(*CFI*)=1.00 및 기초부합치(*GFI*)=.99로 나타났다. 따라서 사회비교 과정에서 나타나는 동기를 자기향상동기, 자기평가동기 및 자기방어동기로 구분하여 3요인구조로 타당하게 측정할 수 있음이 확인되었다.

자기향상동기, 자기평가동기 및 자기방어동기와 같은 사회비교동기가 충족된 수준을 측정하기 위해서 연구자들이 예비문항을 구성하였다. 세 가지 비교동기의 충족수준을 측정하는 5문항씩으로 구성되었고, 각 문항에 동의하는 정도를 5점 척도(1: 매우 동의하지 않는다, 5: 매우 동의한다)로 응답하도록 하였다.

그러나 문항분석의 결과에 따라서 각 구성개념마다 한 문항씩 제외되어서 최종 12문항을 선정하였다. 최종 12문항에 대한 탐색적 요인분석 결과와 신뢰도 분석 결과를 보면, 전체 12문항에서 3요인이 추출되었으며 총 설명변량은 7.81로 전체변량의 73%를 설명하였다. 요인 1에 4문항, 요인 2에 4문항, 요인 3에 4문항이 포함되었으며, 문항 내용은 연구자들이 자기향상동기의 충족수준, 자기평가동기의 충족수준 및 자기방어동기의 충족수준을 측정한다고 가정한 문항들과 동일하였다.

자기향상동기의 충족수준을 측정하는 문항은 '나를 향상시키고 싶었던 욕구가 충족되었다(.61), 내가 지금보다 더 나은 사람이 되고 싶었던 마음에 만족을 얻었다(.70), 다른 사람과의 비교를 통해서 내가 더 좋은 사람이 되고 싶었던 마음이 충족되었다(.79), 나 자신이 더 나아지는데 도움이 되었다(.76)'이었다. 신뢰도계수는 $\alpha=.82$이었다.

자기평가동기의 충족수준을 측정하는 문항은 '나에 대해서 정확히 아는데 도움이 되었다(.86), 나 자신에 대해서 정확히 판단할 수 있게 되었다(.85), 나 자신을 정확히 평가하고 싶었던 마음에 만족을 얻었다(.79), 나를 정확히 평가하고 싶었던 욕구가 충족되었다(.78)'이었다. 신뢰도계수는 $\alpha=.90$이었다.

자기방어동기의 충족수준을 측정하는 문항은 '다른 사람과의 비교를 통해서 나의 자존심을 잃지 않으려고 지키고 싶었던 마음이 충족되었다(.86), 나의 자존심을 잃지 않고 보호할 수 있게 되었다(.85), 자존심을 잃지 않고 싶었던 마음에 만족을 얻었다(.86), 자존심을 지키는데 도움이 되었다(.81)'이었다. 신뢰도계수는 $\alpha=.90$이었다.

자기향상동기, 자기평가동기 및 자기방어동기 각각을 측정하는 척도들이 별개로 구분되는 개념이면서 이 연구에서 사용한 문항으로 측정되는지 검토하기 위하여 다른 표본을 사용하여 확인적 요인분석도 실시하였다. 대표적인 부합도 지수를 살펴보면, 표준부합치(*NFI*)=.99, 표준화하지 않은 부합치(*NNFI*)=1.01, 비교합치도(*CFI*)=1.00 및 기초부합치(*GFI*)=.99로 나타났다. 따라서 사회비교 과정에서 나타나는 동기를 자기향상동기, 자기평가동기 및 자기방어동기로 구분하여 3요인구조로 타당하게 측정할 수 있음이 확인되었다.

Gibbons와 Buunk(1999)가 사회비교 동기 수준을 측정하기 위하여 개발한 INCOM 문항을 연구자들이 번역하였다. 그러나 이 척도는 비교하는 내용과 비교의 대상이 고르게 반영되어 있지 않기 때문에 한국에서 척도의 적합성을 검토하였다. 그리고 번안된 내용들 중 우리 문화에 맞지 않거나 어색한 문항들에 대해서는 논의를 통하여 수정하였고 최대한 원문에 충실하면서도 응답자가 이해하기 쉽도록 보완하였다. 이 척도는 능력 차원에서 사회비교 경향을 측정하는 6문항(예, 만일 내가 어떤 일을 얼마나 잘 했는지 알고 싶으면 내가 하는 일과 다른 사람들이 하는 일을 비교한다)과 의견 차원에서 사회비교 경향을 측정하는 5문항(예, 나는 다른 사람과 자신을 자주 비교하는 그런 유형의 사람이 아니다)으로 구성된다고 보고된 바 있다. 이 11문항에 대해 각 문항에 동의하는 정도를 5점 척도(1: 매우 동의하지 않는다, 5: 매우 동의한다)로 응답하도록 하였다.

그러나 이 연구에서는 이 INCOM을 일반적인 비교경향을 측정하는 척도로 제작하기 위하여 먼저 INCOM을 구성하는 문항과 세 가지 사회비교 동기 및 비교동기의 충족수준간 상관을 알아보았다. 그리고 특정한 비교동기 혹은 충족수준과 상관이 높은 문항을 제외하고 세 가지 비교동기 및 충족수준과 고르게 상관을 보이는 7문항을 최종 선정하였다. 최종 7문항에 대한 탐색적 요인분석 결과와 신뢰도 분석 결과를 보면, 전체 7문항에서 1요인이 추출되었으며 총 설명변량은 2.80으로 전체변량의 40%를 설명하였다.

각 문항은 '나는 자신이 얼마나 사교성(사교술, 인기 등)이 있는지 다른 사람들과 종종 비교한다(.64), 만일 내가 어떤 일을 얼마나 잘 했는지 알고 싶으면 내가 하는 일과 다른 사람들이 하는 일을 비교한다(.57), 나는 자신이 인생에서 이루어 놓은 일에 대해서 자주 다른 사람들과 비교한다(.69), 나는 내가 사랑하는 사람들(남자친구나 여자친구, 가족 등)이 얼마나 잘 지내는지 다른 사람들이 지내는 수준과 자주 비교한다(.52), 나는 다른 사람들의 행동과 비교해서 내가 어떻게 행동하는지 항상 많은 주의를 기울인다(.72), 나는 자신과 비슷한 상황에 당면한 다른 사람들이 어떻게 행동하는지 항상 알고 싶다(.70), 나는 자주 다른 사람들과 각자 지닌 의견이나 경험에 대해서 이야기를 나누기 좋아한다(.55)'이었고, 신뢰도계수는 $\alpha = .75$이었다.

이 7문항이 전반적인 비교경향을 측정하는 문항인지 검토하기 위하여 다른 표본 자료로 확인적 요인분석도 실시하였다. 대표적인 부합도 지수를 살펴보면, 표준부합치(*NFI*)=.97, 표준화하지 않은 부합치(*NNFI*)=1.01, 비교합치도(*CFI*)=1.00 및 기초부합치(*GFI*)=.99로 나타났다.

분노경험을 측정하기 위하여 한국판 상태-특성 분노표현척도(STAXI-K: Korean Adaptation of the State-Trait Anger Expression Inventory)를 사용하였다(전겸구, 한덕웅, 이장호, Spielberger, 1997). 이 척도는 분노경험을 측정하기 위하여 상태분노(10문항)와 특성분노(10문항)로 구성되어 있으며, 분노표현을 측정하기 위하여 분노억제(8문항), 분노표출(8문항), 분노통제(8문항)를 측정할 수 있도록 고안되었다.

상태분노는 현재 경험하는 분노의 정도를 측정하기 위해 “자신이 현재 어떻다고 생각하는지”에 대하여 응답하도록 하였다(‘전혀 아니다’, ‘조금 그렇다’, ‘상당히 그렇다’, ‘매우 그렇다’). 특성분노는 평소에 분노하는 경향성의 안정된 개인차를 측정하기 위해 “자신이 평소에 어떻다고 생각하는지”에 대하여 응답하도록 하였다(‘전혀 아니다’, ‘조금 그렇다’, ‘상당히 그렇다’, ‘매우 그렇다’). 분노표현은 평소에 분노를 표현하는 방식을 측정하기 위해 “평소 자신의 감정을 어떻게 표현하는지”에 대하여 응답하도록 하였다. 위의 모든 문항에 대하여 4점 척도로 응답하게 하였다(1: 전혀 아니다, 4: 매우 그렇다).

신뢰도계수는 각각 상태분노 $\alpha=.92$, 특성분노 $\alpha=.85$, 분노억제 $\alpha=.79$, 분노표출 $\alpha=.81$ 및 분노통제 $\alpha=.83$이었다. 그리고 상태분노가 1요인, 특성분노가 1요인 및 분노표현이 3요인으로 구성되는지 각각 검토하기 위하여 확인적 요인분석을 실시하였다. 그 결과를 보면 상태분노(*NFI*=.98, *NNFI*=1.00, *CFI*=1.00, *GFI*=.99), 특성분노(*NFI*=.92, *NNFI*=.94, *CFI*=.95, *GFI*=.96) 및 분노표현(*NFI*=.82, *NNFI*=.91, *CFI*=.91, *GFI*=.91)의 부합도 지수는 만족할만한 수준이었다.

주관안녕 척도는 모두 17문항으로 주관안녕인지(subject well-being scale: cognition, Campbell, 1981) 7문항과 주관안녕정서(subject well-being scale: emotion, Diener & Larsen, 2000) 10문항으로 구성되었다(한덕웅, 표승연, 2002). 주관안녕인지는 “최근 자신의 삶에서 느낀대로” −3에서 3까지 7점 척도로 응답하도록 하였다(예: 현재 당신의 삶은 전체적으로 얼마나 행복합니까?). 이 연구에서 주관안녕인지의 신뢰도계수는 $\alpha=.92$였다. 주관안녕정서는 “지난 몇 달 동안 자신의 삶에 대해서 어떻게 느끼는지” 정서쌍으로 제시하고 −3에서 3까지 7점 척도로 응답하도록 하였다(예: 지루하다/재미있다). 이 연구에서 주관안녕정서의 신뢰도계수는 $\alpha=.94$였다. 한편 한덕웅과 표승연(2002)의 확인적 요인분석 연구에서 한 요인구조를 가정한 통합 주관안녕의 1요인 모형이 지지되었기 때문에, 전체 주관안녕을 측정하기 위해서 각 응답자마다 주관안녕인지의 평균치와 주관안녕정서의 평균치의 평균으로부터 전체 평균을 구하여 사용하였다.

이 연구에서도 주관안녕인지와 주관안녕정서가 별개의 요인으로 구성되는 개념인지 검토하기 위한 방법으로 확인적 요인분석을 실시하였다. 주관안녕인지(*NFI*=.99, *NNFI*=.99, *CFI*=.99, *GFI*=.99)와 주관안녕정서(*NFI*=.99, *NNFI*=1.00, *CFI*=1.00, *GFI*=.99)의 부합도 지수는 만족할 만한 수준이었다. 그리고 주관안녕이 주관안녕인지와 주관안녕정서의 두 요인으로 구분되는 개념인지 검토하기 위하여 확인적 요인분석을 실시하였다. 확인적 요인분석 결과에서 나타난 대표적인 부합도 지수를 살펴보면, 표준부합치(*NFI*)=.99, 표준화하지 않은 부합치(*NNFI*)=1.00, 비교합치도(*CFI*)=1.00 및 기초부합치(*GFI*)=.99로 나타났다. 그러므로 이 연구에서는 이 척도를 개발한 한덕웅과 표승연(2002)의 연구와 마찬가지로 주관안녕을 한 요인과 두 요인으로 각각 측정하여 분석한 결과를 함께 제시하고 논의하기로 한다.

건강지각은 '당신의 신체는 얼마나 건강합니까?, 당신 주위의 다른 사람들과 비교해서 자신의 신체건강이 어느 수준입니까?'의 2문항으로 구성하였으며(한덕웅, 표승연, 2002), '최근 자신의 삶에서 느낀대로' −3에서 3까지 7점 척도로 응답하도록 하였다. 이 연구에서 건강지각의 신뢰도계수는 α=.93이었다. 건강지각이 1요인으로 구성되는지 검토하기 위하여 확인적 요인분석을 실시하였다. 부합도 지수는 만족할만한 수준이었다(*NFI*=1.00, *NNFI*=1.00, *CFI*=1.00, *GFI*=1.00).

신체질병은 치료유무, 진단유무, 질병유무로 측정하였다. 구체적으로 '나는 현재 병원에서 치료를 받고 있다, 나는 최근 의사로부터 질병이 있다는 진단을 받았다, 나는 현재 앓고 있는 신체질병이 있다'의 3문항으로 구성하였으며(한덕웅, 표승연, 2002), 각각 '예' 혹은 '아니오'로 응답하도록 하였다. 이 연구에서 신체질병의 신뢰도계수는 α=.69였다. 신체질병이 1요인으로 구성되는지 검토하기 위하여 확인적 요인분석을 실시하였다. 부합도 지수는 만족할만한 수준이었다(*NFI*=1.00, *NNFI*=1.00, *CFI*=1.00, *GFI*=1.00).

자료 분석 사회비교 동기, 비교동기의 충족수준, 주관안녕, 건강지각 및 신체질병의 타당도와 신뢰도를 알아보기 위해 요인분석을 실시하고 내적일관성계수(α)를 산출하였다. 요인분석 모형은 공통요인모형이었고, 기초구조의 추출방법으로 주축분해방법을 사용하였으며, 공통분은 중다상관제곱치(SMC)로 추정하고, Varimax 방법으로 직교회전시켰다. 요인 수를 정할 때는 누적분산비율과 scree plot을 고려하여 결정하였다. 분석은 SPSS 10.0을 사용하였다. 확인적 요인분석을 위해서 구조방정식모형이라는 방법을 사용하였고 소프트웨어로는 Lisrel 8.52판을 이용하였다. 분석자료는 상관자료이었으며, 추정방법은 ULS(Unweighted Least Square)를 사용하였다. 전반적 비교경향(INCOM), 자기향상동기, 자기평가동기, 자기방어동기, 자기향상동기의 충족수준, 자기평가동기의 충족수준 및 자기방어동기의 충족수준이 분노, 주관안녕, 주관안녕인지, 주관안녕정서, 건강지각 및 신체질병에 미치는 영향을 알아보기 위하여 상관분석과 중다회귀분석을 실시하였다. 분석은 SPSS 10.0을 사용하였다.

연구 결과

단순상관관계 사회비교 동기, 비교동기의 충족수준, 분노, 주관안녕, 건강지각 및 신체질병의 관계를 알아보기 위해 먼저 단순상관계수를 산출하였다. 표 12-1에 각 변인들의 단순상관계수를 제시하였다.

이 연구에서 다루는 예측변인과 종속변인의 상관관계를 정리하면 다음과 같다. 개인의 전반적 비교경향을 측정하는 전반적 비교경향의 수준이 높을수록 상태분노가 높았으며($r=.16$), 반면에 주관안녕, 주관안녕인지 및 주관안녕정서는 모두 낮았다($r=-.10 \sim r=-.17$). 우선 이 결과는 사회비교 경향이 높을수록 분노를 더 경험하고, 삶의 질이 낮으며, 건강하지 못하다고 지각하는 점을 보여준다.

그러나 이 효과가 과연 세 사회비교 동기의 수준이나 이 동기의 충족수준과 어떻게 연결되는지 알아볼 필요가 있다. 비교동기에 따라서 살펴보면 자기향상동기는 주관안녕정서와 유의한 정적 상관을 보이고 있다($r=.13$). 그 외에 자기평가동기의 수준은 상태분노, 주관안녕, 주관안녕인지, 주관안녕정서 및 건강지각과 유의한 상관을 보이지 않아서 삶의 질이나 건강지각과 연결되지 않았다. 그리고 자기방어동기는 상태분노와 유의한 정적 상관을 보이고 있다($r=.19$). 자기향상동기의 충족수준은 주관안녕정서와 정적 상관을 보이고 있으며($r=.12$), 자기평가동기의 충족수준은 주관안녕, 주관안녕인지, 주관안녕정서 및 건강지각과 유의한 정적 상관을 보이고 있다($r=.11 \sim r=.15$). 반면에 자기방어동기의 충족수준은 주관안녕, 주관안녕인지, 주관안녕정서와 유의한 상관을 보이지 않고, 분노와 유의한 정적 상관을 보이고 있다($r=.15$).

표 12-1. 사회비교 동기, 비교동기의 충족수준, 전반적 비교경향분노, 주관안녕 및 건강지각의 단순상관(N=363)

	M(SD)	전반적 비교경향	자기향상동기	자기평가동기	자기방어동기	향상동기충족	평가동기충족	방어동기충족	상태분노	특성분노	분노억제	분노표출	분노통제	주관안녕	주관안녕인지	주관안녕정서
전반적 비교경향	3.29(.61)															
자기향상동기	3.58(.87)	.25***														
자기평가동기	3.33(.88)	.42***	.38***													
자기방어동기	2.43(.95)	.36***	.10 †	.37***												
향상동기충족	3.05(.76)	.30***	.58***	.38***	.18***											
평가동기충족	3.01(.82)	.32***	.43***	.57***	.15**	.66***										
방어동기충족	2.54(.81)	.30***	.14*	.34***	.67***	.42***	.34***									
상태분노	3.94(4.85)	.16**	-.10 †	.04	.19***	-.01	-.01	.15**								
특성분노	10.41(4.93)	.25***	.13*	.03	.17***	.13*	.06	.18**	.30***							
분노억제	8.47(4.44)	.26***	.06	.18***	.17**	.04	.02	.18**	.28***	.33***						
분노표출	6.28(3.44)	.18***	.05	.04	.14**	.06	.02	.15**	.31***	.62***	.29***					
분노통제	12.09(4.09)	-.09	.09	.10 †	-.08	.10*	.12*	-.07	-.16**	-.29***	-.02	-.38***				
주관안녕	4.44(1.04)	-.15**	.07	.02	-.06	.10 †	.14**	-.05	-.38***	-.18**	-.30***	-.12**	.05			
주관안녕인지	4.48(1.02)	-.17**	-.01	-.02	-.08	.06	.12*	-.04	-.36***	-.16**	-.27***	-.10*	.02	.91***		
주관안녕정서	4.39(1.24)	-.10*	.13*	.05	-.04	.12*	.15**	-.04	-.34***	-.17**	-.29***	-.11*	.06	.94***	.70***	
건강지각	4.96(1.25)	-.01	-.01	.02	.01	.04	.11*	.06	-.14**	-.01	-.13*	-.03	.00	.31***	.33***	.25***

† $p < .10$, * $p < .05$, ** $p < .01$, *** $p < .001$

부가적으로 이 연구에서 다루는 주요 예측변인은 아니지만, 유의한 상관을 보인 변인들은 다음과 같다. 먼저 특성분노는 상태분노, 분노억제, 분노표출 및 분노통제와 유의한 상관을 보였다(r=-.29 ~r=.62). 그리고 분노억제는 상태분노 및 분노표출과 유의한 정적 상관을 보였다(r=.28 ~r=.29). 분노표출은 상태분노 및 분노통제와 유의한 상관을 보였다(r=-.38 ~r=.31). 분노통제는 상태분노와 유의한 부적 상관을 보였다(r=-.16). 또한 상태분노는 주관안녕, 주관안녕인지, 주관안녕정서 및 건강지각과 유의한 부적 상관을 보였고(r=-.14 ~r=-.38), 특성분노는 주관안녕, 주관안녕인지 및 주관안녕정서와 유의한 부적 상관을 보였다(r=-.16 ~r=-.18). 이에 더하여 분노억제는 주관안녕, 주관안녕인지, 주관안녕정서 및 건강지각과 유의한 부적 상관을 보였고(r=-.13 ~r=-.30), 분노표출은 주관안녕, 주관안녕인지 및 주관안녕정서와 유의한 부적 상관을 보였다(r=-.10 ~r=-.12). 반면에 분노통제는 주관안녕, 주관안녕인지, 주관안녕정서 및 건강지각과 유의한 상관을 보이지 않았다.

사회비교 동기와 비교동기의 충족수준이 분노경험에 미치는 효과 사회비교 동기와 비교동기의 충족수준이 독립적으로 혹은 서로 상호작용하여 상태분노, 주관안녕 및 건강지각을 예측할 수 있는지 알아보았다. 앞서 단순상관분석에서 특성분노, 분노억제, 분노표출 및 분노통제가 이 연구의 주요 종속변인들과 유의한 상관을 보였기 때문에 각 예측변인들의 효과를 알아보기 위하여 다른 예측변인들의 효과들을 제거한 후에 예측변인의 순수효과를 알아보고자 하였다. 이를 위해 1단계에서 분노 측정치들, 2단계에서 전반적 비교경향, 3단계에서 사회비교 동기 및 비교동기의 충족수준, 4단계에서 사회비교 동기 및 비교동기의 충족수준의 이원 상호작용, 5단계에서 사회비교 동기 및 비교동기의 충족수준의 삼원 상호작용을 넣은 위계적 회귀분석을 실시하였다. 회귀분석에서 유의한 효과를 보인 예측변인과 전체모형에서 설명변량은 표 12-2에 제시되어 있다. 표 12-2를 중심으로 주요한 결과를 정리해보고자 한다.

먼저 분노경험을 설명하는 변인을 알아본 결과는 다음과 같다: 특성분노, 분노억제, 분노표출, 분노통제, 전반적 비교경향, 사회비교 동기, 비교동기의 충족수준, 비교동기와 충족수준의 이원 상호작용 및 비교동기와 충족수준의 삼원 상호작용을 예측변인으로 하고, 상태분노를 준거변인으로 위계적 회귀분석을 실시하였다. 이 측정치들로 상태분노의 30%($p < .001$)를 설명하였으며, 상태분노를 유의하게 예측하는 변인은 다음과 같다: 분노억제($B = .19$, $p < .001$), 특성분노($B = .11$, $p < .10$), 분노표현($B = .24$, $p < .01$), 전반적 비교경향($B = 1.29$, $p < .01$), 자기향상동기($B = -.91$, $p < .01$), 자기방어동기($B = .63$, $p < .10$), 향상동기의 충족수준×방어동기의 충족수준($B = 1.36$, $p < .10$), 자기평가동기×자기방어동기×방어동기의 충족수준($B = 1.25$, $p < .05$), 자기향상동기×향상동기의 충족수준×방어동기의 충족수준($B = -2.97$, $p < .05$)이었다.

구체적으로 보면, 특성분노가 높을수록, 분노억제 경향이 높을수록, 분노를 더 표현할수록 상태분노 수준이 높았다. 또한 사회비교 요인들 가운데 상태분노를 설명하는데 기여하는 요인들만을 살펴보면, 전반적인 비교경향이 높을수록, 자기향상동기가 낮을수록, 자기방어동기가 높을수록 상태분노가 높았다. 그러나 비교동기와 충족수준의 주효과 및 상호작용효과는 삼원상호작용이 유의하였고, 설명증가분($\varDelta R^2 = .071$)이 유의한 경향을 보여서($p < .10$) 그 해석이 제한된다. 즉 분노의 경우에는 자기향상동기가 높으면서 향상동기의 충족수준이 높지만, 방어동기의 충족수준이 낮을수록 상태분노 수준이 높아진다. 혹은 자기방어동기가 높으면서 자기방어동기의 충족수준이 높지만, 자기평가동기도 높을수록 상태분노 수준이 높아진다.

사회비교 동기와 비교동기의 충족수준이 주관안녕에 미치는 효과 상태분노, 특성분노, 분노억제, 분노표출, 분노통제, 전반적 비교경향, 사회비교 동기, 비교동기의 충족수준, 비교동기와 충족수준의 이원 상호작용 및 비교동기와 충족수준의 삼원 상호작용을 예측변인으로 하고, 주관안녕을 준거변인으로 위계적 회귀분석을 실시하였다. 이 측정치들로 주관안녕의 33%($p < .001$)를 설명하였으며, 주관안녕을 유의하게 예측하는 변인은 다음과 같다: 상태분노($B = -.07$, $p < .001$), 분노억제($B = -.05$, $p < .001$), 전반적 비교경향($B = -.27$, $p < .01$), 평가동기의 충족($B = .23$, $p < .05$), 자기향상동기×자기평가동기($B = -.18$, $p < .05$), 자기향상동기×평가동기의 충족($B = .21$, $p < .10$), 자기방어동기×향상동기의 충족수준×방어동기의 충족수준($B = .31$, $p < .05$), 자기방어동기×평가동기의 충족수준×방어동기의 충족수준($B = -.34$, $p < .05$)이었다.

표 12-2. 사회비교 동기와 비교동기의 충족수준에 따른 분노경험, 주관안녕 및 건강지각의 위계적 회귀분석(N=363)

예측변인	상태분노				주관안녕				주관안녕인지				주관안녕정서				건강지각			
	B	β	Sr	p	B	β	Sr	p	B	β	Sr	p	B	β	Sr	p	B	β	Sr	p
상태분노	·	·	·	·	-.07	-.32	-.31	.000	-.06	-.30	-.29	.000	-.08	-.29	-.28	.000	-.04	-.14	-.13	.014
분노억제	.19	.18	.17	.001	-.05	-.20	-.20	.000	-.04	-.16	-.16	.003	-.06	-.21	-.20	.000	-.04	-.13	-.11	.034
특성분노	.11	.11	.09	.091																
분노표현	.24	.17	.14	.009																
	$R^2=.131(p=.000)$				$R^2=.164(p=.000)$				$R^2=.130(p=.000)$				$R^2=.150(p=.000)$				$R^2=.156(p=.000)$			
전반적 비교경향	1.29	.16	.16	.002	-.27	-.16	-.15	.003	-.30	-.18	-.17	.001	-.24	-.11	-.11	.033				
	$R^2=.156(p=.000)$				$R^2=.189(p=.000)$				$R^2=.162(p=.000)$				$R^2=.163(p=.000)$				$R^2=.193(p=.010)$			
	$\Delta R^2=.026(p=.002)$				$\Delta R^2=.024(p=.003)$				$\Delta R^2=.032(p=.001)$				$\Delta R^2=.013(p=.033)$				$\Delta R^2=.037(p=.022)$			
자기향상동기	-.91	-.16	-.14	.009																
자기방어동기	.63	.12	.09	.085																
평가동기충족					.23	.18	.13	.016	.24	.20	.14	.008	.21	.14	.10	.066	.22	.15	.10	.070
	$R^2=.188(p=.000)$				$R^2=.224(p=.000)$				$R^2=.196(p=.000)$				$R^2=.202(p=.000)$				$R^2=.243(p=.050)$			
	$\Delta R^2=.031(p=.042)$				$\Delta R^2=.035(p=.018)$				$\Delta R^2=.033(p=.031)$				$\Delta R^2=.039(p=.012)$				$\Delta R^2=.050(p=.011)$			
향상동기×평가동기					-.18	-.87	-.11	.046					-.25	-.95	-.12	.033				
향상동기×향상충족																	.35	1.30	.12	.028
향상동기×평가충족					.21	.92	.09	.095					.26	.94	.09	.091	.41	1.50	.14	.014
평가동기×향상충족													.28	.94	.10	.060	.32	1.08	.11	.049
향상충족×방어충족	1.36	1.03	.10	.08																
	$R^2=.225(p=.000)$				$R^2=.274(p=.000)$				$R^2=.226(p=.000)$				$R^2=.266(p=.000)$				$R^2=.346(p=.027)$			
	$\Delta R^2=.037(p=.415)$				$\Delta R^2=.050(p=.100)$				$\Delta R^2=.030(p=.619)$				$\Delta R^2=.065(p=.022)$				$\Delta R^2=.103(p=.015)$			
향상동기×평가동기×향상충족									-.27	-5.74	-.10	.081								
평가동기×방어동기×방어충족	1.25	4.47	.11	.046																
방어동기×향상충족×방어충족					.31	4.71	.13	.018	.25	3.84	.11	.064	.38	4.85	.14	.015				
향상충족×평가충족×방어충족																	.46	5.79	.11	.050
향상동기×방어동기×방어충족									-.22	-3.61	-.10	.092								
고양동기×평가충족×방어충족					-.34	-4.81	-.14	.011					-.47	-5.65	-.17	.003				
향상동기×향상충족×방어충족	-2.97	-10.55	-.14	.014																
	$R^2=.295(p=.000)$				$R^2=.329(p=.000)$				$R^2=.274(p=.000)$				$R^2=.328(p=.000)$				$R^2=.426(p=.038)$			
	$\Delta R^2=.071(p=.066)$				$\Delta R^2=.055(p=.206)$				$\Delta R^2=.048(p=.450)$				$\Delta R^2=.061(p=.124)$				$\Delta R^2=.080(p=.054)$			

† p <.10, * p <.05, ** p <.01, *** p <.001

구체적으로 보면 상태분노가 낮을수록, 분노억제가 낮을수록 주관안녕 수준이 높았다. 또한 전반적인 비교경향이 낮을수록, 평가동기의 충족수준이 높을수록 주관안녕이 높았다. 그러나 비교동기와 충족수준의 주효과는 이원상호작용이 유의하고, 설명증가분($\varDelta R^2 = .050$)이 유의한 경향을 보여서($p < .10$) 그 해석이 제한된다. 즉 자기향상동기가 높고 자기평가동기가 낮을수록, 그리고 자기향상동기가 높고 평가동기의 충족수준이 높을수록 주관안녕이 높았다.

동일한 위계적 회귀분석을 주관안녕인지를 준거변인으로 하여 실시하였다. 이 측정치들로 주관안녕인지의 27%($p < .001$)를 설명하였으며, 주관안녕인지를 유의하게 예측하는 변인은 다음과 같다: 상태분노($B = -.06$, $p < .001$), 분노억제($B = -.04$, $p < .01$), 전반적 비교경향($B = -.30$, $p < .001$), 평가동기의 충족($B = .24$, $p < .01$), 자기향상동기×자기평가동기×향상동기의 충족수준($B = -.27$, $p < .10$), 자기방어동기×향상동기의 충족수준×방어동기의 충족수준($B = .25$, $p < .10$), 자기향상동기×자기방어동기×방어동기의 충족수준($B = -.22$, $p < .10$)이었다.

구체적으로 보면, 상태분노가 낮을수록, 분노억제가 낮을수록 주관안녕인지 수준이 높았다. 또한 전반적인 비교경향이 낮을수록 주관안녕인지 수준이 높았다. 그러나 이원 및 삼원상호작용은 설명증가분($\varDelta R^2 = .050$)이 유의하지 않았다.

그리고 동일한 위계적 회귀분석을 주관안녕정서를 준거변인으로 하여 실시하였다. 이 측정치들로 주관안녕정서의 33%($p < .001$)를 설명하였으며, 주관안녕정서를 유의하게 예측하는 변인은 다음과 같다: 상태분노($B = -.08$, $p < .001$), 분노억제($B = -.06$, $p < .001$), 전반적 비교경향($B = -.24$, $p < .05$), 평가동기의 충족($B = .21$, $p < .10$), 자기향상동기×자기평가동기($B = -.25$, $p < .05$), 자기향상동기×평가동기의 충족($B = .26$, $p < .10$), 자기평가동기×향상동기의 충족($B = .28$, $p < .10$), 자기방어동기×향상동기의 충족수준×방어동기의 충족수준($B = .38$, $p < .05$), 자기방어동기×평가동기의 충족×방어동기의 충족수준($B = -.47$, $p < .01$)이었다.

구체적으로 보면, 상태분노가 낮을수록, 분노억제가 낮을수록 주관안녕정서 수준이 높았다. 그러나 비교동기와 충족수준의 주효과는 이원상호작용이 유의하고, 설명증가분($\varDelta R^2 = .065$)이 유의하여서($p < .05$) 그 해석이 제한된다. 즉 자기향상동기가 높고 자기평가동기가 낮을수록 주관안녕정서가 높다. 또한 자기향상동기가 높고 평가동기의 충족수준이 높을수록, 자기평가동기가 높고, 자기향상동기의 충족수준이 높을수록 주관안녕정서 수준이 높았다.

사회비교 동기와 비교동기의 충족수준이 건강지각에 미치는 효과 상태분노, 특성분노, 분노억제, 분노표출, 분노통제, 전반적 비교경향, 사회비교 동기, 비교동기의 충족수준, 비교동기와 충족수준의 이원 상호작용 및 비교동기와 충족수준의 삼원 상호작용을 예측변인으로 하고, 건강지각을 준거변인으로 위계적 회귀분석을 실시하였다. 이 측정치들로 건강지각의 43%($p < .05$)를 설명하였으며, 건강지각을 유의하게 예측하는 변인은 다음과 같다: 상태분노($B = -.04$, $p < .05$), 분노억제($B = -.04$, $p < .05$), 전반적 비교경향($B = .22$, $p < .10$), 평가동기의 충족($B = .22$, $p < .10$), 자기향상동기×향상동기의 충족($B = .35$, $p < .05$), 자기향상동기×평가동기의 충족($B = .41$, $p < .05$), 향상동기의 충족×평가동기의 충족×방어동기의 충족($B = .46$, $p < .05$)이었다.

구체적으로 보면, 상태분노가 낮을수록, 분노억제 경향이 낮을수록 건강하다고 지각하는 수준이 높았다. 또한 평가동기의 충족수준이 높을수록 건강하다고 지각하는 수준이 높았다. 그러나 비교동기와 충족수준의 주효과 및 상호작용효과는 삼원상호작용이 유의하였고, 설명증가분($\Delta R^2 = .080$)이 유의하여서($p < .05$) 그 해석이 제한된다. 즉, 자기향상동기, 자기평가동기 및 자기방어동기, 세 사회비교 동기들의 충족수준이 모두 높을수록 자신이 건강하다고 지각하는 수준이 높아진다. 결론적으로 건강지각을 설명하는데 세 사회비교 동기들의 충족수준이 유의하게 기여해서 이 연구의 기본 가설이 지지되었다고 볼 수 있다.

논 의

연구의 요약과 시사점 사회비교 동기 및 비교동기의 충족수준에 따라서 분노경험, 주관안녕 및 건강지각이 어떻게 달라지는지 알아보기 위하여 조사연구를 실시하여 얻은 결과들을 예측변인들을 중심으로 차례대로 정리해 보면 다음과 같다: 먼저 사회비교 요인들의 효과를 살펴보자. 전반적으로 사회비교하는 경향이 높을수록 상태분노가 높았고, 주관안녕, 주관안녕인지 및 주관안녕정서는 낮았다. 따라서 자신을 다른 사람과 비교하려는 일반적 경향성이 주관안녕이나 분노에 부적 효과를 미친다고 정리할 수 있다.

다음으로 사회비교 동기들은 단독으로 주관안녕 및 건강지각에 유의한 영향을 미치지 못하였다. 다만 상태분노에는 유의한 영향을 미쳤다. 구체적으로 자기향상동기가 높거나 혹은 평가동기의 충족수준이 높을수록 상태분노가 낮았다. 따라서 자기평가의 동기가 충족될수록, 또한 자기향상동기는 높을수록 분노경험이 낮아지는 것으로 보인다.

그런데 비교동기의 충족수준은 단독으로 주관안녕이나 건강지각에 유의한 영향을 미쳤다. 구체적으로 자기평가동기가 충족된 수준이 높을수록 주관안녕, 주관안녕인지, 주관안녕정서 및 건강지각 수준도 높아졌다. 장은영과 한덕웅(1999)의 한국의 대학생들 가운데 2/3 가량이 상향비교를 선호하였다는 사실과 연결하여 살펴보면, 대부분의 대학생들이 상향비교하면서 유사비교동기가 충족된 수준이 높을수록 삶의 질에서 더 행복을 느끼고 자신의 건강을 더 좋게 평가한다고 추론할 수 있다.

사회비교 동기와 비교동기의 충족수준의 이원 상호작용 효과는 준거변인에 따라서 상당히 달라지는 것으로 나타났다. 구체적으로 보면 자기향상동기가 충족되지 못하고, 자기방어동기가 충족되지 못할 때 상태분노를 강하게 경험하였다. 그리고 자기향상동기가 높고, 자기평가동기가 낮을 때 주관안녕이 높고, 자기향상동기가 높고, 평가동기의 충족수준이 높을 때 주관안녕이 높았다. 주관안녕정서는 자기향상동기가 높으나 자기평가동기가 낮을 때, 자기향상동기가 높으면서 평가동기의 충족수준이 높을 때, 자기평가동기가 높으면서 향상동기의 충족수준이 높을 때 높아지는 현상을 보였다.

한편 자신이 건강하다고 지각하는 수준이 높은 조건을 보면 자기향상동기가 높으나 자기평가동기가 낮을 때, 자기향상동기가 높으면서 평가동기의 충족수준이 높을 때, 자기평가동기가 높으면서 향상동기의 충족수준이 높을 때 높아졌다. 이 결과를 요약해 보면, 이 연구의 대상이었던 대학생들이 대체로 자기평가의 동기가 낮거나 혹은 이 동기가 충족된 수준이 높으면서 동시에 자기향상동기가 높거나, 그렇지 않으면 자기평가의 동기가 높으면서 향상동기의 충족수준도 높을수록 자신의 건강 수준이 더 좋다고 평가했다. 신체건강에 관한 이 현상은 앞에서 살펴본 주관안녕의 결과와도 일관된다.

사회비교 동기와 비교동기의 충족수준의 삼원 상호작용 효과도 준거변인에 따라 상당히 달라졌다. 구체적으로 보면, 자기방어동기가 높고 방어동기의 충족수준이 높으면서 자기평가동기가 높을 때, 혹은 자기향상동기가 높고 향상동기의 충족수준이 높으나 자기방어동기의 충족수준이 낮을 때, 분노를 경험하였다. 반면에 자기방어동기가 높고 방어동기의 충족수준이 높으나 향상동기의 충족수준은 낮을 때, 혹은 자기방어동기가 낮고 방어동기의 충족수준은 높으면서 평가동기의 충족수준이 높을수록 주관안녕이 높았다. 그리고 자기향상동기가 높고 향상동기 충족수준이 높으나 자기평가동기가 낮을 때, 자기방어동기가 높고 방어동기 충족수준이 높으며 향상동기 충족수준이 높을 때, 자기방어동기가 높고 방어동기 충족수준이 높으며 자기향상동기가 낮을 때 주관안녕인지가 높았다. 이에 더해서 자기방어동기가 높고 방어동기 충족수준이 높으며 향상동기 충족수준이 높을 때 혹은 자기방어동기가 낮고 평가동기의 충족수준이 높으며 방어동기의 충족수준이 높을 때 주관안녕정서가 높았다. 마지막으로 자신이 건강하다고 지각하는 수준은 향상동기 충족수준, 평가동기 충족수준 및 방어동기 충족수준이 모두 높을 때 높아졌다.

이상의 결과를 보면, 이 연구에서 가정한대로 사람들이 자신의 삶에서 행복을 느끼거나 혹은 건강하다고 지각하는 수준은 사회비교 과정에 의해서도 일부 영향받는다는 점을 알 수 있다. 그리고 이러한 사회비교가 주관안녕이나 건강지각에 미치는 효과는 사회비교의 자기조절 과정이론에서 설명한대로 사회비교의 동기와 비교동기의 충족수준에 의해서도 부분적으로나마 설명되었다.

준거변인 위주로 이 연구를 통해 얻은 결과를 간략히 살펴보면 다음과 같다: 첫째, 이 연구에서는 정서경험으로 분노경험을 다루었다. 결과를 보면 분노경험은 주로 자기방어동기의 충족수준에 의해서 크게 영향을 받는 것으로 보인다. 사회비교에 관한 선행연구들에서 자기방어동기는 개인의 자존심을 보호하려고 주로 하향비교를 통해서 충족되는 동기이다. 그리고 세 사회비교 동기들 가운데 자기방어동기는 사람들이 자기에 대해 긍정적으로 생각하려면 가장 기본적으로 충족되어야 하는 욕구이다. 따라서 분노경험은 사회비교 과정에서 가장 기본적으로 충족이 요구되는 자기방어동기의 충족이 충분히 이루어지지 못할 때 높은 수준으로 경험된다고 볼 수 있다. 둘째, 개인의 행복감에 대한 인지적 평가인 주관안녕인지는 평가동기의 충족수준에 의해서 영향받는다고 볼 수 있다. 타인과 비교하여 자신을 정확히 알고자 하는 동기가 충족될수록 주관안녕의 인지평가 수준이 높아진다고 생각할 수 있다. 개인의 행복감에 대한 정서적 평가인 주관안녕정서는 평가동기의 충족수준이 높고, 자기평가동기는 낮으면서 자기향상동기가 높을수록, 높았다. 이 결과로 보면 평가동기가 충족되어서 자기평가동기가 낮은 조건에서 자기향상동기가 높으면 개인의 주관안녕에 대한 정서반응이 좋아진다고 생각할 수 있다. 셋째, 향상동기, 평가동기 및 방어동기의 충족수준이 높을수록 건강지각 수준이 높았다. 따라서 세가지 사회비교 동기가 모두 충족될 때 개인이 신체건강이 좋다고 지각하는 수준이 높아짐을 알 수 있다.

연구의 제한점과 장래 연구의 과제 첫째, 이 연구에서는 정서경험 가운데 분노경험을 다루었다. 그러나 사회비교 과정에서 경험하는 정서들은 분노 이외에도 많다. 그러나 지금까지 국내외에서 모두 사회비교 과정에서 특히 우세하게 경험되는 정서를 측정하는 척도가 개발되지 않았다. 따라서 장래 연구에서는 사회비교 과정에서 더욱 특출하게 경험되는 정서를 측정하는 척도를 개발할 필요가 있다. 그리고 특정한 유형의 정서경험과 관련되는 사회비교 동기가 무엇인지 연구할 필요가 있다.

둘째, 이 연구는 상관연구로서 준거변인에 관련있는 예측변인들은 알 수 있었지만, 인과관계에 대한 검증이 미흡하다. 다시 말해서 동기의 충족수준이 낮아서 건강지각 수준이 낮아졌는지 혹은 건강지각 수준이 낮아서 동기의 충족수준이 낮은지 혹은 두 가지 설명들이 모두 타당한지 결론내리기 어렵다. 따라서 사회비교의 동기와 충족수준을 실험을 통해 조작하여 정서, 주관안녕 및 건강지각이 달라지는지 입증할 필요가 있다. 마지막으로 이 연구의 자료는 대학생들을 대상으로 얻어졌는데, 대학생들이 비교적 상향비교 경향이 높은 집단인 점에서 보면, 결과의 일반화에 제한이 따른다. 따라서 앞으로 대학생 이외에 성인 남녀 집단을 대상으로 연구하여 이 연구의 결과가 일반화되는지 검증할 필요가 있다.

제13장

사회비교하는 동기와 비교를 강요받은 경험이 주관안녕과 건강지각에 미치는 영향

이 연구에서는 사회비교의 자기조절 과정이론에 기초하여 사회비교동기, 비교동기의 충족수준 및 강요된 사회비교 경험이 단독으로나 상호작용하여 주관안녕(행복)과 건강지각에 미치는 영향을 검증하였다. 중요한 결과를 보면 자기향상동기가 충족된 수준이 높거나 자기향상동기가 낮은 수준일수록 자신의 삶에 대해서 인지적으로 만족스럽다고 평가하였다. 그리고 과거에 자기보다 나은 사람과 비교당한 경험이 많으면서 자기의 자존심을 방어하려는 동기도 높은 사람들은, 이 자기방어동기가 충족되지 못할수록 자기의 삶에서 행복감이 낮았다. 마지막으로 과거에 자기보다 나은 사람과 비교당한 경험이 많으면서 자기의 자존심을 방어하려는 동기도 높을수록 음식의 소화나 수면을 취하는데 어려움을 겪는 수준이 높았다.

서 론

이번에 다루는 연구(한덕웅, 장은영, 2003b)는 앞의 장들에서 다룬 연구들과 마찬가지로 다른 사람과 비교하는 경험에 따라서 주관안녕, 건강지각 및 신체증상 지각이 어떻게 달라지는지 알아내는데 목적이 있다. 다시 말해서 한덕웅(1999; 한덕웅, 장은영, 2003a)이 제안한 사회비교의 자기조절 과정에 근거를 두고 사회비교 동기의 충족수준에 따라서 정서반응, 자기평가 및 주관안녕이 달라진다는 가설을 검증하고자 하였다.

아울러 선행연구(2003)에 더해서 우세한 사회비교의 동기와 상관없이 사회비교를 외부에서 강요받은 경험이 주관안녕과 건강지각 및 신체증상 지각에 어떻게 영향을 미치는지 알아보고자 한다. 특히 한국에서는 부모가 자녀의 교육에 대해서 높은 열성을 지니고 있고(한덕웅, 1994b; 한덕웅, 이경성, 2003; 한덕웅, 최훈석, 강혜자, 이경성, 박군석, 1995), 교육에서도 경쟁을 유발하는 사회환경을 조성함으로써 사회비교가 조장되는 문화를 형성하고 있다. 이와 같은 사회환경에서는 부모나 교사처럼 개인에게 중요한 타인들로부터 사회비교를 강요받은 경험이 개인의 행복과 건강에 큰 영향을 미친다고 추론할 수 있다. 즉, 개인에게 중요한 사람들로부터 타인들과 비교하도록 압력을 받게되면 이 강요된 비교의 욕구가 충족되는 수준에 따라서 개인의 행복과 건강이 달라진다고 가정할 수 있다. 만약 주위의 중요한 인물들로부터 상향비교의 압력을 받게되는 조건에서 개인이 유능하여 이 상향비교의 동기가 충족되는 경우에는 삶의 행복과 아울러 건강을 촉진하는 순기능을 보일 수 있다. 그러나 상향비교의 외부압력을 받으면서도 상향비교에서 반복해서 실패를 경험하면, 이는 주관안녕이나 건강지각에 역기능을 초래할 수도 있다. 이 연구에서는 이와 같이 강요된 사회비교의 압력이 주관안녕이나 건강지각에 미치는 효과를 알아보게 된다. 먼저 사회비교가 주관안녕에 미치는 영향을 다룬 연구들을 정리해보기로 한다.

사회비교가 주관안녕과 건강지각에 미치는 영향 사회비교가 주관안녕에 미치는 영향을 다룬 연구들은 연구자들이 비교가 초래하는 결과에 관심을 두기 시작하면서 주목을 받았다. Taylor와 Brown(1988)은 사회비교에 관한 여러 선행연구들을 개관하여 자신에 대한 정확한 정보가 개인의 주관안녕을 잘 유지하는데 도움이 되는지 정리한 바 있다. 이들은 개인이 위협을 경험하거나 자신에 대해서 부정적인 정보를 받은 조건에서는 비록 부정확하지만 자신에 대하여 긍정적인 정보가 제공되면 주관안녕을 회복하는데 도움이 된다고 결론을 내렸다.

그러나 사회비교가 주관안녕에 미치는 영향을 다룬 연구들에서도 결과는 일관되지 않는다. 예를 들어 Strack, Schwarz, Chassein, Kern 및 Wagner(1990)의 연구에서는 사람들로 하여금 신체장애가 있는 사람과 한 방에 있도록 하였다. 그리고 이들이 삶에 얼마나 만족하는지 물어서 주관안녕을 측정하였다. 그 결과를 보면 주관안녕은 신체장애가 있는 사람과 한 방안에 있기 전보다 함께 있는 조건에서 유의하게 더 높아졌다.

그러나 Wright(1985)는 실제로 타인보다 자신을 좋게 평정하는 일이 주관안녕과 상관이 있는지 알아보았다. 이 연구에서는 사람들에게 자신의 건강에 대한 만족도와 주관안녕을 타인과 비교하여 평정하거나 혹은 절대적 기준에 따라서 평정하도록 하였다. 이 연구에서 자기평정과 타인평정의 차이값과 주관안녕간 상관이 유의하였으나 자기평정치의 효과를 제거한 후에는 상관이 더 이상 유의하지 않았다.

따라서 선행 연구들에 기초해서 보면 실제로 사회비교가 주관안녕에 영향을 미치는지 아직 결론내리기 어렵다. 이러한 결과에 대해서 Taylor와 Lobel(1989)은 질병을 지닌 사람들이 서로 다른 심리적 욕구에 따라 비교대상의 선택 방향이 결정된다고 가정한다. 자신보다 나은 사람은 긍정적 모델이 되므로 이 모델을 통해서 정보적 가치를 얻을 수 있는 상황에서는 상향비교를 선호한다. 왜냐하면 상향 접촉은 자신보다 나은 사람에 관해서 정보를 얻을 기회가 되며, 자신보다 못한 사람과 접촉하는 하향비교는 이런 기회를 제공하지 못하기 때문이다. 이 현상을 염두에 두고 Talyor와 Lobel(1989)은 환자들이 자기 평가에서는 하향비교 대상을 선호하며 친화에서는 상향비교 대상을 선택한다고 보고, 하향 평가와 상향 접촉의 구분을 제안했다. 그러나 이 가설은 언제 사람들이 자기평가나 혹은 친화를 추구하는지 설명하지 못한다. 다시 말해서 비교대상의 선택에 영향을 미치는 개인의 심리적 욕구가 어떤 조건에서 어느 방향으로 촉발되는지 설명하지 못한다.

시회비교의 동기와 아울러 비교동기의 충족수준이 주관안녕과 건강지각에 미치는 영향을 직접 다룬 연구로는 한덕웅과 장은영(2003a)을 들 수 있다. 이 연구에서는 사회비교 동기와 이 비교동기의 충족수준을 신뢰롭고 타당하게 측정하는 척도를 개발하고, 이 변인들이 단독으로나 상호작용하여 주관안녕과 건강지각에 미치는 영향이 달라지는지 알아보았다. 그리고 사회비교 동기, 충족수준 및 전반적 사회비교 경향이 상호작용하여 주관안녕과 건강지각에 각각 미치는 효과도 위계적 회귀분석을 통하여 알아내었다.

이 연구의 결과를 보면 자기평가동기의 충족수준이 높을수록 주관안녕인지가 높았다. 자기평가동기의 충족된 수준이 높아서 자기평가동기의 수준은 낮으면서 자기향상동기가 높을수록 주관안녕정서가 높았다. 그리고 향상동기, 평가동기 및 방어동기의 충족수준이 모두 높을수록 자신이 신체건강이 더 좋다고 평가하였다.

다만 이 연구에서는 현재 자신의 건강 수준을 평가하는 문항을 2문항만 사용하였고, 과거질병 수준이 미치는 영향을 통제하지 않았다. 이 연구에서는 사회비교의 자기조절 과정이론에 기초하여 사회비교 동기와 비교동기의 충족수준이 건강지각에 미치는 효과도 알아보고자 한다. 이 때 현재 건강지각과 과거질병 수준을 신뢰롭고 타당하게 측정하는 척도를 개발하여 과거질병 수준 이외에 사회비교 동기 혹은 비교동기의 충족수준이 각각 부가적으로 현재 건강지각 수준에 영향을 미치는지 알아보고자 한다.

이 연구에서 예측한 가설은 사회비교의 자기조절 과정이론(한덕웅, 1999, 2002)에서 도출되었다. 이 이론에서는 우세해진 사회비교의 동기가 충족된 수준에 따라서 주관안녕이나 건강지각이 달라진다고 가정한다. 예를 들어 자기향상동기가 우세해진 사람이 하향비교하여 자신이 더 낫다는 정보를 얻었다고 하자. 이 경우에는 하향비교에 성공한 경험이 이 사람의 자기향상동기를 충족시켜주지 못할 수도 있다. 따라서 이 조건에서는 하향비교하여 성공하더라도 사회비교가 주관안녕에 긍정적 영향을 미치기 어렵다. 반면에 자기방어동기가 우세해진 사람이 하향비교하여 자신이 더 낫다는 정보를 얻었다고 하자. 이 경우에는 하향비교에서 성공한 경험이 이 사람이 지니는 자기방어동기를 충족시켜주기 때문에 주관안녕이 높아진다고 예언할 수 있다. 이상에서 정리한 내용에 근거하여 이 연구에서는 사회비교 동기와 아울러 비교동기의 충족수준이 현재 주관안녕이나 건강지각에 영향을 미친다고 예상하였다. 구체적으로 비교동기의 충족수준이 높거나 이로 인해서 사회비교 동기 수준이 낮을수록 주관안녕과 건강지각의 수준이 높을 것이다.

강요된 사회비교가 주관안녕과 건강지각에 미치는 영향 이에 더해서 이 연구에서는 자신에게 우세한 사회비교 동기와 상관없이 과거에 부모나 교사처럼 중요한 타인들로부터 비교를 강요받은 경험이 주관안녕이나 건강지각에 영향을 미친다고 예상한다. 사회비교의 자기조절 과정이론에서는 우세해진 사회비교 동기의 충족수준이 높아질수록 자신이 건강하다고 지각하고 주관안녕 수준도 높아진다고 예상한다. 따라서 자신에게 우세한 비교동기와 상관없이 과거에 강요받은 사회비교 경험은 주관안녕이나 건강지각에 부정적 영향을 미친다고 예상할 수 있다.

물론 이 연구와는 다른 방향에서 강요된 사회비교를 다룬 일부 선행연구들도 있다(Fujita, 1993; Parducci, 1984; Tennen & Affelck, 1997에서 재인용, 340쪽). 그러나 이 선행연구들에서는 강요된 사회비교를 주로 타인이 있기 때문에 비교하거나 주위에서 나보다 우월하거나 열등한 사람이 존재하기 때문에 어쩔 수 없이 비교하게 되는 과정에 관심이 있었다. 다시 말해서 이 연구들에서 사용된 '강요되었다'는 개인이 인식할 수 있는 영역 내에 비교할만한 타인이 존재하는 경우를 의미하였다.

한편 Dunning, Meyerowitz 및 Holzberg(1989)는 사회비교하는 상황을 구분하기 위해서 자신과 대상이 공적인 상황에서 비교되는가 혹은 사적인 상황에서 비교되는가, 그리고 비교할 영역이 구체적인가 혹은 모호한가로 나누었다. 그리고 공적인 상황에서 구체적인 영역에 대해 비교가 이루어지는 조건에서 사회비교가 강요된 수준이 높다고 보았다.

그러나 이와 같은 방식으로 강요된 사회비교를 정의하면 본인의 의지와 상관없이 타인들로부터 강요된 사회비교인지 그 여부를 구분하기 어려워진다. 이 연구에서는 자신에게 우세한 비교동기와 상관없이 외부에서 중요한 타인들이 강요하는 사회비교의 개념을 다루는데 목적이 있다. 앞에서 언급한 바와 같이 한국사회에서는 부모들이나 교사들이 가정교육이나 학교교육 상황에서 일찍부터 자녀나 학생들에게 사회비교를 강요하여 경쟁의 압력을 행사하는 경우가 많다고 볼 수 있나. 그리고 이와 같은 사회비교의 강요가 심각한 수준에 이르면 장기간에 걸쳐서 주관안녕이나 건강에 부작용이 나타날 수도 있다. 이 연구에서는 이 가능성을 사회비교의 강요와 아울러 여러 사회비교 변인들의 상호작용 효과를 통해서 검증하고자 하였다. 이를 위해서 과거에 부모나 교사로부터 사회비교를 강요받은 경험을 측정하는 척도를 개발하고자 하였다.

과거에 주위 사람들이 다른 사람과 비교를 강요할 때 하향비교보다는 주로 유사비교나 상향비교를 강요했다고 예상할 수 있다. 따라서 자기향상동기가 우세한 사람은 스스로 상향비교를 추구하기 때문에 상향비교를 강요받더라도 큰 영향은 받지 않을 수 있다. 즉, 자기향상동기가 높은 사람은 강요된 사회비교가 자신이 추구하는 비교대상과 일부분 일치하므로 강요된 사회비교 경험에 의해서 주관안녕이나 건강지각이 부정적 영향은 덜 받을 수 있다. 반면에 자기방어동기가 우세한 사람은 상향비교보다는 하향비교를 더 선호한다. 따라서 이들에게 자신이 선호하는 하향비교보다 상향비교를 강요하게 되면 자기방어동기는 충족되기 어려워지므로 주관안녕이나 건강지각은 낮아질 수 있다. 따라서 자기방어동기와 강요된 사회비교 경험의 이원상호작용을 예상할 수 있다(가설 1). 구체적으로 자기방어동기가 낮은 사람은 강요된 사회비교 경험에 의해서 주관안녕이나 건강지각이 큰 영향을 받지 않으리라고 예상된다. 반면에 자기방어동기가 높은 사람은 상향비교나 유사비교의 강요된 사회비교 경험이 많을수록 주관안녕과 건강지각 수준이 더 낮아진다.

이에 더해서 이 연구에서는 강요된 사회비교 경험과 자기방어동기의 상호작용 효과는 방어동기 충족수준에 따라서 달라진다고 가정한다. 즉 자기방어동기가 높으면서 강요된 사회비교 경험이 많더라도 방어동기가 충족된 수준이 높다면 주관안녕이나 건강지각은 낮아지지 않는다. 그러나 자기방어동기가 높으면서 강요된 사회비교 경험이 많고 방어동기가 충족된 수준은 낮다면 주관안녕이나 건강지각은 낮아지게 된다. 따라서 강요된 사회비교 경험, 자기방어동기 및 방어동기 충족수준의 삼원상호작용 효과(가설 2)를 예상할 수 있다. 구체적으로 강요된 사회비교 경험이 많으면서 자기방어동기가 높은 조건에서는 방어동기 충족수준이 높을 때보다 낮을 때 주관안녕과 건강지각이 낮아진다.

연구 방법

참 가 자 본 조사는 서울지역 3개 대학교 학생들을 대상으로 실시되었다. 질문지는 350부 가운데 338부가 회수되어 회수율은 96%였다. 질문지에 응답하기 전에 참여자들에게 조사 내용과 방법을 충분히 설명하고 개인정보가 누출되지 않도록 비밀을 보장한다고 알려주었다. 초기 자료 중에서 무성의하게 응답한 10명의 자료를 제외하고 최종 328명의 자료가 분석에 사용되었다. 이 자료를 164명과 164명으로 무선적으로 나누어서 한 자료에서는 이 연구에서 사용하는 척도들의 요인타당도를 알아보기 위하여 탐색적 요인분석과 신뢰도분석을 실시하였고, 다른 한 자료를 사용하여 확인적 요인분석을 실시하였다.

질문지 구성 사회비교 동기 척도는 한덕웅과 장은영(2003a)을 통해 개발한 척도를 사용하였다. 이 척도는 자기향상동기, 자기평가동기 및 자기방어동기를 측정하는 세 하위척도들로 구성되고, 각 비교동기는 5문항으로 이루어지며, 각 문항에 동의하는 정도를 5점 척도(1: 매우 동의하지 않는다, 5: 매우 동의한다)로 응답하게 된다.

탐색적 요인분석 결과와 신뢰도의 분석 결과를 보면 전체 15문항에서 3요인이 추출되었으며 3요인의 설명변량은 11.52로 전체변량의 75%를 설명하였다. 요인 1에 5문항, 요인 2에 5문항, 요인 3에 5문항이 포함되었으며, 문항 내용은 연구자들이 자기향상동기(예: 내가 더 좋은 사람이 되고자 나보다 나은 사람들과 비교하려는 마음이 생긴다), 자기평가동기(예: 내가 어떤 사람인지 확실하게 알기 위해서 나와 비슷한 사람들과 비교하게 된다) 및 자기방어동기(예: 나는 자존심을 지키기 위해서 나보다 못한 사람들과 비교하려고 한다)를 측정한다고 가정한 문항들과 동일하였다. 신뢰도계수는 자기향상동기는 $\alpha=.91$이고, 자기평가동기는 $\alpha=.93$이며, 자기방어동기는 $\alpha=.93$이었다.

자기향상동기, 자기평가동기 및 자기방어동기가 별개로 구분되는 개념인지 검증하기 위하여 다른 표본의 자료를 사용하여 확인적 요인분석도 실시하였다. 대표적인 부합도 지수들을 살펴보면 표준부합치(*NFI*)=.97, 표준화하지 않은 부합치(*NNFI*)=1.01, 비교합치도(*CFI*)=1.00 및 기초부합치(*GFI*)=.98로 나타났다. 따라서 사회비교 과정에서 나타나는 동기를 자기향상동기, 자기평가동기 및 자기방어동기의 3요인 구조로 구성되는 점이 확인되었다.

비교동기의 충족수준 척도는 한덕웅과 장은영(2003a)을 통해 개발한 척도를 사용하였다. 이 척도는 향상동기 충족수준, 평가동기 충족수준 및 방어동기 충족수준을 측정하는 세 하위척도들로 구성되고, 각 비교동기마다 4문항으로 이루어지며, 각 문항에 동의하는 정도를 5점 척도(1: 매우 동의하지 않는다, 5: 매우 동의한다)로 응답하게 된다.

탐색적 요인분석 결과와 신뢰도의 분석 결과를 보면 전체 12문항에서 3요인이 추출되었으며 3요인의 설명변량은 8.74로 전체변량의 73%를 설명하였다. 요인 1에 4문항, 요인 2에 4문항, 요인 3에 4문항이 포함되었으며, 문항 내용은 연구자들이 향상동기 충족수준(예: 나를 향상시키고 싶었던 욕구가 충족되었다), 평가동기 충족수준(예: 나 자신에 대해서 정확히 판단할 수 있게 되었다) 및 방어동기 충족수준(예: 다른 사람과의 비교를 통해서 나의 자존심을 잃지 않으려고 지키고 싶었던 마음이 충족되었다)을 측정한다고 가정한 문항들과 동일하였다. 신뢰도계수는 향상동기 충족수준은 $\alpha=.80$이고, 평가동기 충족수준은 $\alpha=.91$이며, 방어동기 충족수준은 $\alpha=.90$이었다.

향상동기 충족수준, 평가동기 충족수준 및 방어동기 충족수준이 별개로 구분되는 개념인지 검증하기 위하여 다른 표본의 자료를 사용하여 확인적 요인분석도 실시하였다. 대표적인 부합도 지수들을 살펴보면 표준부합치(*NFI*)=.99, 표준화하지 않은 부합치(*NNFI*)=1.01, 비교합치도(*CFI*)=1.00 및 기초부합치(*GFI*)=.99로 나타났다. 따라서 사회비교 과정에서 나타나는 비교동기의 충족수준을 향상동기 충족수준, 평가동기 충족수준 및 방어동기 충족수준의 3요인 구조로 구성되는 점이 확인되었다.

이 연구에서는 과거에 사회비교를 강요받은 경험을 측정하는 척도를 개발하고자 하였다. 이를 위해 예비문항으로 비교방향이 포함된 강요된 사회비교 14문항과 비교방향이 포함되지 않는 강요된 사회비교 20문항 총 34문항을 제작하였다. 참가자들에게 각 문항에서 진술한 내용을 경험한 빈도를 7점 척도(0: 전혀 없다, 6: 매우 많다)로 응답하도록 하였다. 요인분석과 신뢰도 계수를 통하여 요인을 잘 대표하며 과거에 사회비교를 강요받은 경험을 잘 나타낼 수 있는 최소한의 문항을 선정하기 위하여 문항분석하였다. 그 결과로 총 6문항으로 이루어지는 한 요인을 추출하였다. 이 6문항에 대해서 탐색적 문항분석과 신뢰도 분석을 실시하였다.

문항분석 결과에서 1요인이 추출되었는데, 1요인의 설명변량은 3.89로 전체 변량의 65%를 설명하였다. 문항들은 '어려서부터 지금까지 나는 부모님으로부터 내 공부 성적을 비교하도록 강요받았다(.85), 지금까지 살아오면서 부모님이 당신보다 공부를 잘하는 사람과 당신을 비교한 경우가 얼마나 됩니까(.85), 어려서부터 지금까지 부모님이 당신보다 공부를 잘하는 사람과 당신을 비교한 경우가 얼마나 됩니까(.84), 어려서부터 지금까지 부모님은 나의 공부 성적을 다른 사람과 비교하도록 강요했다(.84), 학창시절에 선생님이 당신보다 공부를 잘하는 사람과 당신을 비교한 경우가 얼마나 됩니까(.73), 과거에 선생님이 당신보다 공부를 잘하는 사람과 당신을 비교한 경우가 얼마나 됩니까(.71)'이었다. 신뢰도계수는 $\alpha = .89$이었다.

이 6문항이 강요된 사회비교 경험을 측정하는 문항인지 검토하기 위하여 다른 표본 자료로 확인적 요인분석도 실시하였다. 대표적인 부합도 지수를 살펴보면, 표준부합치(*NFI*)=.92, 표준화하지 않은 부합치(*NNFI*)=.88, 비교합치도(*CFI*)=.93 및 기초부합치(*GFI*)=.95로 나타났다. 따라서 과거에 사회비교를 강요받은 경험이 6문항으로 구성되는 1요인구조로 구성되는 점이 확인되었다.

과거 신체질병을 경험한 수준을 측정하는 척도도 개발하고자 하였다. 이를 위해 예비문항으로 6문항을 선정하였다. 참가자들에게 각 문항에서 진술하는 내용을 경험한 정도를 7점 척도(0: 전혀 없다, 6: 매우 많다)로 응답하거나 '예/아니오'로 응답하도록 하였다. 요인분석 및 신뢰도 계수 등을 구하여 각 요인들을 잘 대표하며, 과거 신체질병을 경험한 정도를 나타낼 수 있는 최소한의 문항을 선정하기 위하여 문항분석하였다. 그 결과 총 5문항으로 이루어지는 한 요인을 추출하였다. 이 5문항에 대해서 탐색적 문항분석과 신뢰도 분석을 실시하였다.

문항분석 결과에서 1요인이 추출되었고, 1 요인의 총 설명변량은 4.01로 전체변량의 80%를 설명하였다. 문항들은 '나는 어려서부터 병을 자주 앓았다(.94), 나는 어려서부터 잔병치레가 잦았다(.93), 나는 어려서부터 질병 때문에 의사에게 치료를 받은 적이 많았다(.88), 나는 어려서부터 건강이 나빠서 일상생활에 지장을 받아왔다(.87), 나는 어려서부터 몸이 허약했다(.86)'이었다. 신뢰도계수는 $\alpha=.94$이었다. 이 5문항이 과거 신체질병을 경험한 정도를 측정하는 문항인지 검토하기 위하여 다른 표본 자료로 확인적 요인분석도 실시하였다. 대표적인 부합도 지수를 살펴보면, 표준부합치(*NFI*)=1.00, 표준화하지 않은 부합치(*NNFI*)=1.01, 비교합치도(*CFI*)=1.00 및 기초부합치(*GFI*)=1.00으로 나타났다. 따라서 과거 신체질병을 경험한 정도를 이 5문항으로 구성되는 1요인 구조로 구성되는 점이 확인되었다.

주관안녕 척도는 이전 장과 마찬가지로 한덕웅과 표승연(2002)에서 개발한 척도를 사용하였다. 이 연구에서 주관안녕인지의 신뢰도계수는 $\alpha=.92$였고, 주관안녕정서의 신뢰도계수는 $\alpha=.94$였다. 주관안녕에 대해서도 다른 표본 자료로 확인적 요인분석을 실시하였다. 주관안녕인지(*NFI*=.98, *NNFI*=.99, *CFI*=.99, *GFI*=.99)와 주관안녕정서(*NFI*=.99, *NNFI*=1.01, *CFI*=1.00, GFI=.99)의 부합도 지수는 만족할만한 수준이었다. 그리고 주관안녕이 주관안녕인지와 주관안녕정서의 두 요인으로 구분되는 개념인지 검토하기 위하여 확인적 요인분석을 실시하였다. 확인적 요인분석 결과에서 나타난 대표적인 부합도 지수를 살펴보면, 표준부합치(*NFI*)=.99, 표준화하지 않은 부합치(*NNFI*)=1.00, 비교합치도(*CFI*)=1.00 및 기초부합치(*GFI*)=.99로 나타났다. 또한 주관안녕이 주관안녕인지와 주관안녕정서를 한 요인으로 묶을 수 있는 개념인지 검토한 확인적 요인분석 결과에서 나타난 대표적인 부합도 지수를 살펴보면, 표준부합치(*NFI*)=.96, 표준화하지 않은 부합치(*NNFI*)=.98, 비교합치도(*CFI*)=.98 및 기초부합치(*GFI*)=.97이었다. 그러므로 이 연구에서는 이 척도를 개발한 한덕웅과 표승연(2002)의 연구와 마찬가지로 주관안녕을 한 요인과 두 요인으로 각각 측정하여 분석한 결과를 함께 제시하고 논의하기로 한다.

현재 자신이 건강하다고 지각하는 수준을 측정하는 척도를 개발하고자 하였다. 문항을 개발하기 위해 한덕웅과 표승연(2002)이 사용한 2문항에 8문항을 첨가하여 예비문항으로 10문항을 선정하였다. 참가자들에게 각 문항에 동의하는 정도를 7점 척도(−3: 매우 건강하지 않다, 안 좋다, 어렵다 등, +3: 매우 건강하다, 좋다, 쉽다)로 응답하거나 '예/아니오'로 응답하도록 하였다. 요인분석 및 신뢰도 계수 등을 구하여 각 요인들을 잘 대표하며, 현재 건강지각 수준을 나타낼 수 있는 최소한의 문항을 선정하기 위하여 문항분석하였다. 그 결과 총 6문항으로 이루어지는 한 요인을 추출하였다. 이 6문항에 대해서 탐색적 문항분석과 신뢰도 분석을 실시하였다.

문항분석 결과에서 1요인이 추출되었고, 1요인의 총 설명변량은 4.59로 전체 변량의 77%를 설명하였다. 문항들은 '당신은 다른 사람과 비교하여 신체건강이 얼마나 좋은 편이라고 생각합니까(.94), 당신 주위의 다른 사람들과 비교해서 자신의 신체건강이 어느 수준입니까(.94), 당신의 신체는 얼마나 건강합니까(.91), 당신 주위 사람들은 당신의 신체건강이 어느 정도 좋다고 봅니까(.87), 당신은 지금 하고 있는 일에서 부담을 느끼지 않을 만큼 어느 정도 신체건강이 좋다고 생각합니까(.85), 당신은 신체건강이 좋아서 하루 일과 동안 피로를 느끼지 않고 보낼 수 있다고 생각합니까(.71)'이었다. 신뢰도계수는 $\alpha = .94$이었다.

이 6문항이 현재 건강지각 수준을 측정하는 문항인지 검토하기 위하여 다른 표본 자료로 확인적 요인분석도 실시하였다. 대표적인 부합도 지수를 살펴보면, 표준부합치(NFI)=1.00, 표준화하지 않은 부합치($NNFI$)=1.01, 비교합치도(CFI)=1.00 및 기초부합치(GFI)=1.00으로 나타났다. 따라서 과거 신체질병을 경험한 정도를 이 5문항으로 구성되는 1요인 구조로 구성되는 점이 확인되었다.

신체증상 지각 척도는 총 24문항으로 한덕웅, 전겸구, 탁진국, 이창호, 이건효(1992)가 개발하고, 강혜자(2000)가 수정한 척도를 사용하였다. 사람들이 지각하는 신체증상을 측정하기 위해서 연구자들이 예비문항을 구성하였다. 총 24문항으로 구성되었고, 각 문항이 표현하는 신체증상을 지각하는 정도를 5점 척도(1: 전혀 없다, 5: 아주 심하다)로 응답하도록 하였다. 문항분석의 결과에 따라서 7문항이 제외되어서 최종 17문항을 선정하였다. 최종 17문항에 대한 탐색적 요인분석 결과와 신뢰도 분석 결과를 보면, 전체 17문항에서 4요인이 추출되었으며, 총 설명변량은 12.06으로 전체변량의 71%를 설명하였다. 요인 1에 5문항, 요인 2에 5문항, 요인 3에 4문항, 요인 4에 3문항이 포함되었으며, 각 요인은 심혈관계 증상 지각, 소화증상 지각, 두통증상 지각 및 수면증상 지각이라고 명명하였다.

심혈관계 증상 지각을 측정하는 문항은 '호흡이 나쁘다(.81), 심장이 마구 뛴다(.80), 심장이 지나치게 뛸 때가 있다(.78), 숨이 차다(.72), 맥박이 빠르게 뛴다(.70)'이었다. 신뢰도계수는 $\alpha = .90$이었다.

소화증상 지각을 측정하는 문항은 '아랫배가 더부룩하고 가스가 많이 찬다(.87), 소화가 잘 안된다(.75), 식후에 헛배가 부르다(.74), 배딜이 잘 난다(.72), 변비가 있다(.64)'이었다. 신뢰도계수는 $\alpha = .85$이었다.

두통증상 지각을 측정하는 문항은 '머리가 아프다(.85), 머리의 한쪽이 아프다(.83), 머리가 조이거나 압박감이 있다(.83), 뒷골이 당기고 아프다(.64)'이었다. 신뢰도계수는 $\alpha = .89$이었다.

수면증상 지각을 측정하는 문항은 '잠에서 자주 깨고 다시 잠들기가 어렵다(.80), 잠이 잘 안온다(.78), 근심걱정 때문에 잠을 충분히 못한다(.75)'이었다. 신뢰도계수는 $\alpha = .81$이었다.

이 네 가지 신체증상 지각이 별개로 구분되는 개념이면서 이 연구에서 사용한 문항으로 측정되는지 검토하기 위하여 다른 표본을 사용하여 확인적 요인분석도 실시하였다. 대표적인 부합도 지수를 살펴보면, 표준부합치(*NFI*)=.97, 표준화하지 않은 부합치(*NNFI*)=1.01, 비교합치도(*CFI*)=1.00 및 기초부합치(*GFI*)=1.00으로 나타났다. 따라서 신체증상 지각이 이 4요인 구조로 구성되는 점이 확인되었다.

또한 이 연구에서 가정한 각 구성개념별로 나누어지는지 동시에 확인적 요인분석한 결과에서도 모형의 부합도 지수가 양호하였다(*NFI*=.95, *NNFI*=.95, *CFI*=.96, *GFI*=.96).

자료 분석 사회비교 동기, 비교동기의 충족수준, 강요된 사회비교 경험, 주관안녕, 건강지각 및 신체증상 지각의 타당도와 신뢰도를 알아보기 위해 요인분석을 실시하고 내적일관성계수(α)를 산출하였다. 요인분석 모형은 공통요인모형이었고, 기초구조의 추출방법으로 주축분해방법을 사용하였으며, 공통분은 중다상관제곱치(SMC)로 추정하고, Varimax 방법으로 직교회전시켰다. 요인 수를 정할 때는 누적분산비율과 scree plot을 고려하여 결정하였다. 분석은 SPSS 10.0을 사용하였다.

확인적 요인분석을 위해서 구조방정식모형의 기법을 사용하였고 소프트웨어로는 Lisrel 8.52판을 이용하였다. 분석자료는 상관자료, 추정방법은 ULS(Unweighted Least Square) 방법을 사용하였다.

다음으로 사회비교 동기, 비교동기의 충족수준, 강요된 사회비교 경험 및 과거 신체질병 수준으로 주관안녕, 건강지각 및 신체증상 지각을 예측하는 설명력이 높은 모형을 만들어내기 위해서 위계적 회귀분석을 실시하였다. 이를 위해서 1단계에는 주효과를 포함시켰고, 2단계에는 이원상호작용을 포함시켰으며, 3단계에는 삼원상호작용을 포함시켰다. 그리고 보수적으로 해석하기 위하여 먼저 전체 모형이 유의하고, 각 단계에서 설명량의 증가분이 유의하며, 주효과 및 상호작용도 유의한 것들만 해석하였다. 또한 상호작용이 유의한 경우에는 중앙값으로 집단을 나누어 회귀분석했을 때 회귀계수가 유의하며, 변량분석에서 단순주효과가 유의한 경우에만 결과를 해석하였다.

연구 결과

단순상관관계 사회비교 동기, 비교동기의 충족수준, 강요된 사회비교 경험, 주관안녕, 과거 신체질병 수준, 건강지각 및 신체증상 지각의 관계를 알아보기 위해 먼저 단순상관계수를 산출하였다. 표 13-1에 각 변인들의 단순상관계수를 제시하였다.

이 연구에서 다루는 예측변인과 종속변인의 상관관계를 정리하면 다음과 같다. 먼저 과거 신체질병의 수준이 높을수록 주관안녕정서($r = -.13$, $p < .05$)와 주관안녕($r = -.12$, $p < .05$)의 수준이 낮아서 상관이 유의하였다. 그리고 향상동기 충족수준이 높으면 주관안녕인지($r = .22$, $p < .001$), 주관안녕정서($r = .28$, $p < .001$) 및 주관안녕($r = .28$, $p < .001$)이 높았다. 평가동기의 충족수준이 높으면 주관안녕인지($r = .19$, $p < .001$), 주관안녕정서($r = .20$, $p < .001$) 및 주관안녕($r = .22$, $p < .001$)이 높았다. 그리고 자기방어동기가 낮을수록 주관안녕정서가 높았다($r = -.12$, $p < .05$).

표 13-1. 사회비교 동기, 비교동기의 충족수준, 강요된 사회비교 경험, 과거 신체질병 수준, 주관안녕, 현재 건강지각 및 신체증상 지각의 단순상관계수(N=328)

	M(SD)	1	2	3	4	5	6	7	8	9	10	11	12	13	14	15
1자기향상동기	3.65(0.82)															
2자기평가동기	3.31(0.82)	.47***														
3자기방어동기	2.52(0.93)	.11*	.32***													
4향상동기 충족수준	3.11(0.75)	.52***	.39***	.17**												
5평가동기 충족수준	3.06(0.80)	.25***	.49***	.03	.62***											
6방어동기 충족수준	2.52(0.82)	.17**	.27***	.65***	.43***	.25***										
7강요된 사회비교 경험	3.65(1.33)	.22***	.24***	.25***	.19***	.13*	.23***									
8과거 신체질병 수준	2.98(1.53)	.01	−.04	−.01	−.07	−.01	−.03	.10 †								
9전체 주관안녕	4.34(1.09)	−.05	.01	−.09	.28***	.22***	.06	−.06	−.12*							
10주관안녕인지	4.34(1.09)	−.08	−.01	−.03	.22***	.19***	.09 †	−.06	−.10 †	.90***						
11주관안녕정서	4.34(1.29)	−.01	.02	−.12*	.28***	.20***	.03	−.04	−.13*	.93***	.67***					
12현재 건강지각 수준	4.42(1.13)	.06	.05	−.10 †	.15**	.12*	.01	−.08	−.48***	.31***	.29***	.28***				
13심혈관계 증상 지각	1.56(0.72)	.05	.04	.12*	−.02	−.03	.06	.17**	.24***	−.22***	−.14*	−.25***	−.32***			
14소화증상 지각	1.92(0.84)	.07	.14*	.20***	.05	.05	.10 †	.12*	.25***	−.26***	−.18***	−.28***	−.37***	.48***		
15두통증상 지각	2.00(0.95)	.07	−.02	.14*	−.06	−.11*	.01	.10 †	.25***	−.27***	−.23***	−.26***	−.46***	.50***	.43***	
16수면증상 지각	1.82(0.95)	.12*	.09	.12*	−.04	.01	−.04	.08	.15**	−.34***	−.26***	−.35***	−.29***	.51***	.45***	.46***

† $p < .10$, * $p < .05$, ** $p < .01$, *** $p < .001$

다음으로 과거 신체질병 수준이 높을수록 현재 건강지각 수준이 낮았다($r = -.48$, $p < .001$). 그리고 향상동기 충족수준이 높거나($r = .15$, $p < .01$) 혹은 평가동기 충족수준이 높으면($r = .12$, $p < .05$) 현재 건강지각의 수준도 높았다. 또한 과거 신체질병이 많을수록 심혈관계 증상 지각($r = .24$, $p < .001$), 소화증상 지각($r = .25$, $p < .001$), 두통증상 지각($r = .25$, $p < .001$) 및 수면증상 지각($r = .15$, $p < .01$)이 높았다. 그리고 자기방어동기가 높으면 심혈관계 증상 지각($r = .12$, $p < .05$), 소화증상 지각($r = .20$, $p < .001$), 두통증상 지각($r = .14$, $p < .05$) 및 수면증상 지각($r = .12$, $p < .05$)이 높았다. 또한 자기향상동기가 높으면 수면증상 지각이 높고($r = .12$, $p < .05$), 자기평가동기가 높으면 소화증상 지각이 높으며($r = .14$, $p < .05$), 평가동기의 충족수준이 낮으면 두통증상 지각($r = -.11$, $p < .05$)이 높았다. 이에 더해서 사회비교를 강요받은 경험이 많으면 심혈관계 증상 지각($r = .17$, $p < .01$)과 소화증상 지각($r = .12$, $p < .05$)이 높았다.

부가적으로 이 연구에서 예측한 바는 아니지만 강요된 사회비교 경험이 많을수록 자기향상동기($r = .22$, $p < .001$), 자기평가동기($r = .24$, $p < .001$), 자기방어동기($r = .25$, $p < .001$), 향상동기 충족수준($r = .19$, $p < .001$), 평가동기 충족수준($r = .13$, $p < .05$), 방어동기 충족수준($r = .23$, $p < .001$)이 높았다. 그리고 강요된 사회비교 경험이 많을수록 과거 신체질병 수준도 높아서($r = .10$, $p < .10$), 사회비교를 강요받은 과거 시점에서 신체건강에 나쁜 영향을 미쳤음을 시사한다.

사회비교가 주관안녕에 미치는 효과 사회비교 동기, 비교동기의 충족수준, 강요된 사회비교 경험 및 과거 신체질병 수준의 각각 독립되는 예측변인들이거나 혹은 상호작용에 의해서 주관안녕을 예측할 수 있는지 알아보았다. 이를 위해 1단계에서 주효과, 2단계에서 이원상호작용, 3단계에서 삼원상호작용 효과를 알아보는 위계적 회귀분석을 실시하였다. 표 13-2를 보면, 이 연구에서 사용한 예측변인들로 전체 주관안녕의 16%를 설명하였다. 주효과부터 보면, 자기향상동기가 높을수록 주관안녕이 낮고($\beta = -.23$, $p < .01$), 향상동기 충족수준이 높을수록 주관안녕이 높았다($\beta = .39$, $p < .001$). 그러나 2단계($\Delta R^2 = .000$, n.s.)와 3단계($\Delta R^2 = .003$, *n.s.*)에서 상호작용 효과에 따른 설명량의 증가분이 유의하지 않았다.

표 13-2. 사회비교에 의해서 주관안녕, 현재 건강지각 및 신체증상 지각을 예측한 회귀분석 결과($N=328$)

	전체 주관안녕	주관안녕 인지	주관안녕 정서	현재 건강지각	심혈관계 증상 지각	소화증상 지각	두통증상 지각	수면증상 지각
	β	β	β	β	β	β	β	β
자기향상동기(A)	−.229**	−.214**	−.206**	.038	.038	−.008	.124 †	.176*
자기평가동기(B)	−.018	−.045	.008	−.012	.011	.086	−.074	−.014
자기방어동기(C)	−.125 †	−.062	−.158*	−.133*	.101	.213**	.204**	.244**
향상동기 충족수준(D)	.394***	.288***	.421***	.062	−.039	.031	−.056	−.146 †
평가동기 충족수준(E)	.042	.087	−.003	.074	−.041	−.004	−.055	.097
방어동기 충족수준(F)	.015	.048	−.016	.042	−.010	−.077	−.085	−.184*
강요된 사회비교(G)	−.047	−.062	−.027	−.039	.123*	.036	.050	.029
과거 신체질병 수준(H)	−.089 †	−.068	−.093 †	−.469***	.226***	.250***	.232***	.133*
R^2	.155***	.114***	.153***	.260***	.091***	.114***	.108***	.086***
G×C					.423 †	.705**		.529*
G×H				.408**				
R^2	.155***	.114***	.154***	.273***	.101***	.141***	.109***	.101***
ΔR^2	.000	.001	.001	.013**	.010 †	.027**	.001	.015*
G×C×F			.401*				.421*	
R^2	.158***	.119***	.162***		.101***	.143***	.118***	.102***
ΔR^2	.003	.005	.008*		.000	.002	.009*	.001

† $p<.10$, * $p<.05$, ** $p<.01$, *** $p<.001$

다음으로 주관안녕인지를 살펴보면 다음과 같다. 이 연구에서 사용한 예측변인들로 현재 주관안녕인지의 12%를 설명하였다. 주효과부터 보면, 자기향상동기가 높을수록 주관안녕인지가 낮고($\beta = -.21$, $p < .01$), 향상동기 충족수준이 높을수록 주관안녕인지가 높았다($\beta = .29$, $p < .001$). 그러나 2단계($\Delta R^2 = .001$, *n.s.*)와 3단계($\Delta R^2 = .005$, *n.s.*)에서 상호작용 효과에 따른 설명량의 증가분이 유의하지 않았다.

마지막으로 주관안녕정서를 살펴보면 다음과 같다. 이 연구에서 사용한 예측변인들로 주관안녕정서의 16%를 설명하였다. 주효과부터 보면, 자기향상동기가 높을수록 주관안녕정서가 낮았으며($\beta = -.21$, $p < .01$), 향상동기 충족수준이 높을수록 주관안녕정서가 높았으며($\beta = .42$, $p < .001$), 자기방어동기가 높을수록 주관안녕정서가 낮았다($\beta = -.16$, $p < .05$). 그리고 이원상호작용을 첨가한 2단계에서 설명량의 증가분이 유의하지 않았고($\Delta R^2 = .001$, *n.s.*), 예상한 강요된 사회비교 경험과 자기방어동기의 이원상호작용 가설(가설 1)도 지지되지 않았다.

그러나 삼원상호작용을 첨가한 3단계에서 설명량의 증가분이 유의하였고($\Delta R^2 = .008$, $p < .05$), 강요된 사회비교 경험×자기방어동기×방어동기 충족수준($\beta = .40$, $p < .05$)의 삼원상호작용 효과가 유의하였다. 강요된 사회비교 경험×자기방어동기×방어동기 충족수준의 삼원상호작용 효과를 구체적으로 알아보기 위해서 강요된 사회비교 경험이 적은 집단과 많은 집단으로 나누어서 각 조건별 자기방어동기×방어동기 충족수준 이원상호작용이 주관안녕정서를 예측하는 회귀계수를 구하였다(그림 13-1 참조).

그 결과를 보면 강요된 사회비교 경험이 적은 집단에서는 상호작용이 유의하지 않았고($\beta = -.03$, *n.s.*), 강요된 사회비교 경험이 많은 집단에서는 상호작용이 유의한 추세를 보였다($\beta = -.13$, $p < .10$). 따라서 강요된 사회비교 경험이 많은 집단에서 자기방어동기가 높은 집단과 낮은 집단으로 나누어서 방어동기 충족수준이 주관안녕정서를 예측하는 회귀계수를 구하였다. 이를 보면 자기방어동기가 낮은 집단에서는 방어동기 충족수준이 주관안녕정서에 미치는 효과가 유의하지 않았다($\beta = -.14$, *n.s.*). 반면에 자기방어동기가 높은 집단에서는 방어동기 충족수준이 주관안녕정서에 미치는 효과가 유의하였다($\beta = .27$, $p < .05$). 구체적으로 과거 사회비교를 강요받은 경험이 많고 자기방어동기가 낮은 집단에서는 방어동기 충족수준에 따라서 주관안녕정서가 달라지지 않으며, 전반적으로 주관안녕정서가 높았다(각각 $M = 4.65$, $M = 4.14$). 그러나 과거 사회비교를 강요받은 경험이 많고

그림 13-1. 자기방어동기, 강요된 사회비교 경험 및 방어동기 충족수준에 따른 주관안녕정서

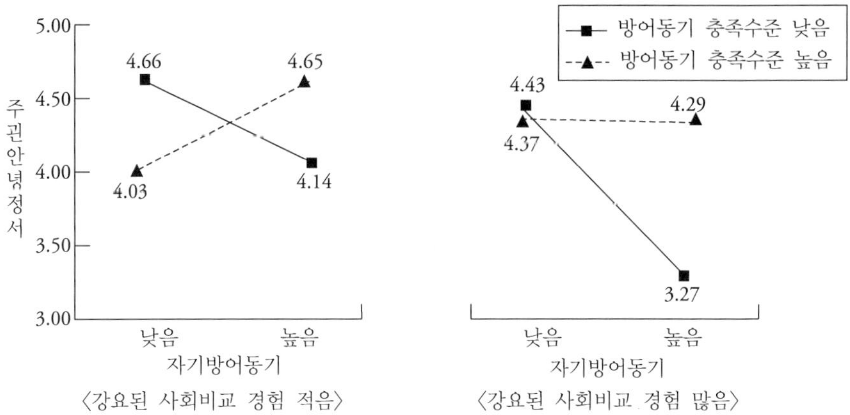

자기방어동기가 높은 집단에서는 방어동기 충족수준이 낮을수록 주관안녕정서가 낮았다(단순단순주효과 $F=7.16$, $p<.01$, 각각 $M=4.29$, $M=3.27$). 따라서 자기방어동기가 높지만 방어동기 충족수준이 낮은 경우에 강요된 사회비교경험이 많으면 삼원상호작용하여 주관안녕정서가 가장 낮아진다는 가설(가설 2)이 지지되었다.

사회비교가 현재 건강지각에 미치는 효과 앞서와 동일한 예측변인들을 사용하여 건강지각을 설명하고자 하였다. 표 13-2를 보면, 이 연구에서 사용한 예측변인들로는 건강지각의 27%를 설명하였다. 주효과부터 보면, 과거 신체질병을 심하게 경험했을수록 현재 자신이 건강하다고 지각하는 수준도 낮았다($\beta=-.47$, $p<.001$). 또한 자기방어동기가 높아질수록 현재 자신이 건강하다고 지각하는 수준이 낮았다($\beta=-.13$, $p<.05$). 그러나 이 연구에서 예상한 이원 및 삼원상호작용항은 유의하지 않았다. 반면에 과거 신체질병 수준×강요된 사회비교 경험의 이원상호작용 효과가 유의하였고($\beta=.41$, $p<.05$), 설명량의 증가분도 유의하였다($\Delta R^2=.013$, $p<.01$).

이원상호작용 효과를 구체적으로 알아보기 위해서 과거 신체질병 수준과 강요된 사회비교 경험을 중앙값으로 나누었다. 그리고 과거 신체질병 수준이 높은 집단과 낮은 집단에서 강요된 사회비교 경험이 현재 건강지각 수준에 미치는 효

과를 β를 구하여 알아보았다(그림 13-2 참조). 그 결과를 보면 과거 신체질병 수준이 높은 집단에서는 강요된 사회비교 경험이 현재 건강지각 수준에 미치는 효과가 유의하지 않았다($\beta = .00$, *n.s.*). 반면에 과거 신체질병 수준이 낮은 집단에서는 강요된 사회비교 경험이 현재 건강지각 수준에 미치는 효과가 유의하였다($\beta = -.18$, $p < .05$).

구체적으로 과거 신체질병을 경험한 수준이 높은 집단에서는 과거 사회비교를 강요받은 경험이 많고 적음에 따라서 현재 건강지각 수준이 달라지지 않으며, 전반적으로 자신이 건강하다고 지각하는 수준이 낮았다(단순주효과 $F = 1.04$, *n.s.*, 각각 $M = 3.88$, $M = 4.04$). 그러나 과거 신체질병을 경험한 수준이 낮은 집단에서는 과거 사회비교를 강요받은 경험이 많아질수록 현재 자신이 건강하지 못하다고 지각하였다(단순주효과 $F = 4.91$, $p < .05$, 각각 $M = 5.09$, $M = 4.73$).

그림 13-2. 강요된 사회비교 경험과 과거 신체질병 수준에 따른 현재 건강지각 수준

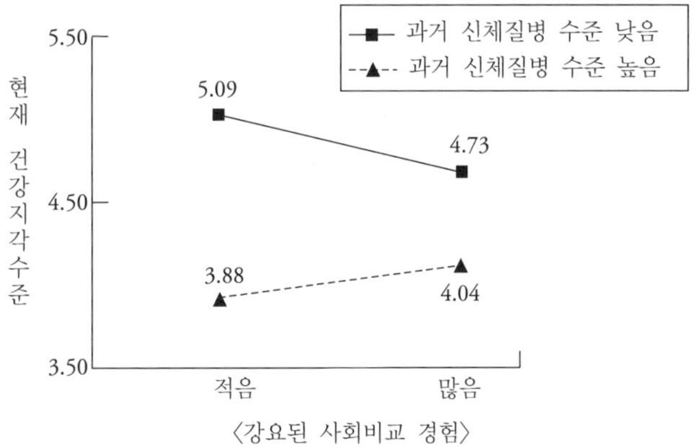

사회비교가 심혈관계 증상 지각에 미치는 효과 앞서와 동일한 예측변인들을 사용하여 심혈관계 증상 지각을 설명하고자 하였다. 표 13-2를 보면, 이 연구에서 사용한 예측변인들에 의해서 심혈관계 증상 지각의 10%가 설명되었다. 주효과를 보면, 과거 신체질병을 많이 경험했을수록 현재 심혈관계 증상 지각이 높았다($\beta = .23$, $p < .001$). 또한 사회비교를 강요받은 경험이 많을수록 현재 심혈관계 증상 지각도 높았다($\beta = .12$, $p < .05$). 그리고 이원상호작용을 첨가한 2단계에서

설명량의 증가분은 유의한 추세만 보였고($\Delta R^2 = .010$, $p < .10$), 자기방어동기×강요된 사회비교 경험($\beta = .42$, $p < .10$)의 이원상호작용 효과도 유의한 추세만 보였다.

사회비교가 소화증상 지각에 미치는 효과 앞서와 동일한 예측변인들을 사용하여 소화증상 지각을 설명하고자 하였다. 표 13-2를 보면, 이 연구에서 사용한 예측변인들에 의해서 소화증상 지각은 14%가 설명되었다. 주효과들을 보면, 과거 신체질병을 심하게 경험했을수록 현재 소화증상 지각이 높았다($\beta = .25$, $p < .001$). 또한 자기방어동기가 높을수록 현재 소화증상 지각이 높았다($\beta = .21$, $p < .01$).

그리고 이원상호작용을 알아본 2단계에서 설명량의 증가분이 유의하였고($\Delta R^2 = .027$, $p < .01$), 자기방어동기×강요된 사회비교 경험($\beta = .71$, $p < .01$)의 이원상호작용 효과가 유의하였다. 자기방어동기×강요된 사회비교 경험의 이원상호작용 효과를 구체적으로 알아보기 위해서 강요된 사회비교 경험과 자기방어동기를 중앙값으로 나누었다. 그 결과를 보면 자기방어동기가 낮은 집단에서는 강요된 사회비교 경험이 현재 소화증상 지각에 미치는 효과가 유의하지 않았다($\beta = -.03$, *n.s.*). 반면에 만성적 실패 등으로 자기방어동기가 높은 집단에서는 강요된 사회비교의 경험이 많을수록 현재 소화증상 지각이 높았다($\beta = .22$, $p < .01$).

그림 13-3과 함께 구체적으로 살펴보면, 자기방어동기가 낮은 집단에서는 과거 사회비교를 강요받은 경험에 따라서 현재 소화증상 지각이 달라지지 않으

그림 13-3. 자기방어동기와 강요된 사회비교 경험에 따른 소화증상 지각

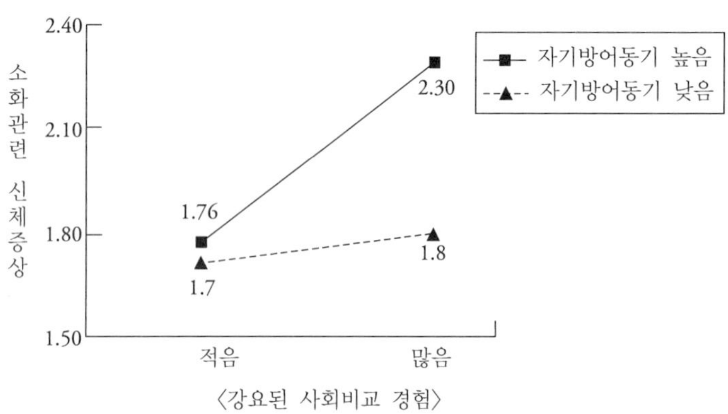

며, 전반적으로 소화증상 지각이 낮았다(단순주효과 $F=.03$, *n.s.*, 각각 $M=1.70$, $M=1.80$). 그러나 자기방어동기가 높은 집단에서는 과거 사회비교를 강요받은 경험이 많을수록 현재 소화증상 지각이 높아졌다(단순주효과 $F=13.36$, $p<.001$, 각각 $M=1.76$, $M=2.30$). 따라서 자기방어동기와 강요된 사회비교 경험의 이원상호작용 가설(가설 1)이 지지되었다.

사회비교가 두통증상 지각에 미치는 효과 앞서와 동일한 예측변인들을 사용하여 두통증상 지각을 설명하고자 하였다. 표 13-2를 보면, 이 연구에서 사용한 예측변인들에 의해서 두통증상 지각은 12%가 설명되었다. 주효과들을 보면, 과거 신체질병을 심하게 경험했을수록 현재 두통증상 지각이 높았다($\beta=.23$, $p<.001$). 또한 자기방어동기가 높을수록 현재 두통증상 지각이 높았다($\beta=.20$, $p<.01$).

그리고 삼원상호작용을 알아본 3단계에서 설명량의 증가분이 유의하였고($\Delta R^2=.009$, $p<.05$), 강요된 사회비교 경험×자기방어동기×방어동기 충족수준($\beta=.42$, $p<.05$)의 삼원상호작용 효과가 유의하였다. 강요된 사회비교 경험×자기방어동기×방어동기 충족수준의 삼원상호작용 효과를 구체적으로 알아보기 위해서 강요된 사회비교 경험이 적은 집단과 많은 집단으로 나누어서 각 조건별 자기방어동기×방어동기 충족수준의 이원상호작용이 두통증상 지각을 예측하는 회귀계수를 구하였다(그림 13-4 참조).

그 결과를 보면 강요된 사회비교 경험이 적은 집단에서는 상호작용이 유의하지 않았고($\beta=.10$, *n.s.*), 강요된 사회비교 경험이 많은 집단에서는 상호작용이 유의한 추세를 보였다($\beta=.15$, $p<.10$). 따라서 강요된 사회비교 경험이 많은 집단에서 자기방어동기가 높은 집단과 낮은 집단으로 나누어서 방어동기 충족수준이 두통증상 지각을 예측하는 회귀계수를 구하였다. 이를 보면 자기방어동기가 낮은 집단에서는 방어동기 충족수준이 현재 두통증상 지각에 미치는 효과가 통계적으로 유의한 수준에 도달하지는 못했다($\beta=-.15$, $p<.10$). 반면에 자기방어동기가 높은 집단에서는 방어동기 충족수준이 낮을수록 현재 두통증상 지각이 높았다($\beta=-.23$, $p<.05$). 구체적으로 과거 사회비교를 강요받은 경험이 많고 자기방어동기가 높은 집단에서는 방어동기 충족수준이 높아질수록 두통증상 지각이 낮았다(단순단순주효과 $F=4.72$, $p<.05$, 각각 $M=2.73$, $M=2.20$). 그리고 과거 사회비교를

그림 13-4. 자기방어동기, 강요된 사회비교 경험 및 방어동기 충족수준에 따른 두통증상 지각

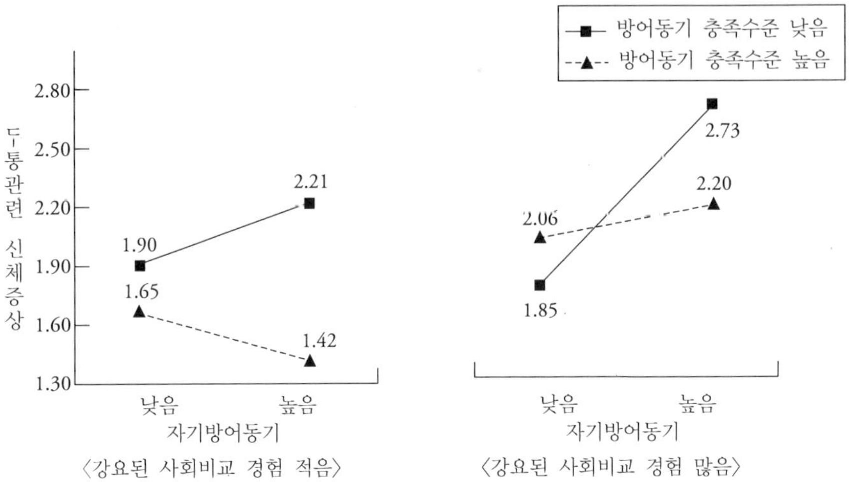

강요받은 경험이 많고 자기방어동기가 낮은 집단에서도 방어동기 충족수준이 낮을수록 현재 두통증상 지각이 높아졌다(단순단순주효과 $F=6.13$, $p<.05$, 각각 $M=1.42$, $M=2.21$). 따라서 강요된 사회비교 경험, 자기방어동기 및 방어동기 충족수준의 삼원상호작용 가설(가설 2)이 지지되었다.

사회비교가 수면증상 지각에 미치는 효과 앞서와 동일한 예측변인들을 사용하여 수면증상 지각을 설명하고자 하였다. 표 13-2를 보면, 이 연구에서 사용한 예측변인들에 의해서 수면증상 지각은 10%가 설명되었다. 주효과부터 보면, 과거 신체질병을 심하게 경험했을수록 현재 수면증상 지각이 높다($\beta=.13$, $p<.001$). 또한 자기향상동기가 높을수록 수면증상 지각이 높고($\beta=.18$, $p<.05$), 자기방어동기가 높을수록 현재 수면증상 지각이 높으며($\beta=.24$, $p<.01$), 방어동기 충족수준이 낮을수록 현재 수면증상 지각이 높다($\beta=-.18$, $p<.05$). 그리고 이원상호작용을 첨가한 2단계에서 설명량의 증가분이 유의하였고($\Delta R^2=.015$, $p<.05$), 자기방어동기×강요된 사회비교 경험($\beta=.53$, $p<.05$)의 이원상호작용 효과가 유의하였다.

자기방어동기×강요된 사회비교 경험의 이원상호작용 효과를 구체적으로 알아보기 위해서 강요된 사회비교 경험과 자기방어동기를 중앙값으로 나누었다. 그림 13-5와 함께 그 결과를 살펴보면, 자기방어동기가 낮은 집단에서는 강요된 사회비교 경험이 현재 수면증상 지각에 미치는 효과가 유의하지 않았다($\beta = .01$, *n.s.*). 반면에 자기방어동기가 높은 집단에서는 강요된 사회비교 경험이 많을수록 수면증상 지각이 높았다($\beta = .21$, $p < .01$). 구체적으로 자기방어동기가 낮은 집단에서는 강요된 사회비교 경험에 따라서 현재 수면증상 지각이 달라지지 않았으며, 전반적으로 수면증상 지각이 낮았다(단순주효과 $F = .41$, *n.s.*, 각각 $M = 1.73$, $M = 1.83$). 그러나 자기방어동기가 높은 집단에서는 강요된 사회비교 경험이 많을수록 현재 수면증상 지각이 높았다(단순주효과 $F = 5.73$, $p < .05$, 각각 $M = 1.69$, $M = 2.09$). 따라서 자기방어동기와 강요된 사회비교 경험의 이원상호작용 가설(가설 1)이 지지되었다.

그림 13-5. 자기방어동기와 강요된 사회비교 경험에 따른 수면증상 지각

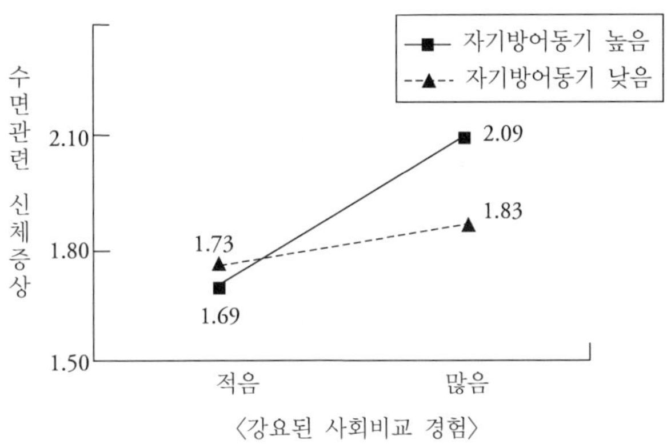

논 의

연구의 요약과 시사점 첫째, 자기향상동기가 높을수록 전체 주관안녕, 주관안녕인지 및 주관안녕정서가 낮았고, 자기향상동기가 높을수록 수면증상 지각은 높아졌다. 그리고 향상동기 충족수준이 낮을수록 전체 주관안녕, 주관안녕인지 및 주관안녕정서가 낮아졌다. 따라서 향상동기가 충족되어서 자기향상동기가 낮아지면 자신의 삶에서 더 행복을 느끼고, 만족 수준이 높아졌다고 생각할 수 있다. 이는 자신보다 나은 사람과 비교하여 자신이 더 잘한 경험이 많은 사람 혹은 자신이 노력하며 자신보다 나은 사람과 비교하여도 자신이 더 잘 해낼 수 있다는 통제력이 높아지면 자신의 삶에서 더 행복을 느끼고, 만족하게 된다는 점을 보여준다.

둘째, 자기방어동기가 높을수록 주관안녕정서와 현재 건강지각 수준이 낮아지고, 소화증상 지각, 두통증상 지각 및 수면증상 지각은 높아졌다. 따라서 만성적 실패 경험 등이 많아서 자기방어동기가 높아지면 자신이 건강하지 못하다고 평가하고, 다양한 신체증상들을 겪는 것으로 보인다. 이는 자신보다 못한 사람과 비교하여 자신이 더 우수하다고 지각한 경험이 부족하게 되면 자신의 건강에 대해서도 부정적으로 평가하고 다양한 신체증상을 겪게 된다는 점을 보여준다.

셋째, 과거 사회비교를 강요받은 경험이 많을수록 심혈관계 증상 지각이 더 높아졌다. 즉, 과거에 부모나 교사와 같은 주위 사람들이 자신보다 나은 사람과 비교하도록 강요한 경험이 많은 사람일수록 심장과 관련된 신체증상을 더 겪게 되는 것으로 보인다.

넷째, 과거 신체질병이 많을수록 현재 자신이 건강하지 못하다고 생각하고, 심혈관계, 소화, 두통 및 수면증상 지각이 높아졌다. 이는 과거에 신체적으로 건강하지 못한 사람이 현재에도 건강하지 못하고 다양한 신체증상을 겪게 되는 사실을 시사한다.

다섯째, 강요된 사회비교 경험과 자기방어동기가 이원상호작용하여 이 연구에서 다룬 신체증상들을 유의하게 예측했다. 즉, 자기방어동기가 높아지면 여러 신체증상을 더 겪었는데, 특히 자기방어동기가 높으면서 과거에 사회비교를 강요받은 경험이 많은 조건에서 신체증상들이 높았다. 즉, 자기방어동기가 높으면서 강요된 사회비교 경험이 많으면 소화증상 지각과 수면증상 지각이 높아졌다. 따라서 실패 경험 등으로 자존심을 회복시키고 자기방어하려고 하는 사람에게 특히 상향비교를 강요하게 되면 심한 스트레스를 겪고 소화 및 수면과 관련되는 신체증상들로 발전된다고 추론할 수 있다.

여섯째, 강요된 사회비교 경험과 과거 신체질병 수준의 이원상호작용에 의해서 현재 건강지각 수준을 유의하게 예측했다. 과거 신체질병 수준이 낮으면서 사회비교를 강요받은 경험도 적으면 현재 건강하다고 지각하는 수준이 높았다. 따라서 과거에 신체질병을 경험한 사람에게 특히 사회비교를 강요하면 이후 자신의 건강에 대해서 부정적으로 평가하게 된다고 추론할 수 있다.

일곱째, 강요된 사회비교 경험과 자기방어동기 및 방어동기 충족수준의 삼원상호작용에 의해서 주관안녕정서와 두통증상 지각을 유의하게 예측했다. 구체적으로 자기방어동기가 높으면서 강요된 사회비교 경험이 많고 이와 함께 방어동기 충족수준이 낮으면, 자신의 삶에서 정서적으로 행복을 덜 느끼고, 두통과 관련된 신체증상을 겪게 된다고 추론할 수 있다. 사회비교의 자기조절 과정이론에서 자기방어동기는 자신보다 못한 사람과 비교하여 성공함으로써 충족된다고 가정한다. 이에 근거하여 추론하면, 자기방어동기는 높은데 주위 사람들이 상향비교를 강요하고 자신보다 못한 사람과 비교하여 실패 경험이 많거나 혹은 자신보다 못한 사람과 비교하여도 자신이 더 잘 해낼 수 없다고 지각하게 되면, 주관적으로 불행하다고 생각하게 되고, 두통문제를 더 겪게 된다.

이 결과들을 보면 자기방어동기는 주로 건강이나 여러 신체증상 및 주관안녕정서에 영향을 미치며 자기향상동기는 주관안녕인지에 영향을 미친다고 추론할 수 있다. 또한 자기방어동기는 과거 사회비교를 강요받은 경험에 따라서 주관안녕이나 건강지각에 미치는 효과가 달라진다고 생각할 수 있다. 따라서 사회비교 가운데 특히 상향비교를 강요하여 개인의 주관안녕정서나 건강지각에 부정적 영향을 미치는 현상은 주로 자존심을 지키거나 회복시키고 싶은 마음이 강하여 자기방어동기가 높은 사람들에게서 우세하게 나타났다고 볼 수 있다. 또한 인지적으로 자신의 삶이 만족할만하다고 평가하는 주관안녕인지는 자기방어동기보다는 자신을 더 나은 사람으로 성장시키고 향상시키고 싶은 향상동기가 충족될수록 높아졌다.

이상에서 요약한 연구 결과는 한덕웅과 장은영(2003a)에서 얻은 결과와도 일관된다. 이들의 연구에서 건강지각은 세 가지 비교동기의 충족수준이 모두 높을 때 가장 높았다. 이들의 연구에서는 자기방어동기가 높지만, 충족수준은 낮으며, 과거에 사회비교를 강요받은 경험이 많을 때 가장 낮았다. 따라서 자기방어동기의 충족수준이 건강지각에 영향을 미친다고 추론할 수 있다. 반면에 강요된 사회비교 경험이 많아지면서 평가동기와 향상동기 충족수준이 건강지각에 미치는 효과가 미약해졌다. 과거에 강요된 사회비교는 주로 유사비교나 상향비교로 강요되기 때문에, 자기방어동기가 높으면서 강요된 사회비교 경험이 많은 사람은 상대적으로 평가동기와 향상동기 충족수준도 낮을 개연성이 있다. 부가하여 이 연구에서 선행연구와 마찬가지로 평가동기의 충족수준과 향상동기의 충족수준은 건강지각이나 신체증상보다 주관안녕에 영향을 미쳤다.

마지막으로 과거 사회비교, 특히 상향비교를 강요받은 경험의 효과는 우리 사회에서 시사하는 바가 크다. 한국 사회에서는 높은 교육열의 영향으로 어린시절부터 주위에서 학업능력이 뛰어나거나 우월한 사람과 상향비교하도록 강요하는 일이 많다. 또한 더 우월한 상대와 견주어서 비교하여 말하거나 등수나 석차를 공개하여 개인의 의지나 선택과 상관없이 사회비교를 강요하는 경우가 많다. 이 연구 결과를 보면 이러한 강요된 사회비교는 주관안녕이나 건강지각에 악영향을 초래하며, 특히 자기방어동기가 높은 사람에게 강요되면 나쁜 영향을 강하게 미쳤다. 따라서 강요된 사회비교 경험이 개인에게 어떤 조건에서 부정적 효과를 미치는지 알아낸 데에도 이 연구의 의의가 있다.

연구의 제한점과 장래 연구의 과제 첫째, 이 연구에서는 자기방어동기와 강요된 사회비교 경험의 이원상호작용 가설(가설 1)과 강요된 사회비교 경험, 자기방어동기 및 방어동기 충족수준의 삼원상호작용 가설(가설 2)을 예상하였다. 그러나 이 두 가설은 일부 신체증상 지각이나 주관안녕정서에서는 지지되었으나, 건강지각에서는 지지되지 않았다. 이는 현재 건강지각은 과거 신체질병 수준에 의해서 상당 부분 설명되어서 이 효과를 제외하고나면 사회비교 경험과 관련된 이원상호작용이나 삼원상호작용은 유의한 설명력을 더하지 못하기 때문에 나타난 결과로 생각된다.

둘째, 이 연구에서 다룬 독립변인들로 준거변인을 예측해내는 전체 설명변량이 전반적으로 작다고 볼 수 있다. 하지만 개인의 주관안녕이나 건강지각에 영향을 미치는 만성적인 개인차 변인들, 예를 들어 특성우울이나 자존심 등과 같은 변인들의 효과가 더해지지 않은 상태에서 사회비교 경험과 관련된 변인들만으로도 준거변인의 10%~30% 정도를 설명하였다. 따라서 사회비교 경험이 다른 변인의 효과 외에 독립적으로 개인의 행복감이나 건강지각에 유의한 영향을 미침을 보여준다. 부가적으로 특성우울, 특성불안 및 전반적 사회비교 동기와 같이 개인차 변인을 첨가하여 위계적 회귀분석한 결과를 보면, 전체 주관안녕 71%, 주관안녕인지 63%, 주관안녕정서 68%, 건강지각 62%, 심혈관계 증상 지각 46%, 소화증상 지각 48%, 두통증상 지각 42%, 수면증상 지각 48%로 설명량이 상당히 높아졌다.

셋째, 이 연구는 개인의 본래 신체질병 수준이 현재 건강지각이나 여러 신체증상 지각에 미치는 효과 외에 사회비교 과정과 관련되는 변인들이 부가적으로 기여하는 부분을 입증한 점에 의의가 있다. 특히 조사연구를 통하여 사회비교의 자기조절 과정이론에서 가정한 사회비교 동기 및 비교동기 충족수준이 영향을 미치는 점을 입증하였으므로 앞선 실험 방법보다 연구 결과의 일반화가능성이 더 높다고 볼 수 있다.

넷째, 이 연구의 자료는 대학생들을 대상으로 얻어졌는데, 대학생들이 비교적 상향비교의 경향이 높은 집단인 점에서 보면, 이 연구 결과의 일반화에 제한이 따른다. 따라서 앞으로 대학생 이외에 성인 남녀 집단을 대상으로 연구하여 이 연구 결과가 일반화되는지 검증할 필요가 있다. 또한 이 연구는 상관연구로서 준거변인에 관련있는 예측변인들은 알 수 있었지만 인과관계에 대한 직접적 검증이 미흡하다. 특히 장차 실험을 통해서 자기방어동기가 높아지거나 사회비교 동기의 충족수준이 낮아지는 조건을 조성하여 실제로 건강지각이나 주관안녕에 미치는 효과를 알아내어 인과관계를 직접 검증할 필요가 있다.

제14장

비교한 사람과 자기주의가 섭식행동에 미치는 영향

이 연구에서는 사회비교와 자기주의가 음식의 섭취량에 어떤 사회적 영향을 미치는지 실험을 통해서 알아보았다. 자기의 체중에 대해서 남들이 어떻게 생각할지 주의를 기울이거나 혹은 그렇지 않은 조건에서 다른 사람의 섭식양이 자신의 섭식량과 비교하면 비스켓의 맛을 평가하기 위하여 먹은 양에 어떤 영향을 미치는지 알아보았다. 결과를 보면, 다른 사람이 자기의 체중에 대해서 어떻게 생각할지 주의를 기울이면 체중과 관련없는 일에 주의를 기울일 때에 비해서 음식을 더 적게 먹었다. 그리고 자기보다 적게 먹는 사람과 비교했을 때, 자기보다 많이 먹는 사람과 비교했을 때보다 더 적게 먹었다. 또한 비교하는 사람이 먹은 양이 자신의 먹는 양에 미치는 효과는 다른 사람이 자신의 체중에 대해 어떻게 생각할지 주의를 기울인 상황에서 나타났다. 즉, 다른 사람이 자신의 체중과 관련없는 일에 주의를 기울인다고 생각하는 조건에서는 비교할 사람이 먹은 양은 자신의 먹는 양에 영향을 미치지 못했다. 그러나 다른 사람이 자신의 체중에 대해 어떻게 생각할 것인지 주의를 기울이게 되는 상황에서 자신보다 적게 먹는 사람과 비교하면, 자신보다 많이 먹거나 유사하게 먹은 사람과 비교해서 더 적게 먹었다.

서 론

이번 장에서 소개하는 연구(권수경, 한덕웅, 2006)에서는 섭식행동에 영향을 미치는 사회비교 요인을 알아내고자 하였다. 특히 사람들이 다른 사람을 의식하면서 음식을 먹을 때 먹는 양에 어떤 변화가 일어나는지와 더불어 다른 사람과 비교가 먹는 양에 어떤 영향을 주는지 알아보고자 하였다. 구체적으로 이 연구에서는 참가자들에게 체중관련 공적자기주의를 유발하거나 혹은 유발하지 않은 다음에, 상향비교대상(적게 먹은 조건), 유사비교대상(비슷하게 먹은 조건), 하향비교대상(많이 먹은 조건)이 참가자들의 먹는 양에 어떠한 영향을 미치는지 알아내려고 하였다. 이제 이 연구에서 다루는 독립변인인 자기주의와 사회비교를 섭식행동과 관련지어서 다룬 선행연구들을 살펴보고 도출된 가설들을 정리하고자 한다.

자기주의가 섭식행동에 미치는 효과 자기주의(self-attention)란 자신이 주의의 초점이 되거나 혹은 자신을 인식하는 과정이다. 자기주의는 크게 공적 자기주의와 사적 자기주의로 구분할 수 있다. 공적 자기주의가 높은 사람들은 타인들에게 비친 자기 자신을 더 많이 인식하고 자신의 외모에 대한 타인들의 지각에 관심이 많고 공적 기준에 주의를 더 기울이는 경향이 있다. 반면에 사적 자기주의가 높은 사람은 자신의 내적, 사적, 또는 숨겨진 자신의 태도나 신념을 의식해서 행동한다. 자신의 정서와 다른 내적 상태에 민감하여 자신의 행동에 관한 개인적 기준에 주의를 더 기울이며 태도와 행동의 일관성이 높다(이민규, 2000).

자기주의 과정에 관한 이론은 Duval과 Wicklund(1972; Wicklund, 1975)의 객관

적 자기인식이론(object self-awareness theory)에 근거를 두고 발전되었다. 객관적 자기인식이론은 인간의 의식이 자기나 환경 가운데 어느 하나에 초점을 맞추게 된다고 가정한다. 의식이 자기에게 집중되면 사람들은 우세한 자기 차이의 성질이 정적인가 혹은 부적인가에 따라서 자기평가를 좋거나 혹은 나쁘게 한다. 자기 차이가 부적인 상황에서는 혐오적인 자기반응이 나타나기 때문에 사람들은 주의를 자기에게 집중시키는 자극을 피하려고 노력한다. 그러나 이러한 자극을 피할 수 없는 상황이라면 자기 차이를 줄이기 위한 행동이 나타난다. 즉 개인이 지니는 행동의 기준에 도달하려는 방향으로 인간의 심리와 행동이 작용한다. 그러나 주의가 외부환경에 집중되면 자기에 관한 자각 수준이 낮아져서 개인의 이상을 지향하여 자기 이상과 객관적 자기의 차이를 줄이려는 동기가 유발되지 못한다(한덕웅, 2004).

Caver와 Scheier(1981, 1990)는 Powers(1973)에 의해서 연구된 제어이론(control theory)을 수정하면서 Duval과 Wicklund의 이론을 수용하여 자기가 주의의 초점이 된 조건에서 초래되는 자기조절과정을 다루기 시작하였다. 제어이론에서는 자기의 행동 기준이 설정되어 있어서 행동 기준과 환류된 실제 행동의 차이를 줄이기 위해 자기조절 과정이 발생한다고 가정한다. 이 때 행동 기준과 실제 행동의 차이가 클수록 차이를 줄이기 위한 제어체계를 더 강하게 작동시키려고 한다. Caver와 Scheier가 제어이론에 자기주의 이론을 통합시키려고 시도한 배경은 아마도 두 이론 모두 공통적으로 자기 차이의 경감 과정을 가정하는데 있는 듯하다. 즉, 두 이론 모두 자기의 행동 기준과 환류된 행동과의 차이에 대해서 자기주의 혹은 자각이 일어나면, 자신이 설정한 행동 기준에 합치되도록 강하게 자기조절하는 과정이 작동된다고 가정하는 점에서 일치한다(한덕웅, 2002).

Caver와 Scheier는 이 관점에서 개인의 주의가 사적으로 지니는 기준에 집중되는 사적 자기주의(private self-attention) 혹은 타인들이 자기에게 기대하는 기준에 집중되는 공적 자기주의(public self-attention)가 높아지게 되면 행동기준과 행동결과에 비교과정에서 차이의 인식이 증폭되어서 개인이 추구하는 목표를 달성하려는 동기가 높아진다고 주장했다(한덕웅, 2004).

한편, Hull과 Levy(1979)는 자기주의 과정의 도식 활성화 모형을 제안하였다. 이 모형 역시 원래 자기인식 이론을 수정한 모형으로, 자기초점적 주의가 도식적으로 조직화된 자기 관련 정보의 접근 가능성을 증가시키는 역할을 한다고 주장하였다. 따라서 현재 상태와 행동 기준을 비교하는 과정은 자기초점적 주의에 의해서 나타난 정상적인 결과가 아니고, 개인이 지닌 자기도식에 의해서 차이 감소 행동이 나타나는 한정된 조건에서만 일어난다. 이 개념은 Carver와 Scheier(1981)의 제어이론에서도 받아들여졌다. 즉, 자기초점은 특정한 행동 기준이 현재 특출할 때만 그 특정한 단면의 행동 기준과 현재 상태를 비교하는 과정을 유발하고, 특성한 행동 기준이 특출하지 않을 때는 자기초점이 단지 자기도식을 활성화시키고, 다양한 자기관련 정보의 접근가능성을 증가시킨다(Pyszczynski, Hamilton, Greenberg, & Becker, 1991).

Diener와 Kasprzyk(1978)는 자기가 아닌 외부로 주의를 집중하면 자각은 낮아지고 억제하던 행위를 실행하게 되는 탈억제와 정적상관을 보임을 발견하였다. Diener와 Caver와 Scheier의 이론들에서 자기주의의 집중은 환경 요인들이나 혹은 개인의 자의식 성향에 의해서 발생된다고 가정하였다. 개인의 높은 자의식 성향에 의해서는 자기의 사적 단면들이 우세하게 자각되기 쉽지만, 사회 환경에 의해서 유발된 자각은 자기의 공적 단면을 우세하게 만들 확률이 높다(한덕웅, 2002). 이 주장과 일치하여 제어이론에 적용한 자기주의이론에서도 공적 자기와 사적 자기에 차별적으로 주의가 집중될 수 있음이 지적되었다(한덕웅, 1994a, 426~427쪽; Prentice-Dunn & Rogers, 1983, 한덕웅, 2002에서 재인용).

공적 자기주의가 섭식행동에 미치는 영향 음식 섭취는 배고픔과 포만감에 의해서 통제되지만, 이 요인과 무관하게 수많은 사회심리 요인들이 사람들이 음식을 먹는 양에 중요한 영향을 미친다(Herman & Voccarino, 2000). 사회적인 영향력, 특히 사회적으로 추동된 규범을 고수하려는 심리가 음식 섭취에 특별히 영향을 주는 요인이 될 수 있다(Roth, Herman, Polivy, Pliner, 2001).

Roth 등(2001)에 의하면 이러한 사회 규범들이 특히 중요할 수 있는데, 이러한 현상으로는 규범에 일치하고자 하는 것(matching norm)과 최소 섭식규범(norm for minimal eating)이 있다. 규범에 일치하고자 하는 것은 다른 사람들의 섭식행동에 맞추거나 혹은 이를 모델로 여기는 것이다. 규범에 일치하려는 행동은 여러 사람들이 있는 상황에서 일반화될 수 있고, 최소 섭식규범은 우리 문화에서 여성에게 특히 적용되는 것으로 보인다. 좋은 인상을 만드는 것이 중요한 상황에서는 여성들이 음식을 적게 먹음으로써 자신의 인상을 관리하려는 목적을 달성하려고 할 수 있다. 실제로 극히 적은 양의 음식을 먹는 여성을 많이 먹는 여성보다 더 긍정적으로 보았다는 연구 결과도 있다(Bock & Kanarek, 1995; Chaiken & Pliner, 1987). 적게 먹는 것이 일반적으로 사회에서 좋은 인상을 주는지는 명확하지 않지만, 이러한 결과들은 좋은 인상을 형성하는 것이 중요한 상황에서 여성들이 적게 먹어서 인상관리를 하려고 노력하는 경향이 일반화된 현상이라고 할 수 있다(Roth, Herman, Polivy, & Pliner, 2001). 그러므로 여성들은 자신이 음식을 먹을 때 다른 사람들을 의식하게 되면 적게 먹으려고 한다고 가정할 수 있다.

이상에서 살펴보면, 개인이 속한 사회나 집단의 규범이 섭식행동에 영향을 미침을 알 수 있다. 이에 근거하여 Polivy, Herman, Hackett 및 Kuleshnyk(1986)는 공적 자기주의의 효과를 알아보았다. 이들은 공적 자기주의 조건에서는 참가자가 먹은 초콜릿 껍질을 책상 위에 잘 보이게 쌓아두어서 실험자가 이를 볼 수 있다는 점을 인식하도록 하였다. 사적 자기주의 조건에서는 초콜릿 껍질을 쌓아 두었다가 실험자가 돌아오기 전에 처리하도록 하여서 자신만 얼마나 먹었는지 인식하도록 하였다. 그리고 통제조건에서는 참가자들이 책상 옆에 있는 쓰레기통에 캔디 껍질을 먹는 즉시 버리도록 하여서 자신이 먹는 것에 관련된 특별한 단서를 가지지 않도록 하였다. 연구자들은 참가자의 캔디 선호도가 섭식행동에 미치는 영향을 배제하고 자기주의의 효과를 알아보고자 시도하였다. 이를 위해 캔디 선호도를 공변인으로 하는 공변량분석을 실시하였다. 그 결과를 보면, 연구자들의 예측대로 섭식억제자가 사전에 음식을 섭취하고 사적 자기주의와 공적 자기주의가 모두 우세하지 않은 조건에서, 나머지 세 조건에서보다 유의하게 더 많이 음식을 섭취하였다.

이민규(2001)는 섭식행동에 공적 자기주의가 어떤 영향을 미치는지 알아보기 위해 실험 연구를 실시하였다. 질문지를 통해 체형이나 체중과 관련된 공적 자기주의가 우세해진 조건의 참가자들은 섭식억제자들은 체형이나 체중과 무관련된 자기주의가 우세해진 조건에 비해서 아이스크림을 더 적게 먹었다. 그러나 섭식비억제자들은 공적 자기주의에 상관없이 사전에 음식을 섭취하면 포만감을 느끼는 생리적 현상에 의해 사전에 음식을 섭취하지 않았을 때보다 아이스크림을 적게 먹었다.

위의 연구들을 정리하면 공적 자기주의가 우세한 상황, 즉 다른 사람들이 자신의 먹는 행동을 관찰할 때에는 먹는 양에 관한 섭식행동에 영향을 주며, 특히 적게 먹는 행동에 중요한 영향을 미친다고 볼 수 있다. 따라서 이 연구에서는 다른 사람들을 의식하면서 음식을 먹는 공적 자기주의 상황이 발생하면, 다른 사람을 의식하여 음식을 적게 먹을 것이라는 예측하였다. 이를 가설로 정리하면 다음과 같다: 다른 사람이 자신의 체형이나 체중에 대해 어떻게 생각하는지 의식하여 체중/체형 관련 공적 자기주의가 높아진 사람은 다른 사람을 의식하지 않는 사람에 비해서 음식을 적게 먹을 것이다(가설 1).

사회비교가 섭식행동에 미치는 영향 Festinger(1954)의 사회비교이론에서는 집단에 속한 개인의 사회비교가 그 개인의 행동에 미치는 영향에 관해서도 논한 바 있다. 이를 자세히 살펴보면, 집단에 속한 사람들은 의견의 획일화를 얻기를 바라는데, 그 이유는 집단 일치성이 자신의 의견에 확신을 제공하거나 동의가 집단의 목표를 동일화하는데 필요하기 때문이라고 가정한다. 따라서 사회비교는 자신의 의견이나 능력의 평가를 위해 객관적인 평가 수단이 없을 때뿐만 아니라, 집단에 대한 일치의 압력이 있을 때에도 발생하고 자신과 관련된 차원에서 비교하려고 한다(한덕웅, 2002).

따라서 타인이 존재하는 상황에서 일어나는 섭식행동에 사회비교가 영향을 미칠 수 있다. 왜냐하면 다른 사람과 함께 있을 때 음식을 먹는 것은 자신의 인상관리와 섭식행동에 영향을 줄 수 있기 때문이다. 일례로 Pliner와 Mann(2004)은 여성이 그들의 여성성과 다른 긍정적인 인상을 남성에게 심어주기 위해 그들의 섭식을 억제하려는 경향이 있다는 것을 입증한 바 있다(Mori, Chaiken, & Pliner, 1987; Pliner & Chaiken, 1990).

따라서 사람들은 좋은 인상을 만들기 위해 다른 사람들 앞에서 그들의 섭식을 억제할 수 있으며, 배고프거나 포만감을 느끼는 내적 상태를 무시할 수 있을 정도로 인상형성의 수단으로써 다른 동료들의 섭식과 일치하려고 한다고 가정할 수 있다(Roth, Herman, Polivy, & Pliner, 2001).

Herman, Polivy, Kauffman 및 Roth(2002)는 사회적 영향력이 섭식의 통제에 미치는 영향에 관해 규범적인 틀을 제안했는데, 이는 사람들이 대개 주어진 상황에서 어느 정도 먹어야 하는지에 관해 불확실하다는 것을 가정한다. 이런 환경에서는 사람들은 적절하고 올바른 양에 대한 안내를 타인의 행동을 보는 것으로 하게 된다. 이처럼 상황에 따라 어느 정도 먹어야 하는지에 대한 적합성이 타인이 존재할 때 섭식이 증가하거나 감소하는 것을 설명할 수 있는데, 타인이 먹는지에 관한 여부와 어느 정도 그들이 먹는지 그리고 개인이 타인에게 인상을 주고자 하는 정도에 의할 수 있다.

사회적 영향력의 효과는 생리적인 영향력이 중요할 때도 섭식을 통제하는데 있어서 매우 강력하게 나타날 수 있다. Goldman, Herman 및 Polivy(1991)는 거의 먹지 않는 모델에게 노출된 참가자들은 많이 굶은 상태에서도 소량의 음식을 먹었음을 알아냈다. 다른 연구에서도 아주 많이 먹는 모델에 노출된 참가자들은 방금 많은 음식을 먹어서 배가 많이 부른 상태에서도 많은 음식을 먹었다(Herman, Polivy, Kauffman, & Roth, 2002). Pliner와 Mann(2004)은 사람들이 좋아하거나 좋아하지 않은 맛의 음식을 준 뒤, 이전의 참가자들이 먹은 양에 대한 정보를 제공하여 참가자의 섭식행동에 어떤 영향을 미치는지 알아보았다. 이 실험에서 참가자들은 좋아하는 비스킷을 받은 조건에서, 이전에 10명의 참가자들이 많은 양을 먹었다는 정보를 받았을 때, 적은 양을 먹었다는 정보를 제공받거나 혹은 그런 정보를 제공받지 않았을 때보다 더 많은 양의 비스킷을 먹었다.

이상의 선행연구에 근거해서 다음과 같은 가설을 도출하였다: 자신보다 음식의 섭취량이 적은 상향비교대상, 자신의 음식 섭취량과 유사한 유사비교대상, 자신보다 많이 먹는 하향비교대상에 따라서 음식 섭취량에 차이가 있을 것이다. 즉, 상향비교할 때보다 유사비교할 때 더 많이 먹고, 유사비교할 때보다 하향비교할 때 더 많이 먹을 것이다(가설 2).

한편, 앞서 설명한 자기주의와 사회비교의 상호작용도 예측해볼 수 있다. 이와 관련된 연구로는 Roth 등(2001)을 들 수 있다. 이들의 연구에서는 참가자들이 혼자 있을 때 혹은 실험자가 관찰하고 있을 때 비스킷의 맛을 평가하게 하였다. 또한 참가자들은 다른 사람들이 얼마나 비스킷을 먹었는지 알 수 없는 조건(섭식규범이 없는 조건)과 다른 사람들이 아주 조금 먹었다는 것을 믿게 한 조건(섭식억제 규범조건), 다른 사람들이 많이 먹었다는 것을 믿게 한 조건(섭식증대 규범조건)에 각각 할당되었다. 참가자들은 혼자 있을 때, 음식을 많이 먹거나 적게 먹는 규범에 의해서 영향을 받았다. 그러나 실험자가 참가자들을 관찰했을 때에는 그들이 어떤 규범에 노출되는지와 무관하게 적게 먹었다. 이들의 연구에서 섭식에 대한 규범으로 조작한 변인은 사회비교대상이라고 간주할 수도 있다. 다시 말해서 섭식증대 규범조건은 하향비교대상조건으로, 섭식억제 규범조건은 상향비교대상조건에 해당한다고 볼 수 있다. 다만, 이들의 연구에서는 섭식억제 혹은 섭식증대 조건의 타인이 많이 먹거나 적게 먹은 조건을 유사하게 조작하였으므로, 참가자 개인에 비해서 실제 상향비교대상인지 혹은 하향비교대상인지 단언하기 어렵다.

이 연구에서는 참가자 타인이 개인보다 실제로 많이, 적게 혹은 유사하게 먹는 조건을 직접 조작하여 공적 자기주의와 상호작용 효과를 검증하고지 한다. 다른 사람이 자신의 먹는 행동을 관찰하는 공적 자기주의 상황이 발생하면 사람들은 옆의 사람이 어느 정도 먹느냐에 상관없이 다른 사람을 의식하여 적게 먹는다고 볼 수 있다. 따라서 이 연구에서는 섭식행동에 의해 직접적으로 영향을 받는 체형/체중과 관련된 공적 자기주의가 발생하면 옆의 사람이 어느 정도 먹느냐에 영향을 받지 않고 적게 먹는다는 다음과 같은 가설을 검증하고자 한다: 체중/체형 공적 자기주의 조건에서는 비교대상에 따라 먹는 음식의 양에 유의한 차이가 없지만, 체중/체형 무관련 공적 자기주의 조건에서는 상향비교할 때보다 유사비교할 때 더 많이 먹고, 유사비교할 때보다 하향비교할 때 더 많이 먹을 것이다(가설 3).

연구 방법

실험절차 실험을 실시하기 일주일 전에 참여 대상자들에게 소비자들의 비스킷 소비량을 알아보기 위한 설문조사에 응답해 줄 것을 요청하고 평소에 비스킷을 한 달에 몇 번 먹는지, 일주일에 몇 번 먹는지, 그리고 한 번 먹을 때마다 얼마나 먹는지에 대한 문항에 대해 응답하도록 하였다(비스킷의 크기는 한입에 먹을 수 있을 정도의 크기로 정하고 이를 그림으로 제시한다). 이 조사의 결과에 따라 비스킷을 일정량 이하로 먹는 학생과 남학생은 실험에서 제외시켰다. 참가자 2명(1명은 중간 정도의 체형을 지닌 실험 협조자)이 서로 인사한 뒤 각각 다른 실험실로 들어갔다.

참가자가 자리에 앉으면 A회사에서 새로 개발하여 시판하게 될 비스킷에 대한 소비자의 평가를 알아보기 위한 조사라고 알려주었다. 맛을 평가하기 전에 몇 가지 문항에 대해 응답해 줄 것을 요청한 뒤, 먼저 일주일 전에 조사한 것에 대한 추가 질문으로서 한 번에 먹는 비스킷 양과 최근 한 달 동안에 비스킷을 먹은 횟수에 응답하도록 하였다.

참가자가 질문지에 응답을 마치면 실험자는 옆방 참가자의 응답을 받아 오는 동안 문장완성 과제를 하도록 하였다. 이 과제를 통하여 공적 자기주의를 체형관련 공적 자기주의와 체형 무관련 공적 자기주의의 두 조건으로 조작하였다.

그리고 나서 실험자는 앞서 참가자에게 실시한 질문지를 다시 돌려주면서 한 달에 먹은 비스킷의 총량을 계산해 달라고 한다. 이 때 질문지에는 옆 방 참가자가 한 번에 먹는 비스킷의 양과 최근 한달 동안에 비스킷을 먹은 횟수도 적혀있다. 이는 실제 옆방 참가자의 응답은 아니며, 참가자가 문장완성검사를 하는 동안 실험자가 실험 조건에 맞게 적어 넣은 것이다. 즉, 각각의 참가자가 응답한 양과 횟수를 기준으로 상향비교에서는 일정량을 빼고, 하향비교는 일정량을 더하고, 유사비교는 제시한 개수를 적어넣어둔 것이다. 이 질문지를 보여주면서 "옆방의 참가자는 지금 다른 설문조사에 참여하고 있으니 옆 참가자가 한 달에 먹는 비스킷의 총량도 계산해주십시오"라고 하여 옆의 참가자와 비스킷의 먹는 양을 비교하도록 했다.

비교대상을 조작한 후 참가자를 옆 책상에 마련되어 있는 비스킷 맛 평가대로 안내하였다. 이 책상에는 세 종류의 비스킷과 맛 평가지를 준비하였는데, 비스킷은 양을 짐작하기 어렵도록 접시에 수북하게 담아두었다. 또한 맛의 평가를 정확히 하기 위해 물 반잔을 마시도록 하여 입안을 헹구도록 하였다. 참가자에게 "본 조사는 저희 A제과에서 이번에 새로 개발한 A, B, C 세 종류의 비스킷을 출시하기에 앞서 소비자들로부터 맛을 평가받기 위해 실시하고 있습니다. A제과에서는 조사 결과에 따라서 제품의 보완이나 출시 여부를 결정할 예정입니다. 각각 A, B, C 세 종류의 비스킷을 먹어 보신 다음에 맛을 평가하는 각각의 문항에 응답해 주시기 바랍니다. 맛을 평가하는데 걸리는 시간이나 먹는 비스킷의 양에는 제한이 없으니 맛을 보시고 잘 평가하여 주시기 바랍니다"라고 지시문을 제시한 뒤, "15분 후에 돌아오겠습니다"라고 말했다. 참가자들은 비스킷의 맛이 어느 정도 좋은지, 짠지, 씹을만한지, 달콤한지, 부서지기 쉬운지 등에 관한 15문항에 7

점 척도로 응답하였다.

실험자는 15분 후 실험실로 다시 돌아와 맛 평가를 위해 마련되어 있던 비스킷 상자를 치우고, 배부른 정도, 실험 전의 식사 시간, 비스킷의 선호도, 공적 자기주의 조작 점검문항과 비교조작 점검문항 등으로 구성되어 있는 실험 후 질문지를 완성하도록 하였다. 질문지를 다 완성한 참가자는 실험자에게 완성된 질문지를 제출하고 돌아갔으며, 실험자는 다시 실험실에 들어가서 남은 비스킷의 양을 확인하여 각지 먹은 양을 기록하였다.

실험설계 2(공적 자기주의: 체중, 체형 관련 공적자기주의/체중, 체형 무관련 공적자기주의)×3(비교대상: 상향비교/유사비교/하향비교)로 두 개의 독립변인이 모두 집단간 변인인 이원요인설계이다.

참 가 자 섭식문제는 남자보다 여자에서 상대적으로 더 심각하게 여기기 때문에 이 연구에서는 대상을 여자로 한정하였다. 98명의 참가자들은 2인이 한 조를 이루어 실험에 참여하였으며, 참가자들을 각 실험조건에 14-17명씩 무선할당하였다.

독립변인 조작 공적 자기주의 조건은 다음과 같이 조작하였다. 체형관련 공적 자기주의 조건의 참가자에게는 ‘내가 아는 남자친구들이 현재 자신의 체중, 몸매, 허리, 허벅지, 체형과 내가 아는 남자친구들이 바라는 나의 체중, 몸매, 허리, 허벅지, 체형에 대해서’로 시작하는 10개의 문장을 완성하게 하였다. 체형 무관련 공적 자기주의 조건의 참가자에게는 ‘내가 아는 남자 친구들이 현재 우리나라 대학의 교육 수준, 도서관 환경, 학생복지, 강의실 환경, 강의 시간수와 앞으로 우리나라 대학의 교육 수준, 도서관 환경, 학생복지, 강의실 환경, 강의 시간 수에 대해서’로 시작하는 10개의 문장을 완성하도록 하였다.

사회비교 대상은 세 수준으로 조작하였다. 상향비교 대상조건에서는 옆 방 참가자의 한 달 먹은 총량이 실제 참가자가 한 달 먹은 총량의 60%만큼 덜 먹은 것이 되도록 옆 방 참가자의 한 번에 먹은 개수와 한 달에 먹은 횟수를 실험자가 임의로 적어넣었다. 유사비교 대상조건에서는 옆 방 참가자의 한 달 먹은 총량이 실제 참가자가 한 달 먹은 총량과 대략 유사하도록 조작하였다. 하향비교

대상 조건에서는 옆 방 참가자의 한 달 먹은 총량이 실제 참가자가 한 달 먹은 총량의 60%만큼 더 먹은 것이 되도록 조작하였다.

사전조사 실험 일주일 전에 A제과사에서 평소 소비자들의 비스킷 및 스낵, 파이 등의 소비량 을 조사하기 위한 '소비자 실태조사'라고 소개하였다. 소비자 실태조사라는 사실을 믿게 하기 위해 사전조사에서 알고자 하는 비스킷 소비량 외에 스낵과 파이의 소비량에 대한 문항도 포함시켰다. 설문지를 통해 평소에 한 달 동안 그리고 일주일 동안에 비스킷을 몇 번이나 먹는지와 한 번 먹을 때마다 얼마나(개수) 먹는지를 정확한 숫자로 적도록 하였다. 이에 근거해서 비스킷을 한 번에 일정량 이하로 먹는 학생과 남학생은 실험에서 제외시켰다.

종속변인 측정 비스킷의 맛을 평가하기 위해서 먹은 총량(개수)을 종속측정치로 측정하였다. 즉, 처음에 준비한 비스킷 개수에서 남은 양을 빼서 참가자들이 먹은 비스킷의 총 개수를 종속측정치로 사용하였다.

연구 결과

독립변인 조작효과 참가자들이 체중 관련 공적 자기주의와 체중 무관련 공적 자기주의 중 어느 과제에 응답했는지 확인하기 위해 '문장완성과제에서 다음 중 어떤 내용에 대해 응답했습니까?'라고 물어보았다. 참가자들은 모두 자신이 했던 과제에 대해 정확히 기억하였다. 즉, 체중 관련 공적자기주의 조건의 참가자들은 자신의 체중/체형에 관한 과제를 했다고 응답했으며, 체중 무관련 공적자기주의 조건의 참가자들은 우리대학에 관한 과제를 했다고 응답하였다.

다음으로 '문장완성 과제에 응답할 때 나의 체중에 대해서 생각한 정도를 표시해 주십시오'라는 문항에 대해 7점 척도로 응답하게 하였다. 이 문항을 2(공적자기주의)×3(비교대상)로 변량 분석한 결과, 공적자기주의의 주효과만이 유의하였다, $F(1,97) = 219.60$, $p < .01$. 즉, 체중 무관련 공적자기주의 조건($M = 1.45$)보다 체중 관련 공적자기주의 조건($M = 5.29$)에서 자신의 체중에 대해 더 생각했다고 응답했다. 그리고 '문장완성과제에 응답할 때 우리 대학에 대해서 생각한 정도를 표시해 주십시오.'에 대한 응답을 2(공적자기주의)×3(비교대상)로 변량 분석한 결과, 공적자기주의의 주효과만이 유의하였다, $F(1,97) = 434.25$, $p < .01$. 즉, 체중 관련 공적자기수의 조건($M = 1.48$)보다 우리대학에 대해 생각하게 한 체중 무관련 공적자기주의 조건($M = 5.29$)에서 우리대학에 대해 더 생각했다고 응답했다.

참가자들이 비교대상을 정확하게 인식하고 있는지를 확인하기 위해 '당신과 다른 참가자의 비스킷 총량을 보았을 때 평소에 누가 더 비스킷을 많이 먹는다고 생각했습니까?'라는 문항에 대해 7점 척도로 응답하게 하였다. 이 문항을 2(공적자기주의)×3(비교대상)로 변량 분석한 결과, 비교대상의 주효과만이 유의하였다, $F(1,97) = 207.26$, $p < .01$. 즉, 참가자들은 하향 비교대상조건($M = 2.53$)보다 유사 비교대상조건($M = 3.97$)에서 자신이 다른 참가자에 비해 더 많이 먹는다고 생각했고, 유사 비교대상조건($M = 3.97$)보다 상향 비교대상조건($M = 5.66$)에서 자신이 다른 자신의 참가자에 비해 더 많이 먹는다고 생각했다.

또한, '옆방의 참가자는 당신보다 평소에 비스킷을 어느 정도 먹습니까?'라는 문항에 응답하게 하게 한 결과, 모든 참가자들이 정확하게 응답하였다. 즉, 상향 비교대상조건의 참가자들은 옆방 참가자가 자신보다 적게 먹었다고 응답했고, 유사비교 대상의 참가자들은 옆방 참가자가 자신과 비슷하게 먹었다고 응답했으며, 하향 비교대상조건의 참가자들은 옆방 참가자가 자신보다 많이 먹었다고 응답했다.

자기주의와 사회비교가 섭식량에 미친 영향 공적 자기주의와 비교대상에 따른 먹은 양의 조건별 평균값은 표 14-1에 제시하였고, 이에 대해 2(공적자기주의)×3(비교대상)으로 변량 분석한 결과는 다음과 같다. 우선 공적 자기주의의 주효과가 유의하였다, $F(1,\ 97) = 6.68$, $p < .05$. 즉, 체중 관련 공적 자기주의의 조건($M = 23.33$)보다 체중 무관련 공적 자기주의 조건($M = 30.47$)에서 비스킷을 더 많이 먹었다. 다음으로 비교대상의 주효과가 유의하였다, $F(1,\ 97) = 19.49$, $p < .01$. 다시 말해, 하향 비교대상조건($M = 35.90$)보다 유사 비교대상조건($M = 28.41$)에서 비스킷을 더 적게 먹었고, 유사 비교대상조건보다 상향 비교대상조건($M =$

16.17)에서 비스킷을 더 적게 먹었다. 마지막으로, 공적 자기주의와 비교대상의 이원 상호작용이 유의하였으며, $F(1, 97) = 19.49$, $p < .05$, 이는 가설 3을 지지하는 결과이다. 그림 14-1과 함께 구체적으로 살펴보면, 체형 무관련 공적 자기주의 조건의 사람들은 상향비교의 조건에 비해 하향비교의 조건에서 음식을 더 많이 먹었고, 전체적으로 체중 무관련 공적 자기주의 조건에 비해 더 많이 먹었다.

표 14-1. 각 조건별 먹은 양의 평균(표준편차)

자기주의	비교대상			합 계
	상향 비교대상	유사 비교대상	하향 비교대상	
체중 관련	13.40(10.14)	20.83(7.02)	36.27(10.94)	23.33(13.09)
체중 무관련	18.93(11.62)	35.58(16.06)	35.53(15.56)	30.47(16.33)
합 계	16.17(11.08)	28.41(14.42)	35.90(13.22)	26.94(15.17)

그림 14-1. 자기주의와 비교대상에 따른 섭식양

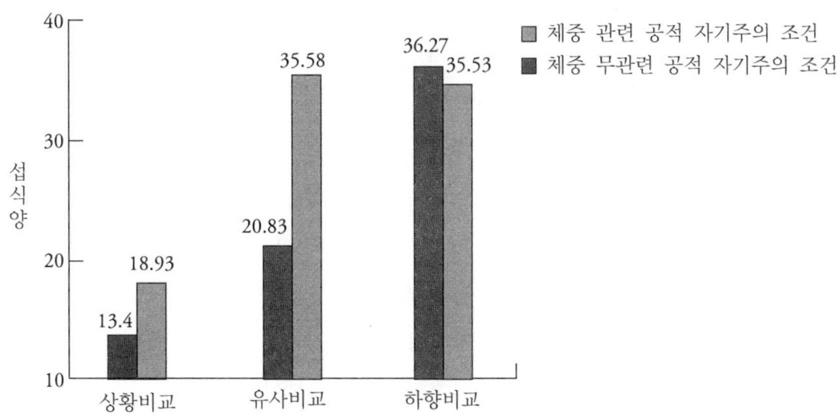

논 의

연구의 요약과 시사섬 이 연구는 최근 날씬하고 마른 몸매가 이상적인 체형으로 간주되는 사회적 영향에 착안하여 사회적 영향을 대변하는 변인으로 공적 자기주의와 비교대상이 섭식량에 미치는 영향을 실험으로 검증하였다. 그 결과를 보면, 연구자들이 예측한 세 가지 가설이 모두 지지되었다. 즉, 참가자들은 다른 사람이 자신의 체중에 대해 어떻게 생각할 것인가에 대해 의식하면 그렇지 않을 때에 비해 음식을 더 적게 먹었다. 또한 자신보다 적게 먹는 사람과 비교했을 때 적게 먹었고, 자신과 비슷하게 먹는 사람과 비교할 때에는 평소 때와 비슷한 양을 먹었으며 자신보다 많이 먹는 사람과 비교했을 때에는 많이 먹었다.

이러한 결과는 참가자들로부터 체중과 신장에 대한 자료를 얻어서 계산한 신체질량지수(*BMI*)를 공변인으로 하여 분석했을 때에도 유사하게 나타났다. 이에 근거하여 추론해 보면, 자신이 마르거나 혹은 뚱뚱하거나에 상관없이 체형이나 체중과 관련된 공적 자기주의가 활성화되면 전반적으로 섭식량이 떨어지는 점을 알 수 있다. 반면에, 이러한 공적 자기주의가 활성화되지 않으면, 사회비교대상의 효과가 우세해지는 것으로 나타났다. 따라서 이 연구는 공적 자기주의와 사회비교대상이 섭식량에 상대적으로 더 강한 효과를 미치는 조건이 구체적으로 무엇인지 알아낸 데에 의의가 있다. 이러한 점은 최근 마른 체형을 선호하는 사회적 규범이 팽배해짐에 따라서 이 규범이 여대생들의 섭식량에 어떤 영향을 미칠지에 대해 시사하는 바가 크다.

연구의 제한점 앞에서 설명한 바와 같이 이 연구의 결과로 공적 자기주의와 사회비교대상이 섭식량에 상대적으로 더 강한 효과를 미치는 조건이 구체적으로 무엇인지 알아냈다는 유용성과 최근 마른 체형에 관한 사회규범이 여대생들의 섭식량에 미치는 영향에 대해 시사점이 있음에도 불구하고, 이 연구는 몇가지 제한점을 지닌다. 이 연구의 제한점을 요약하면 다음과 같다. 첫째, 이 연구에 참여한 참가자들은 대부분 정상범주의 신체질량지수를 지닌 여자 대학생들이었다. 따라서 이 연구의 결과를 섭식장애를 겪고 있는 여학생이나 남학생에게까지 일반화시키는 데 제한이 있다. 둘째, 체중 무관련 조건에서 유사비교 조건의 참여자들과 하향비교 조건의 참여자들이 먹은 양에서 차이가 유의하지 않았다. 이 현상에 관해서는 장차 반복 검증과 아울러 섭식행동에서 이 현상이 나타난 배경을 설명할 필요가 있다. 셋째, 이 연구에서는 자기주의 가운데 공적 자기주의만을 다루었다. 장래 연구에서는 사회비교와 사적 자기주의가 섭식행동에 어떠한 영향을 미치는지 알아볼 필요가 있을 것이다.

참고문헌

강혜자 (2000). 자기차이, 정서 및 신체증상의 관계. 한국심리학회지: 사회 및 성격, 5(2), 103-208.

강혜자 (2003). 신체상의 자기차이가 정서와 신체증상 및 섭식행동에 미치는 영향. 한국심리학회지: 건강, 8(2), 355-374.

강혜자, 한덕웅 (2000). 정서 측정을 위한 도구 개발: 자기차이 이론을 중심으로. 미술치료연구, 7(1), 51-67.

김교헌, 한덕웅 (1996). 자기노출의 목표, 자발성 및 분노억제경향이 생리적 각성, 정화 및 자기평가에 미치는 효과. 한국심리학회지: 건강, 1(1), 66-88.

김금미 (2001). 집단의 사회정체성과 지위에 따른 내집단편애–성별집단과 최소집단에서. 성균관대학교대학원 박사학위 청구논문.

김명식, 권정혜 (2004). 청소년 흡연행동에 대한 인지매개 모델의 검증. 한국심리학회지: 임상, 23(2), 297-312.

* 김비아 (2006). 사회정체성과 사회비교집단이 자기평가에 미치는 영향. 성균관대학교대학원 석사학위 청구논문.

* 권수경 (2006). 사회비교와 공적 자기주의가 섭식행동에 미치는 영향. 성균관대학교대학원 석사학위 청구논문.

박순길, 조증열, 박영호 (2003). 또래비행동조, 신체적 성숙 및 스트레스가 중학생의 흡연에 미치는 영향. 한국심리학회지: 건강, 8(3), 473-486.

이민규, 한덕웅 (2000). 섭식억제 수준, 사전음식섭취 및 사적자기주의에 따른 음식섭취 행동. 한국심리학회지: 건강, 5(2), 265-286.

이민규, 한덕웅 (2001). 섭식억제척도의 개발. 한국심리학회지: 임상, 20(4), 795-807.

이분옥 (1999). 초등학교 신체상에 따른 절식행동 및 자아존중감에 관한 연구. 연세대학교대학원 석사학위 청구논문.

이임순 (1997). 정상인의 섭식유형 및 다이어트 양상. 한국심리학회지: 임상, 16(1), 87-100.

이임순 (2002). 섭식절제척도의 타당도 연구: 섭식절제 및 역규제적 섭식 척도들 간의 비교. 한국심리학회지: 건강, 7(1), 143-158.

* 이희란, 한덕웅(2005). 실패의 경험 후 상향비교의 목표설정이 자기평가에 미치는 영향. 한국심리학회지: 사회 및 성격, 19(3), 55-81.

장은영 (2003). 사회비교 동기와 충족수준이 비교대상의 선택과 정서에 미치는 영향. 성균관대학교 대학원 박사학위 청구논문.

* 장은영, 한덕웅 (1999). 비교 대상의 선택에서 환류유형, 비교속성 및 통제력의 효과. 한

* 이 책의 각 장에 실린 연구의 공동저자와 논문을 나타낸다.

국심리학회지: 사회 및 성격, 13(2), 201-217.

* 장은영, 한덕웅 (2004a). 사회비교의 목표, 대상 및 결과가 비교대상의 선택에 미치는 영향. 한국심리학회지: 사회 및 성격, 18(2), 65-89.

* 장은영, 한덕웅 (2004b). 사회비교의 목표, 대상 및 결과에 따른 자기정서의 경험. 한국심리학회지: 사회 및 성격, 18(3), 127-153.

전겸구, 김영조, 한덕웅 (1999). Mismatch of anger expression style in couple may be hazardous to health: The case of Korean male patients with CHD. 한국심리학회지: 건강, 4(1), 27-40.

전겸구, 한덕웅, 이장호, Spielberger, C. D. (1997). 한국판 STAXI 척도 개발: 분노와 혈압. 한국심리학회지: 건강, 2(1), 403-428.

조지숙 (1992). 청소년의 신체상, 신체적 매력, 신체상의 왜곡과 자아존중감의 관계. 부산대학교 대학원 석사학위 청구논문.

한덕웅 (1994a). 퇴계심리학: 성격 및 사회심리학적 접근. 서울: 성균관대학교 출판부.

한덕웅 (1994b). 한국의 사회문제에 대한 국민의 지각. 한국심리학회지: 사회문제, 1(1), 20-53.

* 한덕웅 (1999). 사회비교의 목표와 성공/실패 경험에 따른 비교 대상의 선택. 한국심리학회지: 사회 및 성격, 13(2), 311-329.

한덕웅 (2002). 집단행동이론. 서울: 시그마프레스.

한덕웅 (2004). 인간의 동기심리. 서울: 박영사.

한덕웅 (2006). 한국문화에서 주관안녕에 영향을 미치는 사회심리 요인들. 한국심리학회지: 사회문제, 12(5) 특집호, 45-79.

한덕웅, 성한기, 강혜자, 이경성, 최훈석, 박군석, 김금미, 장은영 (2005). 사회심리학. 서울: 학지사.

한덕웅, 소재용 (2002). 집합수행에서 전문성, 과제유형 및 수행의 확인 가능성의 영향. 한국심리학회 연차대회 학술발표논문집, 85-112.

** 한덕웅, 엄광은 (2002). 사회비교에서 실패와 향상가능성에 따른 부적 자기정서의 경험. 한국심리학회지: 사회 및 성격, 16(2), 75-87.

한덕웅, 이경성 (2003). 한국인의 인생관으로 본 가치관 변화: 30년간 비교. 한국심리학회지: 사회 및 성격, 17(1), 49-67.

한덕웅, 이정모, 전겸구, 손정락, 김정남, 김교헌, 도경수, 성한기, 탁진국, 서용원, 강혜원, 이종구, 강혜자, 이경성, 이민규, 최훈석 (2002). 인간의 마음과 행동. 서울: 박영사.

* 한덕웅, 장은영 (2000a). 사회비교의 목표, 대상 및 성공/실패에 따른 자기정서의 경험. 한국심리학회지: 사회 및 성격, 14(3), 109-123.

* 한덕웅, 장은영 (2000b). 신체질병을 지닌 사람들의 사회비교. 2000년 건강심리학회 학

---

* 이 책의 각 장에 실린 연구의 공동저자와 논문을 나타낸다.

술발표논문집.

* 한덕웅, 장은영 (2001). 내집단과 개인의 수행 환류가 자기평가에 미치는 영향. 한국심리학회지: 사회 및 성격, 15(1), 167-183.

* 한덕웅, 장은영 (2003a). 사회비교가 분노경험, 주관안녕 및 건강지각에 미치는 영향. 한국심리학회지: 건강, 8(1), 85-112.

* 한덕웅, 장은영 (2003b). 사회비교 동기와 강요된 사회비교가 주관안녕과 건강지각에 미치는 영향. 한국심리학회지: 건강, 8(3), 619-644.

한덕웅, 전겸구, 탁진국, 이창호, 이건효 (1992). 대학생들의 생활부적응에 관한 연구: 불안, 우울 및 신체형장애를 중심으로. 한국심리학회 연차대회 학술발표논문집, 447-462.

한덕웅, 최훈석, 강혜자, 이경성, 박군석 (1995). 한국 사회문제의 지각 차원. 한국심리학회지: 사회, 9(1), 99-111.

한덕웅, 표승연 (2002). 정서 경험에 따른 주관안녕, 건강지각 및 신체질병의 예측. 한국심리학회지: 건강, 7(3), 403-427.

Affleck, G., Tennen, H., Pfeiffer, C., Fifield, J., & Rowe, J. (1987). Downward comparison and coping with serious medical problems. *American Journal of Orthopsychiatry, 57*, 570-578.

Alicke, M. D., LoSchiavo, F. M., Zerbst, J., & Zhang, S. (1997). The person who outperforms me is a genius: Maintaining perceived competence in upward social comparison. *Journal of Personality and Social Psychology, 73*, 781-789.

Aspinwall, L. G., & Taylor, S. E. (1993). Effects of social comparison direction, threat, and self-esteem on affects, self-evaluation, and expected success. *Journal of Personality and Social Psychology, 64*, 708-722.

Atkinson, J. W., & Birch, D. (1978). *An introduction to motivation* (rev. ed.). New York: Nostrand.

Bandura, A. (1977). Self-Efficacy: Toward a unifying theory of behavior change. *Psychological Review, 84*, 191-215.

Bandura, A. (1986). *Social foundations of thought and action: A social cognitive theory.* Englewood Cliffs, NJ: Prentice Hall.

Bargh, J. A. (1990). Auto-motives: Preconscious determinants of social interaction. In E. T. Higgins & R. M. Sorrentino (Eds.), *Handbook of Motivation and Cognition* (Vol. 2, pp. 93-130). New York: Guilford.

Baron, R. M., & Kenny, D. A. (1986). The moderator-mediator variable distinction in social psychological research: Conceptual, strategic, and statistical considerations. *Journal of Personality and Social Psychology, 51*, 1173-1182.

Becker, A. E., Burwell, R. A., Gilman, S. E., Herzog, D. B., & Hamburg, P. (2002). Eating behaviors and attitudes following prolonged exposure to television among ethnic Fijian adolescent girls. *British Journal of Psychiatry, 180*, 509-514.

Bennenbroek, F. T. C., Buunk, B. P., Van der Zee, K. I., & Grol, B. (2002). Social comparison and patient information: What do cancer patients want? *Patient Education and Counseling, 47*, 5-12.

Blanton, H., Buunk, B. P., Gibbons, F. X., & Kuyper, H. (1999). When better-than-others compare upward: Choice of comparison and comparative evaluation as independent predictors of academic performance. *Journal of Personality and Social Psychology, 76*, 420-430.

Blanton, H., Crocker, J., & Miller, D. T. (2000). The effects of in-group versus out-group social comparison on self-esteem in the context of negative stereotype. *Journal of Experimental Social Psychology, 36*, 519-530.

Bock, B. C., & Kanarek, R. B. (1995). Women and men are what they eat: The effects of gender and reported meal size on perceived characteristics. *Sex Roles, 33*, 109-119.

Bogart, L. M., & Helgeson, V. S. (2000). Social comparisons among women with breast cancer: A longitudinal investigation. *Journal of Applied Social Psychology, 30*, 547-575.

Brewer, M. B. (1991). The social self: On being the same and different at the same time. *Personality and Social Psychology Bulletin, 17*, 475-482.

Brewer, M. B. (1993). Social identity, distinctiveness, and in-group homogeneity. *Social Cognition, 11*, 150-164.

Brewer, M. B., & Weber, J. G. (1994). Self-evaluation effects of interpersonal versus intergoup social comparison. *Journal of Personality and Social Psychology, 66*, 268-275.

Brickman, P., & Bulman, R. J. (1977). Pleasure and pain in social comparison. In J. Suls & R. Miller (Eds.), *Social comparison process: Theoretical and empirical perspective* (pp. 149-186). Washington, DC: Hemisphere.

Brockner, J. (1979). The Effects of self-esteem, success-failure, and self-consciousness on task performance. *Journal of Personality and Social Psychology, 37*, 1732-1741.

Broemer, P., & Diehl, M. (2004). Evaluative contrast in social comparison others. *European Journal of Social Psychology, 34*, 25-38.

Brown, J. D., Collins, R. L., & Schmidt, C. W. (1988). Self-esteem and direct versus indirect forms of self-enhancement. *Journal of Personality and Social Psychology, 22*, 445-453.

Brown, J. D., & Gallagher, F. M. (1992). Coming to terms failure: Private self-enhancement and public self-effacement. *Journal of Experimental Social Psychology, 28*, 3-22.

Brown, J. D., Novick, N. J., Lord, K. A., & Richards, J. M. (1992). When Gulliver travels: Social context, psychological closeness, and self-appraisals. *Journal of Personality and Social*

Psychology, 62, 717-727.

Buckingham, J. T., & Alicke, M. D. (2002). The individual versus aggregate social comparison and the presence of others on self-evaluations. *Journal of Personality and Social Psychology, 83*, 1117-1130.

Buunk, B. P., Collins, R. L., Taylor, S. E., Van Yperen, N. W., & Dakof, G. A. (1990). The affective consequences of social comparison: Either direction has its ups and downs. *Journal of Personality and Social Psychology, 59*, 1238-1249.

Buunk, B. P. & Gibbons, F. X. (1997). *Health, Coping and Well-being: Perspectives from social comparison theory*. Hillsdale, NJ: Erlbaum.

Buunk, B. P., & Mussweiler, T. (2001). New direction in social comparison research. *European Journal of Social Psychology, 31*, 467-475.

Buunk, B. P., Schaufeli, W. B., & Ybema, J. F. (1994). Burnout, uncertainty, and the desire for social comparison among nurses. *Journal of Applied Social Psychology, 24*, 1701-1718.

Buunk, B. P., Van Yperen, N. W., Taylor, S. E., & Collins, R. L. (1991). Social comparison and the drive upward revisited: Affiliation as a response to marital stress. *European Journal of Social Psychology, 21*, 529-546.

Buunk, B. P., & Ybema, J. F. (1997). Social comparisons and occupational stress: The identification-contrast model. In B. P. Buunk & F. X. Gibbons (Eds.), *Health, coping, and well-being: Perspectives from social comparison theory* (pp. 359-388). Hillsdale, NJ: Erlbaum.

Campbell, A. (1981). *The sense of well-being in America*. New York: McGraw-Hill.

Carver, C. S., & Scheier, M. F. (1981). Attention and self-regulation: A control-theory approach to human behavior. New York: Springer-Verlag.

Carver, C. S., & Scheier, M. F. (1990). Principles of self-regulation: Action and emotion. In E. T. Higgins & R. M. Sorrentino (Eds.), *Handbook of motivation and cognition: Foundations of social behavior* (Vol. 2, pp. 3-52). New York: Guilford.

Chaiken, S., & Pliner, P. (1987). Women, but not men, are that they eat: the effect of meal size and gender on perceived feminity and masculinity. *Personality and Social Psychology Bulletin, 13*, 166-176.

Collins, R. L. (1996). For better or worse: The impact of upward social comparison on self-evaluations. *Psychological Bulletin, 119*, 51-69.

Conger, J. C., Conger A. J., Constanzo, P. R., Wright, K. L., & Matter, L. A. (1980). The effect of social cues on the eating behavior of obese and normal subjects. *Journal of Personality, 48*, 258-271.

Crocker, J., & Schwatz, I. (1985). Prejudice and ingroup favoritism in a minimal intergroup situation: Effects of self-esteem. *Personality and Social Psychology Bulletin, 11*, 379-386.

Crocker, J., Thompson, L. L., McGraw, K. M., & Ingerman, C. (1987). Downward comparison prejudice and evaluations of others: Effects of self-esteem and threat. *Journal of Personality and Social Psychology, 52*, 907-916.

Cross, S. E., Bacon, P. L., & Morris, M. L. (2000). The relational-interdependent self construal and relationships. *Journal of Personality and Social Psychology, 78*, 791-808.

Darley, J. M., & Aronson, E. (1966). Self-evaluation vs direct anxiety reduction as determinants of the fear-affiliation relationship. *Journal of Experimental Social Psychology, Suppl. 1*, 66-79.

Davis, J. A. (1966). The campus as a frog-pond: An application of the theory of relative deprivation to career decisions of college men. *American Journal of Sociology, 72*, 17-31.

De Jong, W., & Kleck, R. E. (1986). The social psychological effects of overweight. In C. P. Herman, M. P. Zanna, & E. T. Higgins (Eds.), *Physical appearance, stigma, and social behavior: The Ontario symposium* (Vol. 3, pp. 65-87). Hillsdale, NJ: Erlbaum.

De Luca, R. V., & Spigelman, M. N. (1979). Effects of models on food intake of obese and non-obese female college students. *Canadian Journal of Behavioral Science, 11*, 124-129.

Diener, E., & Kasprzyk, D. (1978). *Causal factors in disinhibition by deindividuation.* Unpublished manuscript, University of Illinois, Urbana.

Diener, E., & Larsen, R. J. (1993). The experience of emotional well-being. In M. Lewis & J. M. Haviland (Eds.), *Handbook of Emotions.* New York: Guilford.

Dunning, D. (1995). Trait importance and modifiability as factors influencing self-assessment and self-enhancement motives. *Personality and Social Psychology Bulletin, 21*, 1297-1306.

Dunning, D., Meyerowitz, J, A., & Holzberg, A. D. (1989). Ambiguity and self-evaluation: The role of idiosyncratic trait definitions in self-serving assessment of ability. *Journal of Personality and Social Psychology, 57*, 1082-1090.

Duval, S., & Wicklund, R. A. (1972). *A theory of objective self-awareness.* New York: Academic Press.

Ellemers, N. (1993). The influence of socio-structural variables on identity management strategies. In W. Stoeve & M. Hewstone (Eds.), *European Review of Social Psychology* (Vol. 4, pp. 27-57). Chichester: Wiley.

Ellemers, N., Haslam, D., Platow, M., & Van Knippenberg, A. (2003). *Social identity at work: Developments, debates, directions.* New York: Psychology Press.

Ellemers, N., Kortekaas, P., & Ouwerkerk, J. W. (1999). Self-categorization, commitment to the group and group self-esteem and related but distinct aspects of social identity. *European Journal of Social Psychology, 29*, 371-389.

Evers, K. E. (1997). AIDS educator effectiveness as a function of sexual orientation and HIV status. *Journal of Applied Social Psychology, 27*, 902-914.

Evers, K. E., Bishop, C. H., Gerhan, L. S., & Weisse, C. S. (1997). AIDS educator effectiveness as a function of sexual orientation and HIV status. *Journal of Applied Social Psychology, 27,* 902-914.

Festinger, L. A. (1954). A theory of social comparison process. *Human Relations, 7,* 117-140.

Flay, B. R., Hu, F. B., & Rochardson, J. (1998). Psychological predictors of different stages of cigarette smoking among high school students. *Preventive Medicine, 27,* A9-A18.

Friend, R. M., & Gilbert, J. (1973). Threat and fear of negative evaluation of locus of social comparison. *Journal of Personality, 33,* 725-732.

Fujita, F. (1993). *The effects of naturalistic social comparison on satisfaction with life domains.* Unpublished doctorial dissertation, University of Illinois, Urbana-Champaign.

Gawronski, B., Bodenhausen, G. V., & Banse, R. (2005). We are, therefore they aren't: Ingroup construal as a standard of comparison for outgroup judgments. *Journal of Experimental Social Psychology, 41,* 515-526.

Gibbons, F. X., Benbow, C. P., & Gerrard, M. (1994). From top dog to bottom half: Social comparison strategies in response to poor performance. *Journal of Personality and Social Psychology, 67,* 638-652.

Gibbons, F. X., & Buunk, B. P. (1999). Individual differences in social comparison: Development of a scale of social comparison orientation. *Journal of Personality and Social Psychology, 76,* 129-142.

Gibbons, F. X., Gerrard, M., Lando, H. A., & McGovern, P. G. (1991). Social comparison and smoking cessation: The role of the "Typical smoker". *Journal of Experimental Social Psychology, 27,* 239-258.

Gibbons, F. X., Lane, D. J., Gerrard, M., Reis-Bergan, M., Lautrup, C. L., Pexa, N. A., & Blanton, H. (2002). Comparison-level preferences after performance: Is downward comparison theory still useful? *Journal of Personality and Social Psychology, 83,* 865-880.

Gibbons, F. X., & McCoy, S. B. (1991). Self-esteem, similarity, and reactions to active versus passive downward comparison. *Journal of Personality and Social Psychology, 60,* 414-424.

Goethals, G. R., & Darley, J. M. (1977). *Social comparison theory: Theoretical and empirical perspectives.* Washington, DC: Halsted-Wiley.

Goethals, G. R., & Darley, J. M. (1979). Social comparison theory: An attributional approach. In J. Suls & R. L. Miller (Eds.), *Social comparison processes: Theoretical and empirical perspectives.* Washington, DC: Hemisphere.

Goldman, S. J., Herman, C. P., & Polivy, J. (1991). Is the effect of a social model on eating attenuated by hunger? *Appetite, 17,* 129-140.

Groesz, L. M., Levine, M. P., & Murnen, S. K. (2002). The effect of experimental presentation of thin media images on body satisfaction: A meta-analytic review.

International Journal of Eating Disorders, 31, 1-16.

Gruder, C. L. (1971). Determinants of social comparison choices. *Journal of Experimental Social Psychology, 7*, 473-489.

Guimond, S. (2006). *Social comparison and social psychology*. New York: Cambridge University Press.

Hahn, D. W., Chon, K. K., & Pyo, S. Y. (2004). Development and validity of the Korean brief affect scale: East and west on health. *The 2nd Asian Congress of Health Psychology*, 241-242.

Hakmiller, K. L. (1966). Threat as a determinant of downward comparison. *Journal of Experimental Social Psychology, 2*, 32-39.

Heine, S. J., Kitayama, S., Lehman, D. R., Takata, T., Ide, E., Leung, C., & Matsumoto, H. (2001). Divergent consequences of success and failure in Japan and North America: An investigation of self-improving motivations and malleable selves. *Journal of Personality and Social Psychology, 81*, 599-615.

Helgeson, V. S., & Michelson, K. D. (1995). Motives for social comparison. *Personality and Social Psychology Bulletin, 21*, 1200-1209.

Helgeson, V. S., & Taylor, S. E. (1993). Evaluative and affiliative comparisons and coping among cardiac patients. *Journal of Applied Social Psychology, 23*, 1171-1195.

Herman, C. P., & Mack, D. (1975). Restrained and unrestrained eating. *Journal of Personality, 43*, 647-660.

Herman, C. P., & Polivy, J. (1975). Anxiety, restraint, and eating behavior. *Journal of Abnormal Psychology, 84*, 666-672.

Herman, C. P., & Polivy, J. (1980). Restrained eating. In A. B. Stunkard (Ed.), *Obesity*. Philadelphia: Saunders.

Herman, C. P., Polivy, J., Kauffman, N., & Roth, D. A. (2002). *Is the effect of a social model on eating attenuated by satiety?* Unpublished manuscript, University of Toronto.

Herman, C. P., & Voccarino, F. J. (2000). Appetite. In F. J. Francis (Ed.), *Encyclopedia of food science and technology* (pp. 87-94). New York: Wiley.

Higgins, E. T. (1987). Self-discrepancy: A theory relating self and affect. *Psychological Review, 94*, 319-340.

Higgins, E. T. (1989). Continuities and discontinuities in self-regulatory and self-evaluative processes: A developmental theory relating self and affect. *Journal of Personality, 57*, 407-444.

Higgins, E. T. (1996). The "self digest": Self-knowledge serving self-regulatory functions. *Journal of Personality and Social Psychology, 71*, 1062-1083.

Huguet, P., Dumas, F., Monteil, J. M., & Genestoux, N. (2001). Social comparison choices in the classroom: Further evidence for students' upward comparison tendency and its beneficial impact on performance. *European Journal of Social Psychology, 31*, 557-578.

Hull, J. G., & Levy, A. S. (1979). The organizational functions of the self: An alternative to the Duval and Wicklund model of self-awareness. *Journal of Personality and Social Psychology, 37*, 756-768.

Kemmelmeier, M., & Oyserman, D. (2001). The ups and downs of thinking about a successful other: Self-construals and the consequences of social comparison. *European Journal of Social Psychology, 31*, 311-320.

Kenny, D. A., Kashy, D. A., & Bolger, N. (1998). Data analysis in social psychology. In D. Gilbert, S. Fiske, & G. Lindzey (Eds.), *The handbook of social psychology* (4th ed., Vol. 1, pp. 233-265). Boston, MA: McGraw-Hill.

Kirtland, J., & Gurr, M. I. (1979). Adipose tissue cellularity: The relationship between cellularity and obesity. *International Journal of Obesity, 3*, 13-55.

Klein, W. M. (1997). Objective standards are not enough: Affective, self-evaluative, and behavioral responses to social comparison information. *Journal of Personality and Social Psychology, 72*, 763-774.

Kurman, J., & Eshel, Y. (1998). Self-enhancement, generality level of self-evaluation, and emotional adjustment. *Journal of Social Psychology, 138*, 549-563.

Lassiter, G. D., & Munhall, P. J. (2001). The genius effect: Evidence for a nonmotivational interpretation. *Journal of Experimental Social Psychology, 37*, 349-355.

Leventhal, H., & Patrick-Miller, L. (2000). Emotions and physical illness: Causes and indicators of vulnerability. In M. Lewis & J. Haviland (Eds.), *Handbook of Emotion* (pp. 523-537). New York: Guilford.

Levine, J. M., & Green, S. M. (1984). Acquisition of performance information: The roles of intrapersonal and interpersonal comparison. *Personality and Social Psychology Bulletin, 10*, 385-393.

Locke, E. A. (1968). Toward a theory of task performance and incentives. *Organizational Behavior and Human Performance, 3*, 157-189.

Locke, E. A., & Lathams, G. P. (1990). *A theory of goal setting and task performance.* Englewood Cliffs, NJ: Prentice Hall.

Lockwood, P. (2002). Could it happen to you: Predicting the impact of downward comparisons on the self. *Journal of Personality and Social Psychology, 82*, 343-358.

Lockwood, P., & Kunda, Z. (1997). Superstars and me: Predicting the impact of role models on the self. *Journal of Personality and Social Psychology, 73*, 91-103.

MacDougall, J. M., Dembroski, T. M., Dimsfale, J. E., & Hackett, T. P. (1985). Components of Type A, hostility, and anger-in: Further relationships to angiographic findings. *Health Psychology, 4*, 137-152.

Major, B., Sciacchitano, A. M., & Crocker., J. (1993). In-group versus out-group comparisons and self-esteem. *Personality and Social Psychology Bulletin, 19*, 711-721.

Major, B., Testa, M., & Bylsma, W. H. (1991). Responses to upward and downward social comparisons: The impact of esteem-relevance and perceived control. In J. Suls & T. A. Wills (Eds.), *Social comparison: Contemporary theory and research* (pp. 237-260). Hillsdale, NJ: Eılbaum.

Marsh, H. W. (1987). The big-fish-little-pond effect on academic self-concept. *Journal of Educational Psychology, 79*, 280-295.

Marsh, H. W., & Parker, J. W. (1984). Determinants of students self-concept: Is it better to be a relatively large fish in a small pond even if you don't learn to swim as well? *Journal of Personality and Social Psychology, 47*, 213-231.

Maykovich, M. K. (1978). Social constraints and eating patterns among the obese and the overweight. *Social Problems, 25*, 453-460.

McFarland, C., & Buehler, R. (1995). Collective self-esteem as a moderator of the frog-pond effect in reactions to performance feedback. *Journal of Personality and Social Psychology, 68*, 1055-1070.

McIntyre, R., Paulson, R., & Lord, C. (2003). Alleviating women's mathematics stereotype threat through salience of group achievements. *Journal of Experimental Social Psychology, 39*, 83-90.

Miller, A. (1989). Diets incorporated. *Newsweek, 114*, 56-60.

Molleman, E., Pruyn, J., & Van Knippenberg, A. (1986). Social comparison processes among cardiac patients. *British Journal of Social Psychology, 25*, 1-13.

Mori, D., Chaiken, S., & Pliner, P. (1987). "Eating lightly" and the self-presentation of feminity. *Journal of Personality and Social Psychology, 53*, 693-702.

Morse, S., & Gergen, K. J. (1970). Social comparisons, self-consistency, and the concept of the self. *Journal of Personality and Social Psychology, 36*, 148-156.

Mussweiler, T. (2001). Focus of comparison as a determinant of assimilation versus contrast in social comparison. *Personality and Social Psychology Bulletin, 27*, 38-47.

Mussweiler, T., & Bodenhausen, G. V. (2002). I know you are, but What am I? Self-evaluative consequences of judging in-group and out-group members. *Journal of Personality and Social Psychology, 82*, 19-32.

Mussweiler, T., Ruter, K., & Epstude, K. (2004). The man who wasn't there: Subliminal social comparison standards influence self-evaluation. *Journal of Experimental Social Psychology, 40*, 689-696.

Mussweiler, T., & Strack, F. (2000). The relative self: Informational and judgmental consequences of comparative self-evaluation. *Journal of Personality and Social Psychology, 79*, 23-38.

Nisbett, R. E. (1972). Hunger, obesity, and the ventromedial hypothalamus. *Psychological Review, 79*, 433-453.

Nisbett, R. E., & Storms, M. D. (1974). Cognitive and social determinants of food intake. In H. London & R. E. Nisbett (Eds.), *Thought and feeling: Cognitive alteration of feeling states* (pp. 190-208). Chicago, IL: Adine.

Nosanchuk, T. A., & Erickson, B. H. (1985). How high is up?: Calibrating social comparison in the real world. *Journal of Personality and Social Psychology, 48*, 624-634.

Parducci, A. (1984). *Happiness, pleasure, and judgment: The contextual theory and its applications*. Mahwah, NJ: Erlbaum.

Patricia, P., & Nikki, M. (2004). Influence of social norms and palatability on amount consumed and food choice. *Appetite, 42*, 227-237.

Persky, V. W., Kempthorne-Rwson, J., & Shekelle, R. B. (1987). Personality and the risk of cancer: A 20-year follow-up of the Western Electric Study. *Psychosomatic Medicine, 49*, 435-439.

Pliner, P., & Chaiken, S. (1990). Eating, social motives and self-presentation in women and men. *Journal of Experimental Social Psychology, 26*, 240-254.

Pliner, P., & Mann, N. (2004). Influence of social norms and palatability on amount consumed and food choice. *Appetite 42*, 227-237.

Polivy, J., Herman, C. P., Hackett, R., & Kuleshnyk, I. (1986). The effects of self-attention and public attention on eating in restrained and unrestrained subjects. *Journal of Personality and Social Psychology, 50*, 1253-1260.

Powers, W. T. (1973). *Behavior: The control of perception*. Chicago: Aldine.

Prentice-Dunn, S., & Rogers, R. W. (1983). Deindividuation in aggression. In R. G. Geen & E. Donnerstein (Eds.), *Aggression: Theoretical and empirical review* (Vol. 2, pp. 155-177). New York: Academic Press.

Pyszczynski, T., Hamilton, J. C., Greenberg, J., & Becker, S. E. (1991). Self-awareness and psychological dysfunction. In C. R. Snyder & D. R. Forsyth (Eds.), *Handbook of social and clinical psychology: The health perspective*. New York: Pergamon.

Radloff, R. (1966). Social comparison and ability evaluation. *Journal of Experimental Social Psychology, Suppl. 1*, 6-26.

Rand, C. S., & Kuldau, J. M. (1991). Restrained eating (weight concerns) in the general population and among students. *International Journal of Eating Disorders, 10*, 699-708.

Reis, T. J., & Gibbons, F. X. (1993). Social comparison and the pill: Reactions to upward and downward comparison of contraceptive behavior. *Personality and Social Psychology*

Bulletin, 19, 13-20.

Rodin, J. (1981). Current status of the internal-external hypothesis for the obesity: What went wrong. *American Psychologist, 36*, 361-372.

Rodin, J. (1993). Cultural and determinants of weight concerns. *Annuals of Internal Medicine, 119*, 643-645.

Rodin, J., Silberstein, L. R., & Striegel-Moore, R. H. (1985). Women and weight: a normative discontent. In T. B. Sonderegger (Ed.), *Psychology and gender: Nebraska symposium on motivation* (pp. 267-307). Lincoln: University of Nebraska Press.

Rosenthal, B., & McSweeney, F. K. (1979). Modeling influences on eating behavior. *Addictive Behaviors, 4*, 205-214.

Roth, D. A., Herman, C. P., Polivy, J., & Pliner, P. (2001). Self-presentational conflict in social eating situations: A normative perspective. *Appetite, 36*, 165-171.

Ruderman, A, J. (1986). Dietary restraint: A theoretical and empirical review. *Psychological Bulletin, 99*, 247-262.

Salovey, P., & Rodin, J. (1984). Some antecedents and consequences of social-comparison jealousy. *Journal of Personality and Social Psychology, 47*, 780-792.

Schachter, S. (1959). *The psychology of affiliation.* Stanford, CA: Stanford University Press.

Schachter, S. (1968). Obesity and eating. *Science, 161*, 751-756.

Schachter, S. (1971). Some extraordinary facts about obese humans and rats. *American Psychologist, 26*, 129-144.

Schachter, S., Goldman, R., & Gordon, A. (1968). Effects of fear, food deprivation, and obesity on eating. *Journal of Personality and Social Psychology, 10*, 91-97.

Schachter, S., & Rodin, J. (1974). *Obese humans and rats.* Potomac, MD: Erlbaum.

Schulz, R., & Decker, S. (1985). Long-term adjustment to physical disability: The role of social support, perceived control, and self-blame. *Journal of Personality and Social Psychology, 48*, 1162-1172.

Seta, J. (1982). The impact of comparison processes on coactors' task performance. *Journal of Personality and Social Psychology, 42*, 281-291.

Seta, J. J., Seta, C. E., & Donaldson, S. (1991). The impact of comparison processes on coactors' frustration and willingness to expand effort. *Journal of Personality and Social Psychology, 17*, 560-568.

Shekelle, R. B., Raynor, W. J., Ostfeld, A. M., Garton, D. C., Bieliauska, L. A., Lie, S. C., Maliza, C., & Paul, O. (1981). Psychological depression and 17-year risk of death from cancer. *Psychosomatic Medicine, 43*, 117-125.

Shrauger, J. S. (1975). Responses to evaluation as a function of initial self-conceptions. *Psychological Bulletin, 10*, 127-138.

Singelis, T. M. (1994). The measurement of independent and interdependent self-construals. *Personality and Social Psychology Bulletin, 20*, 580-591.

Smith, R. H. (2000). Assimilative and contrastive emotional reactions to upward and downward social comparisons. In J. Suls & L. Wheeler (Eds.), *Handbook of social comparison: Theory and research* (pp. 173-200). New York: Plenum.

Srull, T. K., & Gaelick, L. (1983). General principle and individual differences in the self as a habitual reference point: An examination of self-others judgements of similarity. *Social cognition, 2*, 108-121.

Stapel, D. A., & Koomen, W. (2001). I, we, and the effects of others on me: How self-construal moderates social comparison effects. *Journal of Personality and Social Psychology, 80*, 766-781.

Strack, F., Schwarz, N., Chassein, B., Kern D., & Wagner, D. (1990). The salience of comparison standards and the activation of social norms: Consequences for judgement of happiness and their communication. *British Journal of Social Psychology, 29*, 303-314.

Suls, J., & Wheeler, L. (2000). *Handbook of social comparison: Theory and psychology*. New York: Plenum.

Sun, Y. C., & Croyle, R. T. (1995). Level of health threat as a moderator of social comparison preference. *Journal of Applied Social Psychology, 25*, 1937-1952.

Tajfel, H., & Turner, J. C. (1978). The achievement of group differentiation. In H. Tajfel (Ed.), *Differential between social groups* (pp. 77-98). New York: Academic Press.

Taylor, S. E., Aspinwall, L. G., Guiliano, T. L., Dakof, G. A., & Reardon, K. (1993). Storytelling, social comparison, and coping. *Journal of Applied Social Psychology, 23*, 1171-1195.

Taylor, S. E., & Brown, J. D. (1988). Illusion and well-being: A social psychological perspective on mental health. *Journal of Personality and Social Psychology, 103*, 193-210.

Taylor, S. E., Buunk, B. P., & Aspinwall, L. G. (1990). Social comparison, stress, and coping. *Personality and Social Psychology Bulletin, 16*, 74-89.

Taylor, S. E., & Lobel, M. (1989). Social comparison activity under threat: Downward evaluating and upward contacts. *Psychological Review, 96*, 569-575.

Taylor, S. E., Wayment, H. A., & Carillo, M. (1993). Social comparison, self-regulation, and motivation. In R. M. Sorrentino & E. T. Higgins (Eds.), *Handbook of motivation and cognition*. New York: Guilford.

Taylor, S. E., Wood, J. V., & Lightman. R. R. (1983). It could be worse: Selective evaluation as a response to victimization. *Journal of Social Issues, 39*, 19-40.

Tennen, H., & Affleck, G. (1997). Social comparison and subjective well-being. In B. P. Buunk & F. X. Gibbons (Eds.), *Health, Coping, and Well-Being: Perspective From Social*

Comparison Theory. Hillsdale, NJ: Erlbaum.

Tesser, A. (1986). Some effects of self-evaluation maintenance on cognition and action. In R. M. Sorrentino & E. T. Higgins (Eds.), *Handbook of motivation and cognition: Foundations of social behavior* (pp. 435-464). New York: Guilford.

Tesser, A. (1988). Toward a self-evaluation maintenance model of social behavior. In L. Berkowitz (Ed.), *Advances in experimental social psychology* (Vol. 21, pp. 181-227). San Diego, CA: Academic Press.

Tesser, A. (1991). Emotion in social comparison and reflection processes. In J. Suls & T. A. Wills (Eds.), *Social comparison: Contemporary theory and research* (pp. 117-148). Hillsdale, NJ: Erlbaum.

Tesser, A., Miller, M., & Moore, J. (1988). Some affective consequences of social comparison and reflection processes: The pain and pleasure of being close. *Journal of Personality and Social Psychology, 40*, 303-311.

Testa, M., & Major, B. (1990). The impacts of social comparisons after failure: The moderating effects of perceived control. *Basic and Applied Social Psychology, 11*, 205-218.

Thompson, S. C., & Crocker, J. (1990). Downward social comparison in minimal group situation. *Journal of Applied Social Psychology, 20*, 1167-1184.

Trope, Y. (1980). Self-assessment, self-enhancement, and task preference. *Journal of Experimental Social Psychology, 16*, 116-129.

Trope, Y., & Neter, E. (1994). Reconciling competing motives in self-evaluation: The role of self-control in feedback seeking. *Journal of Personality and Social Psychology, 66*, 646-657.

Tversky, A. (1977). Features of similarity. *Psychological Review, 84*, 327-352.

Van der Zee, K., Oldersma, F., Buunk, B. P., & Bos, D. (1998). Social comparison preferences among cancer patients as related to neuroticism and social comparison orientation. *Journal of Personality and Social Psychology, 75*, 801-810.

Wayment, H. A., Talyor, S. E., & Carrillo, M. (1994). *The motivation and performance implication of upward and downward comparisons*. Manuscript in preparation.

Weinstein, N. D. (1980). Unrealistic optimism about future life events. *Journal of Personality and Social Psychology, 39*, 806-820.

Weinstein, N. D. (1983). Reducing unrealistic optimism about illness susceptibility. *Health Psychology, 2*, 11-20.

Weinstein, N. D., & Lachendro, E. (1982). Egocentrism as a source of unrealistic optimism. *Personality and Social Psychology Bulletin, 8*, 195-200.

Wheeler, L. (1966). Motivation as a determinant of upward comparison. *Journal of Experimental Social Psychology, Suppl. 1*, 27-31.

Wheeler, L. (2000). Individual differences in social comparison. In J. Suls & L. Wheeler

(Eds.), *Handbook of social comparison: Theory and research* (pp. 141-158). New York: Plenum.

Wheeler, L., Koestner, R., & Drever, R. E. (1982). Related attributes in the choices of comparison others. *Journal of Experimental Social Psychology, 18*, 489-500.

Wheeler, L., & Miyake, K. (1992). Social comparison in everyday life. *Journal of Personality and Social Psychology, 62*, 760-773.

Wheeler, L., Shaver, K. G., Jones, R. A., Goethals, G. R., & Cooper. J. (1969). Factors determining choice of comparison other. *Journal of Experimental Social Psychology, 5*, 219-232.

Wicklund, R. A. (1975). Objective self-awareness. *Advances in Experimental Social Psychology, 8*, 233-275.

Williamson, D. A., Davis, C. J., Duchmann, E. G., Mckeniz, S. J., & Watkins, P. C. (1990). *Assessment of eating disorders.* New York: Pergamon Press.

Wills, T. A. (1981). Downward comparison principles in social psychology. *Psychological Bulletin, 90*, 245-271.

Wood, J. V. (1989). Theory and research concerning social comparisons of personal attributes. *Psychological Bulletin, 106*, 231-248.

Wood, J. V., Giordano-Beech, M., Taylor, K. L., Michela, J. L., & Gaus, V. (1994). Strategies of social comparison among people with low self-esteem: Self-protection and self-enhancement. *Journal of Personality and Social Psychology, 67*, 713-731.

Wood, J. V., Taylor, S. E., & Lightman R. R. (1985). Social comparison in adjustment to breast cancer. *Journal of Personality and Social Psychology, 49*, 1169-1183.

Wood, J. V., & Van der Zee, K. (1997). Social comparisons among cancer patients: Under what conditions are comparisons upward and downward? In B. P. Buunk & F. X. Gibbons (Eds.), *Health, coping, and well-being: Perspectives from social comparison theory* (pp. 299-328). Hillsdale, NJ: Erlbaum.

Wright, S. J. (1985). Health satisfaction: A detailed test of the multiple discrepancies theory model. *Social Indicators Research, 17*, 299-313.

Zimbardo, P. G., & Formica, R. (1963). Emotional comparison and self-esteem as determinants of affiliation. *Journal of Personality, 31*, 141-162.

사람 찾아보기

용어 찾아보기

[ㅇ]

編著者略歷

한덕웅(dwhahn@skku.edu)
성균관대학교 대학원 심리학과 철학박사
현재 성균관대학교 심리학과 교수, 성균관대학교 사회과학부 학부장
한국심리학회 회장, 한국 사회 및 성격심리학회장, 사회문제심리학회장, 건강심리학회장, 한국심리학회 학술위원장, 한국심리학회지 편집위원장 역임
한국심리학회 공로상, 심리학회 학술상, 퇴계학 국제학술상, 과학기술총연합회 우수논문상 수상
저서: 「퇴계심리학」(국제퇴계학술상, 성균관대학교 출판부), 「집단행동이론」(시그마프레스), 「한국유학심리학」(학술원 우수학술도서, 시그마프레스), 「인간의 동기심리」(학술원 우수학술도서, 박영사), 「인간의 마음과 행동」(공저, 박영사), 「동양심리학」(공저, 지식산업사), 「사회심리학」(문화관광부 추천 우수학술도서, 공저, 학지사)

장은영(jangmean@skku.edu)
성균관대학교 대학원 심리학과 철학박사
현재 성균관대학교 응용심리연구소 연구교수
성신여자대학교 청년실업연구팀 전임연구원, Iowa State University Post-Doc 역임
한국임상심리학회 임상심리전문가, 보건복지부 정신보건임상심리사 1급
저서: 「사회심리학」(문화관광부 추천 우수학술도서, 공저, 학지사)

엄광은
성균관대학교 대학원 심리학과 문학석사
현재 마음신경정신과 임상심리학자
보건복지부 정신보건임상심리사 2급

이희란
성균관대학교 대학원 심리학과 문학석사
현재 성균관대학교 심리학과 박사과정

김비아
성균관대학교 대학원 심리학과 문학석사
현재 순천향대학병원 임상심리 수련과정

권수경
성균관대학교 대학원 심리학과 문학석사
현재 여의도성모병원 임상심리 수련과정

한국인의 사회비교 심리

2007年 1月 10日 初版印刷
2007年 1月 20日 初版發行

編著者 한덕웅 · 장은영
發行人 安 鍾 萬
發行處 (株) 博 英 社
서울特別市 鍾路區 平洞 13-31番地
電話 (733) 6771 FAX (736) 4818
登錄 1959. 3. 11. 제300-1959-1호(倫)

www.pakyoungsa.co.kr e-mail: pys@pakyoungsa.co.kr

定 價 20,000원 ISBN 978-89-7189-527-6